Architekturen für BI & Analytics

Prof. Dr. Peter Gluchowski leitet den Lehrstuhl für Wirtschaftsinformatik, insb. Systementwicklung und Anwendungssysteme, an der Technischen Universität in Chemnitz und konzentriert sich dort mit seinen Forschungsaktivitäten auf das Themengebiet Business Intelligence & Analytics. Er beschäftigt sich seit mehr als 25 Jahren mit Fragestellungen, die den praktischen Aufbau dispositiver bzw. analytischer Systeme zur Entscheidungsunterstützung betreffen. Seine Erfahrungen aus unterschiedlichsten Praxisprojekten sind in zahlreichen Veröffentlichungen zu diesem Themenkreis dokumentiert.

Frank Leisten ist als Cloud Solution Architect bei Microsoft tätig und Teil des internationalen Data Governance Rangers Team. Mit diesem verantwortet er die Umsetzung und Implementierung übergreifender Data-Governance-Strategien auf Basis der Microsoft Azure Cloud-Technologie. Offenheit steht hierbei im Vordergrund, das bedeutet sowohl On-Premise-, Hybrid- und Multi-Cloud-Ansätze werden berücksichtigt wie auch die Integration von Drittanbieter-Lösungen. Frank verfügt über umfassende Expertise in mehreren Data-Management-Disziplinen und nutzt diese Erfahrung zur Schaffung nachhaltiger Data-Governance-Lösungen.

Dr. Gero Presser ist Mitgründer und Geschäftsführer bei der QuinScape GmbH, einem Dortmunder IT-Dienstleistungsunternehmen mit 170 Mitarbeitern und dem Fokus auf Data & Analytics. Er organisiert die Meetup-Gruppe »Business Intelligence & Analytics Dortmund« mit über 1.000 Mitgliedern und ist Vorsitzender des TDWI Roundtable Ruhrgebiet.

Papier plus+ PDF.

Zu diesem Buch – sowie zu vielen weiteren dpunkt.büchern – können Sie auch das entsprechende E-Book im PDF-Format herunterladen. Werden Sie dazu einfach Mitglied bei dpunkt.plus+:

www.dpunkt.plus

Peter Gluchowski · Frank Leisten · Gero Presser (Hrsg.)

Architekturen für BI & Analytics

Konzepte, Technologien und Anwendung

Edition TDWI

Peter Gluchowski
peter.gluchowski@wirtschaft.tu-chemnitz.de

Frank Leisten
frankleisten@microsoft.com

Gero Presser
Gero.Presser@QuinScape.de

Lektorat: Julia Griebel, Christa Preisendanz
Copy-Editing: Ursula Zimpfer, Herrenberg
Satz: III-satz, *www.drei-satz.de*
Herstellung: Stefanie Weidner, Frank Heidt
Umschlaggestaltung: Anna Diechtierow
Druck und Bindung: mediaprint solutions GmbH, 33100 Paderborn

Fachliche Beratung und Herausgabe von dpunkt.büchern in der Edition TDWI:
Prof. Dr. Peter Gluchowski · *peter.gluchowski@wirtschaft.tu-chemnitz.de*

Bibliografische Information der Deutschen Nationalbibliothek
Die Deutsche Nationalbibliothek verzeichnet diese Publikation in der Deutschen Nationalbibliografie;
detaillierte bibliografische Daten sind im Internet über *http://dnb.d-nb.de* abrufbar.

ISBN:
Print   978-3-86490-864-4
PDF   978-3-96910-579-5
ePub   978-3-96910-580-1
mobi   978-3-96910-581-8

1. Auflage 2022
Copyright © 2022 dpunkt.verlag GmbH
Wieblinger Weg 17
69123 Heidelberg

Hinweis:
Aus Gründen der besseren Lesbarkeit wird im weiteren Inhalt teilweise auf die gleichzeitige Verwendung der Sprachformen männlich, weiblich und divers (m/w/d) verzichtet. Sämtliche Personenbezeichnungen gelten gleichermaßen für alle Geschlechter.

Hinweis:
Dieses Buch wurde auf PEFC-zertifiziertem Papier aus nachhaltiger Waldwirtschaft gedruckt. Der Umwelt zuliebe verzichten wir zusätzlich auf die Einschweißfolie.

Schreiben Sie uns:
Falls Sie Anregungen, Wünsche und Kommentare haben, lassen Sie es uns wissen: *hallo@dpunkt.de*.

Die vorliegende Publikation ist urheberrechtlich geschützt. Alle Rechte vorbehalten. Die Verwendung der Texte und Abbildungen, auch auszugsweise, ist ohne die schriftliche Zustimmung des Verlags urheberrechtswidrig und daher strafbar. Dies gilt insbesondere für die Vervielfältigung, Übersetzung oder die Verwendung in elektronischen Systemen.
Es wird darauf hingewiesen, dass die im Buch verwendeten Soft- und Hardware-Bezeichnungen sowie Markennamen und Produktbezeichnungen der jeweiligen Firmen im Allgemeinen warenzeichen-, marken- oder patentrechtlichem Schutz unterliegen.
Alle Angaben und Programme in diesem Buch wurden mit größter Sorgfalt kontrolliert. Weder Autor noch Verlag noch Herausgeber können jedoch für Schäden haftbar gemacht werden, die in Zusammenhang mit der Verwendung dieses Buches stehen.

5 4 3 2 1 0

Vorwort

Die Wahl einer geeigneten Architektur für die eigene Organisation stellt nach wie vor einen zentralen Erfolgsfaktor für das Gelingen von Business-Intelligence- und Analytics-(BIA-)Aktivitäten dar [DalleMule & Davenport 2017]. Nur durch ein stabiles architektonisches Fundament lassen sich die unterschiedlichen Anforderungen und Wünsche der Anspruchsgruppen in angemessener Zeit und Qualität umsetzen. Empirische Untersuchungen belegen, dass sich grundlegende Architekturbausteine in einigen Branchen (vor allem im Banken- und Versicherungsbereich) über Jahrzehnte nicht ändern, wohl aber stetigen Anpassungen unterliegen. Laut einer Studie aus dem Jahr 2015 nutzen zwei von drei Großunternehmen Data-Warehouse-Systeme, mit deren Aufbau vor zehn oder mehr Jahren begonnen wurde [Purwins 2015].

Insofern erweist sich der Aufbau eines umfassenden BIA-Ökosystems als langfristige Investition, zumal sich der Wechsel auf eine andere technologische Plattform als aufwendiges und langwieriges Unterfangen darstellen kann. Demzufolge sind alle Organisationen gut beraten, sich intensiv mit der Auswahl von Komponenten für eine ganzheitliche BIA-Landschaft auseinanderzusetzen.

Der Sammelband nähert sich dem Thema der BIA-Architekturen vom Allgemeinen kommend zum Speziellen und nimmt dabei eine Strukturierung entlang möglichst abgrenzbarer Teilgebiete bzw. Konzepte vor. Folgerichtig wurden die Beiträge des Bandes in drei Teile aufgegliedert, beginnend mit einer Einführung und der Vorstellung grundlegender Konzepte. Darauf aufbauend erfolgt die Präsentation von Plattformen und Ökosystemen großer Lösungsanbieter, bevor konkrete Architekturbeispiele die Ausführungen komplettieren.

Einleitend bieten Peter Gluchowski, Frank Leisten und Gero Presser in Teil 1 eine »Einführung in die BIA-Architekturen« und erörtern dabei ausgehend von den Anforderungen an eine ganzheitliche BIA-Architektur vor allem die klassischen Architekturen für BIA-Ökosysteme. Anschließend widmen sich Carsten Dittmar und Peter Schulz den »Architekturen und Technologien für Data Lakes« und gehen dabei auf die Abgrenzung zu artverwandten Begrifflichkeiten wie Data Puddle, Data Pond und Data Ocean ein. Der Beitrag zeigt, dass sich auch im Data Lake unterschiedliche Datenbereiche bzw. Zonen finden lassen. Michael Daum konzentriert sich mit seinen Ausführungen auf »Datenzugriffsstrategien für Analytics bei beschränktem Datenquellenzugriff« und bietet Lösungsansätze an – ein Thema mit weitreichender praktischer Bedeutung. Der zunehmenden Bedeutung einer Real-Time-Verarbeitung von Daten trägt das Kapitel zum Thema »Enterprise Application Integration: aktuelle Ansätze« von Martin Janssen Rechnung. Ausführlich erfolgt hier die Erläuterung der Funktionsweise des Enterprises Service Bus auch vor dem Hintergrund aktueller Cloud-Konzepte.

Im zweiten Teil des Sammelbandes wird der Reigen der unterschiedlichen Plattformen und Ökosysteme verschiedener Produktanbieter eröffnet durch Christian Schneider und Gero Presser mit dem Thema »Cloud Data Platform für die Logistikbranche: eine Lösung auf Basis von AWS«. Mittels eines konkreten Einsatzbeispiels werden hier die einzelnen Komponenten von Amazon Web Service in ihrem Zusammenspiel beschrieben. Stefan Ebener präsentiert im Beitrag »Organise the world's data – like Google« zusammen mit seinen Co-Autoren das Google BIA-Ökosystem. Moderne Ansätze und neue Konzepte, wie sie sich in aktuellen Cloud-Architekturen finden, stehen hier im Vordergrund. Ebenfalls im Cloud-Bereich lässt sich der Ansatz von Microsoft verorten, der im Kapitel von Fabian Jogschies mit dem Titel »Die Modern-Data-Warehouse-Architektur von Microsoft« erläutert wird. Als nicht nur in die Zukunft, sondern ebenso in die Vergangenheit gerichtet erweist sich der Text von Daniel Eiduzzis unter der Überschrift »SAP Business Warehouse von gestern bis morgen«, der die Entwicklung des SAP BIA-Ökosystems über mehr als zwei Jahrzehnte beleuchtet.

Der dritte Teil des Sammelbandes beschreibt unterschiedliche Architekturbeispiele und verdeutlicht, dass sich spezifische Ausformungen zumindest teilweise aus den Besonderheiten einzelner Branchen und Rahmenbedingungen ergeben. Der erste Beitrag in diesem Teil von Thomas Müller, Lisa Anne Schiborr und Stefan Seyfert ist im Bankenbereich angesiedelt und arbeitet unter der Überschrift »Aus der Theorie in die Praxis – der Einfluss regulatorischer Anforderungen auf eine moderne Referenzarchitektur« heraus, wie sich vor allem regulatorische Anforderungen auf moderne Architekturen auswirken. Als ebenfalls im Finanzdienstleistungssektor verortet erweisen sich die Ausführungen von Nick Golovin und Don Seur mit der »Case Study: Crédit Agricole Consumer Finance Netherlands«, die sich insbesondere auf die Möglichkeiten und Grenzen einer Datenvirtualisierung fokussiert. Den gleichen Schwerpunkt bedienen Daniel Rapp, Thomas Niewel und Jörg Meiners mit dem Titel »Datenvirtualisierung« und stellen die eingesetzten Technologien am Beispiel der Festo Gruppe vor.

Ein sehr spezielles Einsatzgebiet bildet die Pharmabranche, wie der Beitrag von Jörg Krempien, Jörg Frank und Philipp Kazzer unter der Überschrift »BIA-Architekturen für klinische Studien« zeigt. Auch hier finden sich zahlreiche regulatorische Vorgaben und sonstige Anforderungen, die es technologisch abzudecken gilt. Ein speziell auf die Belange von Data Science und Machine Learning ausgerichtetes Konzept beinhaltet der Text von Gerhard Brückl und Timo Klerx zu »BIA-Architekturen in der Versicherungsbranche«, wobei auch hier ein Data

Lake als zentrale Speicherkomponente Verwendung findet. Dass tragfähige Architekturkonzepte nicht nur bei Großunternehmen zentrale Bedeutung haben, belegt Markus Begerow im Kapitel »BIA-Architekturen für kleine und mittlere Unternehmen«. Aus aktuellen, innovationstreibenden Themen für KMU werden hier Anforderungen an die Gestaltung von BIA-Lösungen abgeleitet. Stärker auf einzelne betriebswirtschaftliche Einsatzbereiche geht der Beitrag von Christian Fürstenberg, Oliver Zimmer und Björn Beuter »Integrierte Planung und Reporting im Business-Analytics-gestützten Controlling« ein und stellt dabei das Corporate Performance Management sowie Self-Service in den Vordergrund der Betrachtung.

Aufgrund des Umgangs und der Dynamik des Gesamtthemas ist es leider nicht möglich, alle Teilaspekte in der gleichen Tiefe zu durchdringen und diese überschneidungsfrei zu präsentieren. Allerdings vermittelt der Sammelband durch die Vielzahl der eingenommenen Perspektiven einen breiten Überblick über das Thema mit hinreichender Würdigung der wichtigsten Teilaspekte.

Das vorliegende Werk wendet sich schwerpunktmäßig an betriebliche Anwender und Entscheider aus den IT-Abteilungen und den Fachbereichen, aber auch an Mitarbeiter aus Beratungshäusern, IT-Dienstleistungsunternehmen und Hochschulangehörige sowie Studierende in den immer vielfältigeren Disziplinen rund um Data Management und Analytics. Die Herausgeber hoffen, dass die Leserinnen und Leser wertvolle Anregungen und Hinweise für die Konzeptionierung und Realisierung von Business-Intelligence- und Analytics-Architekturen in eigenen Projekten erhalten.

Ein herzlicher Dank gilt den einzelnen Autoren, die trotz ihrer anderen Verpflichtungen, voller Terminkalender und speziell in einem durch die Covid-19-Pandemie geprägten Zeitintervall dennoch fristgerecht ihre jeweiligen Beiträge einbringen konnten. Wie gewohnt äußerst angenehm und konstruktiv war die Zusammenarbeit mit dem dpunkt.verlag; vor allem gilt hier Christa Preisendanz und dem Verlagsteam ein besonderer Dank.

Abschließend bleibt uns nur zu wünschen übrig, dass die Leserinnen und Leser dieses Sammelbandes interessante und hilfreiche Impulse für ihre eigene Arbeit finden und sich ihr Blickwinkel auf das Thema BIA-Architekturen insgesamt erweitert. Für kritische oder bestätigende Anmerkungen stehen wir unter den nachfolgenden E-Mail-Adressen gerne zur Verfügung:

Peter.Gluchowski@wirtschaft.tu-chemnitz.de
frankleisten@microsoft.com
Gero.Presser@QuinScape.de

Chemnitz, Merzenich, Dortmund im August 2021
Peter Gluchowski, Frank Leisten, Gero Presser

Inhaltsübersicht

Teil I	**Grundlagen**	**1**
1	Einführung in die BIA-Architekturen Peter Gluchowski • Frank Leisten • Gero Presser	3
2	Architekturen und Technologien für Data Lakes Carsten Dittmar • Peter Schulz	23
3	Datenzugriffsstrategien für Analytics bei beschränktem Datenquellenzugriff Michael Daum	39
4	Enterprise Application Integration: aktuelle Ansätze Martin Janssen	53
Teil II	**Plattformen und Ökosysteme**	**73**
5	Cloud Data Platform für die Logistikbranche: eine Lösung auf Basis von AWS Christian Schneider • Gero Presser	75
6	Organise the world's data – like Google Stefan Ebener • Stiv Sterjo • Sascha Kerbler • Andreas Ribbrock • Alex Osterloh • Diana Nanova • Christine Schulze • Lukas Grubwieser	89
7	Die Modern-Data-Warehouse-Architektur von Microsoft Fabian Jogschies	121
8	SAP Business Warehouse von gestern bis morgen Daniel Eiduzzis	145
9	Aus der Theorie in die Praxis – der Einfluss regulatorischer Anforderungen auf eine moderne Referenzarchitektur Thomas Müller • Lisa Anne Schiborr • Stefan Seyfert	159

10	**Case Study: Crédit Agricole Consumer Finance Netherlands** Nick Golovin • Don Seur	191
11	**Datenvirtualisierung** Daniel Rapp • Thomas Niewel • Jörg Meiners	201

Teil III Architekturbeispiele 217

12	**BIA-Architekturen für klinische Studien** Jörg Krempien • Jörg Frank • Philipp Kazzer	219
13	**BIA-Architekturen in der Versicherungsbranche** Gerhard Brückl • Timo Klerx	235
14	**BIA-Architekturen für kleine und mittlere Unternehmen** Markus Begerow	253
15	**Integrierte Planung und Reporting im Business-Analytics-gestützten Controlling** Christian Fürstenberg • Oliver Zimmer • Björn Beuter	275

Anhang 291

A	Autoren	293
B	Abkürzungen	305
C	Literaturverzeichnis	311
	Index	319

Inhaltsverzeichnis

Teil I	**Grundlagen**	**1**

1	**Einführung in die BIA-Architekturen**	**3**
	Peter Gluchowski • Frank Leisten • Gero Presser	
1.1	BIA-Trends und -Entwicklungen	3
1.2	Architekturkonzepte und -facetten	5
1.3	Datenbezogene Rahmenbedingungen	8
	1.3.1 Datenstrategie	9
	1.3.2 Data Valuation	11
	1.3.3 Data Management	13
1.4	Anforderungen an eine ganzheitliche BIA-Architektur	17
1.5	Klassische Architekturen für BIA-Ökosysteme	19

2	**Architekturen und Technologien für Data Lakes**	**23**
	Carsten Dittmar • Peter Schulz	
2.1	Historie der dispositiven Datenplattformen	23
2.2	Das Data-Lake-Konzept	24
2.3	Architektur eines Data Lake	27
2.4	Datenarchitektur eines Data Lake	31
2.5	Technologien für einen Data Lake	32
2.6	Herausforderungen in der Umsetzung eines Data Lake	36

3	**Datenzugriffsstrategien für Analytics bei beschränktem Datenquellenzugriff**	**39**
	Michael Daum	
3.1	Ursachen von Einschränkungen auf Datenquellen	40
3.2	BIA-Anforderungen an Datenquellen	44

3.3 Datenstrategische Überlegungen 44
    3.3.1 Trennung von Problemstellung und technischer Lösung 45
    3.3.2 Skalierbarkeit 46
    3.3.3 Cloud-Strategie und Datenschutz 46
    3.3.4 Data Management 47
3.4 Lösungsansätze bei unterschiedlichen Einschränkungen 47
    3.4.1 Technische Probleme der Connectivity 47
    3.4.2 (Firmen-)»Politische« Themen und Lizenzen 48
    3.4.3 Datenschutzanforderungen beim Zugriff 49
3.5 Entkoppeln von Systemen und Datenvirtualisierung 49
3.6 Abgrenzung und weiterführende Themen 51

4 Enterprise Application Integration: aktuelle Ansätze   53
Martin Janssen

4.1 Ein altbekanntes Thema vor immer neuen Herausforderungen 53
4.2 Der Unterschied zwischen Theorie und Praxis ist in der Praxis weit höher als in der Theorie 55
4.3 Die Zeit des ESB 57
4.4 Neue Anforderungen durch die Clouds 59
4.5 Drei aktuelle Lösungsansätze 60
    4.5.1 iPaaS – Integration mittels Low Code und als Turnkey-Lösung 60
    4.5.2 Kafka – der neue ESB? 65
    4.5.3 Serverless Integration – alles in der Cloud 68
4.6 Fazit 70

Teil II Plattformen und Ökosysteme   73

5 Cloud Data Platform für die Logistikbranche: eine Lösung auf Basis von AWS   75
Christian Schneider · Gero Presser

5.1 Herausforderung 76
5.2 Grundlegende Architektur 77
5.3 Technische Architektur mit AWS 78
5.4 Data Lake: AWS S3 und AWS Lake Formation 81

5.5	ETL und mehr: AWS Glue	82
5.6	Data Warehouse: AWS Redshift	83
5.7	Query Engine: AWS Redshift Spectrum	83
5.8	Visualisierung: AWS QuickSight	84
5.9	Flexibilität in der Architektur	85
5.10	Betrieb und Wartung	86
5.11	Ergebnis und Resümee	86

6 Organise the world's data – like Google 89
Stefan Ebener · Stiv Sterjo · Sascha Kerbler · Andreas Ribbrock ·
Alex Osterloh · Diana Nanova · Christine Schulze · Lukas Grubwieser

6.1	Einführung		89
	6.1.1	Herausforderungen für eine erfolgreiche BI-Landschaft	91
	6.1.2	Der Nutzen einer erfolgreichen BI-Landschaft	92
6.2	BI in der Public Cloud vs. On-Premises BI		93
	6.2.1	Vom Budgetprozess hin zum aktiven Kostenmonitoring	94
	6.2.2	Neue Unternehmensstrukturen rund um BIA in der Cloud	94
	6.2.3	Trennung von Datenspeicherung und Rechenleistung	95
	6.2.4	Elastizität und Skalierbarkeit	96
	6.2.5	Infrastruktur als Code – IaC	97
	6.2.6	Konvergenz von SQL und KI/ML	97
	6.2.7	Vom Prototyp zur Applikation	98
6.3	Moderne Ansätze und neue Konzepte für BIA		98
	6.3.1	Data Mesh aka Enterprise Data Evolution	98
	6.3.2	Lake House als nächste Generation des Data Lake	102
6.4	Business Intelligence mit Google Cloud		106
	6.4.1	Einführung einer serverlosen Architektur	108
	6.4.2	Einführung innovativer KI/ML-Technologien	109
	6.4.3	KI/ML im produktiven Einsatz	112
	6.4.4	Ende-zu-Ende-Anwendung von einer mit KI/ML integrierten Datenplattform	116
	6.4.5	Das »Big Picture« als Referenzarchitektur für ein modernes Lake House	116
	6.4.6	Betrieb produktiver Anwendungen mit Google	118
6.5	Fazit und Ausblick		119

7	**Die Modern-Data-Warehouse-Architektur von Microsoft**	**121**
	Fabian Jogschies	

7.1	Datenablage mit Azure Data Lake Storage Gen2	121
7.2	Data Ingest und Orchestrierung	125
7.3	Transformation, Serving und ML mit Azure Synapse Analytics	127
7.4	Transformation, Serving und ML mit Azure Databricks	132
7.5	Data Lab Toolbox – Machine Learning	135
	7.5.1 Azure Machine Learning (AML)	135
	7.5.2 Azure Cognitive Services	138
7.6	Visualisierung mit Power BI	140
7.7	Data Governance mit Azure Purview	141
7.8	Azure DevOps	142

8	**SAP Business Warehouse von gestern bis morgen**	**145**
	Daniel Eiduzzis	

8.1	Business Intelligence made in Walldorf	145
	8.1.1 SAP Business Warehouse – Wie alles begann	145
	8.1.2 Probleme, Kritik und Herausforderungen im SAP BW-Kontext	147
8.2	Entwicklung des SAP BW	148
	8.2.1 Die Zeit vergeht, das SAP BW bleibt	148
	8.2.2 Der große Wurf bleibt aus	150
8.3	SAP Business Intelligence – heute und morgen	152
	8.3.1 HANA und Cloud geben die Strategie vor	152
	8.3.2 Features und Werkzeuge für Data Management und Data Integration	155
	8.3.3 Reporting und Analyse dort, wo die Daten generiert werden	156
	8.3.4 Hybride Konzepte als State-of-the-Art-Architektur	156
8.4	Ausblick und Fazit	158

9		**Aus der Theorie in die Praxis – der Einfluss regulatorischer Anforderungen auf eine moderne Referenzarchitektur** Thomas Müller · Lisa Anne Schiborr · Stefan Seyfert	**159**
9.1		Aktuelle Herausforderungen	159
9.2		Historisierung	163
	9.2.1	Bitemporale Historisierung	164
	9.2.2	Best Practice	165
9.3		Datenschichtenarchitektur	166
	9.3.1	Datenschichten der Referenzarchitektur	166
	9.3.2	Archivierung und Housekeeping	169
9.4		Integrationsarchitektur	171
	9.4.1	Verfahren und Werkzeuge	172
	9.4.2	Anbindung Metadatenmanagement	173
	9.4.3	Anbindung Datenqualitätsmanagement	174
9.5		Metadatenmanagement (MDM)	174
	9.5.1	MDM – Kernanforderungen	176
	9.5.2	Die Metamodelllandkarte (Modellsichten)	178
	9.5.3	Data Lineage	179
	9.5.4	Best Practice MDM – Technologie	181
	9.5.5	Best Practice MDM – Architektur	182
9.6		Datenqualitätsmanagement (DQM)	183
	9.6.1	DQM – Kernanforderungen	184
	9.6.2	Prüfregeln	184
	9.6.3	Korrekturen	185
	9.6.4	Best Practice DQM – Architektur	186
9.7		Fazit und Handlungsempfehlungen	187
10		**Case Study: Crédit Agricole Consumer Finance Netherlands** Nick Golovin · Don Seur	**191**
10.1		Herausforderungen	191
	10.1.1	Lange Time-to-Market	192
	10.1.2	Zugang zu Echtzeitdaten	193
	10.1.3	Daten für operative Zwecke	193
	10.1.4	DSGVO-Konformität	193
	10.1.5	Anbindung von modernen Datenquellen	193

10.2	Anforderungen an die neue Lösung	194
10.3	Moderne Datenarchitektur	195
10.4	Use Cases	197
	10.4.1 360°-Blick auf Kunden	198
	10.4.2 Echtzeit-Sales-Monitoring	198
	10.4.3 Marketinganalysen	199
	10.4.4 Risk Management	199
	10.4.5 Data Preparation für regulatorische Reportings	199
10.5	Schlussfolgerung: Datenvirtualisierung das Allheilmittel?	200

11 Datenvirtualisierung   201
Daniel Rapp • Thomas Niewel • Jörg Meiners

11.1	Moderne Datenarchitekturen für das Zeitalter der Digitalisierung	201
11.2	Datenvirtualisierung – ein Überblick	202
	11.2.1 Anwendungsfälle der Datenvirtualisierung	204
11.3	Die Technologie der Datenvirtualisierung	206
	11.3.1 Zugriff auf das Datenmodell	207
	11.3.2 Datenschutz und Sicherheit	208
	11.3.3 Query-Optimierung	209
	11.3.4 Daten-Caching	210
	11.3.5 Datenkatalog	211
11.4	Abgrenzung zu anderen Integrationstechnologien	211
11.5	Kundenbeispiel: Die Festo Gruppe	212
	11.5.1 Unternehmensprofil der Festo Gruppe	212
	11.5.2 Geschäftsanforderungen	212
	11.5.3 Die Lösung	213
	11.5.4 Die Mehrwerte	214
11.6	Zusammenfassung	215
	11.6.1 Die Anwenderperspektive	216
	11.6.2 Die Data-Governance-Perspektive	216
	11.6.3 Die IT-Perspektive	216

Teil III Architekturbeispiele 217

12 BIA-Architekturen für klinische Studien 219
Jörg Krempien • Jörg Frank • Philipp Kazzer

12.1   Über klinische Studien 219
12.2   Anforderungen an die BI-Architektur 221
12.3   Architekturdetails 222
      12.3.1   Architekturüberblick 222
      12.3.2   Staging 223
      12.3.3   Core 225
      12.3.4   Publish 226
      12.3.5   Virtualisierung (Domänen durch Konfiguration) 227
12.4   Entwicklungsgeschichte und Ausblick 229
12.5   Use Cases 230
      12.5.1   Virtual Cut Off 230
      12.5.2   Subject Status 231
      12.5.3   Baseline Flags 231
      12.5.4   Clean Patient Tracker 232
      12.5.5   Fraud Detection in Clinical Trials 232
      12.5.6   Testautomatisierung (TAT) 232

13 BIA-Architekturen in der Versicherungsbranche 235
Gerhard Brückl • Timo Klerx

13.1   Ausgangssituation 235
13.2   Zielsetzung 236
13.3   Zielarchitektur 237
13.4   Data Lake 241
13.5   Datenverarbeitung 245
13.6   Ablaufsteuerung 247
13.7   Data-Science-Labor 249
13.8   Reporting 250

| 14 | **BIA-Architekturen für kleine und mittlere Unternehmen** | **253** |

Markus Begerow

14.1	Ausgangssituation	253
14.2	Neue Themen als Treiber für Innovationen	254
	14.2.1 Stammdaten- und Datenqualitätsmanagement	254
	14.2.2 Cloud-Infrastrukturen	255
	14.2.3 Data Science im Mittelstand	260
14.3	Konsequenzen für kleine und mittlere Unternehmen	262
	14.3.1 Tabellen- und Textdateien ersetzen keine Datenbank	262
	14.3.2 Cloud-Servicemodelle verstehen	263
	14.3.3 Data Science light einführen	268
14.4	Fazit	272

| 15 | **Integrierte Planung und Reporting im Business-Analytics-gestützten Controlling** | **275** |

Christian Fürstenberg • Oliver Zimmer • Björn Beuter

15.1	Die Entwicklung der Finanzplanung und -analyse	276
15.2	Der Weg zur datengetriebenen Unternehmenssteuerung	278
15.3	CCH® Tagetik – eine Lösung für alle Corporate-Performance-Management-Bereiche	280
15.4	Data Literacy – Aufbau von Datenkompetenz im Controlling	282
15.5	Einsatz und Nutzen von Self-Service im Controlling	284
15.6	Power BI als Self-Service-Reporting- und Analyse-Architektur	286
15.7	Einsatz von Power BI im Umfeld von CCH®Tagetik	287

Anhang 291

A	**Autoren**	**293**
B	**Abkürzungen**	**305**
C	**Literaturverzeichnis**	**311**
	Index	**319**

Teil I
Grundlagen

1 Einführung in die BIA-Architekturen

Peter Gluchowski • Frank Leisten • Gero Presser

Der vorliegende Beitrag setzt sich das Ziel, die Rahmenbedingungen für komplexe Business Intelligence & Analytics-(BIA-)Landschaften zu beleuchten. Den Ausgangspunkt für die Betrachtungen bildet der folgende Abschnitt, der BIA-Trends und -Entwicklungen in der letzten Dekade punktuell aufgreift und die Bedeutung für die zugehörigen dispositiven Ökosysteme herausarbeitet. Danach erfolgen eine Abgrenzung und Einordnung der BIA-Architektur zu verwandten Themen wie Unternehmensarchitektur, IT-Architektur, Anwendungsarchitektur und Infrastruktur (Abschnitt 1.2). Anschließend nähert sich Abschnitt 1.3 dem Architekturthema aus einer Datenperspektive, indem die Datenstrategie, die Wertermittlung von Daten und das Datenmanagement im Vordergrund der Betrachtung stehen. Der anschließende Abschnitt 1.4 beleuchtet die Anforderungen an eine ganzheitliche BIA-Architektur aus der Perspektive unterschiedlicher Anspruchsgruppen und macht deutlich, dass sich die Vorstellungen und Ziele erheblich voneinander unterscheiden können. Schließlich greift Abschnitt 1.5 die klassische Hub-and-Spoke-Architektur und die Schichtenarchitektur für BIA-Ökosysteme auf und verweist auf die zugehörigen Defizite.

1.1 BIA-Trends und -Entwicklungen

In der letzten Dekade lässt sich eine zunehmende Komplexität analytischer Architekturen feststellen. Waren es noch vor zehn Jahren die klassischen Data-Warehouse-zentrierten Architekturkonzepte, die fast flächendeckend und ausschließlich Verwendung fanden, haben in der Zwischenzeit vielfältige zusätzliche Komponenten und Technologien Einzug in die BIA-Landschaften der Unternehmen gehalten.

Unterstützt wurde diese Entwicklung nicht zuletzt durch die intensive Diskussion um Big Data, die durch die Hypothese geleitet ist, dass die herkömmlichen Konzepte und Technologien nicht dazu in der Lage sind, alle aktuellen Anforderungen in geeigneter Form zu erfüllen. So greifen einige Veröffentlichungen zu dem Thema auf eine Negativabgrenzung zurück und stellen heraus, dass Big Data dann gegeben ist, wenn die Kapazitäten und Funktionalitäten der klassischen Datenhaltung, -aufbereitung und -auswertung sich als nicht ausreichend erweisen [Dittmar et al. 2016, S. 3]. Zumeist wird Big Data heute durch die charakteristischen Eigenschaften beschrieben. Dann zeichnet sich Big Data nicht allein durch das immense Datenvolumen (Volume) aus, sondern ebenso durch die erhebliche Vielfalt an Datenformaten (Variety) sowie durch die Geschwindigkeit (Velocity), mit der neue Daten entstehen sowie verfügbar und damit analysierbar sind [Eaton et al. 2012, S. 5].

Allerdings lassen sich zahlreiche weitere Begrifflichkeiten mit dem Anfangsbuchstaben »V« und somit weitere Dimensionen identifizieren, mit denen Big Data umschrieben wird. Beispielsweise adressiert Veracity als Wahrhaftigkeit oder Richtigkeit der Daten eine weitere Eigenschaft von Big Data, zumal Auswertungen und die damit verbundenen Entscheidungen hierauf beruhen und falsche Daten zu fehlerhaften Analyseergebnissen führen können. Aufgrund der Datenvielfalt und des Datenvolumens erweist sich eine Überprüfung der Daten jedoch häufig als schwierig [Klein et al. 2013, S. 321]. Als weitere Begrifflichkeiten mit »V« finden sich Validity, Volatility, Variability und vor allem Value, auf die hier allerdings nicht weiter eingegangen wird [Gandomi & Haider 2015, S. 139; Khan et al. 2014, S. 3]. Es liegt auf der Hand, dass hieraus gänzlich neue Bedarfe resultieren, die es zu erfüllen gilt.

Auch seitens der Datenanalyse haben sich in den letzten Jahren bemerkenswerte Veränderungen eingestellt, die sich in einer verstärkten Hinwendung zu anspruchsvollen statistisch-mathematischen Verfahren unter Oberbegriffen wie künstliche Intelligenz, Machine Learning oder Data Science zeigen. Derzeit erweisen sich vor allem komplexe künstliche neuronale Netze (Deep Learning) als leistungsfähig, mit denen die Erforschung von Strukturzusammenhängen (Datenmustern) in Datenbeständen eine neue Qualität erreicht [Dorer 2019, S. 119 ff.].

Als Konsequenz aus diesen Entwicklungen erfolgte in zahlreichen Unternehmen eine zumindest teilweise Abkehr beispielsweise von den klassischen, festplattenorientierten relationalen Datenbanksystemen hin zur schemalosen und verteilten Ablage des Datenmaterials, mit der sich auch große und polystrukturierte Inhalte organisieren lassen. Daneben mündet die Forderung nach hoher Verarbeitungsgeschwindigkeit in neuen Herausforderungen, die eine Erweiterung oder Ergänzung der bislang üblichen Batch-orientierten Aufbereitung des Datenmaterials für analytische Zwecke zur Folge hat – spätestens dann, wenn Datenströme zu verarbeiten sind.

Begünstigt wird die Veränderung durch zahlreiche neue Technologien. Bezogen auf die Speicherung von Daten sei hier etwa auf In-Memory-Konzepte, NoSQL-Datenbanksysteme (z. B. als Key-Value Store) sowie auf Cloud-Technologien verwiesen. Im Frontend-Sektor dagegen haben Self-Service-Werkzeuge breiten Raum eingenommen.

Auch aus organisatorischen Gründen haben sich im letzten Jahrzehnt die Voraussetzungen für die Gestaltung von BIA-Architekturen geändert. So erfordert die zunehmende Hinwendung zu agilen Gestaltungsmethodiken mit kurzen Entwicklungszyklen, dass sich inkrementelle und iterative Veränderungen im Systemaufbau auch mit den vorhandenen Landschaften realisieren lassen. Aufgrund des engen zeitlichen Rahmens erweist es sich dabei teilweise als unumgänglich, dass einzelne Entwicklungsschritte durch Automatisierungsverfahren und -komponenten beschleunigt werden. Aber auch aus dem Betrieb von BIA-Lösungen ergeben sich Beschleunigungsbedarfe, die oftmals unter dem Begriffsgebilde DataOps diskutiert werden [Detemple 2020]. Gefordert wird hier sowohl eine Datenpipeline als auch eine Analytics-Pipeline zur möglichst zeitnahen Zurverfügungstellung von Berichten, Dashboards und Analytics-Modellen für den Endanwender.

Weitere Rahmenbedingungen für die BIA-Landschaft ergeben sich aus externen, regulatorischen, aber auch internen Vorgaben, die es zu erfüllen gilt. Als wichtige regulatorische Vorgabe lässt sich die Datenschutz-Grundverordnung (DSGVO) anführen, aus der sich die Notwendigkeit eines besonderen Umgangs mit personenbezogenen Daten und der architektonischen Umsetzung ableiten lässt. In einzelnen Branchen existieren darüber hinaus spezielle Regularien, die weit über den einfachen gesetzlichen Standard hinausreichen. So kann für den Finanzdienstleistungssektor das Regelwerk der BCBS 239 angeführt werden, aus dem sich weitreichende Anforderungen an die Transparenz und Nachverfolgbarkeit der Verarbeitung von Daten ergeben.

Vor diesem Hintergrund wird deutlich, dass eine einfache Architektur mit wenigen Komponenten heute kaum ausreichen kann, um allen Anforderungen gerecht zu werden. Vielmehr stellt sich die Aufgabe, ein analytisches Ökosystem zu gestalten, in dem jeder Baustein definierte Funktionen übernimmt und dabei seine spezifischen Stärken einbringt. Naturgemäß ergibt sich hieraus die steigende Komplexität der Gesamtlandschaft, zumal das reibungslose Zusammenspiel der einzelnen Komponenten eine Herausforderung darstellt.

1.2 Architekturkonzepte und -facetten

Der Begriff Architektur findet in zahlreichen Wissensdisziplinen und thematischen Bereichen Verwendung. Allgemein repräsentiert eine Architektur die Gesamtheit aller beschreibenden Darstellungen (Entwurfsartefakte) der erkenntnisrelevanten Objekte derart, dass diese den Anforderungen entsprechend produziert und betrieben werden können (Qualität). Idealerweise bleiben die grundlegenden Teile der Beschreibung möglichst unverändert über die Nutzungsdauer erhalten [Zachman 1997], können aber an geänderte Bedingungen angepasst werden. Die Artefakte bilden neben der Repräsentation von Objekten auch deren Funktionen, Schnittstellen und Beziehungen sowie dynamische Aspekte ab, wie den zeitlichen Ablauf von Austauschbeziehungen [Krcmar 2015, S. 280 f.].

Im Kontext von Informationssystemen umfasst dies die modellhafte Beschreibung der grundsätzlichen Struktur eines Systems mit seinen Elementen, der Beziehungen zwischen den Elementen sowie den Beziehungen des Systems zur Umwelt

[ISO 2000; Knoll 2018, S. 889]. Neben der Spezifikation seiner Komponenten und ihrer Beziehungen unter allen relevanten Blickwinkeln lassen sich auch die Konstruktionsregeln zur Erstellung des Bauplans [Sinz 2019] sowie die Prinzipien zur Konstruktion, Weiterentwicklung und Nutzung des Systems zu einer Informationssystem-Architektur zählen [IEEE 2000].

Durch die umfassende, globale Sicht auf ein Informationssystem, die alle relevanten Komponenten beinhaltet, unterscheidet sich die Architektur von eingeschränkteren Ansätzen (z. B. der unternehmensweiten Datenmodellierung). Zudem erfolgt die Konzentration auf eher aggregierte Elemente und Beziehungen, um die Ganzheitlichkeit der Betrachtung zu ermöglichen, ohne den Überblick zu verlieren [Winter & Aier 2019].

Als Teil einer Informationssystem-Architektur beschreibt die Datenarchitektur eines Informationssystems auf Fachkonzept- oder Entwurfsebene die grundlegenden Datenstrukturen und bildet dabei die Datenarchitektur eines ganzen Unternehmens ab oder konzentriert sich als Datenarchitektur eines Anwendungssystems auf einen Ausschnitt des Unternehmens [Winter & Aier 2019]. Demgegenüber repräsentiert die IT-Infrastruktur die technischen Komponenten, bestehend aus Hardware, (System-)Software sowie baulichen Einrichtungen für den Betrieb von (Anwendungs-)Software [Patig et al. 2019].

Um den Bezug zu geschäftlichen bzw. fachlichen Sichtweisen auf die Architekturen und damit ein gutes Business-IT-Alignment zu wahren, sind über die technische Perspektive hinaus weitere Aspekte zu berücksichtigen [Knoll 2018]. So lassen sich strategische und organisationale Ebenen abbilden, die auf den technischen Layern aufsetzen und diese ergänzen.

Auf jeder der betrachteten Architekturebenen finden sich unterschiedliche Objekte, deren Ausgestaltung und Zusammenwirken den Aufbau des Gesamtgebildes bestimmen (vgl. Abb. 1–1). Zur Gestaltung sind verschiedene Modelltypen verwendbar, die beim Entwurf der spezifischen Strukturen unterstützen. So finden sich auf der strategischen Ebene beispielsweise Modelle zur Abbildung von Geschäftsbeziehungen zu Kunden und Lieferanten. Bei der Beschreibung der Organisationsebene gelangen neben Prozesslandkarten und -modellen auch Organigramme sowie (fachliche) Informationslandkarten zur Anwendung. Auf der untersten Ebene, der IT-Infrastrukturebene, finden sich Beschreibungen über das Zusammenspiel (hardwarenaher) technischer Komponenten wie Modelle der Netzwerkinfrastruktur. Die Softwareebene darüber bildet neben den relevanten Datenstrukturen auch den Aufbau der Softwarekomponenten ab, beispielsweise auf Basis von Softwaremodulen oder auch -services.

Eine besondere Rolle spielt bei diesem Konzept die Integrationsebene, die sich als Mittler zwischen betriebswirtschaftlich-fachlicher und technischer Perspektive erweist. Hier werden einzelne Softwarebestandteile zu Anwendungen und Datenstrukturen zu Domänen verknüpft, um einzelne fachliche Prozesse unterstützen zu können. Infolgedessen lassen sich hier Modelle der Applikationslandschaft und Domänenmodelle verwenden. Neben der Verknüpfungsfunktion erwies sich hier in der Vergangenheit die Entkopplung von fachlichen und technischen Komponenten als hilfreich, um die langsam sich ändernden technischen Gegebenheiten (mit Zykluszeiten von 6 bis 10 Jahren) mit den relativ schnell sich ändernden fachlichen Ebenen (von 3 bis 6 Monaten auf der Organisationsebene bis zu 1–2 Jahren auf der Strategieebene) zu synchronisieren [Winter 2008, S. 24 ff.].

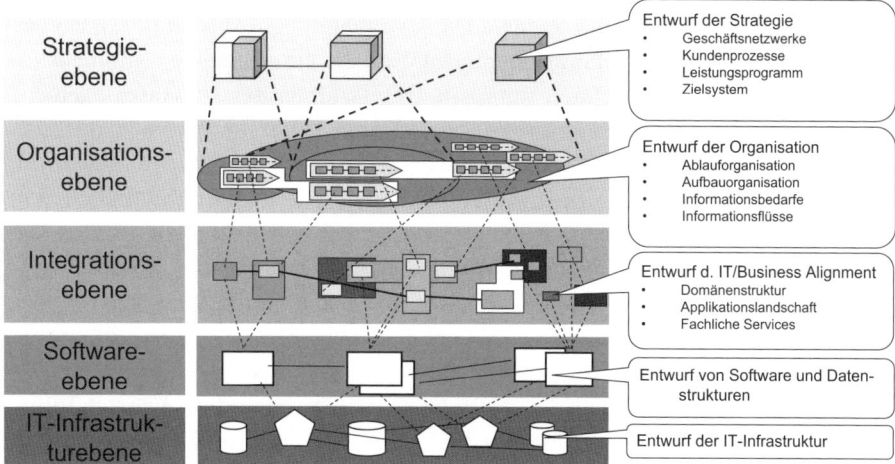

Abb. 1–1   Architekturebenen des Business Engineering [Winter 2010, S. 90]

Vor dem Hintergrund von sich stetig schneller entwickelnden technologischen Innovationen und dem fast flächendeckenden Einzug von agilen Entwicklungsmethoden erweist es sich als fraglich, ob die unterschiedlichen Änderungsgeschwindigkeiten heute noch in dieser Form gegeben sind. Vielmehr scheint es oftmals so, dass die hohe technische Entwicklungsdynamik als Enabler Druck auf die fachlichen Strukturen und Prozesse ausübt. Als Indikator hierfür mag die oft mühselige Suche nach passenden Business Cases gelten, wenn neue, beispielsweise unstrukturierte Datenbestände in den Unternehmen verfügbar sind.

Der vorliegende Sammelband konzentriert sich mit den zugehörigen Beiträgen auf die Integrations- und die Softwareebene. Hierfür sollen unterschiedliche Architekturkonzepte vorgestellt und diskutiert werden, wie sie sich in einzelnen BIA-Ökosystemen präsentieren.

Bevor jedoch auf die konkreten Ausgestaltungen von BIA-Ökosystemen eingegangen wird, sind zunächst die Rahmenbedingungen für eine geeignete Architektur zu beleuchten, die sich sowohl aus strategischen Überlegungen zum Umgang mit Daten als wichtige Ressource als auch aus den konkreten Anforderungen der Stakeholder ergeben.

1.3 Datenbezogene Rahmenbedingungen

Ein Rahmen für die Verarbeitung von Daten in einem Unternehmen besteht im Wesentlichen aus folgenden Teilbereichen: Strategie, Management, Funktion, Prozess und Technologie. Der vorliegende Abschnitt skizziert und positioniert diese Teilbereiche, indem die Handlungsfelder beschrieben und die Wechselwirkungen untereinander aufgezeigt werden. Die folgende Abbildung 1–2 ordnet die Handlungsfelder den entsprechenden Themengebieten zu.

Die strategische Ebene definiert, wie sich Daten im Sinne des Geschäftsmodells nutzen lassen und eine geeignete Datenstrategie (vgl. Abschnitt 1.3.1) abgeleitet werden kann. Die Managementebene schafft ein geeignetes Rahmenwerk zum Umgang mit diesen Daten mittels der Funktionen des Datenmanagements (vgl. Abschnitt 1.3.3). Hierbei werden die Daten zuvor im Rahmen der Data Valuation bewertet und entsprechend ihrer strategischen, wirtschaftlichen und regulatorischen Bedeutung priorisiert und kategorisiert (vgl. Abschnitt 1.3.2). Die Funktionen des Datenmanagements unterstützen oder ermöglichen den Prozess der datenbasierenden Wertschöpfung, die von den Geschäftsfunktionen ausgeführt wird. Datenstrategie und Data Governance regulieren, steuern, verwalten und überwachen die Funktionen des Datenmanagements. Die Management- und Funktionsebenen werden hierbei auf den gesamten Lebenszyklus von Daten angewandt. Die Verwaltung des Lebenszyklus von Daten und die Wertschöpfung auf deren Basis finden im Habitat der Architekturen und ihrer Systemkomponenten statt.

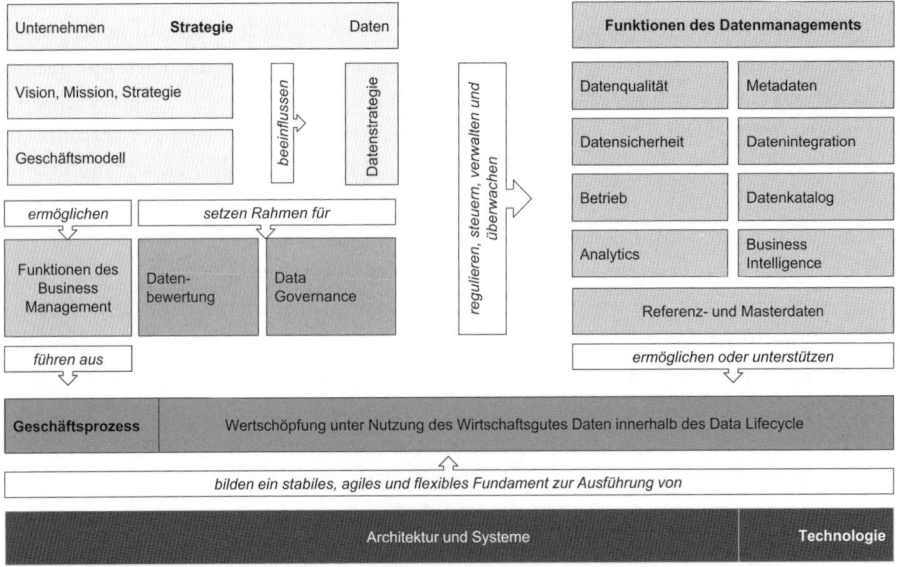

Abb. 1–2 *Daten-Ökosystem in einem Unternehmen mit Ebenen und Handlungsfeldern*

Dementsprechend fundamental sind die Architekturen und damit die Gesamtheit der Systeme zu gestalten, um eine dauerhafte und nachhaltige Basis zur Wertschöpfung aus Daten als Wirtschaftsgut und deren Verwaltung über den gesamten Lebenszyklus zu gewährleisten. Dabei sind vor allem Stabilität, Agilität und Flexibilität der Architekturen und Systeme sicherzustellen. Nachfolgend wird die Herleitung der Architekturanforderungen, von der Strategieebene ausgehend, beschrieben und in Abschnitt 1.4 als Anforderungen an eine BIA-Architektur zusammengefasst.

1.3.1 Datenstrategie

Allgemein wird auf der strategischen Ebene von der Unternehmensleitung (bzw. von den verantwortlichen Entscheidungsträgern) festgelegt, wie Daten im Sinne der Unternehmung einzusetzen sind. Im Rahmen der Strategiefindung muss die Denkweise über die Bedeutung von Daten an die jeweiligen spezifischen Bedingungen angepasst werden. Zahlreiche Unternehmen setzen Daten nach wie vor ausschließlich zur Unterstützung und Verbesserung bestehender Prozesse im Sinne von Messen und Verwalten ein [Rogers 2017]. Allerdings erfolgt – in immer mehr Organisationen und vor allem in den letzten Jahren – ein Umdenken in Bezug auf die Bedeutung und den Umgang mit Daten, wie in Tabelle 1–1 gegenübergestellt ist.

Früher	Heute
Die Datengenerierung innerhalb eines Unternehmens ist teuer	Daten werden ständig und überall generiert
Das Speichern und Verwalten von Daten stellt eine Herausforderung dar	Die Herausforderung besteht darin, Daten in wertvolle Informationen zu transformieren
Unternehmen nutzen nur strukturierte Daten	Unstrukturierte und semi-strukturierte Daten sind zunehmend nutzbar und stellen einen großen Wert dar
Daten werden in operativen Silos verwaltet	Wert generieren Daten insbesondere durch übergreifende Verbindungen
Daten sind ein Mittel zur Verbesserung von Prozessen	Daten sind ein immaterieller Vermögenswert und dienen damit der Wertschöpfung

Tab. 1–1 Anpassung der strategischen Denkweise [Rogers 2017, S. 139]

Zusammenfassend beinhaltet Tabelle 1–1 folgende Kernaussagen:

- Die Generierung von Daten erfolgt heute ubiquitär von Menschen und Maschinen.
- Die Herausforderung besteht nicht mehr in der Beschaffung von Daten, sondern in der Informationsgewinnung.
- Durch Einsatz fortschrittlicher Technologien und Methoden lassen sich aus Informationen Werte generieren.

Somit stellt sich bei der Strategieentwicklung die Aufgabe, Daten als wesentliche Schlüsselressource und damit wichtiges immaterielles Wirtschaftsgut für die eigene Organisation zu verstehen und zu behandeln, indem ein geeigneter Rahmen zu deren Bewirtschaftung definiert wird (vgl. hier auch die Datenstrategie der UN, abrufbar unter *https://www.un.org/en/content/datastrategy/index.shtml*). Dabei ist nicht zuletzt die zentrale Frage zu beantworten, welche Daten für das jeweilige Geschäftsmodell von Bedeutung sind oder sein könnten. Als exemplarische Einsatzgebiete von Daten, die bei der Definition einer Datenstrategie Bedeutung erlangen können, lassen sich anführen:

- Sammlung heterogener Datenarten für unterschiedlichste Zwecke
- Nutzung von Daten zur Prognose im Rahmen der Entscheidungsfindung
- Nutzung von Daten zur Entwicklung von Produktinnovationen
- Beobachtung des Verhaltens von Kunden
- Kombination von Daten aus diversen Bereichen bzw. Domänen

Aus einer strategischen Perspektive können Daten sowohl eine Supporter-Rolle (Unterstützer) als auch eine Enabler-Rolle (Ermöglicher) einnehmen (vgl. Abb. 1–3).

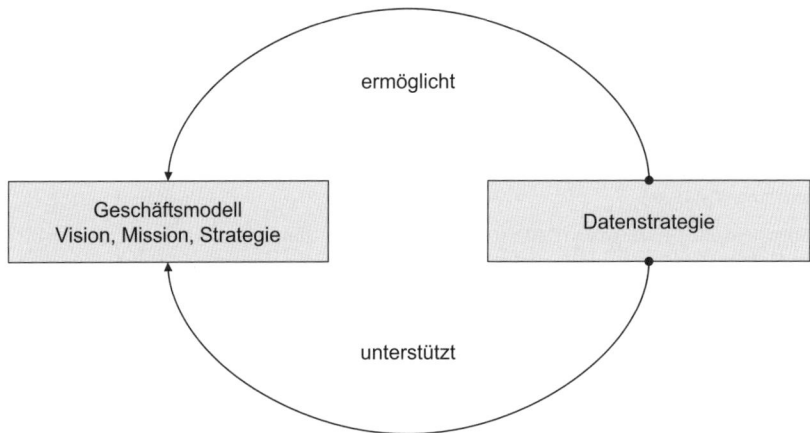

Abb. 1–3 *Zusammenhang zwischen Datenstrategie und Geschäftsmodell*

Die eingenommene Rolle wird durch den jeweiligen Datenstrategieansatz bestimmt, wobei sich hier defensive von offensiven Ausprägungen abgrenzen lassen. Der defensive Teil verfolgt das Ziel, nachteilige Datenrisiken zu minimieren, und widmet Themen wie Datenschutz, Datenintegrität, Identifizierung, Standardisierung sowie dem operativen Verwalten der Daten besondere Aufmerksamkeit. Im BIA-Kontext wird als Ziel die Bereitstellung einer »Single Source of Truth« bzw. eines »Single Point of Truth« verfolgt. Als Treiber für diese strategische Ausrichtung fungieren u.a. allgemeine Anforderungen an den Betrieb der Lösungen neben regulatorischen Vorgaben, was im Ergebnis zu ausgeprägter Stabilität führt.

Dagegen verfolgt der offensive Ansatz das Ziel, die Wirtschaftlichkeit zu steigern, Performance-Verbesserungen zu erzielen und die Kundenzufriedenheit zu erhöhen. Auf Basis der offensiven Strategie werden »Multiple Versions of Truth« erzeugt. Der offensive Ansatz eröffnet Chancen und erreicht dies durch Anreicherung der Daten und Verwendung analytischer Anwendungen. Insgesamt wird die Agilität und somit auch die Resilienz bzw. Widerstandskraft des Unternehmens verbessert [DalleMule & Davenport 2017].

Bezogen auf die spezifische Situation einer Organisation sind beide Strategien zu beachten und in Betracht zu ziehen, um unter den jeweiligen Rahmenbedingungen (wie Branche und Geschäftsmodell) ein ausgewogenes Verhältnis zwischen Offensive und Defensive im eigenen Haus zu etablieren. Als Basisannahme muss der Datenstrategie die Einsicht zugrunde liegen, dass nur auf Basis einer defensiven Stabilität eine funktionierende Offensive erfolgreich sein kann.

Bei all dem gilt zu beachten, dass Daten als immaterielle Wirtschaftsgüter über andere Eigenschaften als materielle Wirtschaftsgüter verfügen und somit ein individuelles Umfeld zur Bewirtschaftung geschaffen werden muss. Tabelle 1–2 zeigt einige zentrale Unterscheidungskriterien auf.

Materielle Wirtschaftsgüter	Daten als Wirtschaftsgüter
Spezifische Distribution	Einfache Distribution (Internet etc.)
Einfache Ermittlung des Wertes – Bewertung anhand von Marktpreisen möglich	Komplexe und problematische Wertermittlung
Kosten einfach zu ermitteln	Kosten schwer zu ermitteln
Preisbildung bekannt	Preisbildung nahezu unbekannt
Individueller Besitz; Identifikation und Schutz leicht herstellbar	Vielfacher Besitz möglich; Identifikation und Schutz aufwendig
Hohe Vervielfältigungskosten	Geringe Vervielfältigungskosten
Gebrauch verursacht Wertverlust	Gebrauch generiert Wertgewinn durch Teilung

Tab. 1–2 Gegenüberstellung von materiellen Gütern und Daten als Wirtschaftsgüter

Bekannte Methoden und Technologien zum Asset Management können dementsprechend nicht vollumfänglich – insbesondere im Hinblick auf die Ermittlung des Wertes von Daten – herangezogen werden. Der folgende Abschnitt widmet sich unter der Begrifflichkeit Data Valuation speziell dem Thema Wertermittlung von Daten.

1.3.2 Data Valuation

Die Standards zur Verwaltung von physischen Assets sind in ISO 55001 geregelt. Basierend auf diesem Standard entwickelte The Institute of Asset Management

(IAM) einen Leitfaden zur Bewertung von Wirtschaftsgütern, der als Voraussetzung ein Verständnis über Kosten und Risiken zu einem Vermögensgegenstand über den gesamten Lebenszyklus anführt [Fleckenstein & Fellows 2018, S. 15 ff.].

Als Wirtschaftsgut besitzen Daten einen Wert, der von den Unternehmen zwar erkannt wird, sich allerdings nur schwer bestimmen und quantifizieren lässt. Im International Accounting Standard (IAS) 38 sind immaterielle Wirtschaftsgüter definiert als identifizierbare nicht monetäre Vermögenswerte ohne physische Substanz. Diese Definition trifft auch auf Daten zu, dennoch fließen sie aber bislang nicht als Wirtschaftsgüter in die Bilanzen ein [Treder 2019, S. 43].

Eine Bewertung von Daten kann aus verschiedenen Blickrichtungen und in Abhängigkeit von ihrer spezifischen Rolle in einem Unternehmen durchgeführt werden. Eine gebräuchliche Einteilung unterscheidet zwischen den Bewertungskategorien Kosten, Nutzen und Marktwert. Signifikanten Einfluss auf den Wert von Daten übt die jeweilige Datenqualität aus [Krotova & Spiekermann 2020].

Kosten entstehen entlang des gesamten Data Lifecycle und weisen einen direkten Zusammenhang mit der Bewirtschaftung von Daten auf (z. B. Infrastruktur, Softwarelizenzen, Personal usw.). Eine naheliegende Option besteht darin, die Summe aller angefallenen Kosten für die Erzeugung bzw. Beschaffung und die Pflege der Daten für die Bewertung heranzuziehen. Falls Daten reproduzierbar oder ersetzbar sind, lassen sich alternativ die entsprechenden Reproduktionskosten oder Kosten für einen Datenersatz zugrunde legen [Rea & Sutton 2019, S. 6].

Bezüglich der Kosten seien an dieser Stelle auch Kosten für vermeintlich suboptimale Architekturansätze erwähnt. Lässt eine Architektur z. B. Datensilos zu, dann können Opportunitätskosten entstehen und – im ungünstigsten Fall – sogar die durch Daten gewonnenen Werte zerstören. Als mögliche Folgen von Datensilos lassen sich anführen [Treder 2019, S. 50]:

- Unterschiedliche Antworten auf die gleichen Fragestellungen
- Verzögerung bei der Umsetzung neuer Geschäftsmodelle
- Inkompatibilität bei der Zusammenführung von Silo-übergreifenden Daten
- Doppelte Arbeit
- Erschwerte Einhaltung regulatorischer Anforderungen

Der **Nutzwert** von Daten erweist sich als ungleich schwerer bestimmbar als die zugehörigen Kosten und lässt sich nicht immer exakt quantifizieren. Vor allem wenn neben dem tatsächlich generierten Nutzen (»finanzieller Nutzen«) auch der potenziell mögliche Nutzen (»finanzielle Chance«) erhoben werden soll [Glazer 1993], präsentiert sich die Erhebung als große Herausforderung und lässt sich nur zusammen mit Domänenexperten sowie mit erheblichem Aufwand näherungsweise ermitteln [Krotova & Spiekermann 2020]. Tatsächlich generierter Nutzen erwächst aus dem identifizierten Mehrwert, der sich aus der Datennutzung ergibt, beispielsweise durch eine Verbesserung von Prozessabläufen. Daneben gilt es hier, auch Kosten oder entgangene Gewinne zu bestimmen, die aus der Verwendung ungeeigneter oder fehlerhafter Daten resultieren. Potenziell möglicher Nutzen dagegen verweist auf zukünftige Chancen und Risiken durch die Datenverwendung, etwa durch zusätzliche Erlöse oder auch Datenverluste.

Als drittes, mögliches Bewertungskriterium dient der **Marktwert** der Daten, bei dem die Daten als Produkte verstanden und gehandelt werden [Krotova & Spiekermann 2020, S. 30]. Als Voraussetzung hierfür gilt, dass es Marktteilnehmer mit der Bereitschaft gibt, für die Daten zu zahlen. Erst durch das Zusammentreffen von Angebot und Nachfrage für ein Gut erwächst ein Preis. Obwohl bereits erste Datenmarktplätze existieren, die als Plattform einen geregelten Austausch von Daten und dafür zu zahlende Preise gewährleisten wollen, stehen die zugehörigen Geschäftsmodelle noch am Anfang und befinden sich häufig im Aufbau [Krotova & Spiekermann 2020, S. 31]. Den Regelfall dürften daher heute noch bilaterale Austauschbeziehungen zwischen Anbieter und Nachfrager von Daten darstellen. Einen Sonderfall stellt hier der Handel mit Adress- und anderen personenbezogenen Verbraucherdaten dar, der unter engen rechtlichen Rahmenbedingungen gestattet ist [Goldhammer & Wiegand 2017].

Fazit: Dass Daten heute einen ökonomischen Wert besitzen, wird nicht angezweifelt. Auch wenn sich die Bewertungsmethoden noch in der Entwicklungsphase befinden, müssen Daten als Wirtschaftsgut verstanden und entsprechend behandelt werden.

1.3.3 Data Management

Allgemein lässt sich unter Data Management das gesamte Spektrum an technischen, konzeptionellen, methodischen und organisatorischen Methoden, Verfahren und Konzepten zur Steuerung, Beschaffung, Bereitstellung, Verwendung, Qualitätssicherung oder Entsorgung von internen und externen Daten subsumieren. Damit deckt das Data Management den gesamten Lebenszyklus der Daten von ihrer ursprünglichen Erstellung bis zu einem gültigen Ruhezustand ab [Krcmar 2015, S. 178 f.]. Als ausübende Instanz der Datenbewirtschaftung setzt das Data Management die Vorgaben um, die aus diversen Governance-Vorgaben erwachsen [Krotova & Eppelsheimer 2019].

In diesem Kontext erweist sich vor allem das Zusammenspiel von Data Governance und Data Management als richtungsweisend. Obwohl in der betrieblichen Praxis die beiden Begrifflichkeiten häufig als Synonyme Verwendung finden, erweisen sich Data Governance und Data Management als eher komplementär [Al-Ruithe et al. 2018, S. 6]. Als verbindliche Grundlage für die Aktivitäten im Data Management definiert die Data Governance Richtlinien und Prinzipien in den Handlungsfeldern Aufbauorganisation, Prozesse und Standards, Technologie und Kommunikation, die jeweils zu beobachten, zu messen und zu steuern sind [Gluchowski 2020, S. 6; Fleckenstein & Fellows 2018, S. 63 ff.]. Während die Data Governance damit den Ordnungsrahmen für den angemessenen Umgang mit betrieblichen Daten als wichtige Wirtschaftsgüter aufspannt, setzt das Data Management diese Vorgaben mit geeigneten Konzepten und Werkzeugen um und implementiert sie damit in den Entwicklungs- und Betriebsprozessen [Khatri & Brown 2010].

Hierbei gliedert sich Data Management in eine Reihe von Domänen, die zwar jeweils abgrenzbare Teilaspekte adressieren, allerdings nicht isoliert betrachtet oder gar implementiert werden dürfen, sondern aufgrund vielfältiger Wechselbeziehungen stets im Zusammenspiel mit den anderen Domänen zu betrachten sind [Fleckenstein & Fellows 2018, S. 39]. Beim konkreten Zuschnitt der Domänen und der sich daraus ergebenden Beziehungen entstehen vielfältige Wahlmöglichkeiten, die sich in unterschiedlichen Sichtweisen und Abgrenzungen verfestigen. Den nachfolgenden Ausführungen liegt das »DAMA Wheel« zugrunde (vgl. Abb. 1–4), da es vergleichsweise einfach zu verstehen ist und sich in der Praxis etabliert hat.

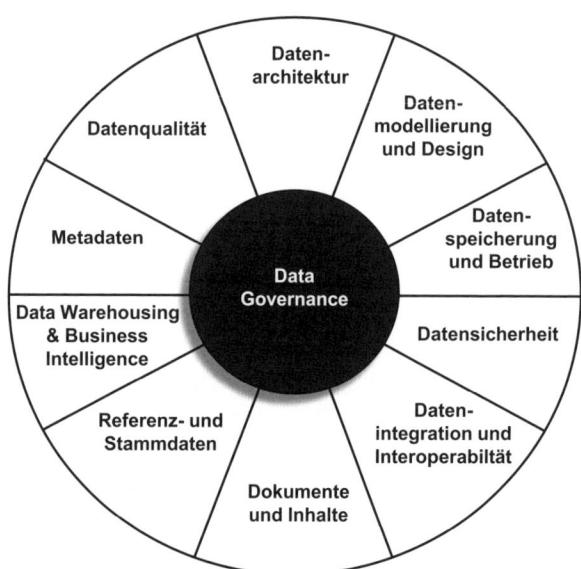

Abb. 1–4   *Komponenten des Datenmanagements [DAMA 2017]*

Im Ansatz der Data Management Association (DAMA), der unter der Bezeichnung DAMA-Data Management Body of Knowledge (DMBOK) inzwischen in der Version 2 veröffentlicht wurde, setzt sich das Datenmanagement aus elf Komponenten zusammen, von denen die Data Governance den zentralen Ankerbaustein bildet. Der nachfolgende, tabellarische Gesamtüberblick in Tabelle 1–3 leitet über zu einer Beschreibung der für die weiteren Betrachtungen wichtigsten Domänen.

Domäne	Kurzbeschreibung
Data Governance	Orientierung für das Data Management durch Etablierung eines Systems an Verfügungsrechten, Rollen, Prozessen etc.
Data Modeling & Design	Übersetzung von Datenanforderungen in formale Datenmodelle
Data Storage & Operations	Entwurf, Implementierung und Support der Datenspeicherung
Data Security	Management der Vertraulichkeit, Integrität und Verfügbarkeit von Daten
Data Integration & Interoperability	Bewegung und Konsolidierung von Daten zwischen Anwendungen und Organisationen
Document & Content Management	Management des Lebenszyklus von Daten in beliebigen Medien
Reference & Master Data Management	Management der zentralen, geteilten Stammdaten
Data Warehousing & Business Intelligence	Bereitstellung von entscheidungsunterstützenden Daten und Auswertungen
Metadata	Data Management für Metadaten, also beschreibende Angaben über Dateninhalte, -strukturen und -prozesse
Data Quality	Management von Aktivitäten, um Daten in der benötigten Qualität bereitzustellen
Data Architecture	Architektur mit Angaben darüber, wie Daten in ihrem Lebenszyklus durch Systeme fließen

Tab. 1–3 *Domänen des Data Management gemäß DAMA Wheel*

Aufgabe des **Master Data Management** ist es, dafür Sorge zu tragen, dass die zentralsten Daten einer Organisation wohldefiniert sind [Fleckenstein & Fellows 2018, S. 93]. Hervorgegangen aus dem Management von Kundendaten sowie dem Produktdatenmanagement stehen auch heute diese beiden Entitätstypen im Vordergrund, da sich ihre Bedeutung für die meisten Organisationen als besonders kritisch erweist. Beide Entitätstypen können zwar in komplexen und jeweils hierarchischen Datenmodellen durch verschiedene Sichten unterschiedlicher Fachbereiche münden. Allerdings sind die eigentlichen »Stammdaten« (Master Data) typischerweise klein und beschränkten sich auf wenige Felder mit herausragender und oft übergreifender Bedeutung. Ziel des Master Data Management ist es, für eine konsistente Sicht auf diese Stammdaten in der gesamten Organisation zu sorgen und dabei Dubletten aufzulösen und ggf. die verteilte Bearbeitung der Stammdaten zu ermöglichen. Eng verwandt mit dem Master Data Management ist das **Reference Data Management,** bei dem Daten Beachtung finden, die zum Klassifizieren und Kategorisieren anderer Daten dienen.

In die Domäne **Data Quality** fällt das Management der Datenqualität, das das Ziel verfolgt, Daten in derjenigen Qualität bereitzustellen [Fleckenstein & Fellows 2018, S. 101 ff.], die für die spätere Nutzung erforderlich ist. Der Begriff der Datenqualität kann nicht absolut definiert werden, sondern immer nur in

Abhängigkeit der späteren Anwendung. Typischerweise lassen sich Richtigkeit, Vollständigkeit, Konsistenz, Latenz und Angemessenheit der Daten voneinander abgrenzen. Das Management der Datenqualität umfasst den gesamten Lebenszyklus von Daten, beginnend mit ihrem Entstehen bzw. ihrer Einpflege in ein System. Wichtige Werkzeuge sind z. B. das Data Profiling, das Data Quality Monitoring sowie das Data Cleansing, wobei sich in diesen Tätigkeitsfeldern die Einbindung von Mitarbeitern aus den Fachabteilungen als erforderlich erweist. Eine hohe Datenqualität erfordert dabei grundsätzlich die übergreifende Zusammenarbeit, Kommunikation und auch Abstimmung. Maßnahmen zur Qualitätsverbesserung von Daten orientieren sich häufig an Vorgehensweisen zur Qualitätsverbesserung in industriellen Prozessen, folgen damit z. B. dem Deming- oder PDCA-Zyklus (bestehend aus Plan, Do, Check, Act) [Deming 1982].

Die Domäne **Data Security** soll gewährleisten, was häufig mit dem Akronym C.I.A. bezeichnet wird: die Vertraulichkeit (Confidentiality), Integrität (Integrity) und Verfügbarkeit (Availability) von Daten [Fleckenstein & Fellows 2018, S. 166]. Wie in anderen Managementdisziplinen auch, besteht die Aufgabe darin, den gewünschten Status zu planen (z. B. Kategorisierung von Daten nach Schutzbedürftigkeit und Festlegung dessen), diesen umzusetzen, die Einhaltung zu überwachen bzw. zu auditieren und eventuelle Auffälligkeiten in geeigneter Weise zu behandeln.

Metadata umfasst beschreibende Angaben über den Inhalt, die Struktur, die Verarbeitung und die Nutzung von Daten und bildet damit eine Grundvoraussetzung für die effektive Verwendung des Datenbestands einer Organisation [Fleckenstein & Fellows 2018, S. 166]. So wie »Data Management« den professionellen Umgang mit Daten allgemein adressiert, bezieht sich »Metadata Management« auf die Teilmenge der Metadaten. Metadaten vereinfachen die Zugänglichkeit von Daten, z. B. durch die Verwendung eines Datenkatalogs, der Daten-Assets in einem zentralen Verzeichnis verwaltet. Sie helfen mit Einblicken in die Datenherkunft (Data Lineage: Rückverfolgung der Herkunft von Daten von der Auswertung zur Quelle) und Datenverwendung (Impact Analysis: Abschätzung von Auswirkungen in nachgelagerten Systemen bei Veränderungen in Quellsystemen). Darüber hinaus lassen sich Metadaten effizienzsteigernd bei der Automatisierung verwenden (bspw. im Rahmen des Data-Vault-Ansatzes).

Ziel der Domäne **Data Modeling & Design** ist es, die genauen Datenanforderungen zu verstehen und diese anschließend in ein formales Datenmodell – besteht aus Metadaten zur Beschreibung der konkreten Daten – zu überführen [DAMA 2017, Kap. 5]. Je nach prinzipieller Struktur der Daten gibt es eine Reihe unterschiedlicher Schemata und Notationen für Datenmodelle, darunter UML für objektorientierte Strukturen, Entity-Relationship-Diagramme z. B. in der Chen-Notation für relationale Strukturen oder die Data-Vault-Modellierungstechnik.

Mit **Data Integration & Interoperability** werden Prozesse beschrieben, im Rahmen derer Daten über System-, Anwendungs- und/oder Organisationsgrenzen hinweg transportiert oder transformiert werden [DAMA 2017, Kap. 8]. Zu den wesentlichen Konzepten zählen das Batch-orientierte ETL bzw. ELT genauso wie Streaming-Ansätze, ein Enterprise Service Bus (ESB) und Data Virtualization.

Mit den einzelnen Facetten des DAMA Wheel sind auch die Handlungsfelder für das Datenmanagement in Unternehmen umrissen, die allerdings auch mit den Zielvorstellungen und Prioritäten der unterschiedlichen Stakeholder in Deckung gebracht werden müssen, wie der folgende Abschnitt aufzeigt.

1.4 Anforderungen an eine ganzheitliche BIA-Architektur

Die Gestaltung einer angemessenen Architektur für BIA-Landschaften muss sich an den gegebenen Rahmenbedingungen orientieren. Dazu gehören neben der grundsätzlichen Ausrichtung der jeweiligen Organisation mit Geschäftsmodell und Unternehmensstrategie auch die darauf aufbauenden Vorgaben, die in der Datenstrategie und der Data Governance dokumentiert sind.

Als weiterer wichtiger Bestimmungsfaktor sind die funktionalen und nicht funktionalen Anforderungen der einzelnen Anspruchsgruppen anzuführen. Funktionale Anforderungen werden in erheblicher Weise vom jeweiligen Anwendungskontext determiniert und variieren stark in Abhängigkeit von Branchenzugehörigkeit, Unternehmensgröße und zu unterstützender Unternehmensfunktion. Dagegen adressieren die nicht funktionalen Anforderungen – auch als Qualitätsanforderungen bezeichnet – Themengebiete wie Performance, Verfügbarkeit, Zuverlässigkeit, Skalierbarkeit und Portabilität [Pohl & Rupp 2011, S. 16].

Als Anspruchsgruppen lassen sich neben dem Management grob die Anwender von den Entwicklern und Betreibern unterscheiden (vgl. Abb. 1–5). Das Management setzt sich in dieser Einteilung aus den Entscheidungsträgern oberer und ggf. mittlerer Führungsebenen zusammen und nimmt einen eher übergeordneten Blick auf die Systemlandschaft ein (auch wenn Führungskräfte als Anwender auf bestimmte Teile des BIA-Ökosystems zugreifen wollen). Den Entscheidern ist insbesondere die Einhaltung übergeordneter interner und externer Regeln und Vorgaben wichtig, weshalb hier die Themenbereiche Compliance und Governance stark im Fokus stehen. Als Budgetverantwortliche stecken sie den Rahmen für die verfügbaren finanziellen Ressourcen ab und richten besonderes Augenmerk auf Nutzen und Kosten (Wirtschaftlichkeit) eines BIA-Vorhabens.

Den Anwendern von BIA-Lösungen, die zumeist in den einschlägigen Fachbereichen wie Controlling oder Marketing beheimatet sind, liegt vor allem die bestmögliche Unterstützung der eigenen, fachlichen Arbeitsaufgaben am Herzen. Immer stärker rückt dabei die Geschwindigkeit in den Vordergrund, mit der sich neue fachliche Anforderungen im geschäftlichen Kontext ergeben und die rasch in den Systemen ihren Niederschlag finden sollen. Da sich eine derartig ausgeprägte Agilität nicht immer mit den Verfahren eines klassischen Anforderungs- und Projektmanagements erreichen lässt, wird häufig größere Autonomie bei der selbstständigen Erarbeitung von Lösungen eingefordert, die in Konzepten wie

Self-Service-BI ihre Umsetzung findet. Um dem schnelllebigen fachlichen Umfeld gerecht werden zu können, bedarf es auch Lösungen, die mit möglichst geringem Zeitverzug (Latenz) neue Informationen zugänglich machen. Zur Bewältigung dieser Herausforderung lassen sich Real- bzw. Right-Time-Konzepte verwenden. Daneben werden hier Werkzeuge zur Automatisierung eingesetzt, die zusätzlich von aufwendigen Vorarbeiten zur Datenbereinigung und -transformation entlasten können. In Bezug auf die auswertbaren Datenformate hat seit einigen Jahren eine verstärkte Einbeziehung auch unstrukturierter sowie semistrukturierter Daten in den Fachbereichen Einzug gehalten – teils aus internen (Sensordaten), teils aus externen Quellen (Daten aus sozialen Medien). Unabhängig von der Datenherkunft erwarten die Anwender oftmals, dass sie den angebotenen Inhalten vertrauen können.

In Abgrenzung vom Anwender verfolgen die Entwickler und Betreiber von BIA-Landschaften oftmals abweichende Ziele, aus denen eine andere Priorisierung von Anforderungen resultieren kann. Häufig erhalten hier beispielsweise Aspekte wie Datensicherheit und -schutz eine viel höhere Bedeutung wie auch die Widerspruchsfreiheit der Daten (Konsistenz) und umfangreiche Transparenz über die einzelnen Objekte der Architektur einschließlich Strukturen und Abhängigkeiten (z.B. Datenflüsse). Als wichtige Faktoren gelten weiterhin die Skalierbarkeit der Systemlösung, beispielsweise bei steigendem Datenvolumen, sowie die jederzeitige Verfügbarkeit und Stabilität.

Entscheider
- Compliance
- Governance
- Wirtschaftlichkeit

Anwender
- Agilität
- Automatisierung
- Autonomie
- Real / Right Time
- Verarbeitung beliebiger Datenarten
- Verlässlichkeit / Vertrauen

Entwickler/Betreiber
- Konsistenz
- Schutz
- Sicherheit
- Skalierbarkeit / Elastizität
- Transparenz
- Verfügbarkeit / Stabilität

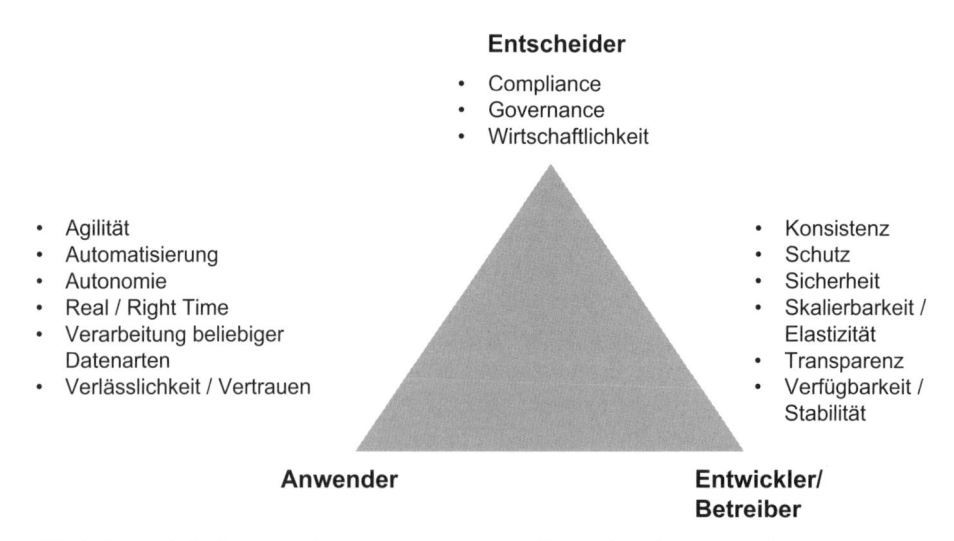

Abb. 1–5 *Anforderung von Anspruchsgruppen an eine BIA-Landschaft*

Die Ausführungen zeigen, dass die unterschiedlichen Anspruchsgruppen stark voneinander abweichende Zielvorstellungen und damit auch Anforderungen an eine geeignete BIA-Systemlandschaft aufweisen.

1 Einführung in die BIA-Architekturen

Der folgende Abschnitt beleuchtet nochmals die klassischen BIA-Architekturen, die über viele Jahre hinweg in den Organisationen als stabiles Fundament für die Gesamtlandschaft genutzt worden sind und bisweilen auch heute noch genutzt werden.

1.5 Klassische Architekturen für BIA-Ökosysteme

Bevor der Hauptteil des vorliegenden Sammelbandes auf moderne BIA-Architekturen eingeht, soll an dieser Stelle zunächst ein Blick zurück geworfen werden auf die Architekturformen, die sich langjährig als Standard im Bereich BIA etablieren konnten.

Für eine gewisse Zeit schien die Diskussion um BIA-Architekturen bis auf Nuancen erledigt zu sein. Nach anfänglich konträren Ansätzen hatte sich schließlich die Hub-and-Spoke-Architektur als Quasistandard etabliert [Hahne 2014, S. 10 ff.]. Zugrunde liegen dabei die Kernideen eines Data Warehouse (DWH) durch Trennung von operativen und dispositiven Daten und Zusammenführung von Daten aus unterschiedlichen Quellen in einem abgestimmten Datenmodell (vgl. Abb. 1–6).

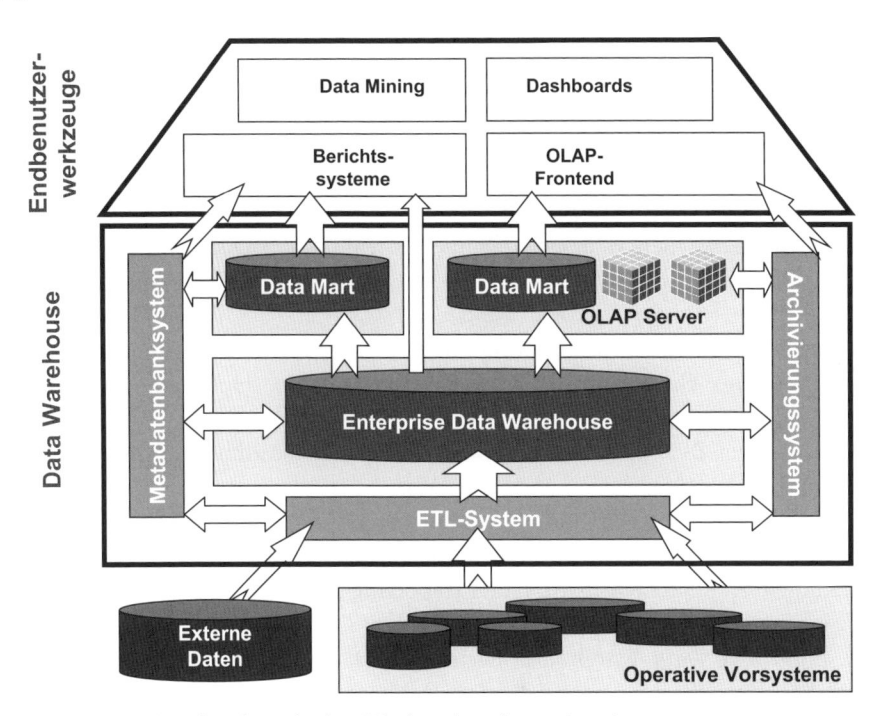

Abb. 1–6   Hub-and-Spoke-Architektur [Gluchowski et al. 2008, S. 141]

Das Data Warehouse hält Schnappschüsse des unternehmensweiten Datenstands von operationalen Systemen dauerhaft fest und stellt diese für Analysen bereit [Fleckenstein & Fellows 2018, S. 123]. Das DWH-Konzept kam in den 1990er-Jahren erstmalig zur praktischen Anwendung und dient seither als Datenbasis für strategische Berichts-, Analyse- und Planungssysteme [Bauer & Günzel 2013, S. 11–13].

Neben kostenlosen oder kostenpflichtigen externen Daten dienen als primäre Datenquellen die operativen Systeme. Per ETL (Extraktion, Transformation, Laden) werden hieraus Daten über potenziell mehrere Zwischenschichten in ein passendes Schema überführt und im Enterprise Data Warehouse gespeichert. Neben dieser Vorgehensweise bietet sich insbesondere in großen Landschaften mit hohem Datenvolumen ein ELT an, bei dem nach der Extraktion die Daten zunächst in einen speziellen Speicherbereich des Data Warehouse (Staging Area) geschrieben und danach meist mit datenbankeigenen Mitteln wie Views oder Skripten weiterverarbeitet werden.

Anschließend erfolgt die Bereitstellung von Teilmengen der Daten aus dem Data Warehouse für die Fachanwender als Data Marts, dann z. B. zugeschnitten auf die Anforderungen eines spezifischen Fachbereichs. Diese Data Marts dienen schließlich als Datenquelle für die Auswertungen mit geeigneten Endbenutzerwerkzeugen, z. B. einem Berichtssystem oder Softwareprodukten für die Visualisierung der Daten als Dashboard.

Die Bezeichnung Hub-and-Spoke (Nabe und Speiche) wird allgemein für Architekturen verwendet, wenn die Verbindung von der Quelle zur Senke nicht direkt, sondern über einen zentralen Verbindungsknoten führt, die Nabe (engl. Hub). Im konkreten Fall der klassischen BIA-Architektur werden die Daten ausgehend von den Quellsystemen über die zentrale Nabe Data Warehouse in die Data Marts übertragen, von wo aus sie die unterschiedlichen Auswertungswerkzeuge speisen.

Eine Metadatenverwaltungskomponente sowie eine Archivierungs- und Backup-Komponente flankieren die Kernkomponenten der Hub-and-Spoke-Architektur.

Ein näherer Blick auf das Data Warehouse selbst enthüllt verschiedene logische (Daten-)Schichten bzw. Layer (vgl. Abb. 1–7).

Wie bereits vorangehend illustriert, integriert das Enterprise Data Warehouse Inhalte aus (i. d. R. mehreren) Datenquellen und leitet sie schlussendlich an (i. d. R. mehrere) Data Marts bzw. den Reporting Layer für Auswertungen weiter.

Eine zentrale Sammlung der Daten erfolgt im Integration Layer oder Core bzw. Enterprise Data Warehouse. Meist werden die Daten hier heute in größtmöglicher Detaillierung gespeichert und über mehrjährige Zeiträume aufbewahrt. Im Idealfall existiert für die gesamte Organisation nur ein einzelner Integration Layer – dann auch als »Single Point of Truth« (SPOT) bezeichnet – mit aufbereiteten und qualitätsgesicherten Inhalten.

Zwischen den Datenquellen und dem Integration Layer befindet sich der Acquisition Layer, häufig auch als Staging Area bezeichnet. Dieser Layer wird genutzt, um Daten zunächst unverändert aus den Quellsystemen zu kopieren. Nachfolgend lassen sich dann Transformationen zwischen dem Acquisition Layer und dem Integration Layer realisieren (ELT), um die Daten in die gewünschte Struktur zu bringen. Diese Transformationen erfolgen dann innerhalb des Data Warehouse und belasten daher nicht die Quellsysteme.

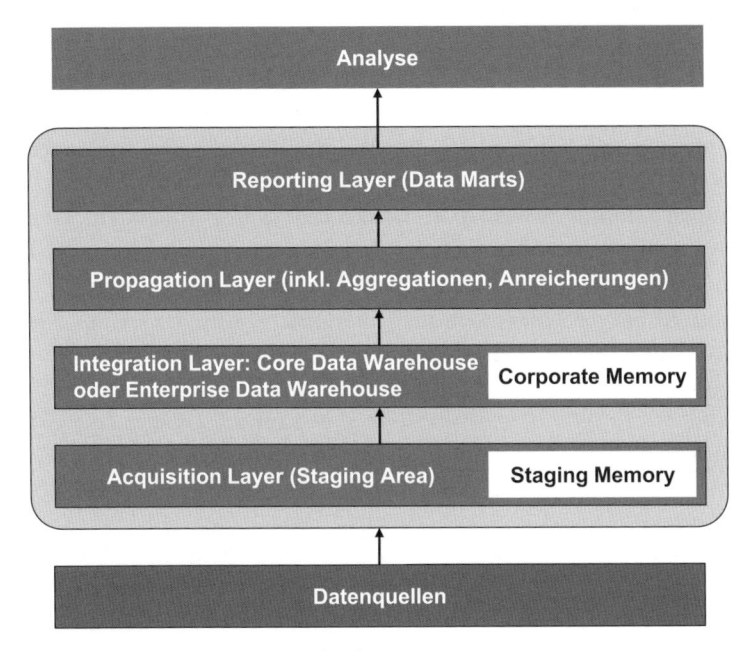

Abb. 1–7   *Data-Warehouse-Schichtenarchitektur*

Der Propagation Layer setzt auf den Integration Layer auf und befindet sich vor dem Reporting Layer. Kerngedanke dieser Schicht ist, dass gewisse Geschäftslogiken, Aggregationen und Anreicherungen für unterschiedliche Data Marts in identischer Form benötigt und demzufolge nur einmal realisiert werden sollten. Die Bündelung dieser Logiken hilft der Qualitätssicherung zur Sicherung der Konsistenz der Logiken und reduziert gleichzeitig den Aufwand durch die Wiederverwendbarkeit.

Zwar hat das klassische Hub-and-Spoke-Konzept mit der zugehörigen Schichtenarchitektur über lange Jahre und mit ausgeprägter Stabilität gute Dienste geleistet, allerdings sind neue Anforderungen erwachsen, die eine Veränderung oder zumindest Erweiterung dieses Aufbaus erforderlich machen. So sind die klassischen DWH-Architekturen mit den zugrunde liegenden relationalen Datenbanksystemen auf den Umgang mit strukturierten Daten in Tabellenform ausgerichtet. Zusätzliche Datenformate zur Speicherung von Audio- oder Videodaten wie auch unstrukturierte Textdaten lassen sich dagegen nur sehr ineffizient verarbeiten. Weiterhin ist die Architektur auf die Integration neuer Inhalte im Batch-Betrieb ausgelegt, meist mit nächtlichen Aktualisierungsprozessen. Eine untertägige Ergänzung der Datenbestände im zentralen Data Warehouse – vielleicht gar in Echtzeit – erfordert jedoch einen abweichenden Aufbau und zusätzliche Technologien. Zudem sind die zu verarbeitenden Datenmengen in den letzten Jahren kontinuierlich angewachsen, was es erforderlich macht, statt auf eine zentrale eher auf eine verteilte Datenhaltung zu setzen. Darüber hinaus haben sich neue Technologien etabliert, die eine kostengünstigere oder leistungsfähigere Verarbeitung des Datenmaterials eröffnen.

Obgleich die klassischen Architekturen für zahlreiche Jahre den Standard gebildet haben, müssen moderne BIA-Architekturen den neuen Herausforderungen Rechnung tragen, die zuvor geschildert wurden. Die folgenden Kapitel nähern sich – ausgehend von einigen grundlegenden und herstellerneutralen Betrachtungen – modernen BIA-Architekturen weiter an, indem idealtypische Gestaltungsformen unterschiedlicher Produktanbieter aufgezeigt und diskutiert werden. Anschließend illustrieren Beispiele konkrete Anwendungsfälle. Ein wirklicher Standard hat sich hier noch nicht herauskristallisiert, sodass die Beispiele nur als Momentaufnahmen einer laufenden Evolution und Entwicklung zu verstehen sind.

2 Architekturen und Technologien für Data Lakes

Carsten Dittmar • Peter Schulz

Lange Zeit galt das Data Warehouse als zentrales Architekturkonzept für dispositive Reporting- & Analysezwecke. Im Zuge der zunehmenden Digitalisierung und der damit einhergehenden Masse an zur Verfügung stehenden Datenmengen, aber auch des breiten Spektrums an potenziellen datenbasierten Use Cases hat mittlerweile der Data Lake dem klassischen Data Warehouse den Rang abgelaufen. In diesem Beitrag wird nach einer Einordnung das Konzept des Data Lake vorgestellt und anschließend werden gängige Architektur- und Technologiemuster der Praxis skizziert.

2.1 Historie der dispositiven Datenplattformen

Die richtige Architektur für die dispositive Datenverarbeitung war seit den 90er-Jahren mit dem Data Warehouse klar definiert. Mit dem Data-Warehouse-Konzept setzte sich die Idee einer separaten Datenbasis für dispositive Reporting- und Analysezwecke in der Praxis durch, die redundant Datenbestände aus den operativen Systemen speichert. Bisherige Architekturansätze, die zu Reporting- und Analysezwecken direkt auf die operativen Systeme und ihre Daten zugreifen, waren mit dem Data Warehouse obsolet. Die potenziellen Gefahren einer Inkonsistenz der redundanten dispositiven Datenbestände gegenüber den operativen Datenbeständen wurden durch einen gesteuerten Datenintegrationsprozess in das Data Warehouse sowie einer Beschränkung auf einen Lesezugriff auf das Data Warehouse beantwortet [Gluchowski et al. 2008, S. 128 ff.].

Die Standardarchitektur sieht idealtypisch ein singuläres (Enterprise) Data Warehouse vor, das aus den unterschiedlichen operativen Quellsystemen die relevanten Daten aufsammelt. In einem mehrschichtigen Datenintegrations- und Datenveredelungsprozess werden die Daten im Data Warehouse harmonisiert, integriert und persistiert. So soll aus einer Datenperspektive ein Single Point of Truth entstehen, aus dem anschließend für unterschiedliche Anwendungsfälle Datenextrakte – in der Regel in einer multidimensionalen Aufbereitung – in abgrenzbaren Data Marts gespeichert werden [Schnider et al. 2016, S. 6 ff.].

Zwei architekturelle Grundmuster haben sich zur Umsetzung der mehrschichtigen Data-Warehouse-Architektur bewährt. Der Hub-and-Spoke-Ansatz nach Inmon gilt nach wie vor als die Reinform des Data Warehouse, da in der Schicht des Core Data Warehouse eine integrierte und umfassende (Unternehmens-)Datensicht erstellt wird [Inmon 2005]. Als pragmatische Architekturalternative schreibt man gemeinhin dem Data Mart Bus nach Kimball Vorteile bei der schnellen Umsetzung und Erweiterbarkeit zu, da der Fokus einer Harmonisierung nur auf die strukturgebenden Stammdaten gelegt wird [Kimball & Ross 2002].

Auf den Datenschatz des Data Warehouse greift der Anwender selten direkt zu. Zumeist nutzt er Berichts- und Analysewerkzeuge (Business Intelligence), die den Zugriff auf Standardberichte erlauben, aber mittlerweile dem User auch die Möglichkeiten geben, im Self-Service eigene Datenanalysen auf Basis individueller Datenzusammenstellungen durchzuführen. Der überwiegende Fokus liegt im Data Warehouse auf der vergangenheitsorientierten Analyse von Kennzahlen entlang von konsolidierten Auswertungsstrukturen. Damit werden in der Regel Fragestellungen wie »Was ist passiert?« und »Warum ist es passiert?« adressiert.

Um eine gültige und konsolidierte Wahrheit zu allen strukturierten Daten in einem Unternehmen zu repräsentieren, stellt das Data Warehouse die Daten in vorab definierten Datenmodellen zur Verfügung. Bevor Daten integriert werden, ist demzufolge dieses Datenmodell zu entwickeln und zu implementieren. Der hohe Anspruch an korrekte und unternehmensweit harmonisierte Daten führt in der Regel dazu, dass es recht lange dauert, bis Daten aus einer neuen Datenquelle in dieser konsolidierten Sicht integriert sind, weil im Vorfeld viel Konzeptions- und Abstimmungsaufwand nötig wird.

Bestrebungen, eine dispositive Datensenke neben den operativen Systemen obsolet werden zu lassen und alle operativen und auch dispositiven Anfragen mit demselben System beantworten zu können, hat insbesondere das SanssouciDB-Vorhaben des Hasso-Plattner-Instituts und der Stanford University vorangetrieben [Plattner & Zeier 2012]. Das daraus resultierende kommerzielle Produkt ist die SAP HANA-Datenbank, die in der aktuellen Version der Enterprise-Resource-Planning-(ERP-)Lösung des Herstellers eingesetzt wird. Diese Lösung stellt für einige Data-Warehouse-Fragestellungen eine tatsächliche Alternative dar, kann Daten außerhalb der operativen Applikation aber nur schwer integrieren.

2.2 Das Data-Lake-Konzept

Im neuen Jahrtausend stieg mit dem Aufkommen neuer Datenquellen wie Social-Media-Daten oder IoT-Daten und dem enormen Anstieg des Datenvolumens durch die Digitalisierung vieler Prozesse auch der Bedarf, diese neuen Daten ebenfalls in einer zusammenführenden Datenplattform zur Verfügung zu stellen. Viele dieser Daten liegen jedoch in semistrukturierter oder unstrukturierter Form vor. Mit der steigenden Relevanz dieser Datenquellen wurde die Idee des Data

Lake geboren. Die Idee wird gemeinhin James Dixon zugeschrieben, der in einem Blogpost von 2010 erstmalig das Bild eines Data Lake prägt [Dixon 2010]. Der Data Lake stellt alle Quelldaten – interne und externe, strukturierte und unstrukturierte – auch in ihrer nicht aufbereiteten Form als Rohdaten zur Verfügung. Somit stehen die Daten möglichst unmittelbar nach der Datenerzeugung schnell und unverfälscht in einem Data Lake bereit. Dadurch werden Einblicke zur Echtzeit ermöglicht, die auf Basis von Vorhersage- und Szenariomodellen die Fragestellungen »Was wird wahrscheinlich passieren?« und »Was kann unternommen werden, damit es passieren wird?« beantworten können.

Die Speicherung von Rohdaten ohne jegliche Datenveredelung auf feinster Granularität oblag in einer klassischen Data-Warehouse-Architektur eher der Datenschicht der Staging Area. Daher wird häufig der Data Lake als Fortentwicklung dieser Schicht gesehen.

Der effiziente Umgang mit großen polystrukturierten Datenmengen, eine schnelle (oft nahezu in Echtzeit) Verarbeitung von Datenströmen und die Beherrschung komplexer Analysen für neue Data-Science- und Machine-Learning-Anwendungen stehen beim Data Lake zulasten der Harmonisierung und Integration der Daten im Vordergrund. Die Struktur der Daten steht damit zugunsten einer schnellen und vollständigen Integration in den Data Lake nicht schon bei der Speicherung, sondern erst im Rahmen der nachgelagerten Analyse im Fokus. Somit ist das Ziel eines Data Lake die Schaffung von flexiblen Strukturen zur Bändigung der komplexen Integration der Vielzahl von Datenquellen.

Zumeist ist zum Zeitpunkt der Datenspeicherung noch gar nicht festgelegt, welche Analysen mit den Daten durchgeführt werden sollen. Der Data Lake bildet also das Eldorado für den Data Scientist, der explorative Analysen wie Cluster-/Assoziationsanalysen, Simulationen und Vorhersagen über komplexe Algorithmen durchführen möchte. In der folgenden Tabelle 2–1 sind wesentliche Charakteristika des Data Warehouse und des Data Lake vergleichend zusammengefasst.

Data Warehouse: Datenbasis für Systems of Record	Data Lake: Datenbasis für Systems of Innovation
▪ Stellt 80 % der Analysen mit 20 % der Daten bereit ▪ Optimiert für wiederholbare Prozesse ▪ Unterstützt Vielzahl von unternehmensinternen Informationsbedarfen ▪ Fokus auf vergangenheitsorientierte Auswertungen ▪ Schema-on-Write mit harmonisiertem Datenmodell	▪ Originäre Erweiterung der Staging Area des DWH ▪ Speichert Rohdaten für Exploration und Analyse ▪ Optimiert Daten unkompliziert für Analytics-Lösungen ▪ Fokus auf unbekanntes Data Discovery und zukunftsorientierte Data Science & Artificial Intelligence ▪ Schema-on-Read mit Echtzeit-Rohdatenbewirtschaftung

Tab. 2–1 *Charakteristika von Data Warehouse und Data Lake im Vergleich*

Damit ist auch klar, dass ein Data Lake ein Data Warehouse nicht ersetzt, sondern ergänzt. Beide Architekturkonzepte haben ihre Relevanz und bedienen zueinander unterschiedliche Use Cases [Gartner 2020].

Verschiedene übergreifende Gesamtarchitekturen sind denkbar. Sofern der Data Lake als übergreifender Staging Layer fungiert, folgt in einer sequenziellen Architekturabfolge das Data Warehouse hinter dem Data Lake. In der Regel stehen jedoch beide Systeme parallel und isoliert nebeneinander. Häufig wird im letzten Falle über Virtualisierungstechnologie für den Anwender ein virtueller Datenmarktplatz geschaffen, der beide Architekturkonzepte vermeintlich vereint [Leisten 2020].

Aktuell Verbreitung findet die Variante des Data-Mesh-Konzeptes, das neben seinen Architekturaspekten auch Governance und prozessuale Aspekte abdeckt [Dehghani 2020].

Der Reifegrad der Nutzung des Data-Lake-Konzeptes kann anhand der Dimensionen des verwendeten Datenhaushaltes und der Nutzung unterschieden werden [Gorelik 2019, S. 9 ff.]. Dieses Modell nimmt Bezug auf die ursprünglich von James Dixon aufgestellte Definition: »Wenn Sie sich Data Mart als einen Vorrat an Wasser in Flaschen vorstellen – gereinigt, verpackt und strukturiert für einen einfachen Verbrauch, ist der Data Lake ein großes Gewässer in einem natürlicheren Zustand. Der Inhalt des Datensees fließt von einer Quelle herein, um den See zu füllen, und verschiedene Benutzer des Sees können kommen, um zu untersuchen, einzutauchen oder Proben zu entnehmen« ([Dixon 2010], eigene Übersetzung aus dem Englischen). Die nachfolgende Abbildung 2–1 verdeutlicht die fünf unterschiedlichen Ausprägungen.

Ein Data Puddle ist die erste Adaptionsform des Data-Lake-Konzeptes. Er ist gekennzeichnet durch seinen eingeschränkten, nur den aktuellen Nutzungsfall abdeckenden Datenhaushalt und eine lokale Nutzung durch (IT-)Experten, die einen hohen Grad an manuellen Tätigkeiten zur Nutzung bedingt. Hier stehen Kostensenkung und höhere Performance im Vergleich zum Einsatz klassischer Technologien eines Data Warehouse im Vordergrund, ein Mehrwert aus der Nutzung gegenüber einem Data Warehouse wird jedoch nicht geschaffen.

Als Data-Pond-Konstrukt wird eine Vielzahl von nebeneinander isoliert bestehenden Data Puddles bezeichnet. Ein gängiges Beispiel ist die Kopie von mehreren Datenhaushalten aus Data Warehouses in separate Systeme, die auf typischen Data-Lake-Technologien basieren. Neue Erkenntnisse sind auch mit diesem Archetyp nur sehr eingeschränkt und umständlich zu gewinnen.

Ein Data Lake unterscheidet sich von einem Data Pond in zwei wesentlichen Faktoren: Erstens ermöglicht er Self-Service-Nutzung durch Anwender ohne IT-Beteiligung und zweitens enthält er Daten, die aktuell noch gar nicht genutzt werden, aber perspektivisch interessant werden können. Die breite Nutzung im Unternehmen wird maßgeblich dadurch erreicht, dass Daten für die Nutzung aufbereitet und vor allem durch (einfach zugängliche) Metadaten beschrieben sind. Mit dieser Aufstellung können von einer Vielzahl unterschiedlicher Nutzergruppen Antworten auf ihre individuellen Fragestellungen gewonnen werden.

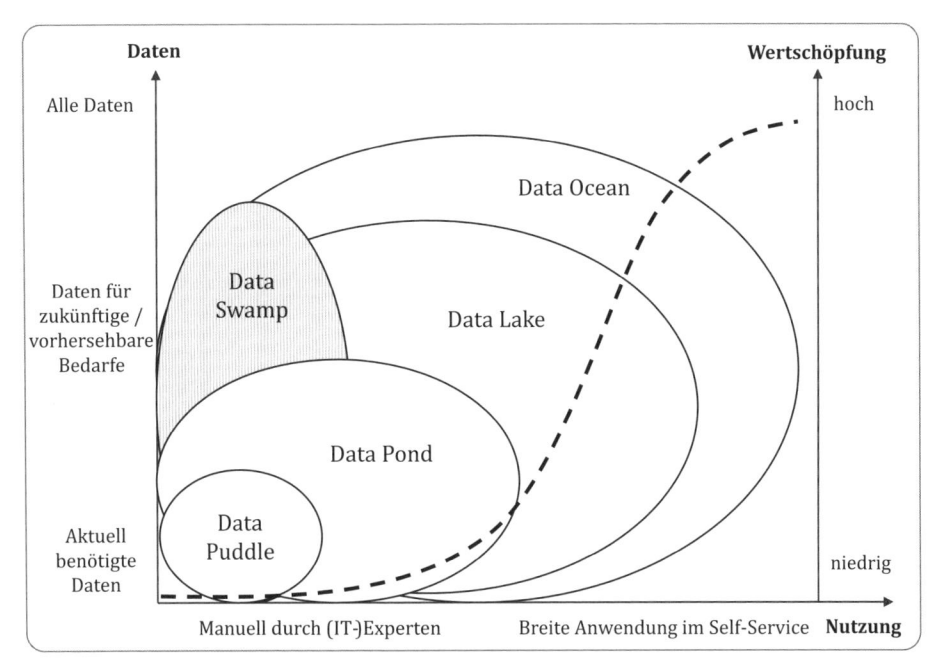

Abb. 2–1 *Reifegrad der Nutzung des Data-Lake-Konzeptes und resultierende Wertschöpfung (gestrichelte Linie) (eigene Darstellung in Anlehnung an [Gorelik 2019])*

Ein Data Ocean gilt als ultimative Antwort auf datengetriebene Entscheidungen, basierend auf allen (fachlichen) Daten eines Unternehmens und mit einem einfachen, verständlichen Zugang für alle Mitarbeiter. Die resultierende Wertschöpfung kann jedoch gegenüber einem gut positionierten Data Lake nur noch marginal erhöht werden.

Eine Sonderform stellt der berüchtigte Data Swamp dar. Er ist eine Ansammlung von verschiedenen Daten, die jedoch überhaupt nicht oder wenig organisiert und aufbereitet sind. Weiterhin fehlen Metadaten, was eine Nutzung durch eine breitere Anwenderbasis verhindert. In der Praxis wird in einem solchen Fall die Behandlung mit dem Ziel der Umwandlung in einen Data Lake durch Maßnahmen wie Aufbereitung der Daten und Zuordnung von Metadaten versucht.

2.3 Architektur eines Data Lake

Die idealtypische Architektur eines Data Lake durchlief eine Evolution: Glaubte man zunächst, eine einzige, große Plattform für alle Bedürfnisse im eigenen Rechenzentrum zu bauen sei optimal, hat sich hier ein Trend zur Nutzung multipler, aber orchestrierter Data Lakes und auch die Nutzung von Cloud-Angeboten durchgesetzt.

Ein Katalog an Architekturprinzipien für einen Data Lake ist in der nachfolgenden Tabelle 2–2 dargestellt.

Komplex	Prinzip
Anbindung Datenquellen an den Data Lake	Es werden ausschließlich primäre Datenquellen angebunden.
	Bei Anbindung einer Datenquelle wird der gesamte fachliche Datenhaushalt erschlossen.
	Die feinste in der Datenquelle vorhandene Datengranularität wird verwendet.
	Alle relevanten Datenänderungen in der Datenquelle werden so schnell wie möglich weitergereicht.
	Eine Konsistenzprüfung der Datenübertragung ist von der Datenquelle zu ermöglichen.
	Die Datenübertragung muss gesichert erfolgen.
	Die Länge der Historie der Initialbeladung aus einer Datenquelle soll 10 Jahre betragen.
	Es werden alle Anbindungsarten unterstützt, aber in einheitlichen Patterns konsolidiert.
Datenhaltung im Data Lake	Alle Daten einer Datenquelle werden immer (auch) im Rohformat unverändert gespeichert.
	Eine Löschung der Rohdaten erfolgt in der Regel nur bei entsprechenden regulatorischen Auflagen.
	Es wird ein Zonenkonzept genutzt.
	Eine Anonymisierung personenbezogener Daten erfolgt mit technischen Prozessen während der Datenbeladung.
	Dedizierte Umsetzungen von Berechnungen und Datenmodellen für einzelne Use-Case-Implementierungen sind zu vermeiden, das Ziel ist ein balancierter Grad an Vereinheitlichung.
Zugriff auf Daten im Data Lake	Es gilt die grundsätzliche Verfügbarkeit aller Daten für alle Nutzer.
	Wenn bei einzelnen Datenbeständen notwendig, wird das »business need to know«-Prinzip bei der Datenzugriffssteuerung umgesetzt.
	Alle notwendigen Zugriffsarten werden unterstützt.
Data-Lake-Plattform	Sie fungiert als stabile, skalierbare Plattform.
	Sie bietet Möglichkeiten zur Trennung von Storage und Compute.
	Das Prinzip »Infrastruktur als Code« wird angestrebt.
	Ingest- und Datenmanagementfähigkeiten müssen verfügbar sein.
	Die Portierbarkeit der Plattform zur Vermeidung von Vendor Lock-in wird angestrebt.
	Eine zentrale Jobsteuerung und zentrales Monitoring werden zur Verfügung gestellt.
	Ein zentrales Identity Management System ist einzusetzen.
	Die Möglichkeit einer granularen Zugriffssteuerung ist vorzuhalten.
	Ein Datenkatalog mit fachlicher und operativer Perspektive ist vorzuhalten.
	Eine automatisierte CI/CD-Entwicklungspipeline ist umzusetzen.
	Eine Möglichkeit der Abrechnungsmöglichkeit der Nutzung ist vorzuhalten.
	Eine Möglichkeit der Auditierbarkeit der Nutzung ist vorzuhalten.

Tab. 2–2   Grundlegende Architekturprinzipien für Data Lake

Nachfolgend werden die aufgestellten Architekturprinzipien für einen Data Lake begründet. Die Anbindung von Datenquellen an den Data Lake soll so erfolgen, dass die schnelle (und agile) Verprobung und die darauffolgende produktive Umsetzung neuer Use Cases ermöglicht wird. In einem Data Warehouse wurden Schnittstellen zu Quellsystemen streng auf die Bedürfnisse des aktuell bekannten Anwendungsfalls zugeschnitten und bei jedem neuen musste, zumeist mit längeren Vorlauf- und Durchführungszeiten, die notwendigen Schnittstellenerweiterungen umgesetzt werden. Ein wesentlicher Faktor, der diese Paradigmenänderung ermöglicht, sind die im historischen Vergleich dramatisch niedrigeren Speicherkosten.

Die Datenhaltung innerhalb des Data Lake folgt ähnlichen Ideen: Die von Quellen erhaltenen Daten werden immer im Rohformat vorgehalten, um eine spätere Neuinterpretation zu ermöglichen. Klassisches Beispiel sind hier führende Nullen – hätte man sie, wie im Data Warehouse üblich, bei der Datenintegration entfernt und wäre man erst später zu der Erkenntnis gekommen, diese haben einen Informationsgehalt, so wäre die Historie verloren. In einem Data Lake werden aber diese Rohdaten auf Dauer vorgehalten und ermöglichen somit jederzeit eine Neuinterpretation. Die Nutzung eines Zonenkonzeptes hat sich als sinnvolle Ordnungseinheit etabliert. Eine detaillierte Darstellung erfolgt im nächsten Abschnitt. Insbesondere nach der Novellierung der Datenschutzbestimmungen ist es in vielen Data Lakes üblich geworden, die Nutzung personenbezogener Daten durch Anonymisierung zu vermeiden.

Ein ganz zentrales Unterscheidungsmerkmal zum Data Warehouse stellt die Umsetzung eines ausgewogenen versus eines vereinheitlichten Ansatzes in Bezug auf Datenmodell und Kennzahlendefinitionen dar: Im Data Lake sind für unterschiedliche Anwendungsszenarien explizit begründete abweichende Definitionen erlaubt. Ein aufwendiger und langwieriger Abstimmungsprozess zur Harmonisierung wird somit eingespart, und für die Anwendungsfälle können die jeweils optimalen Definitionen verwendet werden.

Der Zugriff auf einen Data Lake soll ebenfalls liberal gestaltet werden, um möglichst vielen Nutzern möglichst viele Informationen zugänglich zu machen. Nur in begründeten Ausnahmefällen ist der Zugriff feingranular zu steuern. Beispiele sind personenbezogene, vertrauliche oder Buchungskreis-bezogene Daten. Auch technisch soll ein Zugriff möglichst ohne Einschränkung ermöglicht werden.

Die Data-Lake-Plattform selbst soll stabil, skalierbar und kosteneffizient sein. Eine Implementierung unabhängig von Cloud und kommerziellen Softwareherstellern ist anzustreben. Geeignete Mittel sind die Implementierung in Form von Infrastruktur als Code sowie die Nutzung offengelegter Standards. Entgegen dem originären Grundsatz der Apache Hadoop-Architektur ist auch eine Trennung von Storage- und Compute-Ressourcen anzustreben. Data Lakes sollen alle Ingest- und Datenmanagementfähigkeiten besitzen, die für eine Datenintegration und -verarbeitung notwendig sind, und diese sollen über zentrale Scheduling- und Monitoring-Prozesse nutzbar sein. Um einen Data Swamp zu vermeiden, ist es elementar wichtig, fachliche und operative Metadaten mit einem geeigneten Tool möglichst automatisiert zu erfassen und für alle Anwender nutzbar zu machen.

Im Rahmen der Verwendung in einem (Groß-)Unternehmen ist es zudem wichtig, die Integration in die allgemeine IT durchzuführen. Hierzu zählen u. a. die Einbindung in das zentrale Identity Management System, Abrechnungsmöglichkeiten der Nutzung, Auditierbarkeit der Nutzung (entsprechend den jeweils geltenden Auflagen) und die Bereitstellung eines Continuous-Integration/Continuous-Deployment(CI/CD)-Prozesses.

In den letzten Jahren hat insbesondere auch die Fähigkeit der schnellen Verarbeitung und Bereitstellung von Daten, die den Data Lakes der ersten Generation fehlt, an Bedeutung gewonnen. Neben der λ-Architektur [*lambda-architecture.net* 2021] hat sich auch die κ-Architektur für spezielle Anwendungsszenarien etabliert. Die nachfolgende Abbildung 2–2 vergleicht beide Architekturen schematisch.

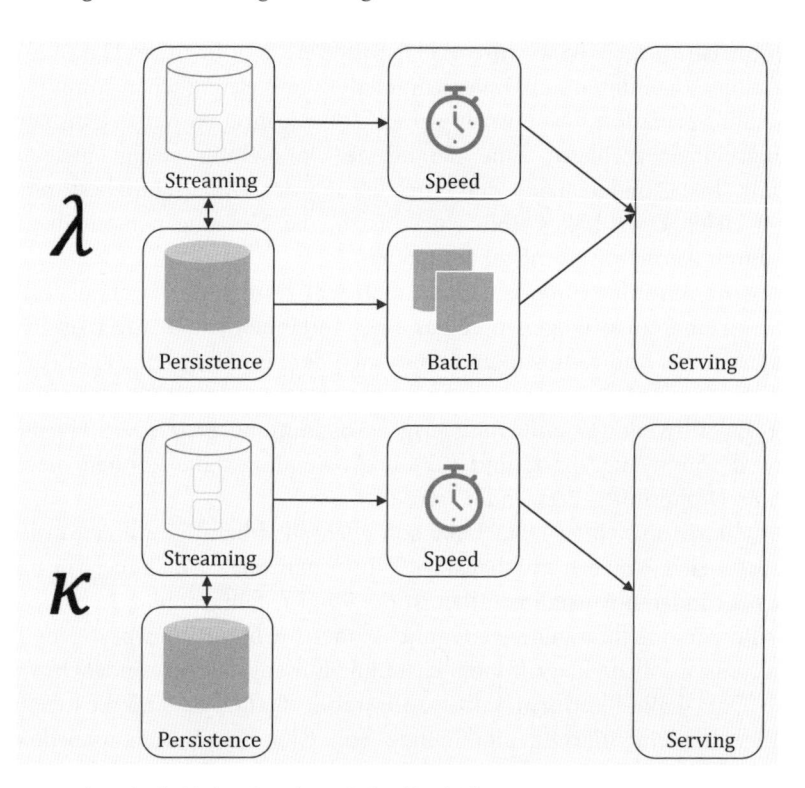

Abb. 2–2 λ- und κ-Architektur im schematischen Vergleich
(eigene Darstellung in Anlehnung an [John & Misra 2017])

In der λ-Architektur werden Daten zunächst im Speed Layer nahezu in Echtzeit zur Nutzung im Serving Layer bereitgestellt. Ziel ist hier primär Geschwindigkeit zum Preis einer Eventual Consistency [Brewer 2000]. Parallel zu dieser Verarbeitungskette gibt es den Batch Layer, in dem qualitätsgesichert größere Datenmengen, die bis zum Verarbeitungszeitpunkt empfangen, aber noch nicht weiterverarbeitet wurden, nachgefahren werden. Die Ergebnisse werden kombiniert mit dem Speed Layer und im Serving Layer zur Nutzung bereitgestellt.

Die κ-Architektur hingegen setzt ausschließlich auf die Verarbeitung im Speed Layer und verzichtet aufgrund der gesteigerten Komplexität gänzlich auf die Parallelverarbeitung im Batch Layer. Somit erfolgt die Versorgung des Serving Layer singulär durch den Speed Layer. Die durch die parallele Verarbeitung mit unterschiedlichen Geschwindigkeiten in der λ-Architektur verursachten Vor- bzw. Nachteile, wie insbesondere die Eventual Consistency, werden durch den Einsatz neuer Technologien zu adressieren versucht, jedoch erscheint die λ-Architektur im Vergleich dennoch stabiler.

2.4 Datenarchitektur eines Data Lake

Die Datenarchitektur spielt eine zentrale Rolle in der Organisation des Data Lake. Sie orientiert sich in der Regel an sogenannten Zonen, häufig spricht man daher auch von einem zonenbasierten Data Lake [Madsen 2015]. Eine Zone bestimmt dabei den Verarbeitungsgrad der Daten, die in der Zone enthalten sind. In der Praxis finden sich diverse Zonenarchitekturen, die sich in Anzahl und Semantik unterscheiden. Die nachfolgende Abbildung 2–3 schematisiert den typischen Zonenaufbau.

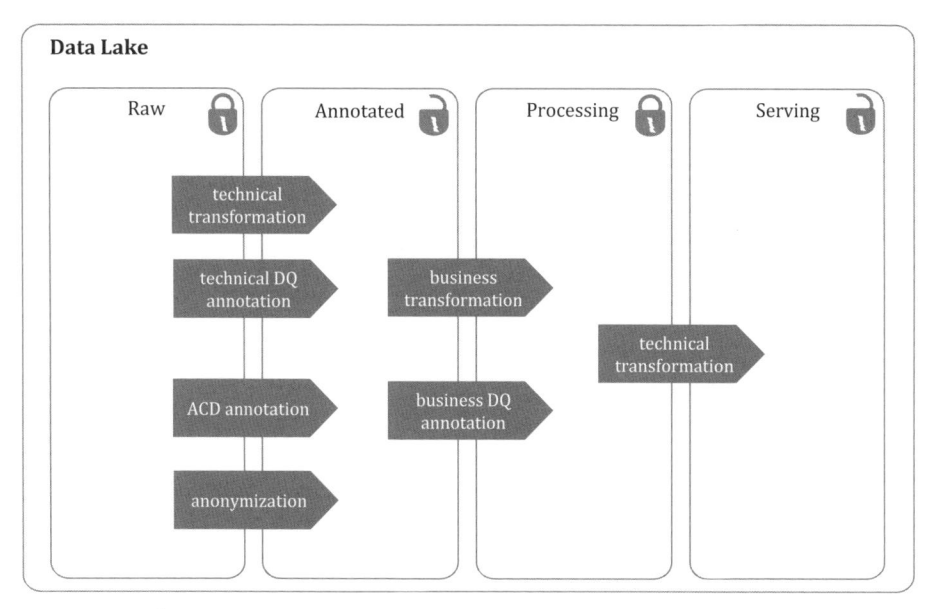

Abb. 2–3 Überblick: typische Zonen eines Data Lake und die wesentlichen Verarbeitungsschritte zwischen ihnen

Im Allgemeinen beginnt die Zonenarchitektur mit einer Rohdatenzone (Raw Zone). Die Rohdatenzone entspricht oft dem originären Verständnis des Data Lake als Rohdatensenke. In der Rohdatenzone landen die eingehenden Daten in ihrer rohen, unverarbeiteten Form. Ein zentrales Konzept des Data Lake ist die Erhaltung der Rohdaten, auch wenn in den aufbauenden weiteren Zonen ggf. die gleichen Daten mehrfach in unterschiedlichen Verarbeitungsgraden vorliegen. Daher bleiben die Daten in der Raw Zone auch nach ihrer Weiterverarbeitung immer erhalten und werden grundsätzlich nicht gelöscht. Ein direkter Zugriff auf diese Zone durch Nutzer ist nicht erlaubt.

In der darauffolgenden annotierten Zone (Annotated Zone) werden die Daten der Quellen so aufbereitet, dass Nutzerzugriffe möglich sind. Hierzu werden technische Format-Transformationen durchgeführt, die einen einfacheren Zugriff erlauben, technische Datenqualitätsinformationen hinzugefügt, Informationen ergänzt, die eine einheitliche Datenzugriffsberechtigungssteuerung ermöglichen (über den Bezug auf einheitlich definierte Access Control Dimensions, kurz ACDs), und häufig personenbeziehbare Daten für die Nutzung anonymisiert.

In der darauffolgenden Prozessierungszone (Processing Zone) werden die Daten der Quellen für die einfache Nutzung durch Anwender aufbereitet. Hierzu werden fachliche Transformationen durchgeführt wie beispielsweise Daten unterschiedlicher Quellen miteinander kombiniert, relevante Ausschnitte gebildet, Informationen abgeleitet, Kennzahlen berechnet sowie fachliche Datenqualitätsinformationen hinzugefügt.

Die Serving Zone ist logisch eigentlich keine eigene Zone, sondern dient ausschließlich der technischen Optimierung der Datenzugriffe auf Daten, die in den darunter angeordneten Zonen bereits vorhanden sind. Hier werden unterschiedliche Organisationsformen von Speichern, z.B. Row vs. Column based, so eingesetzt, dass bekannte Zugriffsarten schnellstmöglich eine Antwort erhalten.

2.5 Technologien für einen Data Lake

Die Data Lakes der ersten Generation basierten ausschließlich auf dem Apache Hadoop Stack und waren im eigenen Rechenzentrum aufgebaut. Die Grundideen von Apache Hadoop sind die parallele Ausführung von Aufgaben auf (sehr) vielen Knoten (horizontale Skalierung) mit wenig anspruchsvoller Hardware, die dedizierte Kopplung von Storage und Compute in den Knoten, die Nutzung des redundanten Hadoop Distributed File System (HDFS) und die Verarbeitung mit MapReduce (MR). Spätere Erweiterungen, die diese Grundsätze aufweichen, sind beispielsweise Apache Spark und Apache Impala [Kunigk et al. 2018]. Die nachfolgende Tabelle 2–3 stellt die wesentlichen Meilensteine der Entwicklung des Hadoop-Stacks dar.

Jahr	Meilenstein
2003	Google File System Paper veröffentlicht
2004	MapReduce Research Paper veröffentlicht
2006	Hadoop-Version 0.1 veröffentlicht
2007	Yahoo betreibt zwei Hadoop-Cluster mit je 1.000 Knoten
2008	Hadoop wird Top-Level-Projekt bei Apache
2009	Yahoo betreibt 17 Cluster mit zusammen 24.000 Knoten
2011	Apache veröffentlicht ZooKeeper
2012	Apache veröffentlicht Hadoop-Version 1.0
2013	Apache veröffentlicht Hadoop-Version 2.2
2014	Apache Hadoop-Versionen 2.3, 2.4, 2.5, 2.6 Spark wird Top-Level-Projekt bei Apache
2015	Apache veröffentlicht Hadoop-Version 2.7
2017	Apache veröffentlicht Hadoop-Version 3.0
2018	Apache veröffentlicht Hadoop-Version 3.1

Tab. 2–3 *Zeitleiste der Entwicklung des Hadoop-Stacks (eigene Darstellung in Anlehnung an [Karambelkar 2018])*

Obwohl die Mehrzahl der Anwenderunternehmen auf kommerzielle Hadoop-Distributionen setzte, war die Komplexität extrem hoch, da auch diese auf den gleichen zahlreichen Open-Source-Komponenten basierten wie Apache Hadoop selbst. Um einen Eindruck der komplexen Zusammenhänge zu vermitteln, sind die wichtigsten Komponenten in der nachfolgenden Abbildung 2–4 dargestellt.

Im Data Plane sind die Beziehungen der Ausführungs-Engines MapReduce, Spark, Impala und Hive zu den Speichertechnologien und der Speichertechnologien untereinander schematisiert. Im Control Plane sind die Beziehungen der Speichertechnologien und Ausführungs-Engines zu den Control Engines Yarn, ZooKeeper, Oozie und Hive Metastore dargestellt. In der nachfolgenden Tabelle 2–4 werden die Aufgaben der Komponenten in diesem Zusammenspiel zusammengefasst.

Durch die Veränderung der Marktsituation der kommerziellen Distributionsanbieter und die allgemeine Strategie der verstärkten Cloud-Nutzung verlagert sich jedoch die Basis der Data Lakes der zweiten Generation: Die Trennung von Storage und Compute wird in der Cloud sinnvoll und möglich, (preiswerte) Object Stores lösen somit das Hadoop Distributed File System (HDFS) weitestgehend ab. Bei dieser zweiten Generation wird eine Mischung aus Cloud-nativen Services und Apache Hadoop-Stack-Komponenten eingesetzt. Auch kommerzielle Anbieter von Distributionen verlagern ihr Angebot weg von on-premises installierbarer Software, hin zu Serviceangeboten auf der Infrastruktur der großen Cloud-Anbieter. Die nachfolgende Abbildung 2–5 stellt die Anzahl selbst zu wartender Komponenten und die Komplexität der Nutzung in Zusammenhang mit unterschiedlichen technologischen Lösungen eines Data Lake dar.

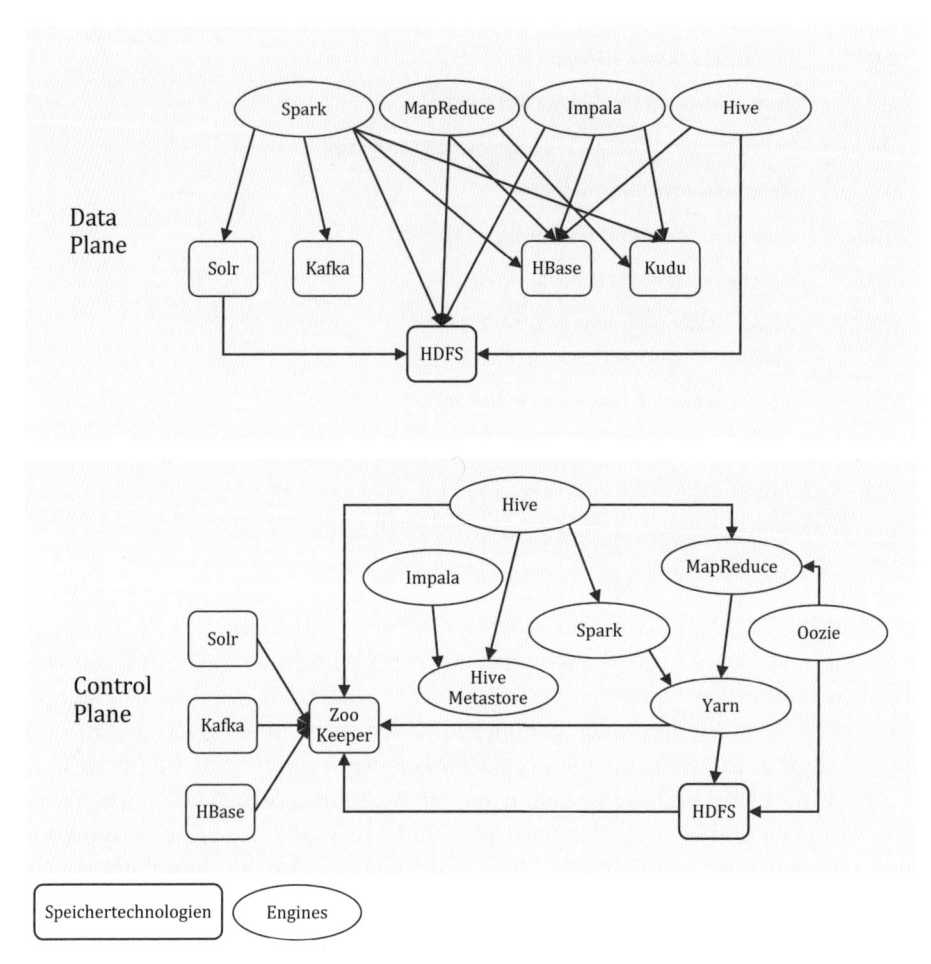

Abb. 2–4 Grafische Darstellung der wichtigsten Beziehungen der Hadoop-Komponenten im Data und Control Plane (eigene Darstellung in Anlehnung an [Kunigk et al. 2018])

Komponente	Beschreibung
HDFS	Verteiltes Dateisystem
Solr	Suchframework
HBase	Verteilter Key-Value-Speicher
Kudu	Verteiltes Speichersystem für strukturierte Daten
Kafka	Verteiltes Publish/Subscribe Messaging Framework
MapReduce	Verteiltes Verarbeitungsframework (Batch)
Hive	Analytische SQL-Engine
Hive Metastore	Metadaten-Speicher
Impala	Parallel ausführende (MPP) analytische SQL-Engine
Spark	Generisches, verteiltes Verarbeitungsframework
Yarn	Resource Manager
ZooKeeper	Verteilter Konfigurations-Service
Oozie	Workflow Scheduler

Tab. 2–4 Übersicht der populärsten Apache Hadoop-Stack-Komponenten (Kernkomponenten kursiv markiert)

Diese Darstellung berücksichtigt jedoch nur diese beiden abgebildeten Dimensionen und darf nicht zu einer simplifizierten eigenen Entscheidung herangezogen werden. Vielmehr sind weitere Dimensionen wie beispielsweise Vendor Lock-in, Portierbarkeit, Flexibilität, Umsetzbarkeit eigener Anforderungen, Abhängigkeit von Bereitstellungszeitpunkten neuer Features, Kosten, Integrationsfähigkeit in die Unternehmens-IT und Datensicherheit in einer fundierten Entscheidungsfindung zu berücksichtigen.

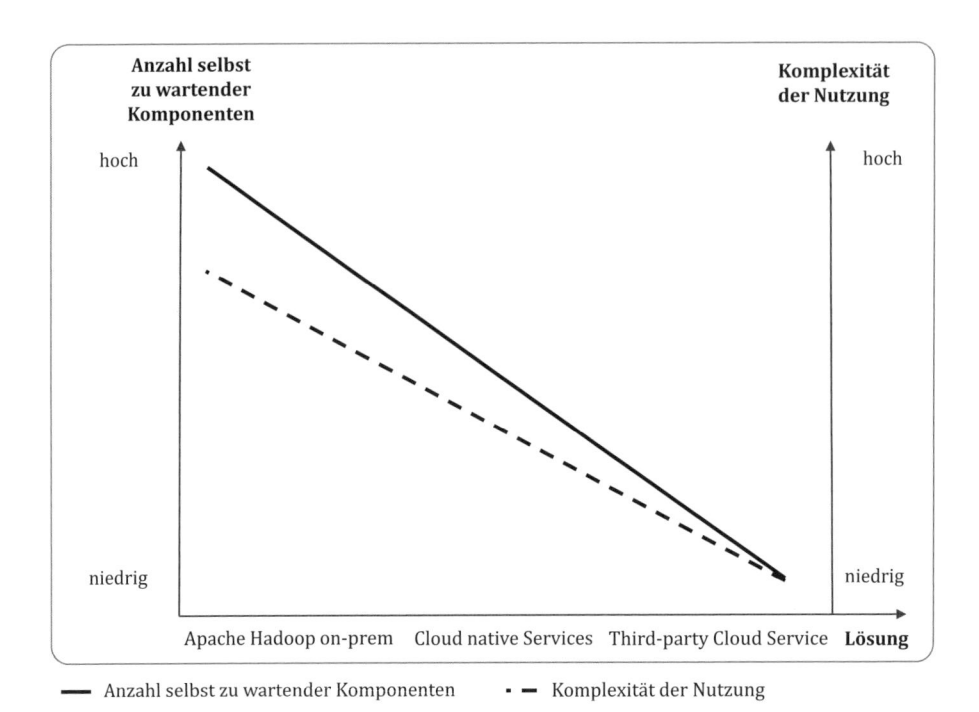

Abb. 2–5   *Data-Lake-Lösung, Anzahl selbst zu wartender Komponenten und Komplexität der Nutzung*

In der Frühzeit waren die für ein Data Warehouse eingesetzten Technologien anders implementiert als die typisch für einen Data Lake eingesetzten Lösungen. Die Differenzierung war insbesondere anhand des CAP Theorems [Brewer 2000] und der ACID-Transaktionsfähigkeit [Haerder & Reuter 1983, S. 287–317] lange Zeit belegbar. In den letzten Jahren gleichen sich jedoch die eingesetzten Technologien an, um beide Architekturmuster abbilden zu können. Beispiele sind der als Open Source verfügbare Delta Lake [Delta.io 2021] oder auch das kommerzielle Produkt CDP Data Warehouse [Cloudera 2021].

2.6   Herausforderungen in der Umsetzung eines Data Lake

Eine Data-Lake-Initiative trifft häufig auf ähnliche Herausforderungen, die auch schon beim Aufbau eines zentralen Data Warehouse im Vordergrund standen: Eine starke Managemententscheidung für den Aufbau und die Nutzung einer zentralen Plattforminitiative und die daraus resultierende, vielfach bisher nicht gelebte, enge Zusammenarbeit zwischen Fachbereichen und IT sind elementar.

Die Komplexität von Data Lakes der ersten Generation ist sehr hoch. Deshalb bedingen diese ein Team mit sehr spezialisierten Skills für Plattform(weiter)entwicklung und -betrieb. Aufbau und Betrieb sind deshalb nur schwierig zu gewährleisten. Weiterhin erfordert das Management der Datenhaltung einen kontinuierlichen, manuellen Eingriff, da sonst die Performance mit der Zeit abnimmt. Auch das Datenmanagement unterschiedlicher Datenarten ist schwierig zu orchestrieren, da eine Lambda-Architektur in der Regel mit einem heterogenen Toolstack implementiert ist, der aufwendige Aufräumarbeiten bei Fehlern im Produktionsbetrieb bedingt, und strukturelle Veränderungen über die Zeit nur mit großem Aufwand umzusetzen sind. Auch neue nicht funktionale Anforderungen, wie z. B. der Löschanspruch auf Verlangen aus der DSGVO, sind häufig nicht umsetzbar. Somit kann der erwartete Business Value aus der schnellen Umsetzung von Use Cases und deren stabilem Betrieb nicht geliefert werden.

Data Lakes der zweiten Generation setzen auf die Nutzung von Cloud-nativen Services in Kombination mit Apache Hadoop-Stack-Komponenten. Auch hier ist die Komplexität hoch und die Umsetzung schwierig, da u. a. unterschiedliche Schnittstellen der Services zu nutzen sind und die Konsistenz der Daten über verschiedene Services zu gewährleisten ist. Weiterhin müssen unterschiedliche Zugriffstechnologien und Verschlüsselungen der Daten gesteuert werden. Somit variieren die resultierende Komplexität, Konsistenz und Performance mit dem ausgewählten Portfolio.

3 Datenzugriffsstrategien für Analytics bei beschränktem Datenquellenzugriff

Michael Daum

Wesentliche Voraussetzung für Verfahren aus den Gebieten Business Intelligence und Analytics (BIA) ist der Zugriff auf die zu verarbeitenden Daten. Dieser Zugriff ist aus unterschiedlichen Gründen eingeschränkt. Dieses Kapitel stellt in Abschnitt 3.1 die unterschiedlichen Limitierungen im Zugriff dar. Abschnitt 3.2 beschreibt das Idealbild, sodass BIA möglichst einfach und umfassend angewendet werden kann. Diese Anforderungen an die BIA-Architekturen sind Teil einer evolvierenden IT-Strategie (Abschnitt 3.3), deren Umsetzung sehr starke Auswirkungen auf die Zugriffsstrategien in BIA-Architekturen haben muss. Abschnitt 3.4 skizziert unterschiedliche Problemstellungen und Lösungsansätze für die Limitierung der Zugriffe. Durch Schichtenbildung kann das Problem der Anforderungen von BIA und der Realität der Datenquellen entkoppelt werden. Ein populärer Ansatz ist Datenvirtualisierung (Abschnitt 3.5). Abschnitt 3.6 grenzt die Themen ab, die aus Sicht des beschränkten Datenquellenzugriffs auch eine Rolle spielen können, wie fehlende Features der BIA-Tools selbst oder eine mangelnde inhaltliche Eignung der Datenquellen.

BIA-Systeme sind seit Jahren in Unternehmen und Organisationen etabliert. Angefangen mit klassischem Reporting liegt heute der Fokus vermehrt auf Dashboards, Ad-hoc-Analysen und komplexeren Methoden aus dem Bereich der Data Science bzw. der sogenannten künstlichen Intelligenz.

BIA wird damit immer mehr zur Fachanwendung und löst sich aus der klassischen IT heraus. In diesem Kapitel wird die BIA-Anwendung eher dem Fachbereich und die Verwaltung und Bereitstellung der Daten, das Data Management, der klassischen IT zugeschrieben. Aus der subjektiv wahrgenommenen Praxis finden sich verstärkt Fachanwender und Consultants mit erweitertem naturwissenschaftlichem Hintergrund im Bereich der BIA-Anwendungen und »Kerninformatiker« im Bereich des Data Management, wobei es im Einzelfall in beide Richtungen starke Überschneidungen gibt. Der Bereich des Data Management geht heute weit über relationale Datenbanken hinaus. Mike Stonebraker, der Erfinder von Ingres, Postgres u.a., hat bereits 2005 auf die steigende Relevanz von spezialisierten Datenhaltungen hingewiesen [Stonebraker & Çetintemel 2005]. Gerade der Bereich der NoSQL-Datenbanken erschließt Spezialanwendungen wie Logging (Beispiel: elastic), Documents (Beispiele: mongodb, couchbase), Graphen (Beispiel: Neo4J), Key-Value etc.

Viele BIA-Tools haben eine eigene Datenhaltung, können meist aber auch direkt auf Datenquellen zugreifen. Eine häufige Fragestellung ist der Direktzugriff auf die Unternehmenssoftware und Branchenlösungen. Ein gängiges Szenario für diese Problemstellung ist der Zugriff auf SAP-Systeme aufgrund der starken Verbreitung von SAP in Unternehmen und Organisationen. BIA-Tools werden in diesem Kontext als Konsument von Daten gesehen. Die Tatsache, dass BIA-Tools auch Daten für andere Tools bereitstellen können, spielt in diesem Kapitel keine Rolle.

Der Trend zur Spezialisierung in den NoSQL-Datenbanken hat Nachteile im Zugriff auf diese Systeme. Die Stärken können nur mit angepassten Anfragesprachen voll genutzt werden, und der Zugriff mittels SQL ist immer ein Kompromiss.

Dieses Kapitel ist bewusst herstellerneutral geschrieben. Dennoch können konkrete Produktbeispiele die Nachvollziehbarkeit erleichtern. Aus diesem Grund werden teilweise Produkte genannt, aber eben nicht umfassend über möglichst alle Produkte geschrieben.

3.1 Ursachen von Einschränkungen auf Datenquellen

In diesem Kapitel wird angenommen, dass BIA-Systeme die Daten live von einem Quellsystem beziehen. Die Möglichkeit, über Dateiaustausch zu gehen, soll nur dann als Option betrachtet werden, wenn diese Dateien als direkte Reaktion einer BIA-Anforderung generiert werden. In allen Skizzen soll ERP stellvertretend für beliebige Anwendungssoftware stehen, wie eben ERP, Branchensoftware, HR-Software, CRM-Software etc.

Der trivialste Grund fehlender Connectivity sind rein technische Ursachen. BIA-Programme müssen entweder über Konnektoren auf die Datenbank oder über eine API auf die Software zugreifen (vgl. Abb. 3–1). In einer heterogenen Systemlandschaft sind häufig neuere Anwendungen mit niederschwelligen Zugriffsmöglichkeiten auf Basis von etablierten Standards und Legacy-Systeme mit proprietären Verfahren vorhanden.

Der »einfachste« Fall ist der Zugriff auf die Datenbank, da JDBC/ODBC, Datenbanktreiber und SQL etablierte Verfahren sind. Aus Sicht der Anwendungssoftware ist das aus mehreren Gründen nicht gewünscht: Der Stand der Anwendungssoftware und ihrer Datenbank sind nicht zwangsläufig identisch, da Anwendungssoftware in der Regel gecacht auf ihr Repository zugreift (Hibernate, ADO etc.). Teilweise verhindern oder erschweren auch die Hersteller den Zugriff durch BIA-Tools dritter.

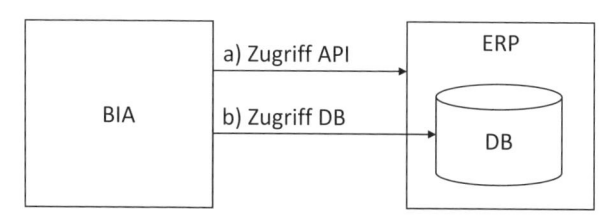

3 Datenzugriffsstrategien für Analytics bei beschränktem Datenquellenzugriff

Abb. 3–1 *Zugriff durch BIA-Programme über Konnektoren oder API*

Der bessere Weg ist der Zugriff auf eine API der Anwendungssoftware. Der aktuelle Standard dafür ist REST. Wesentlicher Nachteil an diesem Zugriff ist, dass er extrem anwendungsspezifisch und rein von der Umsetzung der API abhängig ist. Immerhin sind die Übertragungsprotokolle gängige Internetprotokolle, sodass die Netzwerkkonfiguration hinsichtlich Portfreigabe einfacher ist. Noch vor einigen Jahren wurde für die Anbindung von Anwendungssoftware über gängige Internetprotokolle SOAP verwendet [Jablonski et al. 2010].

Bevor REST und SOAP zum Quasistandard geworden sind, waren Zugriffe über proprietäre Protokolle nötig. Beispielsweise wird für SAP-Software »in der alten Welt« seit Jahren eine JCo-Bibliothek zur Verfügung gestellt, damit Java-basierte Programme per RFC auf die SAP-Programme zugreifen können. So werden Schnittstellen für Java-Anwendungen angeboten.

Neuere SAP-Produkte stellen Standardprotokolle wie OData via REST bereit [Wegelin & Englbrecht 2018]. SAP HANA bietet diverse Schnittstellen, je nach Anwendungsfall kann es aber sinnvoll sein, nicht per SQL zuzugreifen, sondern z. B. über die OData-Schnittstelle eines sogenannten App-Moduls. Dadurch wird der Zugriff durch die XS Runtime verwaltet und es wird nicht mehr direkt auf die Datenbank zugegriffen, was Vorteile haben kann, z. B. für die Lastverteilung [Alborghetti et al. 2018].

Eine besondere Herausforderung ist der Zugriff von BIA-Systemen aus der Cloud (vgl. Abb. 3–2).

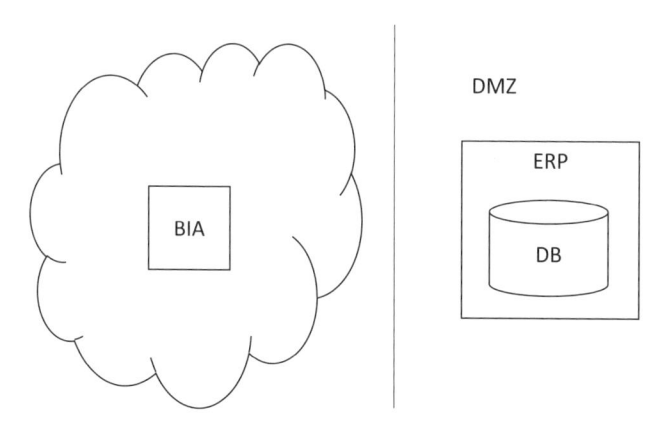

Abb. 3–2 *Zugriff von BIA-Systemen aus der Cloud*

Eine wachsende Zahl der BIA-Hersteller bietet die BIA-Lösungen als Cloud-Dienst an. Als Beispiele können Microsoft Power BI Service und SAP Analytics Cloud (SAC) genannt werden. Herausfordernd wird in diesen Szenarien der Zugriff auf vorhandene Datenquellen in der sogenannten demilitarisierten Zone (DMZ), da diese aus Sicherheitsgründen nicht aus dem Internet erreichbar ist. Lösungsansätze können wie folgt aussehen:

- Öffnen der relevanten Ports (Nachteil: potenzielle Sicherheitslücke)
- Overlay-Topologie bzw. Virtual Private Networks (Nachteil: hoher Aufwand)
- Datenmigration in die Cloud (Nachteile: Redundanz, Migrationsaufwand)
- DMZ-seitige Mittlerprogramme des Cloud-BIA-Anbieters

Beispielsweise verwendet SAC den SAP Cloud Connector als DMZ-seitiges Mittlerprogramm (vgl. Abb. 3–3). Wesentlicher Vorteil dieses Ansatzes ist, dass keine neuen Sicherheitslücken in der Netzwerkkonfiguration entstehen und weiterhin alle Daten im Live-Zugriff durch die On-Premises-Systeme bereitgestellt werden können.

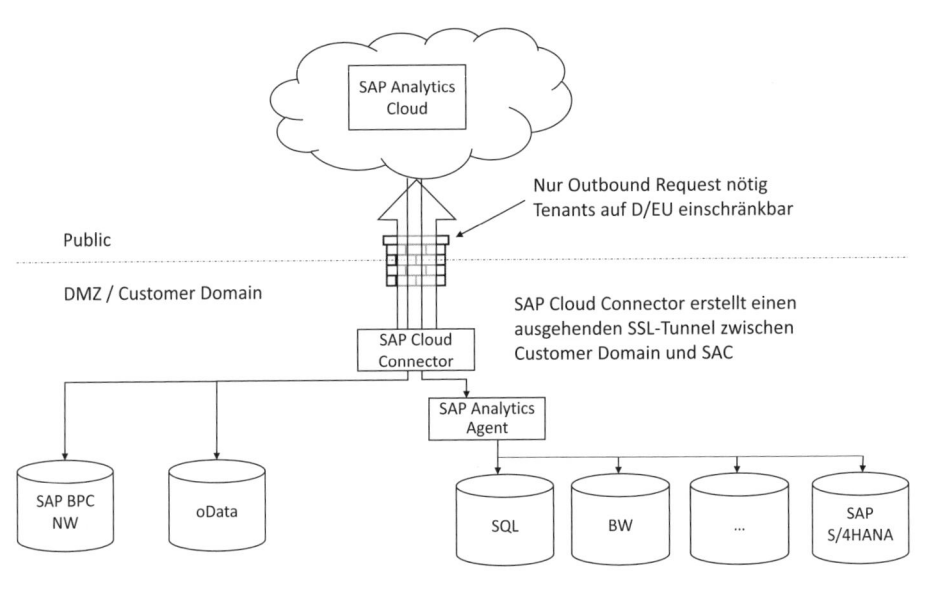

Abb. 3–3   *SAP Cloud Connector*[1]

Neben technischen Einschränkungen gibt es häufig »politische« Restriktionen. Innerbetrieblich können »politische« Gründe einfache Befindlichkeiten sein, da die Betreiber der Datenquellen gefühlt die Arbeit machen und BIA die Früchte einsammelt.

---

1. https://wiki.scn.sap.com/wiki/display/BOC/SAP+Analytics+Cloud+Connectivity+Guidelines; abgerufen am 27.03.2021

Folgende Schwachstellen können offengelegt werden:

- Betriebliche Schwachstellen in den Prozessen
- Schlechte Performance von Abteilungen/Mitarbeitern
- Schlechte Datenqualität und Schlamperei

Insbesondere bei BIA-Auswertungen, die Rückschlüsse auf individuelle Mitarbeiter zulassen, muss häufig der Betriebsrat um Erlaubnis gefragt werden. Dies ergibt sich aus dem Betriebsverfassungsgesetz (§ 87 Abs. 1 Nr. 6 BetrVG), da BIA-Anwendungen dann eben auch technische Einrichtungen sein können, die Verhalten und Leistung von Arbeitnehmern überwachen. Mit Einführung der Datenschutz-Grundverordnung (DSGVO bzw. GDPR) ergeben sich weitere rechtliche Anforderungen an den Datenschutz, insbesondere im Umgang mit personenbezogenen Daten.

Darüber hinaus gibt es weitere Compliance-Vorgaben und Daten, die der Geheimhaltung unterliegen, weshalb für den Anwender und Entwickler von BIA-Systemen individuelle Datenzugriffsrechte konfiguriert werden müssen. Dies ist aber nicht in allen Fällen leicht in den Datenquellen umsetzbar, sodass die BIA-Systeme noch sinnvoll bedienbar sind.

Ein Zugriff auf die operativen Systeme als Datenquelle kann die Performance und damit die Stabilität dieser Systeme gefährden und den betrieblichen Ablauf empfindlich stören. Die operativen Systeme müssen daher für den Betrieb als Datenquelle ausgelegt sein. Auch aufseiten der BIA-Anwender gibt es eine schlechte User Experience, wenn die Performance der Datenquellen im Allgemeinen nicht den Erwartungen entspricht. Insbesondere bei Ad-hoc-Analysen und Self-Service-BI müssen hier geeignete Maßnahmen ergriffen werden.

Ein weiteres Thema beim Zugriff auf operative Systeme ist die Korrektheit der Daten. Im Live-Zugriff kann es sein, dass auf laufende Vorgänge und damit auf unvollständige oder noch nicht korrigierte bzw. freigegebene Datensätze zugegriffen wird.

Betriebs- und Lizenzkosten der operativen Systeme können die Verwendung von Datenquellen für BIA-Systeme weiter einschränken. Es gibt Betriebsmodelle, bei denen der Zugriff oder der Datenaustausch in Rechnung gestellt wird oder die Lizenz des operativen Systems bzw. deren Datenbanken einen Direktzugriff mit BIA-Systemen nicht vorsieht ohne zusätzliche Lizenzierung. Wenn operative Systeme und BIA-Systeme unterschiedliche Kostenstellen sind, kann auch das zu organisatorischen Einschränkungen führen.

3.2 BIA-Anforderungen an Datenquellen

BIA-Tools werden häufig von Experten aus dem Bereich Data Science und Reporting verwendet. Wenn sich diese Experten zu sehr mit Themen der Datenintegration beschäftigen müssen, können sie sich weniger den BIA-Fragestellungen widmen. Aus diesem Grund arbeiten Data Scientists häufig mit CSV-Dateien anstelle einer Integration von Datenquellen. Diese Dateien werden entweder bereitgestellt oder vorab von den Data Scientists händisch vorbereitet. SQL ist meist schon eine fortgeschrittene, aber höchst relevante Zugriffsoption aus Perspektive der Data Science [Grus 2015], da die inhaltlichen Fragen eben auch mit CSV-Dateien beantwortet werden können. CSV-Dateien haben eine nachvollziehbare tabellarische Struktur. Das Vorgehen ist verständlich, jedoch für wiederkehrende Auswertungen ineffizient. Bei Routineauswertungen kommen Verwaltungsaufgaben für die Ablage und Verwaltung der CSV-Dateien hinzu.

Aus diesem Grund werden dem BIA-Anwender idealerweise Daten aus den Datenquellen in tabellarischer Form bereitgestellt. Im Umfeld von Data Warehouses werden diese auch Data Marts genannt. Dieser Begriff suggeriert bereits eine einfache Verfügbarkeit und den »Konsum« der Daten.

Multidimensionale Daten (Cubes), hierarchische Daten und Graphdaten werden in den meisten Anwendungsfällen ebenfalls in eine tabellarische Form überführt, bevor weiter mit diesen Daten gearbeitet wird, auch wenn es z.B. für die Visualisierung von hierarchischen Daten besondere Diagramme wie Baumdiagramme gibt. Komplexe Analytics-Verfahren wie künstliche Intelligenz, Machine Learning oder künstliche neuronale Netze arbeiten häufig mit Merkmalsvektoren bzw. Merkmalsräumen, die idealerweise auch tabellarisch repräsentiert werden.

Eine optimale User Experience des BIA-Anwenders setzt eine gute Performance der Datenquelle voraus, weshalb Data Marts häufig auch materialisiert werden.

3.3 Datenstrategische Überlegungen

In diesem Abschnitt sollen strategische Überlegungen erörtert werden, vorrangig aus der Perspektive von Unternehmen und Organisationen, die nicht primär als IT-Unternehmen wahrgenommen werden. Manche strategischen Optionen können den Zugriff auf Datenquellen kurzfristig erschweren, jedoch langfristig die Erweiterbarkeit, Skalierung, Wartbarkeit, Zugriffskontrolle und Transparenz erhöhen – Stichwort »Total Cost of Ownership (TCO)«. Konkrete Kostenbeispiele werden hier jedoch nicht diskutiert.

In jedem Unternehmen gibt es IT-Verantwortliche. Manche Unternehmen haben eine eigene sehr große IT-Abteilung, andere verlagern wesentliche Teile der IT an externe Unternehmen und kümmern sich mit ihrem Personal um den Kern der Wertschöpfung. Das Auslagern kann dabei von der Hardware über das Netzwerk bis hin zu kreativen Aufgaben aus dem Umfeld von BIA gehen im Sinne einer themenorientierten Beratung.

Unter dem Stichwort »Digitalisierung« wird dabei der Grad der IT-Unterstützung in der direkten Wertschöpfung und in den sogenannten begleitenden Prozessen verstanden [Mertens et al. 2017].

In den meisten Fällen gibt es keine umfassende Branchenlösung, sodass beim Grad der Digitalisierung und deren Umsetzung Entscheidungen getroffen werden müssen, die große Auswirkungen auf den gesamten Unternehmenserfolg haben können. Es müssen Projekte identifiziert und priorisiert werden (Vergabefähigkeit) und bei den einzelnen Themen kann zwischen Speziallösungen und generalistischen Lösungen entschieden werden unter Beachtung des Grades der Integration.

3.3.1 Trennung von Problemstellung und technischer Lösung

Sämtliche bekannte Problemstellungen werden erfasst und priorisiert. Nicht für alle Problemstellungen ist dieselbe Toolauswahl geeignet. Aus der Perspektive von BIA gibt es auf der Consumer-Seite von BIA die Möglichkeit, unterschiedliche Tools einzusetzen – für Reporting andere als für Data Science. Auch aufseiten der Datenquellen gibt es Alternativen.

Eine beliebige Toolauswahl aufseiten der BIA und der operativen Systeme (Datenquellen) führt zu einer Multi-Vendor-Strategie, d. h., Datenquelle und BIA-System kommen nicht vom selben Hersteller. Dies muss eine bewusste Entscheidung sein, da Single-Vendor-Strategien die Integration von operativen Systemen und BIA-Tool erleichtern. Ein klassisches Beispiel ist SAP BW und darauf aufbauende SAP-Tools als Auswertung von SAP ERP-Anwendungen. Auch innerhalb einer Single-Vendor-Strategie wäre es bei SAP möglich, moderne BIA-Verfahren aus den Gebieten Big Data, Data Science, Machine Learning etc. anzuwenden. Diese werden unter dem Begriff SAP Data Intelligence zusammengefasst [Kästner et al. 2021].

Mit einer Multi-Vendor-Strategie steigt der Integrationsaufwand und sinkt die Verfügbarkeit von Standardintegrationen, wobei viele Kombinationen kein Neuland sind und hier auf Erfahrungen zurückgegriffen werden kann. In [Franzke 2019] werden die Vor- und Nachteile von Best-of-Breed (Multi-Vendor) und Plattform (Single Vendor) gegenübergestellt. Tabelle 3–1 orientiert sich an [Franzke 2019]:

Funktion	Single Vendor	Best-of-Breed / Multi-Vendor
Administration	einheitlich und zentral	spezifisch für jedes eingesetzte Tool
Schnittstellen	abgestimmt	spezifisch für jedes eingesetzte Tool
Funktionsumfang	abgestimmt	meist pro Bereich höher
Programmierung	einheitlich	spezifisch für jedes eingesetzte Tool
Metadaten	plattformeinheitlich	tooleinheitlich
Austauschbarkeit	meist nur komplett	einzeln austauschbar

Tab. 3–1 *Multi-Vendor vs. Single Vendor*

Die spezifische Programmierung kann Vor- und Nachteil sein. Häufig ist keine reine Single-Vendor-Strategie möglich, da bereits die operativen Systeme heterogen sind. Aus BIA-Sicht ist meist der Funktionsumfang das treibende Argument für Multi-Vendor, da insbesondere Data Scientists sehr individuelle Anforderungen an das BIA-Tool haben.

3.3.2 Skalierbarkeit

Erfolgreiche BIA-Lösungen erzeugen mit wachsender Nutzerzahl und steigender Datenmenge höheren Aufwand in der Wartung und Umsetzung von Performance-Anforderungen. Während die Problemstellung und die Priorisierung häufig schon einen Plan bezüglich zu erwartender Nutzerzahlen hat, müssen die Datenquellen der BIA-Lösungen Schritt halten. Datenintensive Auswertungen können auf den Datenquellen für Performance-Schwierigkeiten sorgen. Dazu kommen Aspekte wie Hochverfügbarkeit und Lastverteilung, die auch BIA-Systeme leisten können und die besondere Herausforderungen an die Anbindung der Datenquellen stellen.

3.3.3 Cloud-Strategie und Datenschutz

Unternehmen, die sich auf den Kern ihrer Wertschöpfung konzentrieren, interessieren sich verstärkt für Managed Services, um möglichst wenig interne Ressourcen mit dem Betrieb von IT-Systemen zu belegen. Damit wird die komplette Betriebsverantwortung an Dienstleister ausgelagert. Mit diesen Cloud-Strategien ergeben sich besondere Herausforderungen an die Verbindung von BIA-Tool und Datenquelle, da diese möglicherweise nicht vom selben Anbieter bereitgestellt werden und die Integration berücksichtigen muss, dass nicht alle Netzwerkoptionen wie in einem unternehmenseigenen Netz sinnvoll zur Verfügung stehen. Darüber hinaus kann es sein, dass die Abrechnungsmodelle des Managed Service bei der Datennutzung berücksichtigt werden müssen.

Im Umgang mit Daten ist es häufig relevant, bestimmte technische und organisatorische Maßnahmen (TOM) zum Schutz der Daten nachzuweisen. Aus Sicht des Datenschutzes ist es häufig einfacher, auf Zertifizierungen des Anbieters von Managed Services zurückzugreifen. Für die Datenschutzkonformität der BIA-Anwendungen kann ein starker Einsatz von Managed Services Vorteile haben, da Zugriffe für die BIA-Anwendungen explizit konfiguriert werden müssen und in diesem Zusammenhang auch dokumentiert werden können. Ein zufälliger Zugriff wird damit unwahrscheinlicher.

3.3.4 Data Management

BIA-Anwendungen, die auf Data Marts zugreifen, haben oft nicht den aktuellsten Stand, da die Data Marts materialisiert bereitgestellt werden. Daraus ergeben sich automatisch potenziell redundante Daten, die nicht immer aktuell sind. In einer heterogenen und verteilten Landschaft von Datenquellen und operativen Systemen für BIA-Anwendungen ist es für den Anwender wichtig, den Überblick zu behalten und Wissen über die Herkunft der Daten seiner Auswertung zu bekommen (Data Provenance, Data Lineage). Begleitend zu den BIA-Tools kann für den BIA-Entwickler daher ein Data Catalog hilfreich sein. Viele Anbieter von Datenvirtualisierungslösungen (Abschnitt 3.5) stellen daher auch einen Data Catalog bereit. Idealerweise ist im Data Catalog dokumentiert, welche Daten von einer Datenquelle bereitgestellt werden und wie darauf zugegriffen werden kann. Dies erleichtert den Zugriff auf Datenquellen für den BIA-Anwender bzw. den Entwickler von BIA-Anwendungen gewaltig, da Expertenwissen in den Quellsystemen der operativen Anwendungen nicht erforderlich ist.

3.4 Lösungsansätze bei unterschiedlichen Einschränkungen

In diesem Abschnitt werden gängige Lösungsansätze vorgestellt. Diese sind nach Art der Limitierung gegliedert. Es gibt harte technische Ursachen, die einen geeigneten Zugriff der BIA-Systeme auf die Datenquellen verhindern. Daneben gibt es Limitierungen aufgrund von »politischen« und lizenzrechtlichen Einschränkungen. Weitere Einschränkungen existieren aufgrund von Datenschutz. Diese umfassen sowohl die gesetzlichen Anforderungen im Sinne von DSGVO/GDPR als auch die bewusste Einschränkung von Daten für die Auswertung aus der Perspektive strategischer Geheimhaltung.

3.4.1 Technische Probleme der Connectivity

BIA-Tools haben eine Liste von Konnektoren, mit denen sie auf die Datenquellen zugreifen können. Ist eine Datenquelle dabei nicht aufgeführt, muss ein Adapter bereitgestellt werden. Das kann eine Entkopplung durch Bereitstellung von REST-Services sein, ein Datenbanksystem, das eine JDBC/ODBC-Schnittstelle zur Verfügung stellt, oder die Verwendung von Datenvirtualisierung, worauf in Abschnitt 3.5 eingegangen wird.

Falls bei der Toolauswahl auf Lösungen von sogenannter Open Source BI (OSBI) [Haneke et al. 2010] gesetzt wurde, ist es auch möglich, selbst Konnektoren für das BIA-Tool zu entwickeln.

Neuere Produkte wie SAP HANA stellen neuartige Zugriffsmöglichkeiten wie Core Data Services (CDS) bereit. Am Beispiel von MicroStrategy wird aufgezeigt, wie Daten einer SAP S/4HANA CDS View in einem BIA-Tool verwendet werden können.[2] Die CDS Views müssen vorher in SAP HANA erzeugt werden und stellen die Daten dann im JSON-Format als OData bereit.

Auch andere Produkte verwenden OData via REST-Schnittstelle. Auf der Website von Mendix Docs werden die Schritte gezeigt, wie Daten aus Mendix in Excel und Tableau verwendet werden.[3]

Mendix ist hier als Repräsentant einer Low-Code-Plattform zu sehen. Low-Code-Apps gewinnen zunehmend an Bedeutung im Bereich der operativen Systeme ergänzend zu Standardprodukten wie ERP-Software.

Allein am Beispiel der vielen unterschiedlichen Möglichkeiten bei der SAP-Schnittstellen-Programmierung [Wegelin & Englbrecht 2018] wird deutlich, welche Herausforderungen beim Zugriff auf operative Systeme durch BIA-Anwendungen entstehen.

3.4.2 (Firmen-)»Politische« Themen und Lizenzen

BIA-Systeme werten Daten operativer Systeme aus. Der Betrieb dieser Systeme liegt oftmals in anderer Verantwortung. Es gibt z.B. Situationen, in denen der Betrieb der ERP-Software in der Verantwortung von anderen Abteilungen liegt als der Betrieb der BIA-Systeme zur Auswertung. Diese Abteilungen vertreten die Interessen der Fachabteilungen, BIA-Systeme arbeiten häufig Stabsstellen wie Controlling und Strategie zu.

Das schürt zum einen Vorbehalte, da Einsätze von BIA-Systemen von Fachabteilungen als Kontrolle wahrgenommen werden können, zum anderen besteht die Sorge aus betrieblicher Sicht, dass die Stabilität der operativen Systeme der Fachabteilungen durch häufige Zugriffe gemindert wird. Falls der Einsatz der BIA-Lösung eine projektbezogene Lösung ist und nicht die volle Unterstützung der Unternehmensleitung erfährt, kann das zu relevanten Blockern führen.

Ein weiteres Problem können Kosten des Zugriffs sein. Insbesondere Lizenzen spielen hier eine Rolle. Ein prominentes Beispiel ist die Behandlung des Indirect Access bei SAP.[4] Auch die Nutzung der SAP HANA-Datenbank kann lizenzrechtlich unterschiedlich bewertet werden.[5]

Es gibt viele BIA-Szenarien, in denen die Tools von unterschiedlichen Herstellern kommen und in Unternehmen von unterschiedlichen Abteilungen verantwortet werden. Für diese Problemstellung gibt es keine Standardlösung. Es müssen stets individuelle Betrachtungen stattfinden hinsichtlich Datenzugriffskontrolle der Quellsysteme und Lizenzierung.

---

2. *https://community.microstrategy.com/s/article/How-to-import-data-from-a-SAP-S-4HANA-CDS-view-into-MicroStrategy*
3. *https://docs.mendix.com/howto/integration/exposing-data-to-bi-tools-using-odata*
4. *https://news.sap.com/2018/04/sap-unveils-first-of-its-kind-new-pricing-model*
5. *https://www.sap.com/documents/2017/08/30aa5e11-cf7c-0010-82c7-eda71af511fa.html*

3.4.3 Datenschutzanforderungen beim Zugriff

Häufig wird der Zugriff auf die Datenquellen durch die BIA-Anwendung mit technischen Nutzern realisiert. Eher selten werden individuelle Anwenderrechte (Authorization) von der BIA-Anwendung an die Datenquelle durchgereicht. Der BIA-Anwender sollte nur die Informationen sehen, zu denen er im operativen System berechtigt ist. Die Verwendung von BIA-Tools sollte die Zugriffskontrolle daher nicht umgehen. Im Bereich von Self-Service-BI und Ad-hoc-Reporting verschwimmen die Rollen des BIA-Anwenders und des BIA-Entwicklers. Auch der BIA-Entwickler sollte nur die Daten sehen, für die er Rechte hat.

Viele BIA-Systeme haben ein eigenes Rechte- und Rollenkonzept, das für den Anwender die Daten entsprechend bereitstellt. Es ist gängige Praxis, Authorization und Authentication über einen zentralen Verzeichnisdienst (häufig Microsoft Active Directory bzw. Azure AD) zu konfigurieren. Idealerweise sind BIA-Systeme und Datenquellen daran angeschlossen und die Benutzerinformationen werden durchgereicht. Meistens müssen aber diese Rechte entweder in der BIA-Software oder, falls Datenvirtualisierung verwendet wird (Abschnitt 3.5), dort konfiguriert werden.

Es gibt BIA-Tools, die Row-level und Column-level Security für die BIA-Anwender realisieren. Damit liegt dann eben auch die Verantwortung für die Einhaltung der Datenschutzanforderungen beim Verantwortlichen für das BIA-Tool.

3.5 Entkoppeln von Systemen und Datenvirtualisierung

Wenn ein direkter Zugriff der BIA-Anwendung auf die Datenquelle nicht möglich, aber erforderlich ist, muss die Architektur in der Systemlandschaft so angepasst werden, dass jeweils Datenquelle und BIA-Anwendung eine kompatible Schnittstelle haben (vgl. Abb. 3–4).

Einige Datenbankhersteller bieten an, externe Datenquellen einzubinden oder andere Datenbanken mit DB-Links anzuschließen. Daneben besteht immer die Möglichkeit, individuell Programme zu erstellen, um z. B. REST-Schnittstellen den BIA-Anwendungen anzubieten.

Sogenannte Data-Driven Applications werden meist als Webanwendung entwickelt und müssen ebenso auf Datenquellen zugreifen wie BIA-Lösungen. Moderne Frontend-Entwicklungen wie SAP UI5 oder Microsoft Power Apps sowie weitere sogenannte Low-Code-Ansätze funktionieren am besten, wenn REST-APIs bereitgestellt oder herstellerspezifische Konnektoren verwendet werden. Bei heterogener Systemlandschaft ist davon auszugehen, dass nicht jede Kombination abgedeckt wird, bzw. bei Betrieb der Low-Code-Plattform als Managed Service in der Cloud ist es auch nicht immer möglich, individuell Konnektoren zu ergänzen. Der generische Ansatz über REST-APIs funktioniert in der Regel immer.

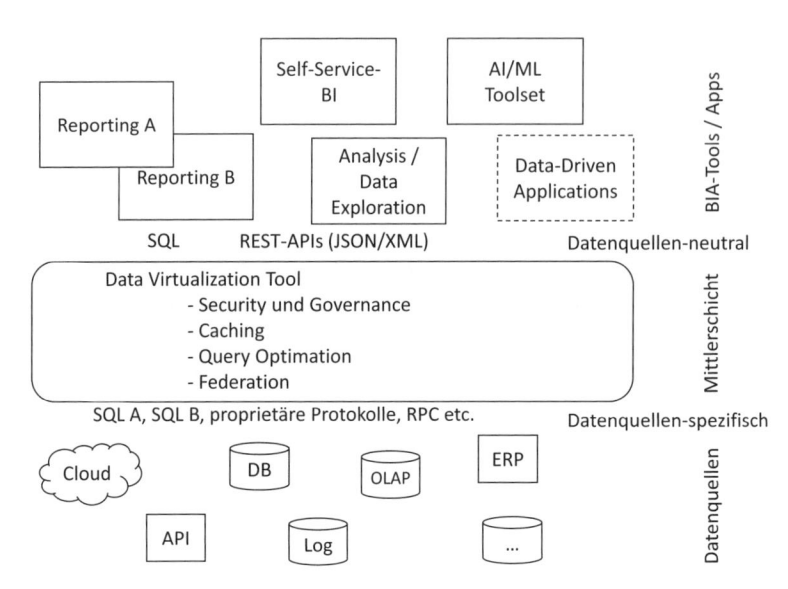

```
           Self-Service-        AI/ML
                BI             Toolset                    BIA-Tools / Apps
   Reporting A
                          Analysis /
           Reporting B    Data         Data-Driven
                          Exploration  Applications
        SQL    REST-APIs (JSON/XML)              Datenquellen-neutral
   ┌─────────────────────────────────────────┐
   │ Data Virtualization Tool                │
   │    - Security und Governance            │    Mittlerschicht
   │    - Caching                            │
   │    - Query Optimation                   │
   │    - Federation                         │
   └─────────────────────────────────────────┘
       SQL A, SQL B, proprietäre Protokolle, RPC etc.   Datenquellen-spezifisch
    Cloud      DB              ERP
                    OLAP                              Datenquellen
          API    Log        ...
```

Abb. 3–4   *Entkoppeln von Systemen*

Wenn also heterogene und verteilte Datenquellen vorliegen und bei der Mittlerschicht zwischen BIA-Anwendungen und diesen Datenquellen Standardsoftware als strategische Architekturentscheidung zum Einsatz kommen soll, liegt die Verwendung einer Datenvirtualisierungslösung nahe. In diesem Bereich gibt es mehrere etablierte Hersteller.

Die Idee der Datenvirtualisierung erweitert das Konzept eines föderierten Datenbanksystems [Bauer & Günzel 2013]. Wesentliche Merkmale sind die Bereitstellung der Daten über Standardschnittstellen, auf die mit SQL zugegriffen werden kann, und meist REST-APIs [Davis & Eve 2014]. Daneben findet je nach Reifegrad eine Anfrageoptimierung statt, die bei verteilten Anfragen enorm wichtig ist. Darüber hinaus kann mit Caching die eigentliche Datenquelle entlastet und die Verarbeitung in den BIA-Anwendungen enorm beschleunigt werden.

Weitere wesentliche Möglichkeiten sind die Etablierung eines eigenen Security Layer, der unabhängig von den darunterliegenden Datenquellen sein kann. Meist findet innerhalb der Datenvirtualisierungslösung eine Schichtenbildung aus Views statt, in der mehrere Views als Zugriff auf die darunterliegende Datenquelle erstellt und diese verbunden werden. Danach werden die Rohdaten per Regel (weitere View) gereinigt (Korrektur in den Daten ist hier im Gegensatz zu einem Data Warehouse nicht möglich) und je nach Anwendungsfall GDPR-konform anonymisiert. Aufgrund des optionalen Cachings ergeben Aggregationen auch in der Datenvirtualisierungslösung Sinn, was die BIA-Anwendungen stark beschleunigen kann. Die Views, die von den BIA-Anwendungen konsumiert werden, können mithilfe der Security-Richtlinien der Datenvirtualisierungslösung hinsichtlich Rechten und Rollen konfiguriert werden. So können Data-Governance-Vorgaben umgesetzt werden.

Aufgrund mehrerer Sichten, die hierarchisch in Bezug stehen, verwenden manche Hersteller gern auch den Begriff virtuelles Data Warehouse. In Kombination mit materialisierten Sichten ist eine gewisse Ähnlichkeit vorhanden, jedoch werden keine Daten wirklich persistiert. Auf jeden Fall ist es eine gute Ergänzung von ETL und ESB [Miller 2019].

Aus Sicht einer flexiblen BIA-Nutzung stellt die Datenvirtualisierung eine gute Möglichkeit dar, Hindernisse beim Zugriff auf Datenquellen und Anwendungen zu beseitigen. Es können optimale, anwendungsspezifische Views bereitgestellt und dabei der Zugriff gesteuert (Security) und kontrolliert werden (Logging). Entwicklungen in der BIA-Landschaft sind dann auch nicht mehr abhängig von den Datenquellen, sodass ERP-Systeme, Datenbanken usw. auch ausgetauscht werden können, ohne dass die BIA-Anwendungen ganz neu entwickelt werden müssen. Die Anpassung findet dann in der Kaskade von Views statt; idealerweise genügt bereits die Anpassung auf »unterster« View-Ebene. Mit Caching und Aggregation können insbesondere datenintensive BIA-Anwendungen enorm profitieren, und die Datenquellen werden im Zugriff entlastet.

3.6 Abgrenzung und weiterführende Themen

Limitierungen von Datenquellen gibt es auch aufgrund ungeeigneter Datenmodellierung und Verfügbarkeit von Daten. Ein Beispiel dafür ist fehlende Versionierung. Wenn die Datenquelle stets den aktuellen Stand hat, kann eben nicht auf einen historischen Stand zurückgegriffen werden.

Für diesen Fall gibt es Lösungen, wie z.B. Data Vault mit Historisierung als Bestandteil des Datenmodells, oder Verfahren, die ein Journal anbieten. Letztere arbeiten teilweise mit einer Kombination aus relationalen Datenbanken (aktueller Stand) und NoSQL-Datenbanken (historische Stände oder Änderungen bei flexiblem Datenmodell). Der Zugriff auf solche komplexeren Datenmodelle ist für BIA-Systeme schwieriger, jedoch mit den in diesem Kapitel diskutierten Verfahren lösbar.

4 Enterprise Application Integration: aktuelle Ansätze

Martin Janssen

Das Thema Enterprise Application Integration (EAI) begleitet IT-Abteilungen seit vielen Jahren. Der vorliegende Beitrag setzt sich mit diesem Thema auseinander und beschreibt drei Ansätze, wie dieses Thema technisch und strategisch angegangen werden kann. Der Autor hat hier Erfahrungen aus seiner Beraterpraxis in eine subjektive Bewertung aktueller Ansätze auf dem Gebiet EAI einfließen lassen. Wenn der Artikel dazu anregt, zu reflektieren, ob das Thema bereits gut im eigenen Unternehmen verankert ist oder vielleicht zukünftig etwas mehr Aufmerksamkeit verdient, dann ist der Zweck zumindest aus Autorensicht erfüllt.

4.1 Ein altbekanntes Thema vor immer neuen Herausforderungen

Wer bereits einige Jahre in einer IT-Abteilung eines Mittelständlers oder größeren Unternehmen gearbeitet hat, der weiß, welchen Herausforderungen sich diese Abteilungen gegenübersehen.

In den Unternehmen sammeln sich Applikationen und Technologien aus inzwischen mehreren Jahrzehnten an. Während über die Jahre immer neue Applikationen und neue Technologien hinzukommen, werden selten im gleichen Maße alte Technologien abgeschafft. Die Schere zwischen Fortschritt, Betrieb und Maintenance öffnet sich weit.

Neben den Herausforderungen im Betrieb steigen die Anforderungen an automatisierte durchgängige digitale Prozesse für Unternehmen, um mit den angebotenen Produkten und Dienstleistungen am Markt zu bestehen. Personalkosten in der Kundenbetreuung müssen gesenkt werden, die Informationen rund um Kunden und Produkte sollen ganzheitlich zur Verfügung stehen. Wertschöpfungsprozesse sollen anhand von Datenauswertungen optimiert werden.

Nicht nur die Kernprodukte des Unternehmens stehen im Wettbewerb, sondern neben der Qualität dieser Produkte, deren Preise und weitere Eigenschaften ist der Service und die Kundennähe, das Wissen um den Kunden, ein wichtiges Thema im Wettbewerb, in manchen Branchen sogar ein wesentlicher Erfolgsfaktor.

Die großen Plattformanbieter vor allem aus den USA führen uns seit Jahren vor, wie erfolgreich Unternehmen sind, die ihre Prozesse digital beherrschen und ihre Daten nutzen, um ihre Kunden besser zu verstehen.

Jeff Bezos hat sein Unternehmen auf Prinzipien gestellt, von denen das erste Prinzip, das von ihm in Interviews häufig genannt wird, die konsequente Ausrichtung am Kunden ist: »Customer Obsession – Leaders start with customer and work backwards« [Amazon 2021]. Das Produkt, das der Kunde bei Amazon erlebt, ist nicht nur das, was geliefert wird, beispielsweise ein Buch, sondern es ist auch die Dienstleistung darum herum. Dazu gehört die Verfügbarkeit des Produktes, das schnelle und verlässliche Liefern sowie eine reibungslose und einfache Retourenabwicklung. Um diese Dienstleistungen zu erbringen, spielt die IT in vielfältiger Weise die entscheidende Rolle – hier in Form der tiefen und durchgängigen Integration verschiedener Anwendungen.

Wenden wir den Blick auf Unternehmen, deren Wertschöpfung nicht in demselben Maße auf dem Internet und IT-Technologie basiert wie bei den großen Onlineplattformen, wie Amazon es ist. In vielen klassischen Unternehmen finden sich ERP-Systeme, die 15 Jahre oder älter sind und über die Jahre durch Customizing in den Zustand geführt wurden, dass sie im Prinzip nicht mehr Upgradefähig sind, Stichwort »Z-Tabellen« bei SAP. Nahezu alle Unternehmen, die der Autor in den letzten Jahren beraten hat, führen aktuell ein teilweise auf mehrere Jahre angelegtes ERP-Projekt durch, um auf die aktuellen Cloud-basierten Architekturen der Hersteller zu wechseln. Das hat Folgen für die digitalen Prozesse in diesen Unternehmen, die neu gestaltet werden müssen. Die Architekturen der Unternehmenssoftware haben sich zudem durch die Clouds verändert. Hier wird nun häufiger über APIs integriert, als dies mit den älteren monolithischen Applikationen der Fall war. Vor allem native SaaS-Applikationen lassen sich oft nicht um Code erweitern, der Daten aus Umsystemen abruft, lädt und transformiert, sondern diese Anwendungen bieten Standard-APIs, über die die Daten bereits im passenden Format eingelastet werden müssen. Diese Entwicklungen beeinflussen sehr stark die Art und Weise, wie Daten in modernisierten IT-Landschaften zwischen den Applikationen ausgetauscht werden.

Im Folgenden werden Technologieansätze für die Datenintegration vorgestellt, die für die Umsetzung von digitalen Prozessen über verschiedene spezialisierte Anwendungen unter diesen neuen Anforderungen geeignet sind. Interessant sind diese Ansätze auch für diejenigen Unternehmen, die sich nicht oder wenig mit Softwareentwicklung beschäftigen wollen und die selbst keine umfangreichen Microservice-Landschaften oder Technologieplattformen betreiben. In Unternehmen, wo Letzteres der Fall ist, ist die Integration von Daten üblicherweise inhärenter Bestandteil der Umsetzung solcher Plattformen. Die hier vorgestellten Ansätze sind also eher gedacht für Unternehmen, die für den Betrieb ihres Kerngeschäftes unterschiedliche spezialisierte (monolithische) Applikationen einkaufen und mit eigenen Teams oder Dienstleistern diese Anwendungen anpassen, erweitern und integrieren.

4.2 Der Unterschied zwischen Theorie und Praxis ist in der Praxis weit höher als in der Theorie

Auch auf dem Gebiet der Einsen und Nullen, sprich der Informatik, in der scheinbar alles deterministisch ist, gilt das Bonmot von Ernst Ferstl: »Der Unterschied zwischen Theorie und Praxis ist in der Praxis weit höher als in der Theorie« [Ferstl 1996]. Das folgende Beispiel ist fiktiv verdichtet, aber aus Versatzstücken aus der erlebten Beraterpraxis zusammengesetzt.

Stellen Sie sich bitte einen erfolgreichen Mittelständler vor, der innerhalb einer Generation von einem lokal agierenden Unternehmen zu einem globalen Player gewachsen ist. Auf seinem Gebiet ist er ein *hidden champion*, von denen es bekanntermaßen viele in Deutschland gibt.

Der Erfolg fußt auf marktführenden Produkten aus einer anspruchsvollen Fertigung. Diese anspruchsvolle Fertigung muss mithilfe von computergestützter Planung und Steuerung organisiert werden, genauso wie die dazugehörenden Prozesse: Marketing, weltweiter Vertrieb, Teilfertigung auf mehreren Kontinenten, Einkauf, Lagerung, Logistik und so fort.

Über die letzten ca. 20 Jahre haben sich über 80 umfangreiche monolithische Applikationen in der IT-Abteilung angesammelt, die mit der Wertschöpfung in direkter Verbindung stehen, darunter tatsächlich über 10 verschiedene ERP-Systeme, teils aus Unternehmenszukäufen, teils aus verschiedenen Jahrzehnten in Arbeitsteilung, daneben weitere große Anwendungen für Lagerhaltung, Produktionsplanung und Logistik. Eine Schatten-IT auf Basis selbstgebauter Excel Sheets, deren Bedeutung für das Geschäft überraschend hoch sein kann, ist hier gar nicht erst berücksichtigt.

Mit der wachsenden Anzahl von betreuten Applikationen ist auch die IT-Abteilung des Unternehmens gewachsen. Da das Geschäft des Unternehmens nicht in der Herstellung digitaler Produkte besteht, sondern auf einer klassischen Fertigung beruht, und generell IT nicht zur Kernkompetenz dieses Unternehmens gehört, hat sich die IT insgesamt pragmatisch an den jeweiligen Notwendigkeiten orientiert entwickelt – ohne eine erkennbare Strategie, wie den wachsenden Anforderungen durch Effizienz und Prozesse begegnet werden kann. So läuft die IT-Abteilung den Anforderungen hinterher, die zudem durch die Notwendigkeit der weiteren digitalen Vernetzung der Prozesse immer komplexer wird.

Und mit Pragmatismus wird auch das Thema der Datenintegration gelebt. Aus den Anfängen heraus besteht zwischen den ersten großen monolithischen Anwendungen ein Punkt-zu-Punkt-Datenaustausch über einfache CSV-Dateien. Diese lang lebenden Integrationen sind zahlreich und schlecht dokumentiert und unterstehen mitunter dem Herrschaftswissen von Experten, die viele Jahre lang schon im Unternehmen Schlüsselsysteme betreuen und munter ebenso seit vielen Jahren auf die geplante Abschaltung und Ersetzung dieser Applikationen vor dem eigenen Ruhestand hin mitwirken.

Vor einigen Jahren ist daneben eine modernere Variante für den Datenaustausch über eine Data-Warehouse-Anwendung und vorgelagerte ETL-Strecken getreten. Datenaustausch ist wohl nicht die Kernkompetenz eines solchen Technologie-Stacks, sondern das Sammeln und Verdichten von Daten zur Auswertung. Aber wie dem auch sei, mit den über Cron-Jobs gesteuerten Batch-Prozessen zum Ingestieren und Transformieren von Daten und zum Bereitstellen dieser Daten über Datenbanktabellen steht ein weiteres Werkzeug und somit ein erweiterter technologischer Spielraum zur Verfügung. Die Strecken über das Warehouse laufen sehr stabil und sind zudem gut überwacht, besser als die dateibasierten Strecken. Auch Datentransformationen und ein Wiederaufsetzen für die Übertragung werden gut abgebildet.

Leider stellt sich dieser Weg über die Zeit als kaum zu lösender Flaschenhals dar, sowohl bezogen auf den technischen Datentransport als auch bezogen auf die Implementierung der digitalen Prozesse und die fachliche Weiterentwicklung der Applikationen, die von den Integrationen abhängig sind. Und dies auch auf organisatorischer Ebene. Ein externes Dienstleisterteam in bereits signifikanter Größe im Verhältnis zur Gesamtmannschaft ist durchgängig damit beschäftigt, die bestehenden Strecken anzupassen und auszubauen. Das Backlog füllt sich immer weiter, die Wartezeit auf Umsetzung wird immer länger. Dazu kommt, dass die Technik stetig neue Hardware benötigt und immer wieder mit den geforderten Datenmengen zeitlich überfordert ist. Eine Datenübertragung im Batch-Betrieb von unter 15 Minuten ist praktisch nicht möglich, für einige der Integrationsstrecken aber natürlich gefordert. Und kaum ein Meeting in der IT-Abteilung findet nun ohne Teilnahme eines oder mehrerer Mitglieder des Integrationsteams statt, insbesondere wenn es um die zeitlichen Planungen der verschiedenen Projekte geht, weil nahezu alle Projekte eine Abhängigkeit zu Umsetzungen von digitalen Prozessen über verschiedene Applikationen haben, die wiederum die Datenversorgung zwischen den Applikationen voraussetzen.

Dieser offensichtliche Engpass wird nun mit einer neuen Initiative angegangen: Ein Spezialist, angestellt extra für das Thema Datenintegration, macht sich an das Werk und startet eine Individualentwicklung mit einem Team von vier Programmierern. Dieses Team werkelt ein Jahr nach den Plänen des Experten und so entsteht ein Integrationsframework, das nun fortan den Engpass mindern soll. Das Ergebnis entspricht etablierten ESB-Anwendungen, die seit Jahren als Open Source am Markt verfügbar sind oder als fertige Produkte von Herstellern erworben werden können. Leider ist die selbst entwickelte Software nicht besser geworden als die Marktlösungen, sondern schlechter, und so kommt sie auch nie zum praktischen Einsatz.

In der Zwischenzeit hat ein weiteres Team im Unternehmen angefangen, die Integration mit Cloud-Technologien anzugehen, während wiederum zeitgleich ein anderes Team auf MOM (Message Oriented Middleware) setzt, und zwar auf

Basis von Kafka. Beide Ansätze sehen vielversprechender aus und es wird sich zeigen, ob sich daraus ein gemeinsamer durchgängiger Ansatz für das Unternehmen entwickeln wird.

4.3 Die Zeit des ESB

In dem vorangegangenen Abschnitt sind bereits einige der Architekturansätze für die Integration genannt worden. Das Thema Enterprise Application Integration hat eine lange Geschichte und in dieser Geschichte haben sich unterschiedliche Ansätze für die Implementierung herausgebildet. Literatur zu dem Thema gibt es schon seit vielen Jahren, unter anderem ein Standardwerk von David S. Linthicum »Enterprise Application Integration«. Dort findet sich auch folgende Definition des Begriffs: »*Enterprise Application Integration, or EAI, is a buzzword that gives a name to the informal process that's being going for years – the integration of various applications so that they may share information and processes freely*« [Linthicum 2000].

Lange Zeit war einer der am häufigsten genutzten Wege der Austausch von Dateien mit flachen Datensätzen über Dateisysteme oder FTP. Dabei schreibt ein System Dateien auf einen FTP-Server, oft im CSV-Format, aus dem dann abnehmende Systeme lesen können. Auf ähnlichem Prinzip bauen wichtige Industriestandards für den Austausch von Daten auch über Unternehmensgrenzen hinweg auf, beispielsweise EDI[1]. Hierbei werden in der Regel im Push-Verfahren viele Datensätze in strukturierten Dateien zur Verfügung gestellt und dann vom empfangenden System importiert und verarbeitet.

Es entstanden viele weitere Ansätze, wie der Datenaustausch zwischen Systemen weiterentwickelt werden kann. Diese Weiterentwicklungen folgten in der Regel den steigenden Möglichkeiten durch Rechnerkapazitäten oder waren schlicht bedingt durch die Datenmengen. Aber auch die technische Entwicklung der Unternehmenssoftware und der eingesetzten Frameworks haben großen Einfluss genommen, ebenso auch Standards zur Strukturierung von Datensätzen, beispielsweise XML.

Von einfachen dateibasierten Punkt-zu-Punkt-Verbindungen bis in die heutige Welt von Microservices und SaaS-Anwendungen und durch API gekapselten Applikationen spannt sich ein weiter Bogen.

Eine wichtige Phase nimmt hier die Zeit der ESBs (Enterprise Service Bus) ein[2]. Die großen Implementierungsprojekte für ESB stammen aus den frühen Nullerjahren, in denen die Anforderungen an die Integration kontinuierlich durch das Internet und die sich weiter spezialisierende Unternehmenssoftware stieg.

---

1. EDI – Elektronischer Datenaustausch:
   https://de.wikipedia.org/wiki/Elektronischer_Datenaustausch
2. *https://de.wikipedia.org/wiki/Enterprise_Service_Bus*

Aus dieser Zeit stammt die Idee von eigenständigen Softwareapplikationen, die den Hauptzweck zu erfüllen hatten, Daten über eine zentrale Middleware allen Systemen bereitzustellen. Gregor Hophe und Bobby Woolf haben in ihrem Buch »Enterprise Integration Patterns« die Architektur und Design Pattern für das Thema zusammengefasst, ein Buch, das als Klassiker zu dem Thema bezeichnet werden kann [Hophe & Woolf 2003].

Eine ESB-Implementierung zeichnet sich durch recht mächtige Funktionen aus, dazu gehören Transformationsfähigkeiten von Daten, Schnittstellenadapter, aber vor allem auch das Routing, also eine Komponente, die sich um die Zustellung der Daten an die jeweiligen Empfänger kümmert. ESB-Implementierungen sind in der Praxis häufig rund um große ERP-Software anzutreffen, und Hersteller von ERP-Software stellen solche Anwendungen daher selbst zur Verfügung, wie z. B. die von SAP abgekürzt genannte PI/PO[3]. Dies sind Technologien von SAP, um sowohl den Austausch zwischen SAP-Applikationen als auch vor allem für externe Applikationen zu ermöglichen. Während PI/PO als Beispiel stark abgestimmt auf das SAP ERP entwickelt und genutzt wird, gibt es aber auch viele weitere ESB-Implementierungen auf dem Markt, die unabhängiger positioniert sind.

ESB-Implementierungen sind über die Zeit in die Kritik geraten, weil sie durch den zentralen Einsatz und ihre Mächtigkeit dazu verleiten, fachliche Probleme mit ihnen zu lösen, und so aus Sicht der Softwarearchitektur ungünstige Abhängigkeiten entstehen lassen. Statt die Prozesse der Datenintegration zwischen Anwendungen zu vereinfachen und zu beschleunigen, hat sich in der Praxis oft gezeigt, dass die ESB-Implementierungen durch diese Abhängigkeiten oftmals bei Änderungen von fachlicher Logik der integrierten Applikationen auch angepasst werden müssen. Martin Fowler hat die Kritik in einem viel zitierten Artikel benannt: »In particular we have seen so many botched implementations of service orientation – from the tendency to hide complexity away in ESB's, to failed multi-year initiatives that cost millions and deliver no value, to centralised governance models that actively inhibit change, that it is sometimes difficult to see past these problems« [Fowler 2014]. Aus diesem Artikel stammt auch der Ausdruck »smart endpoints and dumb pipes«, der in Abgrenzung zu den von Fowler benannten ESB-Anti-Pattern steht. Dieser Ausdruck der »dump pipes« besagt, dass eben keine Fachlogik in die Implementierung in der Integration einfließen soll, damit die Integrationsarchitektur wartbarer und robuster bleibt. Dies ist in der Praxis leichter gesagt als getan und erfordert Disziplin und manches Mal auch Durchsetzungsvermögen, da die architektonisch sinnvollere Lösung durch Anpassung in den integrierten Applikationen statt der Implementierung von Workarounds in der Integrations-Middleware aus diversen Gründen nicht gewünscht wird.

---

3. Zu PI: *https://de.wikipedia.org/wiki/SAP_Process_Integration*

4.4 Neue Anforderungen durch die Clouds

Seit Jahren werden immer mehr Workloads in die Public Clouds von Amazon, Microsoft und Google verschoben, es sind laut Statistik bereits über 90 %. Shift und Lift in die Cloud ist eines der dominanten Themen der letzten Jahre, und selbst in Deutschland gibt es nur noch sehr wenige Unternehmen, die Cloud-Angebote nicht oder sehr eingeschränkt nutzen wollen.

Nahezu alle großen Enterprise-Software-Anbieter setzen mit ihren Produkten für Unternehmen auf die Clouds, so SAP mit S/4HANA oder bekannte PIM/MDM-Anbieter, wie Stibo, Riversand oder Salesorce, mit ihrem CRM. Für manche Produktkategorien gibt es kaum noch On-Prem-Angebote, dies gilt natürlich vor allem für Software, die über das Internet bedient werden muss und sich an die Endkunden richtet, hier z. B. im Bereich E-Commerce, CRM, Customer Data Platform (CDP), Kampagnentools und weiterer verwandter Kategorien. Der Aufstieg von Salesforce als Cloud-native Anbieter ist prominentes Beispiel für einen Hersteller, der von Beginn an auf SaaS setzt.

Diese Entwicklung beeinflusst das Thema der Enterprise Application Integration sehr direkt. Die Bereitstellung von Software in Cloud-Lösungen hat einen starken Einfluss auf die Architektur der Applikationen. Software wird in der Regel optimiert für die Skalierung und Nutzung der Ressourcen durch Multi-Tenancy[4]. Hier werden Ressourcen für mehrere Kunden geteilt. Das wiederum setzt voraus, dass die Softwarearchitekturen bezogen auf Kundenanpassungen und Customizing der Software sehr eingeschränkt sind, sowohl um den Betrieb und die SLAs abzusichern als auch um die Upgrade- und Maintenance-Fähigkeit zu erhalten. Für die Integration bedeutet das, dass in der Regel Standard-APIs bereitgestellt werden und die Datenformate vorgegeben sind. Die Integration als Codeerweiterung in ein Standardprodukt einzubauen, entfällt somit, und wenn gleich zwei SaaS-Applikationen verbunden werden sollen, dann bleibt logischerweise nur der Einsatz einer entsprechenden Integrations-Middleware, die die Daten über die APIs der beiden Applikationen bezieht, transformiert und einspielt.

Durch das Aufkommen der Public Clouds und deren Akzeptanz werden inzwischen auch immer mehr Services von den großen Cloud-Anbietern zu Verfügung gestellt, als PaaS-Lösungen oder als Managed Services, also als Lösungen, die als direkt einsatzfähig gebucht werden können und um deren Betrieb und Maintenance sich der Kunde nicht kümmern muss. Hierbei kommen immer ausgereiftere Konzepte zum Einsatz, wie die Serverless Functions, FaaS[5] abgekürzt, bei denen die komplette Laufzeitumgebung für ein Stück Softwarecode zur Verfügung gestellt wird. Der Entwickler lädt also nur noch die auszuführende Methode

---

4. *https://www.cloudcomputing-insider.de/was-ist-eine-multi-tenancy-architektur-a-775268*
5. *https://de.wikipedia.org/wiki/Function_as_a_Service*

oder Klasse hoch und den Rest erledigt die Cloud.[6] Und auf diesen Technologie-Stacks gibt es eine ganze Reihe von Services, die sehr gut für das Thema Enterprise Application Integration genutzt werden können.

4.5 Drei aktuelle Lösungsansätze

In den folgenden Abschnitten werden drei Ansätze beschrieben, mit denen Daten zwischen Applikationen automatisierbar ausgetauscht werden können. Diese Ansätze nebeneinanderzustellen ist logisch nicht ganz stringent, weil sie nicht in eine gemeinsame Klassifizierung passen. So ist Kafka eine konkrete Technologie, wohingegen iPaaS (Integration Platform as a Service) ein Marketingbegriff ist, unter dem verschiedene Hersteller für Integrationsapplikationen subsumiert werden. Serverless in der Cloud wiederum ist bezogen auf die Praxis, Cloud-Services zusammenzuziehen und für die Aufgabe des Datenaustausches zu nutzen. Hier werden also Äpfel mit Birnen verglichen.

Die beschriebenen Ansätze haben aber gemeinsam, dass sie die Integrationsstrategie in einem Unternehmen bestimmen können. Natürlich nicht ausschließend, also als einzig zulässiger Ansatz, aber schon im Sinne einer Strategie, nach der sich ableiten lässt, welche Fähigkeiten benötigt werden, wie Prozesse gestaltet werden und Kosten und Budgets zu planen sind. So wie Unternehmen eine »Cloud-Strategie« haben, die in der Praxis auch eher eine »*Cloud First mit Ausnahmen*«-Strategie ist, aber dennoch eine Richtung und Orientierung vorgibt.

An das Ende eines jeden Abschnitts hat der Autor eine kleine Einschätzung des jeweiligen Ansatzes gestellt.

4.5.1 iPaaS – Integration mittels Low Code und als Turnkey-Lösung

2018 kaufte Salesforce die Firma Mulesoft für 6,5 Milliarden US-Dollar. Mulesoft hat zu dem Zeitpunkt weniger als 1000 Mitarbeiter und einen Umsatz von um die 200 Millionen US-Dollar. Eine spektakuläre Firmenübernahme, die zeigt, wie wichtig das Thema der Applikationsintegration für einen der führenden SaaS-Software-Anbieter geworden ist.

Mulesoft hat sich nach seiner Gründung 2006 einem einzigen Ziel verschrieben, nämlich das mühsame Thema der Datenintegration durch eine kaufbare Softwarelösung für Unternehmen zu vereinfachen. Die Idee von Ross Mason, dem Gründer, war 2006 sehr pointiert: Applikationen sollten einfach verbunden werden können, einfacher, als er es selbst in seinen Projekten bisher erlebt hatte. Zuvor hatte er als Softwarearchitekt eine der frühen großen ESB-Implementierungen verantwortet.

---

6. *https://en.wikipedia.org/wiki/Serverless_computing*

Neben Mulesoft gibt es eine ganze Reihe von vergleichbaren Angeboten anderer Hersteller (Jitterbit, Dell boomi, Informatica usw.). Gartner hat dem Thema einen eigenen Magic Quadrant gewidmet, woran die Bedeutung des Themas ablesbar ist.[7]

iPaaS als Begriff deutet an, dass diese Applikationen – vergleichbar zu SaaS-Angeboten – zwar nicht ausschließlich, aber schwerpunktmäßig als Cloud-gehostete Angebote positioniert werden. Genauer betrachtet können die meisten iPaaS-Lösungen auch on-prem oder in einem hybriden Modus betrieben werden, wo ein Teil der Anwendung in der Cloud läuft und ein anderer Teil in lokalen Rechenzentren. Diese Fähigkeit ermöglicht es allen Kunden, die Technologie einzusetzen, ohne eine Abhängigkeit in eine Public Cloud aus Sicherheits- oder Verfügbarkeitsgründen aufzubauen. Der USP dieser Produkte besteht aber eher in der Cloud-Variante, durch die sie direkt nach Kauf einer Lizenz zur Verfügung stehen und Installation, Setup und Betrieb bereits geregelt sind.

Die Hersteller dieser Produkte versprechen von ihren Lösungen, dass diese als Turnkey-Lösung mit wenig Customizing und keinen tiefen Entwicklungsfähigkeiten schnell ans Ziel kommen. Das aktuelle Stichwort dazu heißt Low Code[8]. Dieses Versprechen wird eingehalten. So sind Integrationen schnell umsetzbar und dank des PaaS-Feature-Sets sind die für die Integration so wichtigen nicht funktionalen Anforderungen im Betrieb, wie Sicherheit, Logging/Alerting, Skalierung und so fort, bereits sehr gut abgebildet und stehen direkt zur Verfügung.

Der Einsatz einer iPaaS-Lösung ist daher sehr attraktiv, vor allem für Unternehmen, die IT outsourcen wollen und Betrieb und Entwicklung nicht in ihrer Kernkompetenz sehen und die weniger komplexe Integrationen abzubilden haben (vgl. Abb. 4–1).

Im Kern bestehen die iPaaS-Lösungen aus mehreren Bausteinen:

- Konnektoren, die Standardprotokolle oder bereits Schnittstellen bekannter Anbieter unterstützen (z. B. Salesforce CRM oder SAP).
- Mapping-Funktionalität, also die Möglichkeit, Daten von einem Format auf ein anderes zu transformieren. Formate, die praktisch Industriestandard sind, werden in der Regel immer out of the box unterstützt (z. B. XML, JSON, CSV oder Excel).
- Prozesslogik, mit deren Hilfe Verarbeitungsschritte zu Integrationsstrecken zusammengefügt werden. Das ist ähnlich zu Workflow-Engines, wo Prüfungen, If-else-Bedingungen, Schleifen und ähnliche Dinge eingebaut werden können.

---

7. *https://www.gartner.com/en/documents/3990698*
8. *https://de.wikipedia.org/wiki/Low-Code-Plattform*

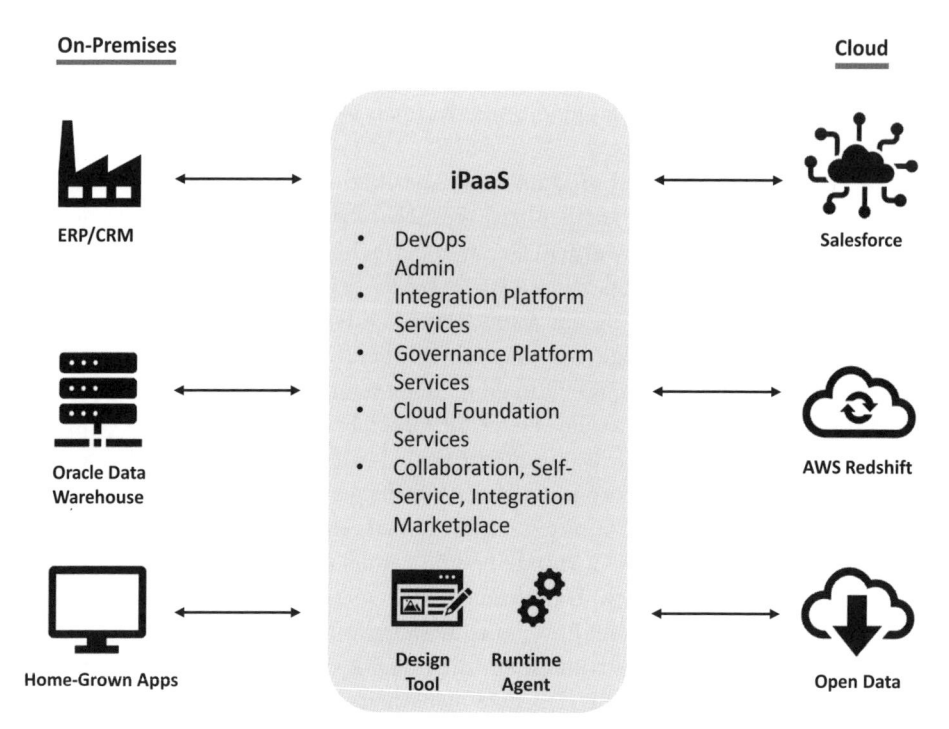

Abb. 4-1 Integration Platform as a Service[9]

Diese Kernbausteine werden eingebettet in eine Applikation, die die Pflege von Integrationen zwischen Systemen in Projekten organisiert, technische Deployments vereinfacht sowie Debugging, Logging und Alerting unterstützt. Dazu kommen weitere Funktionen, die von Enterprise-Software-Applikationen her bekannt sind, wie eine granulare Autorisierung, Rechte- und Rollenverwaltung. Manche dieser Applikationen bieten auch die Nutzung in einem Unternehmen in einer zentral-dezentralen Organisation. Dies geschieht durch Unterteilung des Accounts in einzelne Untermandanten mit eigenen Berechtigungen und die Möglichkeit, Integrationen zu teilen und wieder zu verwenden. Gerade dieser Punkt ist bei einer größeren IT-Abteilung hilfreich, um den Zugang und die Nutzung aus den applikationsnahen Teams heraus zu organisieren und so den Bottleneck-Effekt eines zentralen Teams und allzu zentraler Governance zu vermeiden.

Darüber hinaus bieten einige dieser Produkte inzwischen explizit eine API-Management-Funktion an, über die REST-Schnittstellen mit SLAs und Zugriffsregelung intern oder auch extern zur Verfügung gestellt werden können. Die Idee dahinter ist, einfach und schnell ohne großen Entwicklungsaufwand APIs für Backend-Systeme zur Verfügung zu stellen, die selbst nicht über solche Schnittstellen verfügen, oder aggregierte Daten aus verschiedenen Backend-Systemen so

---

9. https://blogs.gartner.com/mei-selvage/2016/03/21/why-you-need-integration-as-a-platform-ipaas/

für einen neuen Nutzungskontext bereitzustellen. Dieses Feature steht in Konkurrenz zu den Public-Cloud-Anbietern mit ihrem API-Management und den darunter liegenden Services und es ist aus Sicht des Autors durchaus fraglich, ob dieses Feature in einer Integrationssoftware einen Mehrwert bietet.

Mulesoft insbesondere wirbt dafür, innerhalb der Application Integration APIs zu implementieren, um die proprietären Schnittstellen der Monolithen zu abstrahieren und damit eine Wiederverwendbarkeit der internen Integrationslogiken zu ermöglichen. Ob dieser Weg der »API-led« Applikationsintegration sich durchsetzen wird, muss sich noch zeigen, und ob der Nutzen der Indirektion über APIs, wie in Abbildung 4–2 dargestellt, den höheren Implementierungsaufwand rechtfertigt.

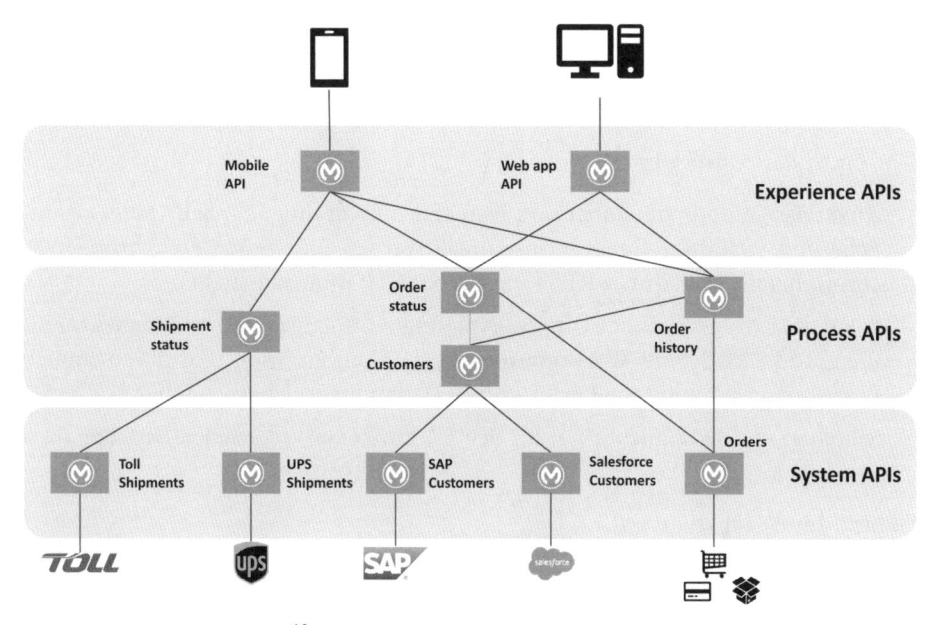

Abb. 4–2 Integration-APIs[10]

Die Idee, eine den ESBs ähnliche Lösung als PaaS anzubieten, hat eine Berechtigung, da sich das Thema Integration so als Thema in einem Unternehmen sehr gut projektieren, planen und umsetzen lässt. Vorsicht ist geboten, was die Komplexität der zu lösenden Integrationen angeht. Wenn das Customizing in dem iPaaS-Tool zu beschränkt ist und die Funktionalität nicht durch Konnektoren oder ausprogrammierte Mappings und Transformationen erweitert werden kann, dann kann die Umsetzung damit auch sehr mühselig werden und an Grenzen stoßen. Die mächtigeren iPaaS-Lösungen sind durchaus sehr gut erweiterbar, aber das gilt nicht für alle Anbieter im gleichen Maße und so positionieren sich die Anbieter nach Erfahrung des Autors auch entsprechend preislich im Markt.

---

10. https://blogs.mulesoft.com/wp-content/uploads/2017/07/api-led-architecture.png

Marktforschungsinstitute rechnen mit einem starken Umsatzanstieg in diesem Segment der iPaaS-Applikationen. Die zunehmende Verbreitung von SaaS-Lösungen, die nicht per Customizing integriert werden können, sondern für die eine Middleware notwendig ist, scheint diese Annahme zu rechtfertigen. Auch die Übernahme von Mulesoft durch Salesforce zeigt, wie strategisch wichtig das Thema für SaaS-Plattformanbieter ist. Das Ziel ist seitens Salesforce erkennbar, ein Tool anbieten zu können, das zur eigenen Philosophie passt und natürlich den Wert der Salesforce-Instanzen für die Unternehmen durch eine möglichst nahtlose und tiefe Integration in die bestehende IT-Landschaft steigert. Hierzu das Zitat von Marc Benioff, Chairman und CEO von Salesforce, anlässlich der Übernahme: »Every company is undergoing a digital transformation and integration has never been more strategic. Now with MuleSoft, Salesforce will enable customers to connect all of the information throughout their enterprise across all public and private clouds and data sources – radically enhancing innovation.«[11]

Das findet der Autor gut:

- Zuverlässige und gut skalierbare Datenzustellung möglich. Sehr unterschiedliche und vielfältige Integrationspattern werden unterstützt (synchron-asynchron, Batch, JSON über REST, CSV über FTP und viele mehr).
- Schnelle Erfolge möglich durch Nutzung von angebotenen Konnektoren, Integrationslogik und Workflows, einfache Konfiguration und durchgängige Prozessunterstützung für Entwicklung, Deployment, Überwachung usw.
- Schulung und Dokumentation für den Einsatz seitens Hersteller, Best Practices und Support

Darauf sollte geachtet werden:

- Dass die Lösung in Hinsicht auf komplexe Problemstellungen bezüglich Interface-Konnektoren, den Prozessen oder den Mappings ausreichend anpassbar und erweiterbar ist, falls der angebotene Standard nicht ausreicht.
- Dass auch nicht funktionale Anforderungen an Durchsatz oder auch an Sicherheit erfüllt werden, falls diese im Unternehmen entsprechend hoch sind.
- Dass kein Flaschenhals durch die Lösung entsteht, weil die Benutzung und der Zugang über eine zentrale Organisationseinheit gewährleistet ist.

Geeignet für:

- Unternehmen, die keine oder nur eine sehr kleine IT-Abteilung haben und die mit einer einfach zu bedienenden und pflegeleichten Lösung in Form von Standardprodukten gut bedient sind.

---

11. *https://www.mulesoft.com/press-center/salesforce-acquisition-completed*, 2018

- Unternehmen mit nicht allzu komplexen Integrationsanforderungen
- Einige der Produkte eignen sich auch für komplexe und sehr umfangreiche Integrationsvorhaben, aber hier muss das jeweilige Angebot geprüft werden.

4.5.2 Kafka – der neue ESB?

Kafka wurde ursprünglich entwickelt von LinkedIn, also einer der großen digitalen Plattformen, die mittlerweile zu Microsoft gehört.

Kafka wird als Streaming-Plattform bezeichnet, aber häufig auch für klassische Datenintegration zwischen Anwendungen genutzt. Die Motivation für Kafka, und somit auch der Kernnutzen, wird in der Kafka-Dokumentation treffend zusammengefasst: »We designed Kafka to be able to act as a unified platform for handling all the real-time data feeds a large company might have« [Kafka 2021].

2012 wurde Kafka der Apache Foundation übergeben, um das Framework als Open-Source-Modell weiterzuentwickeln. Unter der Apache-Lizenz, Version 2.0 wird der Sourcecode bereitgestellt. Die damaligen Hauptentwickler von Kafka haben eine kommerziell ausgerichtete Firma für das Ökosystem und ein erweitertes Angebot rund um Kafka namens Confluent[12] gegründet, die Kafka als Managed Service auf allen drei großen Public Clouds gehostet anbietet. Zudem wird unter dem Namen Confluent Hub eine Vielzahl von Konnektoren und Transformatoren offeriert, um die Verbindung zwischen Kafka und vielen gängigen Enterprise-Anwendungen anzubieten.

Die Stärke von Kafka entfaltet sich, wenn es als zentrale Infrastruktur in einem Unternehmen eingesetzt wird, um große Datenmengen ohne große Latenz für Anwendungen zur Verfügung zu stellen. Dabei ist es relativ einfach zu verstehen, wie Kafka technisch funktioniert, nämlich ganz ähnlich einer Messaging-Lösung mit Topics und Subscription[13] unter starker Einbindung des Dateisystems, das die Persistenz der Nachrichten übernimmt. Durch das gewählte Design ist es möglich, vielen Konsumenten Daten zur Verfügung zu stellen, wobei diese die Kontrolle darüber haben, wann sie welche Datennachrichten lesen und in welcher Geschwindigkeit. Die Daten werden dabei konfigurierbar über längere Zeit, mithin Tage, vorgehalten, sodass auch ein wiederholtes Lesen oder Wiederaufsetzen des Lesens von Nachrichten leicht möglich ist. Somit sind die in der Praxis so wichtigen Themen wie Pufferung und zuverlässige Übermittlung ohne Datenverluste im Design verankert. Eine gute Übersicht, wie Kafka funktioniert, findet sich auf den Seiten im Blog von Confluent[14].

---

12. *https://www.confluent.io*
13. *https://en.wikipedia.org/wiki/Publish%E2%80%93subscribe_pattern*
14. *https://www.confluent.io/blog/apache-kafka-intro-how-kafka-works*

Kafka ist eine ausfallsichere, gut skalierbare verteilte Anwendung, die aber gar nicht so einfach aufzusetzen und zu administrieren ist, wie es bei dem sehr einfach nachvollziehbaren Design der Nachrichtenbereitstellung erscheinen mag. Dennoch haben die hohe Zuverlässigkeit und die Tatsache, dass selbst größte Datenmengen zeitnah als Datastream abgearbeitet werden können, Kafka schnell sehr beliebt gemacht.

Laut Aussage des Kafka-Projekts haben inzwischen 80 % der Fortune-100-Unternehmen Kafka im Einsatz. Aus den genannten recht hohen Anforderungen für den Betrieb und weil Kafka nur zusammen mit Konnektoren und Anbindungen die Integration in Applikationen ermöglicht – die reine Überstellung der Daten reicht nicht aus für EAI –, haben sich inzwischen weitere Firmen neben Confluent darauf spezialisiert, Kafka gehostet und ergänzt um Konnektoren, API-Gateways, Transformationen anzubieten. So beispielsweise die Firma Lenses[15] oder auch die Firma Axual[16], die auch branchenspezifische Lösungen rund um Kafka anbietet. Auch die Public Clouds, wie AWS und Azure, bieten Managed-Kafka-Installationen an, und immer mehr Hersteller von Standard Enterprise Software, wie beispielsweise Stibo Systems für ihr PIM/MDM, liefern ihre Software mit Kafka-Konnektoren aus, die dann die Verbindung inklusive Mapping und Transformation erledigen.

Somit ist Kafka de facto eine sehr dominante Plattform zumindest in großen Unternehmen geworden für den zuverlässigen Austausch von großen Datenmengen in der Enterprise Application Integration bis hin zu Use Cases für Streaming-Verfahren, wie beispielsweise Echtzeitanalyse von Datenströmen, Logfile-Konsolidierung oder Event-Sourcing-Anwendungen. Kafka ist jedoch nur mit nennenswertem Aufwand intern oder auch mit entsprechenden Kosten als Managed Service zu betreiben, was wiederum nahelegt, die Plattform gleich als einen zentralen strategischen Baustein in einer IT-Landschaft einzusetzen, damit sich die Kosten auch rechnen. Doch hierbei ist Vorsicht angeraten, denn dies kann wiederum zu einer organisatorischen Zentralisierung des gesamten Themas Enterprise Application Integration führen und es besteht zumindest die Gefahr, dass es zu ähnlichen Problemen kommt wie bei den mächtigen zentralen ESB-Anwendungen. Daher sollte unbedingt vermieden werden, sowohl die Nutzung und den Zugang in einem Team zu zentralisieren als auch in der Nutzung fachliche Logiken implizit in die Austauschlogik einfließen zu lassen. Hier sei wieder erinnert an die Worte von Martin Fowler, »smart endpoints and dumb pipes« als Pattern zu nutzen. Wer das befolgt, wird später weniger Kopfschmerzen bei Änderungen und Anpassungen seiner Prozesse und Datenmodelle haben. Es gibt auch bezüglich Kafka warnende Stimmen, unter anderem von den Beratern von ThoughtWorks, einer großen weltweit agierenden Softwareberatungsfirma, die jährlich einen

---

15. https://lenses.io
16. https://axual.com

Technologieradar zu ihren Erfahrungen in Projekten herausgeben. Dort wird schon im Jahr 2017 und 2018 vor dem Einsatz von Kafka in einer zu zentralisierten Art und Weise gewarnt.[17] Diese Warnung gilt aber im Prinzip für alle ähnlichen Tools und Integration-Middlewares, auch für die iPaaS-Tools und eben für alle Lösungen, wo eine Technologie zentral für das Thema eingesetzt wird.

Kafka ist als Technologie aus Sicht des Autors per se nicht anfällig für zu große fachliche Abhängigkeit in der Nutzung aus Architektursicht, weil die Technologie im Kern kein komplexes Framework für Routing und Mappings enthält, sondern im Wesentlichen eine Lösung für die schnelle und zuverlässige Nachrichtenzustellung bereitstellt und es den teilnehmenden Applikationen überlässt, die Datenformate und Semantik zu bestimmen. Idealerweise ergibt sich hieraus ein Setup, in dem die Technologie für die Kernaufgabe der Datenübertragung zentral bereitgestellt wird, die fachliche Logik aber in den Endpunkten liegt und von den jeweiligen Fachteams entwickelt und bestimmt wird.

Das findet der Autor gut:

- Sehr zuverlässige und skalierbare Datenzustellung möglich, Konsumenten haben Kontrolle über das Konsumieren der Daten.
- Große Unterstützung durch immer mehr Hersteller von Enterprise Software und weite Verbreitung, quasi Industriestandard.
- Gute Unterstützung und Ausbau für Streaming und eventbasierte Anwendungsfälle möglich, die eine Verarbeitung von großen Datenmengen erfordern.
- Einfaches Design, erlaubt zentrales Bereitstellen der Technologie und dezentrale Nutzung.

Darauf sollte geachtet werden:

- Nicht einfach zu betreiben und zu konfigurieren, daher auch kein günstiger Service, weder inhouse noch als Managed Service.
- Keine vollständige Integrationslösung, sondern im Kern eine Streaming-Plattform, die in der Integration Ähnlichkeiten zu MOM-Lösungen aufweist[18]. Zwischen Kafka und den Applikationen müssen Konnektoren eingesetzt und zusätzlich das Thema Datentransformation gelöst werden.
- Kafka kann zwar zentral bereitgestellt werden, aber einzelne Teams sollten direkten Zugang und Kontrolle über ihre Nutzung von Kafka haben.

Geeignet für:

- Unternehmen, die inhouse Software entwickeln bzw. eine softwaretechnische Kompetenz haben oder anstreben. Unternehmen, die für eine Managed-Service-

---

17. https://www.thoughtworks.com/de/radar/techniques/recreating-esb-antipatterns-with-kafka
18. https://de.wikipedia.org/wiki/Message_Oriented_Middleware

Lösung und Dienstleistungen entsprechendes Budget bereitstellen können und wollen.
- Wenn große und sehr große Datenmengen stabil und zeitnah übertragen werden müssen.
- Für Integrationen nach dem Motto »smart endpoints and dumb pipes«, in denen die Applikationen, die die Daten bereitstellen oder verarbeiten, angepasst werden können oder die Bereitstellung von Adaptern möglich ist.

4.5.3 Serverless Integration – alles in der Cloud

Der Erfolg der Public Clouds ist unaufhaltsam. Ursprünglich genutzt als Betriebsalternative, indem VMs in die Clouds verschoben wurden, wachsen die Kataloge der Angebote der Cloud-Anbieter Jahr für Jahr weiter an. Dazu gehören die vielen Managed Services, aus denen sehr schnell komplette Anwendungen zusammengebaut werden können, mit einer beliebigen Tiefe an programmierter Funktionalität. Die Cloud-Hersteller bieten unterschiedliche Datenbanktechnologien an, Container für Geschäftslogik: Unter dem Stichwort Serverless Functions muss neuerdings der Programmierer nur noch seinen Programmcode bereitstellen. So können sehr schnell Anwendungen gebaut werden, die bereits komplett betrieben und gewartet sind, die je nach Bedarf automatisch elastisch skalieren und für die Überwachungen, Sicherheit und Verfügbarkeit gewährleistet werden. Dazu kommen Dienste für KI-Anwendungen, vortrainierte Bilderkennungsmodelle oder Anwendungen für Sprachanalysen, Unterstützung von Big Data Storage, Datenanalyse und Reporting, Workflow, Automatisierung usw. Die Eintrittsbarrieren für hoch skalierbare und mächtige Anwendungen sind zugespitzt formuliert reduziert auf das Hinterlegen einer Kreditkarte und wenige Klicks.

Diese Möglichkeiten können Unternehmen nutzen. Statt große Betriebsmannschaften vorzuhalten und viel Geld in ungenutzte Hardware zu investieren, stehen sehr große Möglichkeiten zur Verfügung, mit einer schlanken Entwicklungsmannschaft und DevOps individualisierte Software zu erstellen, dort wo kein Standardprodukt verfügbar ist, oder auch um mit einzelnen sehr innovativen Funktionen zu experimentieren, wie z. B. im Bereich Data Science und KI, wofür früher alleine die Setup-Kosten für die Rechenkapazitäten Grenzen gezogen hatten.

Auch im Bereich Enterprise Data Integration entstehen durch die Clouds neue Möglichkeiten, da immer mehr Bausteine, die hierfür notwendig sind, als Managed Services bereitgestellt werden mit entsprechenden Practices und Blueprints. Amazon bietet solche Services an, mit API-Gateway, Event Bus und Messaging, Amazon AppFlow und weiteren Diensten.[19] Microsoft stellt im Kern sei-

---

19. *https://aws.amazon.com/de/products/application-integration*

nes Application-Integration-Angebots die Azure Logic Apps und Service Bus, API-Management und weitere Dienste, z. B. die Data Factory für ETL, zur Verfügung.[20] Beide Lösungsangebote sind sehr mächtig und dabei sehr entwicklerfreundlich. Das Programmieren von Logic Apps für Azure mit der Entwicklungsumgebung Microsoft Visual Studio ist sehr gut unterstützt. Für die Umsetzung werden Beispiele geliefert, die einfach nachzuvollziehen sind und eine gute Unterstützung darstellen. Siehe hierzu folgende vereinfachte Darstellung des Microsoft Stacks (vgl. Abb. 4–3) oder das Whitepaper zu den Integrationsdiensten von Microsoft Azure[21].

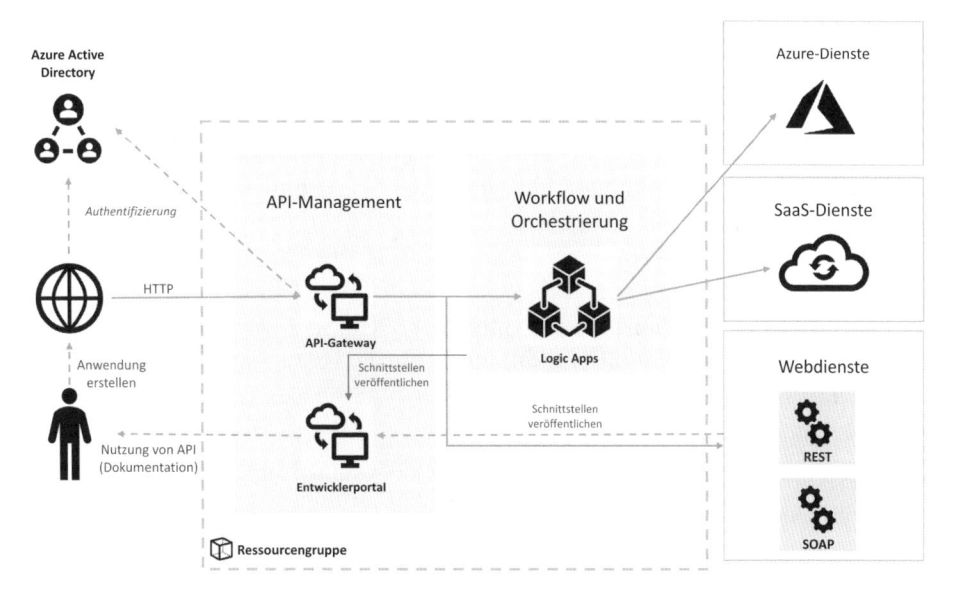

Abb. 4–3   *Integrationsdienste von Microsoft Azure*

Die Möglichkeiten der Public Clouds sind sehr umfangreich, da nahezu für jeden Anwendungsfall und jede Architektur Bausteine in der Form von Managed Services bereitgestellt werden. Gerade bei Azure ist zusätzlich im Enterprise-Umfeld die Integration in die Office-Welt ein Plus und stellt eine sehr reizvolle Möglichkeit dar, auch die Mitarbeiter mit ihren Standardtools in die digitalen Prozesse mit den Applikationen und Daten einzubinden. Beispielhaft hierfür ist Power BI mit der entsprechenden App in Microsoft 365 oder die Power-Automate-Funktionen, die wiederum eng mit Logic Apps verbunden werden können.

---

20. *https://azure.microsoft.com/de-de/product-categories/integration*
21. *https://azure.microsoft.com/mediahandler/files/resourcefiles/azure-integration-services/Azure-Integration-Services-Whitepaper-v1-0.pdf*

Das findet der Autor gut:

- Immer umfangreicheres Angebot an Services in den Clouds, die einfach und schnell genutzt werden können.
- Skalierung erfolgt nach dem tatsächlichen Bedarf.
- Bandbreite von einfachen Low-Code-Integrationen bis hin zu sehr spezialisierten komplexen Anwendungsfällen ist sehr gut gegeben.

Darauf sollte geachtet werden:

- Gefahr des Vendor Lock-in
- Abhängig von Verfügbarkeit, Sicherheit, Datenschutz und Ausfallsicherheit des Cloud-Anbieters
- Best Practices für die Cloud-Nutzung in Hinsicht auf Berechtigungen, Deployments, Überwachung und weitere Aspekte müssen herausgebildet und gelernt werden, damit Anwendungsfehler vermieden werden, die z. B. die Sicherheit der Daten korrumpieren könnten.

Geeignet für:

- Unternehmen, die schnell vorankommen wollen, Stichwort Time to Market, aber eine hohe Flexibilität und Offenheit für die Umsetzung ihrer Integrationen haben wollen.
- Unternehmen, die sich nicht scheuen, eigene Spezialisten für die Clouds einzustellen oder hier auf spezialisierte Entwicklungsdienstleister zu setzen.
- Unternehmen, die mit einer gewissen Budget-Unsicherheit umgehen können. Viele Angebote haben Kosten nach Nutzung, die nicht immer vorhersagbar sind. Kostenkontrolle ist dabei ein nicht zu vernachlässigender Punkt.

4.6 Fazit

Enterprise Application Integration ist und bleibt ein Kernthema für viele Unternehmen, das aber gemäß den Erfahrungen in der Praxis nicht immer mit der gleichen Aufmerksamkeit bedacht wird wie offensichtlichere mit der fachlichen Leistungsfähigkeit direkt zusammenhängende IT-Themen, wie die Auswahl des richtigen ERP, CRM oder die Einführung einer E-Commerce-Plattform. Das ist auch nachvollziehbar, weil die Budgets, Kosten und Aufwände für das Thema kleiner sind. Zudem ist die Notwendigkeit, das Thema Integration strategisch und mit einem Plan anzugehen, nicht immer direkt offensichtlich. Wenn aber ein Unternehmen stark wächst und somit auch die IT-Landschaft, dann ist wichtig, wenn dieses Thema auch ein eigener Punkt auf der IT-Agenda wird. Denn eine mangelnde Integrationsfähigkeit kann zu einem massiven Hemmschuh werden, der sich negativ auf die Entwicklung des Kerngeschäftes auswirken kann. Spätestens, wenn Daten zwischen den Systemen inkonsistent sind, wenn morgens auf nicht durchgelaufene nächtliche Batch-Jobs gewartet werden muss, wenn Projekte nicht vorwärtskommen, weil die Datenversorgung nicht stabil zur Verfügung steht, dann ist wohl schon einiges im Argen. Hinzu kommt der steigende Bedarf digitaler End-to-End-Prozesse, die zunehmend komplexer werden. Und weil die Wertschöpfung eine gute Datenlage voraussetzt, um aus dieser die richtigen Erkenntnisse zu ziehen und um passgenaue Services den Kunden anzubieten, ist auch hier das Thema der Datenintegration zwischen Applikationen wesentlich.

Der Austausch von Daten zwischen Anwendungen ist direkt proportional verknüpft mit dem Erfolg von vielen Unternehmen bei ihren Kunden. Das ist im zugegebenen Maße eine kühne These, aber es ist nun einmal ein Wettbewerbsvorteil, wenn das Portfolio online aktuell jederzeit abrufbar ist. Wenn Bestell- und Fertigungsprozesse automatisiert ablaufen und der Kunde und Lieferant jederzeit Transparenz über diese Prozesse hat. Viele B2B-Unternehmen haben zudem erkannt, dass ein eigener Onlinekanal zum Endkunden zudem den Vorteil für das eigene Marketing bietet, Einsicht in das Verhalten und die Bedürfnisse der Endkunden eigener Produkte zu erlangen. Der Fortschritt ist unaufhaltsam und hat auch in Corona-Zeiten für manche Branchen noch einmal richtig an Dynamik zugenommen. Und dies erfordert qualitatives Wachstum in der Automatisierung und Digitalisierung von Prozessen. Bezogen auf das Sammeln und Bereitstellen von Daten ist dies die Basis dafür, dass die Daten durch das Unternehmen zwischen den Applikationen fließen, und das zuverlässig, sicher, schnell, skalierbar und flexibel erweiterbar.

Die richtige Lösung für das Thema Enterprise Application Integration hängt sowohl von den organisatorischen als auch von den technologischen Rahmenbedingungen in einem Unternehmen ab und hier sind verschiedene Ansätze aufgezeigt, wie das Thema angegangen werden kann. Manche Unternehmen überlassen das Thema dem Spiel der Kräfte, oftmals deshalb, weil es nicht als ein eigenständiges Thema erkannt wird. Das ist aus Sicht des Autors ein Fehler. Besser ist es, das Thema weit oben auf die IT-Roadmap zu setzen und entsprechend zu behandeln mit dem Ziel, Innovation, Wachstum und Wartbarkeit der eigenen IT-Landschaft zu erhalten.

Teil II
Plattformen und Ökosysteme

5 Cloud Data Platform für die Logistikbranche: eine Lösung auf Basis von AWS

Christian Schneider • Gero Presser

In der Logistikbranche gibt es, wie in jedem anderen Wirtschaftssektor, strukturierte Daten, die vorverarbeitet und üblicherweise über ein Data Warehouse zentral für Auswertungen bereitgestellt werden.

Zudem ist es in der Logistikbranche üblich, stark auf individuelle Kundenwünsche einzugehen, sodass vielfältige Datenstrukturen entstehen. Daneben gibt es eine ganze Reihe branchenspezifischer Daten, die unstrukturiert oder semistrukturiert sind und häufig schnell erzeugt werden. Diese Daten können in einem Data Lake gesammelt werden, um später in Auswertungen bzw. in automatisierte Prozesse einzufließen.

Generell steht dahinter die allgemeine Zielsetzung, dass die gesamtheitliche Analyse von Daten einen besseren Einblick in das Geschäft ermöglicht, Optimierungspotenziale aufzeigt und dabei hilft, auf Daten basierende Entscheidungen für die Zukunft zu treffen.

Im Hinblick auf die Business Intelligence & Analytics-(BIA-)Architektur ergeben sich demgemäß die typischen Anforderungen: Es sind sowohl ein Data Warehouse als auch ein Data Lake zu berücksichtigen. Die Daten müssen aus den Quellsystemen abgeholt, in die Datenspeicher gebracht und potenziell dabei Transformationen unterzogen werden. Der Datenbestand soll katalogisiert werden, und für Auswertungen ist es wünschenswert, übergreifend auf die Daten zuzugreifen, egal, ob diese im Data Warehouse oder Data Lake residieren. Für Analysten soll ein gesamtheitlicher Zugriff auf die Daten für Analysezwecke einfach möglich sein. Fachanwender nutzen Auswertungen in Form von KPIs und Dashboards, die in den bestehenden Systemen integriert sind, Data Scientists können auf einfache Weise zusätzlich auf Rohdaten zugreifen.

Nachfolgend wird beschrieben, wie ein großes Logistikunternehmen diese Anforderungen auf Basis von AWS-Diensten umgesetzt hat. AWS ist bekanntermaßen die größte und am weitesten verbreitete Cloud-Plattform der Welt mit einem breiten Katalog an Diensten, unter anderem mit dem Schwerpunkt auf Data & Analytics. Die vorgestellte Architektur orientiert sich an der AWS-Referenzarchitektur und kann problemlos auch auf andere Branchen übertragen werden. Bemerkenswert ist, dass einzelne Services auch potenziell ausgetauscht werden können, sei es durch andere AWS-Dienste oder durch spezifische »Best-of-Breed«-Angebote anderer Hersteller.

5.1 Herausforderung

Zuerst wird die konkrete Situation des Unternehmens aus der Logistikbranche betrachtet. Der Ausgangspunkt für das Projektvorhaben war, dass kein zeitnaher Zugang auf vertrauenswürdige Informationen über Geschäftsprozesse vorlag. Zwar wurden an diversen Stellen bereits Daten in großem Umfang gesammelt. Es fehlte jedoch an der zentralen Zugriffsmöglichkeit, um aus diesen verteilten Datenbeständen bedeutungsvolle Erkenntnisse für das Geschäft zu generieren.

Insofern sollten folgende Ziele erreicht werden:

- Zielgerichtete und auf Daten basierende Optimierung der Geschäftsprozesse
- Verbesserung der operativen Effizienz
- Identifikation von Markttrends zur Generierung von zusätzlichem Umsatz
- Prognose von zukünftigen Ereignissen und Trends zur Unterstützung strategischer Entscheidungen
- Nutzenstiftung für Kunden durch die Bereitstellung von Transparenz der Supply Chain

Um diese Ziele zu erreichen, wurde eine Initiative gestartet mit der Aufgabe, eine einheitliche BIA-Architektur zu schaffen, im Rahmen derer Daten zentral zusammengetragen und anschließend von unterschiedlichen Rollen auf einfache Weise aufgefunden und verwendet werden können.

Konkret soll dies die Arbeit für folgende Nutzergruppen vereinfachen:

- **Anwender (bzw. Fachanwender)** sollen über ihre normalen Anwendungen auf einfache Weise Zugang zu Daten in entsprechend aufbereiteter Form erhalten, z. B. indem diese in Dashboards, in Berichten oder in KPIs integriert werden.
- **Business-Analysten** sollen mit ihren gewohnten Business-Intelligence-Werkzeugen arbeiten und über diese möglichst einfach auf alle Daten zugreifen können.
- **Data Engineers** verstehen Datenstrukturen sowie deren Bezug zu den Geschäftsprozessen. In ihrer Verantwortung liegt es, neue Datenquellen bereitzustellen, die anschließend z. B. von Business-Analysten genutzt werden können.
- **Data Scientists** verwenden üblicherweise Rohdaten, um Modelle zu trainieren und neue Konzepte oder Algorithmen zu erproben, die später bereitgestellt werden, z. B. zur Berechnung von Kennzahlen, die wiederum in den Datenbestand zurückfließen.

5.2 Grundlegende Architektur

Zunächst losgelöst von der technischen Realisierung und den konkreten Systemen wurde eine Architektur ausgewählt, wie in Abbildung 5–1 dargestellt. Im Einzelnen lässt sich diese klassische BIA-Architektur wie folgt beschreiben:

- Auf der untersten Ebene befinden sich die Daten.
- Strukturierte Daten werden in einem Data Warehouse organisiert und müssen hierzu in dieses bewegt werden (ETL).
- Semistrukturierte und unstrukturierte Daten »fließen« in einen Data Lake (per Data Ingestion).
- Gewisse Daten aus dem Data Lake werden (verdichtet und vorverarbeitet) in das Data Warehouse übernommen.

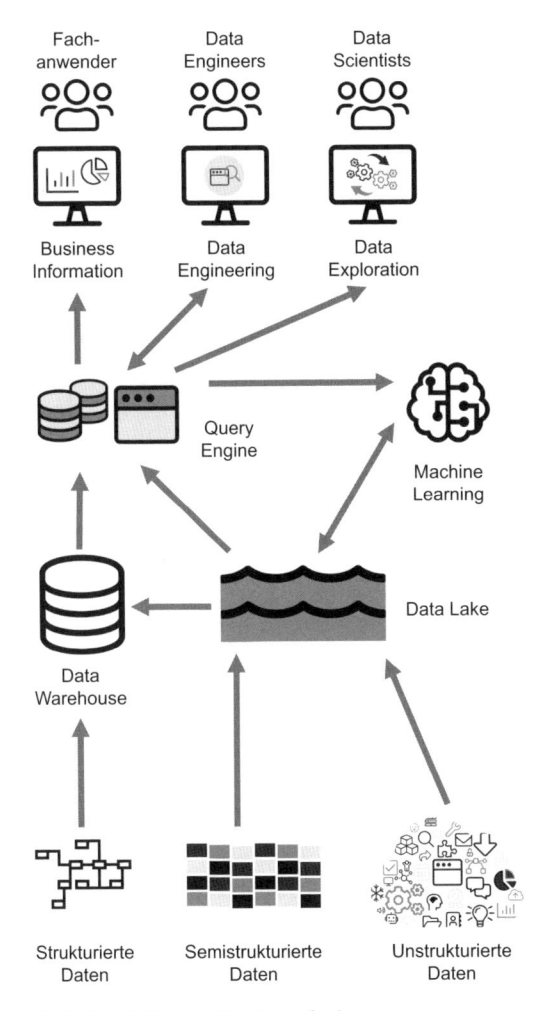

Abb. 5–1   Schematische Darstellung der Kundenanforderungen

- Eine Query Engine stellt eine Abstraktionsschicht dar, über die sowohl auf die Daten des Data Warehouse als auch des Data Lake zugegriffen werden kann.
- Machine-Learning-Modelle setzen an den Daten an: entweder per Query Engine oder mit direktem Zugriff auf den Data Lake. Die Ergebnisse fließen zurück in den Data Lake, die Ausführung von ressourcenintensiven Vorgängen erfolgt direkt im Data Lake.
- Business User/Fachanwender beziehen Informationen geeignet aufbereitet (Reporting, Dashboards, Self-Service-Abfragen) aus der Query Engine. Dies ist ein ausschließlich lesender Zugriff.
- Data Engineers können über die Query Engine mit ihren Werkzeugen auf die Daten zugreifen, die allerdings hierdurch auch Daten verändern können.
- Data Scientists haben über die Query Engine Zugang zu den Daten und Modellen, außerdem direkten Zugang zum Data Lake.

5.3 Technische Architektur mit AWS

Für die technische Umsetzung wurde AWS ausgewählt. Hintergrund der Entscheidung ist, dass AWS im Konzern als Cloud strategisch gesetzt ist und im Rahmen von AWS für alle Anforderungen potenziell passende Dienste gefunden wurden. Insofern wurde in der ersten Projektphase anhand eines Proof of Concept verifiziert, dass diese AWS-Dienste tatsächlich den Anforderungen genügen.

Begünstigend hat sich auf die Entscheidung für AWS ausgewirkt, dass im Bedarfsfall einzelne Dienste auch nachträglich durch andere Best-of-Breed-Angebote ausgetauscht werden könnten.

Aufgrund des »Greenfield-Ansatzes«, bei dem die gesamte Architektur neu entworfen werden konnte, musste auf kein Altsystem Rücksicht genommen werden. Demzufolge ist das gesamte System neu in der Cloud entstanden und es wurde im Wesentlichen gemäß der Referenzarchitektur von AWS für eine serverlose Analytics-Pipeline realisiert (vgl. Abb. 5–2).

Diese deckt sich im Wesentlichen auch mit der vorangehend beschriebenen allgemeinen Architektur, präzisiert diese aber an einigen Stellen:

- Die Daten (strukturiert, unstrukturiert, semistrukturiert) werden zunächst in einer Landing Zone unverarbeitet angeliefert, dies ist die Basis für das Processing (die Verarbeitung). Die Anlieferung wird passenden zu den datenliefernden Systemen gestaltet, fallweise kann dies ein nächtlicher CSV-Export im Batch-Betrieb sein oder auch ein Streaming der Daten. Dieser Schritt heißt im Data Lake üblicherweise Data Ingestion.
- Im nächsten Schritt werden die Daten geeignet transformiert, um sie dauerhaft aufzubewahren. Hierzu gehören Schritte der Normierung/Standardisierung, der Bereinigung und Validierung. Je nach Strukturierung erfolgt die

Speicherung dieser Daten im Data Warehouse (strukturierte Daten) oder Data Lake (semi- und unstrukturierte Daten). Diese Daten werden katalogisiert, um sie später in zentralen Analysen nutzen zu können und um in einem zentralen Datenkatalog einen Überblick über die vorhandenen Daten zu gewinnen.

- Für die eigentliche Analyse werden die Daten in ein Auswerteformat transformiert (und insbesondere angereichert), das wiederum dem Datenkatalog bekannt gemacht wird. Das Werkzeug der Analyse richtet sich nach den Anforderungen; hierzu zählen eingebettete KPIs, Berichte und Self-Service-Analysewerkzeuge.
- Übergreifend ist die Data Governance angesiedelt, die insbesondere auch in einer Data Security umgesetzt wird.

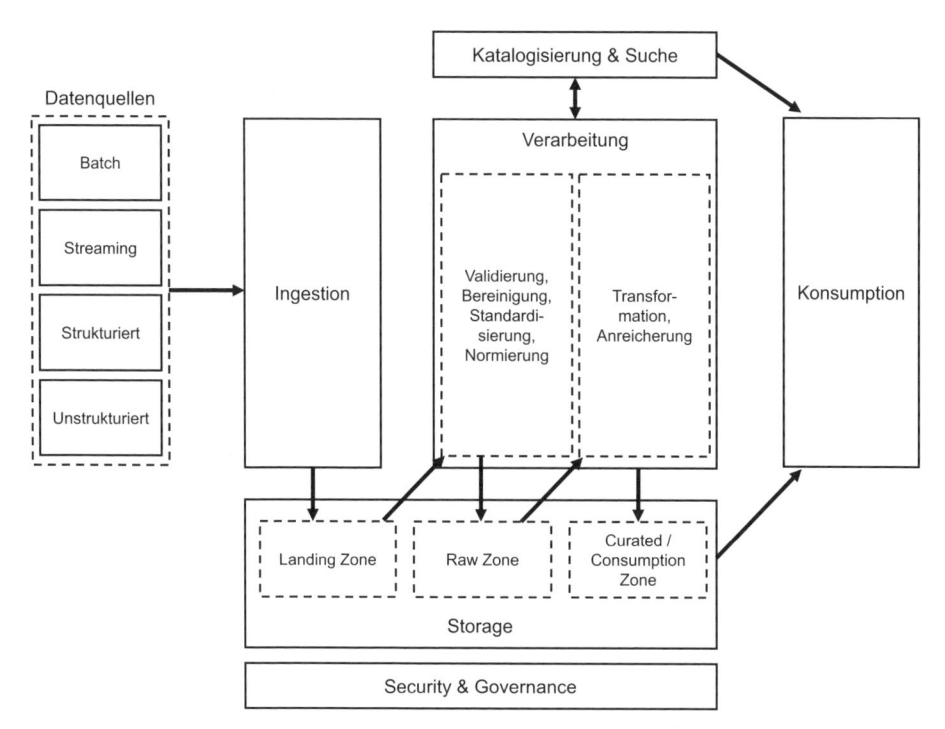

Abb. 5–2 *AWS Serverless Data Analytics Pipeline Reference Architecture[1]*

Auch wenn es sich beim konkreten Anwendungsfall um ein Unternehmen der Logistikbranche handelt, ist diese Architektur grundsätzlich branchenunabhängig als Schablone geeignet.

---

1. Darstellung in Anlehnung an *https://aws.amazon.com/de/blogs/big-data/aws-serverless-data-analytics-pipeline-reference-architecture*

Es ist zu berücksichtigen, dass sich durch die Vielzahl der unterschiedlichen Dienste in AWS durchaus variierende Ausgestaltungen ergeben können, wobei die Auswahl der Dienste von den konkreten Zielen abhängig ist.

Nachfolgend werden die einzelnen Komponenten dieser Architektur sowie deren Zusammenspiel näher beschrieben (vgl. Abb. 5–3).

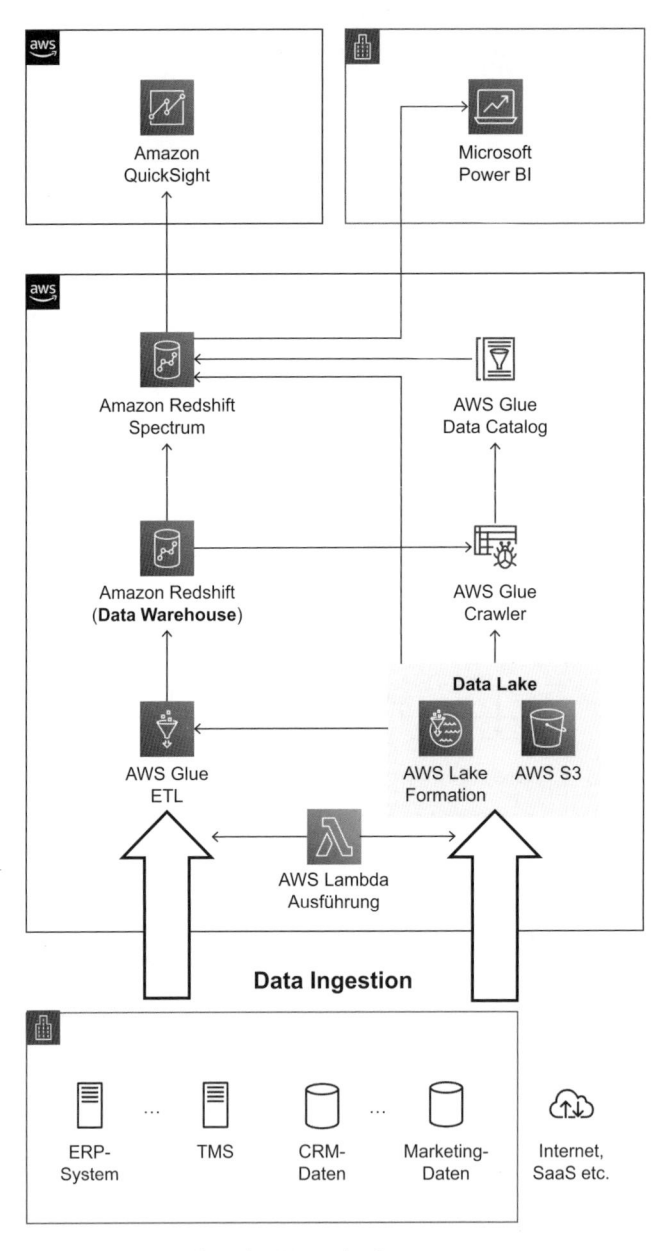

Abb. 5–3 *Schematische Darstellung der AWS-Architektur*

5.4 Data Lake: AWS S3 und AWS Lake Formation

S3 ist der »Simple Storage Service« von Amazon, der es ermöglicht, auf einfache Weise nahezu beliebige Mengen von Daten günstig und sicher zu speichern[2]. S3 integriert sich auf natürliche Weise mit anderen AWS-Diensten, die dann »nativ« hierauf zugreifen können, was insbesondere im Kontext von Big-Data-Analysen einen großen Vorteil darstellt und konkret die Geschwindigkeit erhöht.

Daten in S3 sind in Objekten organisiert, wobei jedes Objekt aus einer eindeutigen Identifikation, dem eigentlichen Inhalt sowie Metadaten in Form von Key-Value-Paaren besteht. Objekte werden in Buckets organisiert. Sowohl Objekte als auch Buckets werden mit Zugangsberechtigungen über eine Access Control List (ACL) versehen. Die S3-Funktionen können sehr einfach über via REST bereitgestellte Programmierschnittstellen angesprochen werden.

Der Begriff des Data Lake ist nicht scharf definiert. Im Allgemeinen versteht man hierunter ein System, in dem Rohdaten gespeichert und üblicherweise zu Analysezwecken genutzt werden. Die Daten werden also unverändert aus den Quellsystemen in den Data Lake kopiert. Als nahezu beliebig skalierendes Speichermedium ist AWS S3 eine häufig in der Praxis genutzte Grundlage für einen Data Lake. S3 wird von Zehntausenden Kunden als Data Lake verwendet, speichert Billionen von Objekten und bedient regelmäßig Millionen von Anfragen pro Sekunde.

Daten müssen in den Data Lake gelangen – dieser Schritt wird als Data Ingestion bezeichnet. Hierzu gibt es eine Reihe unterschiedlicher Möglichkeiten, wobei die Auswahl von den Quellsystemen abhängt. Im konkreten Projekt wurden zwei Anlieferungen unterschieden:

- **Batch**: Einige Systeme liefern ihre Daten als CSV-Export zu festen Zeitpunkten (z. B. einmal pro Nacht). Diese Daten werden einfach in den Data Lake kopiert; hierzu dient ein einfacher Uploader.
- **Streaming**: Andere Systeme liefern laufend Daten, die zeitnah verarbeitet werden sollen. Hierzu wird Kinesis Data Firehose genutzt, ein Managed Service für das einfache Streamen von Daten.

Optional kann als weitere Zugriffsschicht AWS Lake Formation eingesetzt werden[3]. Der Nutzen besteht darin, dass Lake Formation einige Standardaufgaben übernimmt, die typischerweise für einen Data Lake benötigt werden. Konkret können relativ einfach zentrale Sicherheits- und Governance-Richtlinien umgesetzt werden, zudem kann Lake Formation die Effizienz verbessern, indem die S3-Daten nutzungsgerechter organisiert werden.

---

2. *https://aws.amazon.com/de/s3*
3. *https://aws.amazon.com/de/lake-formation*

5.5 ETL und mehr: AWS Glue

AWS Glue ist ein Dienst für die Datenintegration mit visueller und codebasierter Schnittstelle, der in einer serverlosen Umgebung läuft[4]. Mithilfe von »AWS Glue Data Catalog« kann ein zentraler Datenkatalog mit Metadaten aufgesetzt werden, der direkt nach dem Katalogisieren in Athena, EMR und Redshift Spectrum bereitsteht. Insofern geht die Funktionalität von AWS Glue über die eines klassischen ETL-Tools hinaus. Die Hauptanwendungen von AWS Glue, die hier auch alle Verwendung finden, sind folgende drei:

- **ETL:** Mithilfe von AWS Glue können klassische ETL-Jobs erstellt und später ausgeführt werden. Hierzu kann sowohl ein »Scheduler« verwendet werden, um die Jobs zu gewissen Zeitpunkten (z.B. einmal in der Nacht) auszuführen, als auch ein Ereignis als Auslöser definiert werden. Hier wird AWS Glue verwendet, um relationale Daten aus S3 abzuholen und per ETL nach Redshift zu bewegen. Die genauere Struktur findet sich in Abschnitt 5.6 zum Data Warehouse.
- **Datenkatalogisierung:** AWS Glue Data Catalog kann zur Katalogisierung von Daten verwendet werden und um diese für Abfragen zugänglich zu machen. Konkret erfolgt der Einsatz des Datenkatalogs, um den Data Lake – also direkt in S3 gespeicherte Daten – zugänglich für Abfragen zu machen. Die Query Engine (konkret Redshift Spectrum) kann diesen Datenkatalog verwenden und ermöglicht damit, dass gleichzeitig Daten aus dem Data Warehouse (Redshift) und dem Data Lake (S3) abgefragt werden. Die Funktionsweise der Datenklassifizierung ist in nachfolgender Abbildung 5–4 beschrieben:

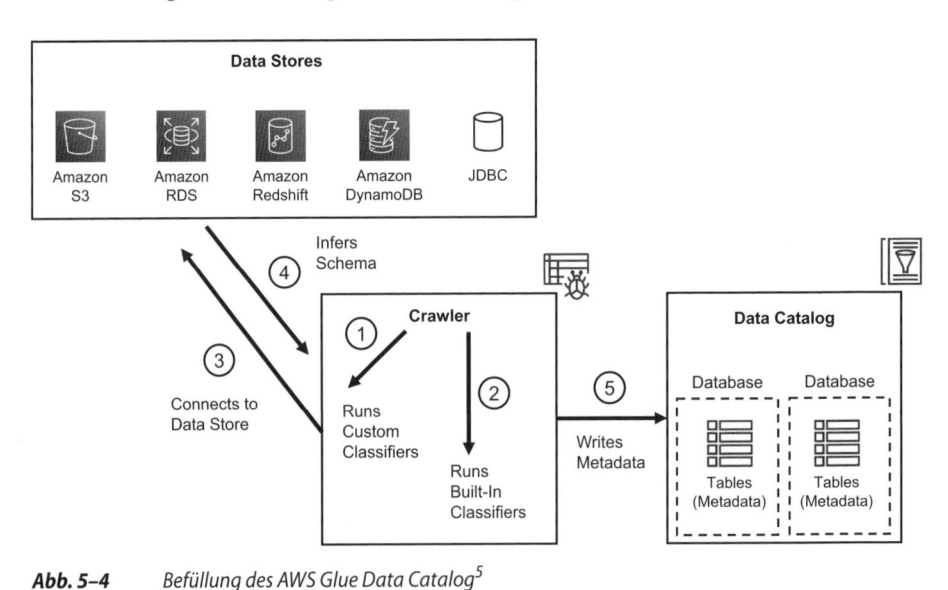

Abb. 5–4 Befüllung des AWS Glue Data Catalog[5]

---

4. *https://aws.amazon.com/de/glue*
5. Darstellung in Anlehnung an *https://docs.aws.amazon.com/glue/latest/dg/populate-data-catalog.html*

- **Serverlose Abfragen an S3**: Neben der Katalogisierung ist AWS später auch dafür zuständig, dass konkrete Abfragen von Redshift Spectrum serverlos auf den S3 Date Lake abgesetzt und ausgeführt werden.

5.6 Data Warehouse: AWS Redshift

AWS Redshift war längere Zeit der am schnellsten wachsende AWS-Dienst. Redshift stellt als Service ein Data Warehouse in der Cloud bereit, das auch große Datenmengen (Petabyte) verwalten kann[6]. Im Grunde ist Redshift eine relationale Datenbank, die auf große Datenmengen und analytische Abfragen hin optimiert ist.

Der Name ist übrigens eine Anspielung auf Oracle, dessen Unternehmensfarbe Rot ist und das manchmal auch als »Big Red« bezeichnet wird. Redshift könnte insofern dafür stehen, sich von Oracle abzuwenden. Erstmalig erschienen ist Redshift 2012, entwickelt auf Basis von PostgreSQL[7].

Redshift ist eine MPP-Datenbank (»massively parallel processing«), die auf einer »Shared Nothing«-Architektur basiert, in der die Daten auf verschiedene Knoten verteilt werden. Ein Leader-Knoten nimmt Abfragen entgegen, koordiniert diese und gibt sie zur Ausführung an die Compute-Knoten weiter, die für die eigentliche Ausführung der Abfragen zuständig sind (vgl. Abb. 5–5). Da der Speicher über die Compute-Knoten bereitgestellt wird, gibt es keine Trennung von Storage und Compute im Hinblick auf die Skalierung.

Auf Basis von Redshift kann ein Data Warehouse wahlfrei strukturiert werden. Im konkreten Projekt erfolgte die Auswahl der Data-Vault-Methodik, da sich diese in verschiedenen Projekten vielfach bewiesen hat und sie im Vergleich zu anderen Ansätzen zu hoher Agilität auch zu späteren Zeitpunkten führt.

5.7 Query Engine: AWS Redshift Spectrum

AWS Redshift Spectrum erlaubt es, strukturierte und semistrukturierte Daten effizient abzufragen, ohne dass diese bewegt werden müssen[8]. Hierzu können SQL-Abfragen nicht nur gegen das Redshift Data Warehouse gestellt werden, sondern auch den Data Lake in S3 mit einbeziehen.

Im Hinblick auf die Redshift-Architektur wird diese um sogenannte »Spectrum-Knoten« erweitert. Diese Knoten können Abfragen direkt auf S3 ausführen und die Ergebnisse zurückliefern. Hierdurch lassen sich Daten aus dem Data Lake (S3) direkt in Abfragen einbeziehen, ohne dass diese zuvor in das Data Warehouse transportiert werden müssen.

---

6. *https://aws.amazon.com/de/redshift*
7. *https://en.wikipedia.org/wiki/Amazon_Redshift*
8. *https://docs.aws.amazon.com/redshift/latest/dg/c-using-spectrum.html*

Um dies zu ermöglichen, ist ein externer Datenkatalog mit den Schema-Definitionen erforderlich. Dazu kommt in der vorliegenden Architektur der AWS Glue Data Catalog zum Einsatz.

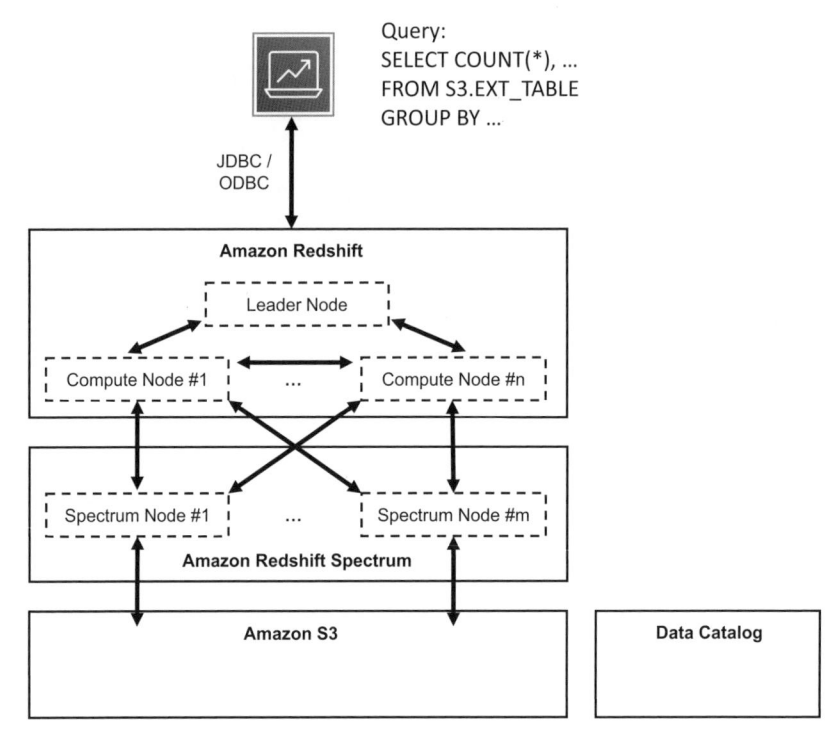

Abb. 5–5   Abfrage via Redshift Spectrum und (Glue) Data Catalog[9]

5.8   Visualisierung: AWS QuickSight

Amazon bezeichnet QuickSight als skalierbaren, serverlosen und einbettbaren ML-basierten Business Intelligence Service für die Cloud[10].

Konkret lassen sich mit QuickSight Visualisierungen und interaktive Dashboards realisieren, die auf frei definierbaren Datenquellen basieren. Im Kontext einer BIA-Architektur wird QuickSight üblicherweise genutzt, um die Daten aus dem Data Warehouse (Redshift) bzw. der Query Engine zu visualisieren.

Die entsprechenden Visualisierungen können direkt genutzt werden, wie dies z.B. für Business-Analysten typisch ist, die in hohem Maße mit den Daten interagieren. Für normale Anwender hingegen ist es vorteilhaft, die Visualisierungen in

---

9. Darstellung in Anlehnung an *https://aws.amazon.com/de/blogs/big-data/amazon-redshift-spectrum-extends-data-warehousing-out-to-exabytes-no-loading-required*
10. *https://aws.amazon.com/de/quicksight/*

andere Anwendungen zu integrieren (»embedded Analytics«), was seitens Quick-Sight auch direkt unterstützt wird. Eine weitere Option ist der Versand von Auswertungen per E-Mail, wie dies üblicherweise im Berichtswesen erfolgt.

Der Hinweis auf »Machine Learning« in der Produktbeschreibung bezieht sich auf das automatische Erkennen von Anomalien oder Trends in den Daten (z. B. für das Forecasting) sowie eine eingängige Beschreibung der Einsichten.

Selbstverständlich integriert sich QuickSight nahtlos in eine Architektur aus AWS-Diensten. Allerdings wurde in dem hier beschriebenen Projekt QuickSight nicht zur Visualisierung eingesetzt, wie im nächsten Abschnitt näher erläutert wird.

5.9 Flexibilität in der Architektur

Bis hierhin wurde eine Architektur beschrieben, die vollumfänglich aus AWS-Diensten besteht, also letztlich dem »Best Suite«-Ansatz folgen würde. Demgegenüber steht der Best-of-Breed-Ansatz, bei dem für spezifische Themen die jeweils passenden Lösungen ausgewählt werden, die anschließend integriert werden müssen.

Glücklicherweise ist es problemlos möglich, einzelne Elemente der beschriebenen Architektur durch Best-of-Breed-Lösungen zu ersetzen, die keine nativen AWS-Dienste sind.

Besonders augenfällig wird dies häufig im Bereich der Visualisierung bzw. des Frontends. In vielen Organisationen haben sich hier bereits Werkzeuge wie Tableau, Qlik, Power BI oder Spotfire etabliert, die auch beibehalten werden sollen, da sich größere Mengen von Anwendern an deren Bedienung gewöhnt haben.

Tatsächlich fand sich diese Situation auch im konkreten Projekt vor: Im Konzern war Tableau bereits als »Standard« für Analysen und Visualisierungen gesetzt. Gerade der Austausch des Frontends ist aber besonders einfach möglich. Nahezu alle Frontends – und insbesondere die oben genannten Werkzeuge – sind in der Lage, sich mit SQL-fähigen Systemen zu verbinden. Insofern ist eine Verbindung mit Redshift als Data Warehouse (inklusive der Verwendung von Redshift Spectrum als Query Engine) unproblematisch und hat nur lokalen Einfluss auf die Architektur.

Auch an anderen Stellen der Architektur ist ein solcher Austausch von Diensten möglich, beispielsweise der Einsatz von Talend Stitch als ETL-Werkzeug anstelle von AWS Glue. Allerdings können die Verflechtungen hier höher sein, sodass entsprechend mehr Nebenbedingungen zu berücksichtigen sind.

Diese Flexibilität in der Wahl der Dienste war im konkreten Projekt ein nennenswerter Entscheidungsgrund für eine Architektur auf Basis von AWS. Selbst wenn ein konkreter AWS-Dienst nicht zu den Anforderungen passte, konnte dieser durch einen alternativen Dienst ersetzt oder ergänzt werden. Auch Mischlösungen sind möglich. Beispielsweise kann es ein realistisches Szenario sein, dass viele Standardberichte und Dashboards, die in andere Anwendungen integriert werden, mit QuickSight erstellt werden. Den Analysten hingegen könnte eine leistungsfähigere Analysesoftware wie TIBCO Spotfire zur Verfügung gestellt werden, sodass insgesamt mehrere Dienste für eine konkrete Anwendung zum Einsatz kommen.

5.10 Betrieb und Wartung

Die gesamte BIA-Architektur wurde auf Basis von Cloud-Diensten in AWS aufgesetzt. Einerseits ist hierdurch der Aufwand beim initialen Aufsetzen des Systems überschaubar, was insbesondere für die Durchführung des Proof of Concept wichtig war. Ergänzend ging aber auch die Erwartungshaltung einher, dass die Aufwände für Betrieb und Wartung moderat im Vergleich zu On-Premises-Lösungen ausfallen.

Im Prinzip findet sich dies in der Praxis bestätigt, da es sich um verwaltete Dienste in der Cloud handelt und so viele Betriebs- und Wartungsthemen entfallen bzw. direkt seitens AWS übernommen werden.

Trotzdem ist es wichtig, für professionelles Monitoring und Logging Sorge zu tragen und diese Vorgänge zu überwachen. Zwar ist die Skalierung der Lösung relativ einfach und bei Performance-Engpässen können diese durch entsprechende Vergrößerung der Systeme gelöst werden, was auf Knopfdruck bzw. automatisch möglich ist. Um hier allerdings keine unnötigen Kosten zu produzieren, sollten solche Engpässe dennoch frühzeitig identifiziert und analysiert werden. In vielen Fällen gibt es alternative, konzeptionelle Lösungen, die das Problem nachhaltiger lösen, als hier immer zusätzliche Ressourcen zu verwenden.

Insgesamt hat sich aber die Erwartung bestätigt, dass die Dienste einfach aufgesetzt werden können und aufwandsarm in Betrieb und Wartung sind.

5.11 Ergebnis und Resümee

Es wurde ein Anwendungsfall aus der Logistikbranche beschrieben, der letztlich klassische Anforderungen abdeckt. Die Ziele des Konzerns bestanden darin, Erkenntnisse aus den vielfältigen existierenden Daten zu gewinnen, um Entscheidungen zu verbessern, Prozesse zu optimieren und Potenziale zu erkennen und zu nutzen.

Umgesetzt wurde dies durch eine klassische BIA-Architektur, die sowohl ein Data Warehouse (für strukturierte Daten) als auch einen Data Lake (für semistrukturierte und unstrukturierte Daten) vorsieht. Die Daten können übergreifend auf Basis eines Datenkatalogs analysiert werden.

Die konkrete Realisierung erfolgte auf Basis von AWS-Diensten, zunächst in Form eines Proof of Concept, um die Eignung der entsprechenden Dienste im Hinblick auf die Anforderungen zu verifizieren. Ebenfalls entscheidungsrelevant war, dass einzelne Dienste bei Bedarf durch alternative Best-of-Breed-Angebote ausgetauscht werden können, sofern sich der entsprechende Bedarf ergibt. Tatsächlich wurde im Projekt für die Visualisierung Tableau verwendet anstelle von AWS QuickSight.

Die Cloud-Architektur hat sich als aufwandsarm in der Erstaufsetzung, dem Betrieb und der Wartung erwiesen. Allerdings bedeutet dies nicht, dass hier nichts zu tun ist. Es gibt weiterhin verschiedene Anforderungen zu erfüllen (Logging, Monitoring, Identifikation und Analyse, Behebung von eventuellen Problemen, z. B. im Bereich Performance).

6 Organise the world's data – like Google

Stefan Ebener · Stiv Sterjo · Sascha Kerbler · Andreas Ribbrock · Alex Osterloh · Diana Nanova · Christine Schulze · Lukas Grubwieser

Unternehmen haben schon lange den Wert ihrer Daten erkannt, allerdings strauchen Firmen immer noch dabei, geschäftsrelevante Erkenntnisse in den wachsenden Datenmengen insbesondere in Echtzeit zu extrahieren. Dieses Kapitel zeigt, wie Unternehmen neue Datenstrategien erarbeiten – sie bedienen sich dabei modernster Technologien, die Google in den letzten 20 Jahren u.a. für die Google Suche, YouTube oder etwa Android entwickelt hat. Dies beinhaltet das Aufbrechen von Datensilos sowie das einfache Teilen von Unternehmensdaten mit durchdachten granularen Berechtigungskonzepten – ohne den Overhead, die Infrastruktur managen und skalieren zu müssen. Außerdem wird beschrieben, wie Google Cloud neue Möglichkeiten eröffnet, Daten- und Machine-Learning-Methoden schnell und flexibel zu adaptieren. Als Beispiel sei hier genannt, ML-Modelle innerhalb des Data Warehouse direkt via SQL zu trainieren und zu nutzen. Die neue Plattform verwischt somit die Grenzen zwischen Data Warehouse und Data Lake. Daten können – ähnlich zur Evolution von Microservices bei der Applikationsentwicklung – als Produkt gesehen und verwendet werden (Data Mesh).

6.1 Einführung

Google kennen die meisten über die Suchmaschine, deren Startseite sich in den letzten 20 Jahren kaum verändert hat. Was so einfach und intuitiv wirkt, fußt jedoch auf ausgefeilten Technologien, die über eine gigantische Datenmenge in kürzester Zeit Entscheidungen treffen. Welche Suchergebnisse werden an oberster Stelle angezeigt? Welche Werbung wird bestimmten Zielgruppen angeboten? Welche Informationen stehen in Beziehung zum Suchbegriff?

Als Google im Jahre 1998 von Sergey Brin und Larry Page gegründet wurde, standen sie vor den gleichen Herausforderungen, die viele Unternehmen heute nur zu gut kennen: »Die Informationen (der Welt) zu organisieren, allgemein zugänglich und nutzbar zu machen«. Dies erfordert damals wie heute, Architekturen zu designen, die große Datenmengen effizient und performant verarbeiten und daraus einen Mehrwert generieren. 1998 existierten auf diesem Gebiet wenige bis gar keine Lösungen und die beiden Gründer entschieden sich, eigene

Lösungen zu entwickeln. Abbildung 6–1 zeigt, wie aus diesem Pioniergeist zahlreiche weitere innovative Konzepte und Lösungen in den Bereichen Big Data, Data Analytics und Machine Learning erwuchsen.

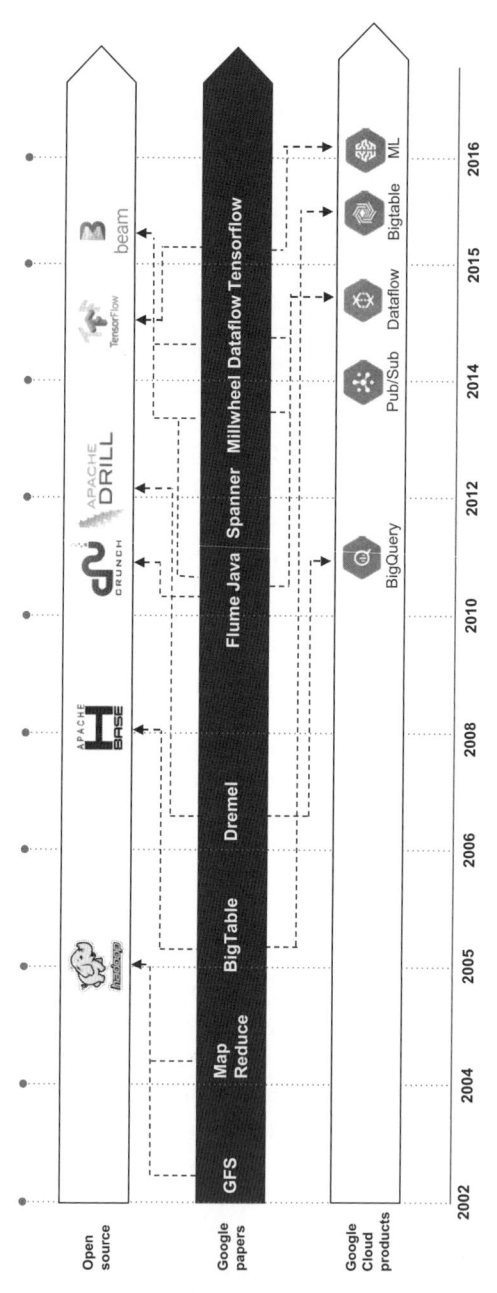

Abb. 6–1 Übersicht über die Publikationen aus dem Bereich Data Analytics und ihre Open-Source-Lösungen (Quelle: Google Cloud)

Ein Grundsatz, den Google von Beginn an verfolgte, war die Veröffentlichung aller Forschungsergebnisse und die Bereitstellung als Open Source. Diese Lösungen nutzte das Unternehmen selbst; sie wurden aber auch von anderen Unternehmen an den Markt gebracht – genannt sei beispielsweise Hortonworks oder auch Cloudera für Hadoop. Die so entwickelten Open-Source-Lösungen sind heute bei einer Vielzahl von Organisationen im Einsatz und werden von Google und der Open-Source-Community stetig weiterentwickelt. Neben Big Data, Data Analytics und Machine Learning umfassen die frei zugänglichen Softwarelösungen inzwischen auch andere Bereiche wie beispielsweise die Applikationsentwicklung mittels Kubernetes oder auch das Mobile Development mit Android und Flutter. Dreh- und Angelpunkt all dieser Entwicklungen sind stets datengetriebene Entscheidungen, die jedoch eine Vielzahl von Herausforderungen mit sich bringen.

6.1.1 Herausforderungen für eine erfolgreiche BI-Landschaft

Die Herausforderungen, die Unternehmen bei der Entwicklung einer erfolgreichen Business-Intelligence-Architektur überwinden müssen, gliedern sich in vier Bereiche:

- Datensilos
- Datenqualität
- Governance der Daten
- Kapazitätslimitierung

Datensilos

Daten sind nach unternehmensinternen Abteilungen in unterschiedliche Systeme aufgeteilt. Die Problematik wird bei dem folgenden E-Commerce Store sichtbar: Die Marketingabteilung nutzt ein eigenes System, um Kunden zu erreichen und Werbung zu schalten. Der Kundensupport hat ein System, um Kontaktaufnahmen der Kunden aufzuzeichnen, und der Vertrieb protokolliert Verkäufe und Marktzahlen in einer weiteren unabhängigen Lösung.

Das hat zur Folge, dass die gleiche Fragestellung unterschiedlich beantwortet werden kann. Vereinfacht betrachtet kann in unserem oben genannten Beispiel des E-Commerce Store die Fragestellung nach der Anzahl der Kundenkontakte, je nach Blickwinkel, mit drei verschiedenen Werten beantwortet werden.

Datenqualität

Eine zusätzliche Herausforderung ist die Bereitstellung der Daten in einer Qualität, die die spätere Nutzung als Anforderung stellt. Daten, die unvollständig und/oder fehlerhaft sind, benötigen zusätzlichen Aufwand in der Verarbeitung und müssen zuvor bereinigt werden. Unter anderem hat die Qualität der Daten auch große Auswirkung auf die Vorhersagegenauigkeit von Modellen im Bereich der künstlichen Intelligenz.

Governance der Daten

Daten können nur das neue Gold sein, wenn diese auch auffindbar und nutzbar für ein Unternehmen sind. Deshalb braucht es unternehmensintern verantwortliche Personen für die Daten. Diese haben die Aufgabe, sicherzustellen, dass die Daten den Qualitätsstandards entsprechen, die Daten im Unternehmen für eine weitere Nutzung zur Verfügung stehen und Metadaten vorhanden sind, die die eigentlichen Daten beschreiben, dass die Daten den Sicherheitsstandards entsprechen etc.

Kapazitätslimitierung

Historisch bedingt betreibt ein Großteil der Unternehmen ihre IT-Infrastruktur in ihrem eigenen Rechenzentrum selbst bzw. lässt diese von einem externen Partner betreiben. Der Umgang und die Verarbeitung von großen Datenmengen erfordern eine elastische Infrastruktur. Die Infrastruktur muss über ausreichend Ressourcen verfügen, um die Menge an Daten performant verarbeiten zu können, obwohl die Ressourcen nicht dauerhaft genutzt werden. Dabei kann die Cloud mit dem »Pay as you go«-Modell Abhilfe schaffen.

6.1.2 Der Nutzen einer erfolgreichen BI-Landschaft

Werden die oben genannten Herausforderungen bei der Umsetzung einer BI-Landschaft adressiert, eröffnet es allen Beteiligten die Tür hin zu einer datengetriebenen Unternehmenskultur. Diese lässt sich in drei Bereiche aufteilen:

- Tiefere Einblicke in das Unternehmen erlangen
- Datenbasierte Entscheidungen treffen
- Fundament für KI

Tiefere Einblicke in das Unternehmen erlangen

Mit der Harmonisierung der Daten aus den verschiedenen Datensilos ergeben sich Blickwinkel, die zuvor nicht zur Verfügung standen. Tiefe Analysen und eine datengetriebene Ursachenforschung ermöglichen es nicht nur, Probleme zu diagnostizieren, sondern diese auch in der Entstehung aufzulösen.

Datenbasierte Entscheidungen treffen

Eine gesamtheitliche Betrachtung der Daten bietet die Möglichkeit, Entscheidungen schneller und effizienter zu treffen, z.B. anhand von derzeitigen Trends, die auf Basis der Daten ermittelt werden.

Fundament für KI

Eine Datenbasis mit entsprechenden Qualitätsstandards kann als Fundament für künstliche Intelligenz dienen. Eine wesentliche Anforderung für die Entwicklung von künstlicher Intelligenz samt aussagekräftiger Vorhersagen ist das Vorhandensein von ausreichenden und qualitativ hochwertigen Daten. Generell gilt, ein Unternehmen, das BI nicht im Griff hat respektive keine leistungsfähige BI-Landschaft besitzt, ist auch nicht für KI gewappnet.

Die folgenden Abschnitte gehen näher darauf ein, wie Unternehmen heute die Vorteile der Cloud nutzen, um die genannten Herausforderungen zu meistern, um agiler und kostengünstiger Informationen zu speichern und zu manipulieren und für die unterschiedlichen internen und externen Organisationen in Echtzeit zugänglich zu machen (Data Mesh).

Es wird gezeigt, was die Google Cloud so besonders macht (Spoiler: echt serverlos) und wie das Lake House in der Google Cloud traditionelle Data Lakes und Data Warehouses ersetzt. Machine Learning kann nur erfolgreich sein, wenn Unternehmen es schaffen, ihre Datensilos aufzubrechen und einfach zugänglich zu machen. Google ist führend im Bereich KI und es wird beschrieben, wie Kunden diesen Technologievorteil für sich nutzen können.

6.2 BI in der Public Cloud vs. On-Premises BI

Die Planung der Kapazität einer BIA-Infrastruktur und die Auswahl der jeweiligen Tools hat in der Vergangenheit viel Zeit in Anspruch genommen. Es waren Abschreibungsfristen zu beachten, die richtigen Lizenzen waren zu beschaffen usw. Insgesamt brauchte es eine gute Sicht auf die Zukunft (meist 5 Jahre), um die richtigen Entscheidungen zu treffen. Häufig genug wurden daher Anwendungsfälle nicht im Data Warehouse (DWH) implementiert, weil dessen Erweiterung erst in einiger Zeit anstand und das zusätzliche Datenvolumen das System an die Grenzen gebracht hätte. Insgesamt waren die Geschäftsprozesse auf Stabilität ausgelegt. Man plante von einem Ist-Zustand ausgehend einen Zielzustand. Viele Fachkräfte in unterschiedlichen Abteilungen waren damit beschäftigt, diesen Plan umzusetzen oder auch dafür zu sorgen, dass dieser sich nicht zu sehr änderte. Jedes Projekt musste die zugrunde liegende Infrastruktur mitfinanzieren, was häufig zu einem frühen Aus von kleineren Initiativen geführt hat. Fachabteilungen haben begonnen, Daten aus dem DWH zu extrahieren und in Systeme der »Schatten-IT« zu überführen. Aus Sicht der jeweiligen Fachabteilung ein durchaus verständlicher – aus Sicht der Datensicherheit jedoch häufig ein mehr als fragwürdiger Schritt. Zumal Fachabteilungen mit viel Aufwand suboptimal implementierte Lösungen am Leben gehalten haben.

Die Nutzung der Cloud stellt viele eingeübte Denkmuster infrage, die gleichermaßen viele Geschäftsprozesse im Unternehmen betreffen. Dies liegt nicht zuletzt an dem grundlegend anderen Abrechnungsmodell der Cloud.

6.2.1 Vom Budgetprozess hin zum aktiven Kostenmonitoring

Statt Budgets über viele Jahre zu planen und aufwendig zu verwalten, geht es in der Cloud um Abrechnungen je nach Nutzung pro Zeitintervall und damit nicht in erster Linie um den Übergang vom Ist-Zustand zum Zielzustand, sondern um die Realisierung von Geschäftsvorteilen im Hier und Jetzt. Also genau das, wofür BIA steht. Die Geschwindigkeit der Realisierung steht klar im Vordergrund. Ermöglicht wird dies durch die Nutzung von Software-as-a-Service-(SaaS-)Diensten in der Cloud und deren Kombination zu einer Lösung, wofür entsprechende Blaupausen von den Herstellern angeboten werden. Anstatt Personal den Betrieb einer eigenen Infrastruktur durchführen zu lassen, können diese Mitarbeiter sich nun auf die hochverfügbare Bereitstellung von BIA-Lösungen für die Geschäftsprozesse konzentrieren. Aufgrund des einfachen Zugangs zu SaaS-Dienstleistungen können neue Anwendungsfälle ohne die sonst übliche Vorlaufzeit verprobt werden. Auch nur kurzzeitig benötigte Dashboards können entsprechend schnell entwickelt und zur Verfügung gestellt werden, ohne dass diese andere Workloads stören würden, was in der Vergangenheit sonst so häufig der Fall gewesen ist. Die automatisierte Bereitstellung einer solchen Umgebung in der Cloud mit dem dazugehörenden Monitoring der Kosten ist eine Grundfähigkeit eines jeden Unternehmens.

Die Umkehr der Denkweise weg von Wirtschaftlichkeitsrechnungen über viele Jahre hin zum kurzfristigen Return on Investment (ROI) ist sicherlich einer der Kernunterschiede im Bereich BIA verglichen mit BIA-Umgebungen, die auf dedizierter Hardware in Eigenverantwortung betrieben werden.

6.2.2 Neue Unternehmensstrukturen rund um BIA in der Cloud

Die Cloud hat entscheidende Vorteile in Bezug auf die Geschwindigkeit, in der Lösungen umgesetzt werden können, da Services für Business Intelligence und Analysen schnell und sicher allen Fachbereichen im Unternehmen zur Verfügung gestellt werden können. Vormals strikte Bewilligungsprozesse werden durch aktives Monitoring der genutzten Services ersetzt. Um diese Potenziale für Unternehmen zu heben, muss sich die Rolle einer IT-Abteilung ändern. Den häufig anzutreffenden Ansatz eines zentralen »BI-Teams«, das mit Anforderungen überflutet wird und eigentlich mehr Zeit in Abstimmungstreffen verbringt, als Datenverarbeitungsprozesse und Dashboards umzusetzen, kann es nicht mehr geben. Vielmehr obliegt einer zentralen IT-Abteilung die Bereitstellung von Vorlagen und Vorgehensweisen, die diese aktiv in Projekte tragen. In den Fachbereichen findet dann durch geschulte Personen die eigentliche Umsetzung statt. Personen in den Fachbereichen können durch schnelle Prototypen prüfen, ob Anwendungsfälle einen Mehrwert bringen oder nicht, ohne zuvor Anforderungsdokumente zu schreiben, diese abzustimmen und zu hoffen, dass diese rechtzeitig umgesetzt werden können. Die Cloud führt hier zu einer echten Demokratisierung der Datennutzung im Unternehmen. Auf die Fachbereiche kommen allerdings auch neue Aufgaben hinsichtlich des sicheren Betriebs von Lösungen zu. Diese Fähigkeiten innerhalb der Teams in den Fachbereichen aufzubauen ist entscheidend. In vielen Fällen ergeben sich dadurch neue Karrierepfade, und Personen mit einem tiefen Wissen über Daten und Geschäftsprozesse können dadurch enger an das Unternehmen gebunden werden.

Was mit Microservices in der Anwendungsentwicklung erreicht wurde, wird durch die Cloud und die darin angebotenen Services nun auch im Umfeld von Business Intelligence und Datenanalyse Einzug halten. Beispielsweise lassen sich Konzepte des »Service Mesh« im »Data Mesh«-Ansatz, der später im Detail vorgestellt wird, auf die verteilte Bereitstellung und Nutzung von Daten im Unternehmen übertragen.

6.2.3 Trennung von Datenspeicherung und Rechenleistung

Neben den organisatorischen Änderungen, die die Nutzung der Cloud mit sich bringen, gibt es auch spannende technologische Entwicklungen, die ein Umdenken in der IT-Abteilung und IT-nahen Fachbereichen zur Folge haben sollten. In der Vergangenheit gab es massiv-parallel arbeitende und horizontal skalierende DWH-Plattformen. Diese durchaus leistungsstarken Plattformen hatten jedoch einen wesentlichen Nachteil: Jede Erweiterung des Systems bedeutete die gleichzeitige Erweiterung von Speicherkapazität und Rechenleistung. Nur wenige Unternehmen haben daher solche Systeme in den Petabyte-Bereich skaliert – sicherlich ein Treiber für die Innovationen aus dem Open-Source-Hadoop-Bereich. Aus diesem Grund haben viele DWH-Teams sehr genau darauf geachtet, welche Daten in das DWH geladen wurden, und viel Zeit wurde in die Modellierung der Daten investiert, um Redundanzen zu vermeiden und somit kostbaren Speicherplatz zu sparen. Es gab feste Releasezyklen von neuen BI-Anwendungen, um das DWH-System kontrolliert mit neuen Workloads zu belasten, ohne dabei wichtige andere Aufgaben negativ zu beeinflussen.

Die Speicherung von großen Datenmengen und deren Verarbeitung ist einer der Anwendungsfälle, die viele Unternehmen in der Cloud nutzen. Gerade für BIA-Anwendungen bietet die Trennung von Speicherplatz und Rechenleistung eine Menge Vorteile. So können Datensätze kostengünstig in einem rohen Zustand in der Cloud gespeichert werden. Automatismen sorgen dafür, dass die Rohdaten nach einer konfigurierbaren Zeit für die Anwendung transparent in eine andere Speicherkategorie verschoben werden, um Kosten zu sparen. Die Cloud bietet unterschiedliche Werkzeuge, um Rohdaten derart zu transformieren und die Datenqualität zu monitoren. Die Bereitstellung von Datenprodukten[1] zur

---

1. Ein Datenprodukt ist das Ergebnis eines Datenverarbeitungsprozesses, das in weiteren Geschäftsprozessen genutzt wird. Ein Datenprodukt hat wie ein IT-Produkt einen wohldefinierten Lebenszyklus und erfüllt Anforderungen an Datenqualität, Verfügbarkeit und dergleichen.

Nutzung in BI- und Analyse-Prozessen kann sehr effizient erfolgen und nicht notwendigerweise durch ein Team von Spezialisten.

Spannend an diesem Ansatz ist, dass jegliche Art von Rechenleistung auf die Datenprodukte effizient zugreifen kann. Sei es ein grafisches Werkzeug zur Datenexploration, ein Prozess zur statistischen Datenanalyse oder auch Ad-hoc-Anfragen via SQL. Oder aber auch der Zugriff über APIs ist möglich, ohne dass Datensätze zwischen unterschiedlichen Technologien hin- und herbewegt werden müssen. Dies ermöglicht eine durchgängige Nutzung von Metadaten und eine Kontrolle der Zugriffe auf Daten aus Blickrichtung des Datenschutzes. Durch die Trennung von Speicherung und Rechenleistung kann jedes Projekt und jeder Anwendungsfall genau die Ressourcen nutzen, die für die Erledigung einer Aufgabe im Hinblick auf die Optimierung von Kosten vs. Berechnungszeit am besten sind.

In der Vergangenheit waren die DWH- und Hadoop-Systeme, die produktive Daten enthielten, stark abgeschirmt, um vereinbarte SLOs und SLAs mit den Fachbereichen einhalten zu können. Häufig zum Leidwesen von Personen, die Ad-hoc-Analysen auf den Daten durchführen mussten oder mittels Datenexploration ein tieferes Verständnis für die Daten gewinnen wollten. Mit der universellen Verfügbarkeit von Datensätzen in der Cloud-Infrastruktur entfällt dieser Aspekt. Anstatt Daten in einem Rechencluster (z. B. Hadoop-Cluster) zu speichern und diesen damit ein zentrales Stück Infrastruktur werden zu lassen, der nicht ausfallen und ggf. dadurch Daten verlieren darf, können unter dem neuen Paradigma Rechencluster in der Cloud instanziiert und nach der Durchführung einer (komplexen) Berechnung wieder verworfen werden. Das heißt, die Bereitstellung von Rechenleistung für einen Datenverarbeitungsprozess wird Teil des Datenverarbeitungsprozesses.

Wenn die Speicherung von Daten und die Rechenleistung getrennt voneinander zu sehen sind, ergeben sich dadurch auch neue Ansätze für »Backup and Restore«-(BAR-) und »Disaster Recovery«-(DR-)Prozesse. Durch die Replikation von Daten in einer anderen Region können grundlegende Teile einer BAR/DR-Strategie deutlich vereinfacht werden. Eine Vereinfachung von BAR/DR stellt einen spürbaren Gewinn an Sicherheit dar. In der Cloud können entsprechende Konzepte umgesetzt und auch regelmäßig automatisiert getestet werden.

6.2.4 Elastizität und Skalierbarkeit

Die zuvor diskutierte Trennung von Speicherung und Rechenleistung ermöglicht einer BIA-Lösung, auf Auslastungsspitzen (und -tälern) automatisch zu reagieren. So lässt sich die Grundlast einer BIA-Anwendung kostengünstig durch z. B. im Voraus festgelegte Rechenleistungen abdecken, die bei Nichtbenutzung automatisch anderen BIA-Anwendungen zur Verfügung gestellt werden. Für Lastspitzen kann automatisch Rechenleistung für variable Zeiträume (Sekunden, Minuten,

Stunden, ...) hinzugezogen werden. Durch ein entsprechendes Monitoring von Ressourcen in der Cloud lässt sich iterativ das Optimum aus Verarbeitungsgeschwindigkeit und Preis einstellen.

Darüber hinaus skaliert eine BIA-Anwendung mit steigenden Datenvolumen, gestiegenen Anforderungen und einer zunehmenden Zahl von Personen, die die Anwendung nutzen. Neue Daten können ohne Weiteres in der Cloud abgelegt werden, ohne dass dies die bestehende Anwendung in irgendeiner Form beeinträchtigt, da für das Laden neuer Daten weitere Rechenleistung genutzt wird. Steigen die Anforderungen, lässt sich dauerhaft oder auch nur kurzfristig mehr Rechenleistung hinzubuchen.

6.2.5 Infrastruktur als Code – IaC

Wie bereits zuvor angedeutet, können im Rahmen einer Datenverarbeitung Infrastrukturkomponenten wie z.B. ein Cluster für Spark-Workloads in der notwendigen Größe dynamisch erzeugt und nach der Verarbeitung wieder verworfen werden. Via »Infrastructure as Code« (kurz »IaC«) wird die Definition der benötigten Infrastruktur Teil der Codebase. Entsprechende Vorlagen für Werkzeuge wie »Terraform« werden wie jeder andere Code auch im Versionskontrollsystem verwaltet und somit auch versioniert. Dies ermöglicht eine deutliche Trennung von einzelnen Datenverarbeitungsprozessen, da keine Priorisierung von limitierten Ressourcen auf einzelne Datenverarbeitungsprozesse erfolgen muss.

Im Bereich des Testens von komplexen Applikationen, wie sie auch im BIA-Umfeld gang und gäbe sind, kann diese Herangehensweise die Qualität von Tests deutlich erhöhen. Insbesondere Integrations- und Lasttests können von einer dedizierten Umgebung, die konsistent via IaC für die Dauer des Tests erstellt wird, profitieren.

Zentrale IT-Abteilungen können Fachabteilungen über entsprechende IaC-Vorlagen die Einrichtung von Standardkomponenten einer BIA-Anwendung abnehmen. Auf diese Weise folgen dezentrale BIA-Projekte zentralen Vorgaben. Insbesondere im Umgang mit personenbezogenen Daten steht der Datensicherheitsaspekt immer im Vordergrund. Auch reduziert sich der Aufwand im Bereich des Betriebs und des Monitorings deutlich, wenn BIA-Lösungen auf den gleichen grundsätzlichen Technologien aufbauen. Nicht zuletzt erhöht dies auch die Mobilität von Personen zwischen Projekten.

6.2.6 Konvergenz von SQL und KI/ML

In der Vergangenheit war es bereits möglich, DWH-Plattformen durch den Zukauf von Bibliotheken um komplexe statistische Analyseverfahren zu erweitern. Diese Algorithmen waren dann über die wohlbekannte SQL-Schnittstelle zugänglich. Allerdings konkurrieren diese Workloads um Ressourcen mit den Abfragen aus BI-Anwendungen. Was häufig dazu geführt hat, dass diesen analytischen SQL-Abfragen nur eine geringe Priorität im System zugestanden wurde. Wodurch das iterative Arbeiten in diesem Bereich eher erschwert wurde.

In der Cloud werden DWH-Services wie z. B. Googles BigQuery automatisch ständig neue Algorithmen aus der statistischen Datenanalyse und dem Machine Learning hinzugefügt. Analysten können auf diese Algorithmen zugreifen, ohne dass eine Installation oder ein Systemupgrade nötig wird. Durch die Trennung von Datenspeicherung und Rechenleistung beeinträchtigen komplexe Datenanalysen nicht die BI-Applikationen, die auf die gleichen Daten zugreifen, da die Rechenleistung durch andere Rechner erbracht wird. Für die Personen, die diese Algorithmen nutzen, geschieht die Ressourcenzuteilung vollständig transparent.

Die bereits angesprochene Skalierbarkeit von BIA-Anwendungen in der Cloud ermöglicht auch die Nutzung von »AutoML«-Algorithmen. Hier wird eine definierte Rechenleistung für eine definierte Zeitspanne genutzt, um vollautomatisch ein sehr gutes statistisches Modell zu trainieren oder gar auf bereits vortrainierte Modelle von Anbietern aufzusetzen.

6.2.7 Vom Prototyp zur Applikation

Ein sehr wichtiger Aspekt in der Cloud ist die Tatsache, dass ein Prototyp für eine Applikation ohne großen Aufwand erstellt werden kann. Das Motto »Fail forward« ist hier gefahrlos möglich, da keinerlei Infrastruktur beschafft werden muss. Durch »Self-Service«-Portale kann ohne Wartezeit in die Exploration von Daten und der Erstellung erster Dashboards begonnen werden. Iterativ entstehen so in kurzer Zeit Prototypen, die weiter verfolgt und zu BIA-Applikationen ausgebaut werden. Oder aber eine Idee konnte in der Praxis nicht überzeugen, und die virtuellen Ressourcen in der Cloud können verworfen werden.

6.3 Moderne Ansätze und neue Konzepte für BIA

6.3.1 Data Mesh aka Enterprise Data Evolution

Data Mesh ist ein Architekturparadigma, das derzeit enorm an Popularität gewinnt. Das Konzept Data Mesh verspricht, die wichtigsten analytischen Herausforderungen auf ähnliche Weise zu lösen, wie dies auch aus der Softwareentwicklung bekannt ist.

In der Softwareentwicklung setzte sich ein Modell durch, das mit kürzeren Entwicklungszyklen zu einer qualitativ hochwertigeren Software führte. Die Multi-Tenant-Infrastruktur und die Webtechnologie erlauben eine Aufteilung von monolithischen Applikationen in verschiedene Services (Microservices), die von kleinen dezentralen Teams entwickelt und betrieben werden (DevOps). Die resultierenden Schnittstellen zwischen diesen neuen Services werden durch Verträge (sog. Data Contracts) qualitätsgesichert. Um die Entwicklung von Software weiter zu beschleunigen, werden zusätzlich die Fortschritte in der Automatisierung und von verwalteten Cloud-Diensten genutzt, wie z.B. CI/CD.

Das Konzept eines Data Mesh ist ähnlich: Domänenorientierte und autonome Teams bilden eine »Data Economy« und nutzen Daten als Produkte. Data Meshes bieten ein Gerüst, um »Ownerships« der zugrunde liegenden Daten zu verwalten. »Data Contracts« erleichtern zudem die Kommunikation zwischen den verschiedenen Teams innerhalb des Unternehmens. Diese autonomen Teams werden durch eine zugrunde liegende Dateninfrastruktur gestützt, die die notwendigen Tools und Bausteine zur Verfügung stellt. Diese Tools und Frameworks decken beispielsweise die Bereiche »Data Ingestion«, »Data Cleansing«, das Erstellen von »Data Marts« oder das Aggregieren von Daten ab. Zusammenfassend verspricht das Data-Mesh-Konzept einen domänenorientierten, dezentralen Datenbesitz (vgl. Abb. 6–2).

Bei Google wird seit vielen Jahren nach diesem Prinzip gearbeitet. Hier wurden serverlose (ZeroOps) Datenanalyse- und Computertechnologien entwickelt, die von YouTube bis Maps eine gemeinsame Nutzung der Google-Ressourcen im globalen privaten Netzwerk ermöglichen. Über die Google Cloud werden diese Technologien auch anderen Unternehmen zur Verfügung gestellt.

6.3.1.1 Kernkonzepte eines Data Mesh

Die Dateninfrastruktur in Abbildung 6–2 beschreibt die zugrunde liegende Self-Service-Plattform, die die funktionsübergreifenden Domänenteams in der darüber liegenden Data Economy unterstützt.

Dabei finden vier Kernkonzepte Verwendung:

- Domain-eigene Daten
- Daten als Produkte
- Federated Governance
- Self-Service-Plattform

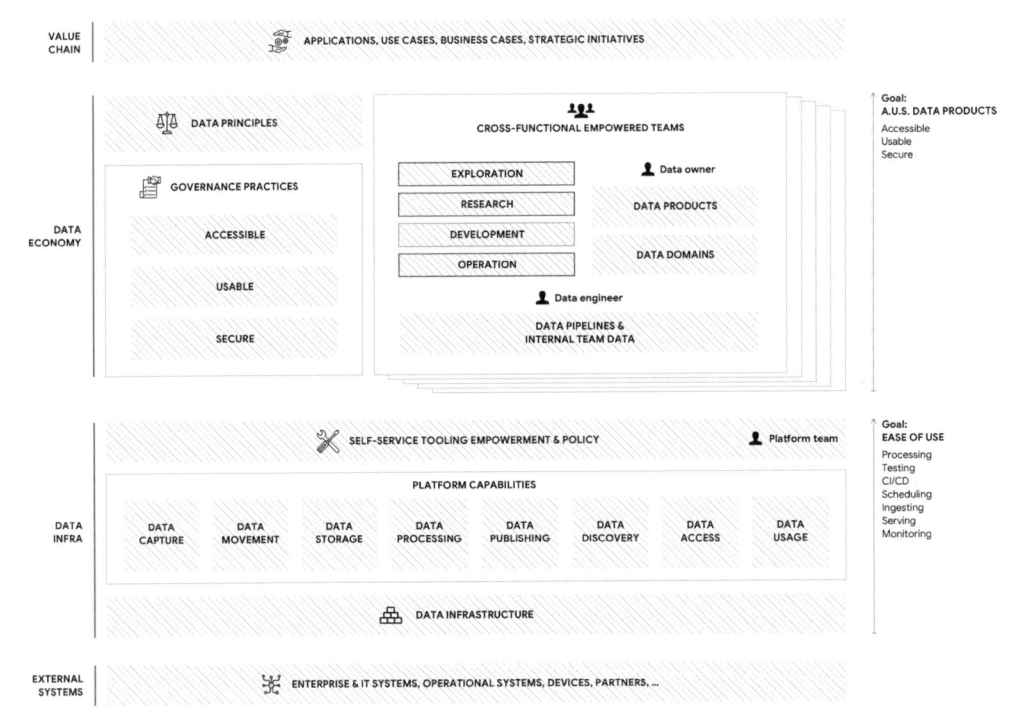

Abb. 6–2   Schematische Architektur eines Data Mesh (Quelle: Google Cloud)

Domain-eigene Daten

Das Paradigma eines »Domain Driven Design« wird bereits in der Softwareentwicklung in Form von Microservices umgesetzt. Ein ähnlicher domänenorientierter Ansatz ist für die Data Ownership innerhalb eines Unternehmens umsetzbar. Dieser Ansatz sieht vor, dass jede Domäne ihre eigenen Daten verantwortet.

Die Data Ownership wird auf funktionsübergreifende, selbstverantwortliche Teams übertragen, die die Daten als Produkte ihrer Domäne handeln und frei mit den Datenprodukten anderer Domänen zusammenarbeiten können. Damit diese Teams autonom agieren können, müssen alle erforderlichen Skills, beispielsweise im Bereich Data Engineering, aber auch Domain-Expertise vorhanden sein. Um zu einem Domänenmodell überzugehen, ist dies eine der grundlegenden Voraussetzungen. Dabei ist wichtig zu erkennen, dass es Änderungen in den Personen-, Prozess- und Technologie-Aspekten der Datenarchitektur selbst benötigt.

Daten als Produkte

Das traditionelle Modell der Bereitstellung von Daten folgt meist einem projektorientierten Ansatz. In einem Data Mesh werden nun Datenprodukte zur primären Austauscheinheit einer sogenannten »Data Economy« innerhalb eines Unternehmens und können sich auch auf die Außenwelt erstrecken. Teams in unterschiedlichen Domänen erstellen Daten und stellen diese anderen Domänen als Datenprodukte bereit. Unternehmensintern werden Datenprodukte von föderalen Teams frei zur Verfügung gestellt und konsumiert. Mit dieser offenen Datendurchgängigkeit werden Innovationen beschleunigt und allen Fachbereichen wird einfacher Zugang zu konsistenten Daten ermöglicht, sodass wirklicher Mehrwert aus den Daten zu ziehen ist.

Federated Governance

In diesem verteilten Konzept ist es wichtig, dass alle Domänen einem gemeinsamen Governance-Modell folgen, um sicherzustellen, dass die Sicherheit, Zugänglichkeit und Verwendbarkeit der Daten im gesamten Unternehmen skalierbar gegeben ist. Damit ein Data Mesh wirklich skalierbar ist, sollte sich die Governance auch leicht föderieren lassen. Typische Eigenschaften dieser Governance sind A.U.S. (Accessible, Usable und Secure). Dies bedeutet nicht, dass es überhaupt keine zentrale Governance gibt. Es besteht weiterhin die Notwendigkeit, offene Standards, eine gemeinsame Plattform sowie Grundsätze und Praktiken der Unternehmensführung zu konsolidieren. Ein großer Teil der Governance-Aufgaben sollte jedoch von den Teams in den Domänen selbst ausgeführt werden, aber das zentrale Team muss einen soliden Rahmen und Richtlinien für Governance Policies bereitstellen.

Self-Service-Plattform

Damit dieses verteilte Modell funktioniert, ist eine zugrunde liegende Datenplattform erforderlich, die sicher, flexibel, agil und skalierbar ist. Alle bisherigen Konzepte für funktionsübergreifende Domänenteams, Datenprodukte und föderierte Governance müssen durch eine flexible, offene und skalierbare Self-Service-Plattform ermöglicht werden. Diese Attribute gehören zu einer Cloud-nativen Architektur und Plattform. Die Entwicklungen von Cloud-Plattformen ermöglichen ein einfaches Aufsetzen dieses Modells. Eine flexible Plattform stellt eine Lake-House-Architektur bereit, die die Vorteile eines Data Lake und eines Data Warehouse vereint und in Abschnitt 6.3.2 ausführlich beschrieben wird.

6.3.1.2 Umsetzung eines Data Mesh in der Google Cloud

Die einfache und schnelle Nutzung von riesigen Datenvolumen war in der Vergangenheit für Google eine der größten Herausforderungen, vor allem angesichts des exponentiellen Wachstums der Daten, die durch die Verwendung eigener Produkte generiert werden – sowohl in Bezug auf das Volumen als auch auf die Vielfalt, die sich im Google-Ökosystem über eine Vielzahl von Produkten erstreckt –, wie Google Search, Gmail, Maps oder Android. Domäneorientierten, autonomen Teams die vollständige Ownership über ihre Daten zu geben, war dabei ein entscheidender Meilenstein für Skalierbarkeit und Produktivität des gesamten Unternehmens.

Zudem hat Google eine serverlose, automatisch skalierbare Infrastruktur entwickelt, die entscheidend dazu beigetragen hat, den internen Benutzern echte Autonomie zu verleihen. Die Teams müssen nicht mehr für jede Anwendung eine eigene Dateninfrastruktur aufbauen, sondern können sich auf eine sichere, serverlose Self-Service-Plattform verlassen. Die Plattform unterstützt dabei, Daten zu hosten und zu analysieren, während die volle Kontrolle und Verantwortlichkeit über den gesamten Lebenszyklus im Domänenteam erhalten bleibt.

Unternehmen waren in der Vergangenheit gezwungen, ihre Datenbestände in konsolidierten Backends zu zentralisieren, um die mit ihrer Ausführung und Wartung verbundene Betriebsbelastung zu rationalisieren und zu reduzieren. In der Tat verbrauchen sowohl Data Warehouses als auch Data Lakes in der Regel eine große Menge an Ressourcen für technische Vorgänge wie Reliability, Skalierbarkeit, Sicherheit, Updates, Logging und Monitoring. Eine Verdoppelung dieses Aufwands und der entsprechenden Fähigkeiten in jeder neuen Geschäftseinheit eines Unternehmens wäre sehr ineffizient und ist einer der größten Blocker für ihre Autonomie.

Die zweite wichtige technische Eigenschaft, die durch Data Mesh ermöglicht wird, ist die Trennung der Speicher- und Rechenressourcen auf der Google-Cloud-Plattform.

Traditionell sind Speicher- und Rechenressourcen in der Hardware physisch gekoppelt. Dies erfordert einen Spagat zwischen den erwarteten Rechen- und Speicherressourcen beim Kauf neuer Hardware. Auf der Google-Cloud-Plattform können Speicherressourcen von reiner Compute Power getrennt werden. Das Google-Netzwerk verbindet alle Ressourcen über Rechenzentren hinweg und skaliert beides unabhängig vollautomatisch voneinander – ohne dass sich ein Administrator darum kümmern muss.

Alle Daten- und Analysedienste verwenden dieses Prinzip und stellen separate APIs für die Storage- und Compute-Schicht bereit. Dies bedeutet, dass Rechenressourcen zu den Daten gebracht werden können, anstatt Daten zu den Rechenressourcen zu verschieben oder zu kopieren. Dieses Prinzip wird auch in einer Lake-House-Architektur genutzt. Eine Komponente davon ist BigQuery, ein Serverless Data Warehouse. Die Abfrage-Engine von BigQuery ist von der Speicherschicht getrennt. Dies hat zur Folge, dass automatisch bei Bedarf (»on demand«) mehr Rechenleistung hinzugefügt werden kann.

6.3.2   Lake House als nächste Generation des Data Lake

Business-Intelligence-Anwendungen haben sich seit ihrer Einführung in den 90er-Jahren stark weiterentwickelt. Während sich ein Data Warehouse hervorragend für strukturierte Daten eignet, kam zur Jahrtausendwende mit Big Data die Herausforderung hinzu, auch un- und semistrukturierte Daten in unterschiedlichen

Formaten und oft in Echtzeit zu verarbeiten und zu analysieren. Also begann man mit dem Aufsetzen von Data Lakes, d. h. von Repositories für Rohdaten in verschiedensten Formaten. Data Lakes eignen sich zwar zum Speichern von unstrukturierten Daten, es fehlen jedoch einige Funktionen:

- Sie unterstützen keine Transaktionen,
- erzwingen keine Data Governance,
- setzen oft keine Datenqualität durch und
- erfordern keine Konsistenz.

Damit machen sie reproduzierbare und strukturierte Datenanalysen schwer. Dafür erlauben Data Lakes das Abspeichern von Streaming-Daten, Zeitreihen, Video- und Bilddaten sowie das Trainieren von Machine-Learning-Modellen auf diesen Daten und befähigen damit künstliche Intelligenz.

Für diese unterschiedlichen Use Cases haben sich in vielen Unternehmen mehrere Daten-Repositories parallel etabliert, ein Data Lake und ein oder mehrere Data Warehouses sowie weitere Datenbanken für Streaming- oder Zeitreihendaten.

Diese Vielzahl führt allerdings zu Redundanz, zu Inkonsistenzen zwischen den Daten in den unterschiedlichen Daten-Repositories, zu unterschiedlichen Zugriffsregeln auf diese Daten und auch zu unterschiedlichen Teams, die mit diesen Daten arbeiten und diese Daten analysieren. So kann es sogar zu unterschiedlichen Interpretationen von KPIs in verschiedenen Reports und Dashboards kommen. Für all diese Repositories müssen separate Data-Governance- und Qualitätsregeln implementiert werden, die teilweise nicht konsolidiert sind. Es fehlt also eine zentral verwaltete, leicht zu betreibende und flexible Datenplattform, die allen diesen unterschiedlichen Anwendungsfällen gerecht wird.

6.3.2.1 Konvergenz von Data Lakes und Data Warehouses

Für Benutzer verschiedenster Fachbereiche ist es unwichtig, ob sie auf einen Data Lake, eine Datenbank oder auf ein Data Warehouse zugreifen, und oft benötigen Datenanalysten Informationen aus allen Systemen. So konvergieren Data Lakes und Data Warehouses in vielen Organisationen bereits und werden immer enger miteinander verbunden.

Es ist aber irritierend, wenn Benutzer auf Datenobjekte eines Repositories Zugriff haben, auf dasselbe Datum aber in einem anderen System nicht. Was zählt, ist das Laden von großen Datenvolumen, von verschiedenen Dateiformaten (strukturiert, semi- und unstrukturiert) aus unterschiedlichen Quellen in Echtzeit. Das Analysieren und Verwalten soll für alle Fachbereiche in einem flexiblen, integrierten Daten-Ökosystem entsprechend derselben, zentral verwalteten

Regeln und Zugriffsrechten möglich sein. Erst mit so einer Demokratisierung der Daten kann eine »data driven« Organisation entstehen.

Ein Lake House bietet eine neue, flexible Architektur, die die besten Funktionen von Data Lakes und Data Warehouses kombiniert. Die Implementierung von ETL/ELT, Datenmodellen und Data Governance sowie Zugriffsrechten erfolgt wie in einem Data Warehouse, was Konsistenz und Datenqualität sowie Zugriffsschutz garantiert. Gleichzeitig wird preisgünstiger, hochperformanter Speicher, wie für Data Lakes üblich, verwendet, der auch das Speichern von unstrukturierten und großen Datenmengen mit hohem Datendurchsatz gewährleistet. Wenn dieses Lake House in der Cloud betrieben wird, kommen zudem die Vorteile von flexibler Skalierung und Hochverfügbarkeit durch Datencenter in mehreren Regionen sowie vor allem der einfache und kostengünstige Betrieb hinzu.

Ein Lake House bietet also einen Überblick über den gesamten Datenbestand, über die Datenherkunft und über die Beziehungen zwischen den Daten sowie zu allen Anwendungen, die sie verwenden. Damit bietet es Transparenz über Datenflüsse und Datentransformationen (vgl. Abb. 6–3).

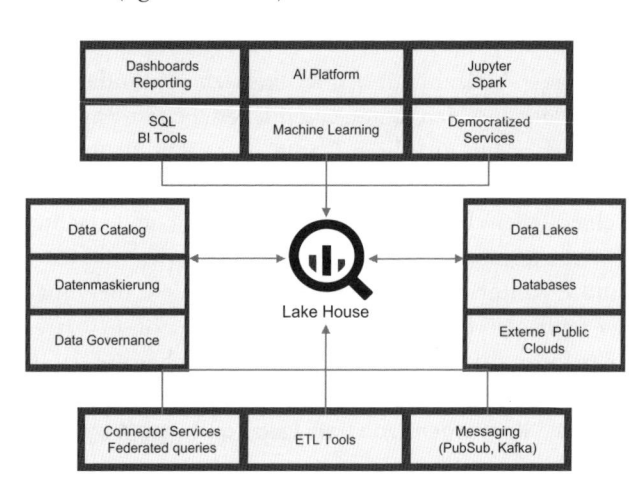

Abb. 6–3 Schematische Architektur eines Lake House mit allen Funktionalitäten (Quelle: Google Cloud)

Die Lake-House-Plattform muss integrierte Services für Datenintegration, umfangreiche Zugriffsmöglichkeiten auf die Daten, Data Discovery und eine zentrale Data Governance zur Verfügung stellen, um die große heterogene Vielfalt der Use Cases umsetzen zu können – ansonsten sind Lake-House-Initiativen zum Scheitern verurteilt. Deswegen müssen die folgenden Punkte bei der Evaluierung einer Plattform für ein Lake House berücksichtigt werden.

6.3.2.2 Merkmale eines Lake House

Datenintegration – flexibles Laden von Daten aller Formate

- Datenintegration ist mehr als nur einfaches Laden von Daten. Die Möglichkeit von performantem Extract und Load von Dateien in unterschiedlichsten Formaten und gleichzeitig von strukturierten Daten, von IoT-Streaming-Daten sowie initiale oder inkrementelle Ladefunktionen (CDC) sind klare Voraussetzungen für das Lake House. Eine Lake-House-Plattform muss also verschiedenste Datenaufnahme- und Integrationsmuster unterstützen. Die Transformation der Daten in auswertbare Strukturen (Clean Data, Refined Data, ...) sollte innerhalb des Lake House erfolgen, idealerweise mit flexibler Skalierung.
- Das Lake House muss über Federated Search und die Einbindung externer Quellen auch direkt in den Quelldaten selbst Daten abfragen und analysieren können. Dadurch gewährleistet das Lake House Near-Time-Abfragen mit geringer Latenz.
- Die Datenplattform für ein Lake House muss automatisch skalieren, am besten über die bereits oben unter Data Mesh beschriebene Trennung von Storage und Compute, denn es gibt Anwendungen, die große Datenmengen speichern müssen, und andere Fälle, in denen auf weniger Daten komplexe Queries abgesetzt werden, für die dann mehr CPU-Power benötigt wird.
- Die Plattform muss ACID-Transaktionen unterstützen, um damit die Datenkonsistenz sicherzustellen.
- Das Lake House setzt auf bewährten ER-Modellen und Datenschemata auf. Im Lake House müssen also Star-Schema oder auch Data-Vault-Konzepte umgesetzt werden können.

Datenzugriff – flexible Verwendung und Abfragen aller Datenobjekte

- Im Lake House müssen unterschiedlichste Dateiformate einfach abfragbar sein, und zwar über eine Vielzahl von Tools und Engines, die die vielen unterschiedlichen Use Cases erfordern, einschließlich ML und Python/R-Bibliotheken, um effizient direkt auf die Daten zugreifen zu können.
- Das Lake House unterstützt alle für das Unternehmen relevante Data Use Cases, einschließlich Data Science, maschinelles Lernen sowie SQL und Analytics. Möglicherweise sind zwar mehrere Tools erforderlich, um alle diese Use Cases zu unterstützen, sie greifen aber alle auf dasselbe Daten-Repository zu. Auch Use Cases, die Real-Time-Anforderungen haben, müssen vom Lake House unterstützt werden, sodass keine separaten Systeme mehr für die Bereitstellung von Echtzeitdaten für Applikationen erforderlich sind.

Data Discovery – Metadatenmanagement und Data Governance

- Die Daten im Lake House müssen über eine Metadatenverwaltung, also über Datenkataloge, klassifizierbar und auffindbar sein. Genauso muss ein Business-Glossar eine eindeutige Bezeichnung und Inventarisierung der Datenobjekte erlauben. Metriken über Datenzugriffe und den Lifecycle der Daten-Artefakte erleichtern weiterhin das Management aller Datenobjekte, damit immer klar ist, woher welches Datenobjekt stammt, wer es erzeugt hat und welche Geschäftsprozesse die Daten verwenden und weiterverarbeiten.

- In die Lake-House-Plattform integrierte Tools für Datensicherheit und eine für das ganze Unternehmen an einer Stelle zentral verwaltete Zugriffskontrolle auf alle Datenobjekte sind Grundvoraussetzungen. Data-Governance-Funktionen, das Maskieren von Daten wie auch Data Lineage sind insbesondere angesichts der jüngsten Datenschutzbestimmungen essenzielle Anforderungen.

- Ein großer Vorteil eines Lake House besteht darin, dass nur für ein einziges System all diese Discovery- und Governance-Funktionen implementiert, getestet und verwaltet werden müssen und damit im Unternehmen einheitlich sind.

6.4 Business Intelligence mit Google Cloud

Jeder Hyperscaler bringt seinen eigenen Ansatz mit, wie die verschiedenen Technologien im Hintergrund kombiniert und durchgesetzt werden, um ihren potenziellen Kunden die Cloud zu ermöglichen. Viele Unternehmen planen daher Migrationen in die Cloud, um die neuen Potenziale im Vergleich zu On-Premises-Lösungen zu heben.

Wie können sich Cloud-Anbieter voneinander unterscheiden? Es sind die Eigenschaften um die eigentlichen Services herum, die eine solche Differenzierung ermöglichen. Die Eigenschaften sollten einen erkennbaren und transparenten Mehrwert für den Kunden anbieten. Folgende Aspekte sind daher u. a. zu berücksichtigen:

- Hauptfaktoren wie Kosten, Performanz, Skalierbarkeit und Sicherheit
- Zusätzliche Faktoren für den Betrieb:
    - Benutzerfreundlichkeit bzw. intuitive Tools und Oberflächen
    - Schnittstellen bzw. Kompatibilität und Ökosystem
    - Unterstützung und Transparenz im Entscheidungsprozess

Bisher gingen Unternehmen hauptsächlich der Frage nach »Wie kann man Daten generieren?«. Sie waren getrieben durch die Vorstellung, dass jegliche Daten relevant sein können, um bessere Entscheidungen zu treffen. Die Datensammlung hat sich jedoch längst stabilisiert. Unternehmen haben inzwischen Petabytes an

Daten. Aktuell erleben wir in der Industrie einen Mindshift hin zu der Fragestellung »Wie nutze ich diese Daten in jedweder Situation in Echtzeit?«.

In den vergangenen Jahrzehnten hat sich das Ziel und der Einsatz von BI bei Google stetig gewandelt (vgl. Abb. 6–4). Ursprünglich war das Ziel, eine operative Berichterstattung ❶ über den Ist-Zustand bereitzustellen. Diese Berichte wurden nur von einer begrenzten Anzahl von Personen entwickelt und instand gehalten. Dieser Ressourcenmangel hatte zur Folge, dass viele Szenarien nicht eingesetzt oder verfolgt werden konnten. Die Lösung bestand darin, intuitive und visuelle Tools zu entwickeln, womit ein breiterer Kreis von Personen arbeiten und Ad-hoc-Berichte ❷ erschaffen konnte. Im Laufe der Zeit war die Frage »Was« nicht mehr genug und bald ging es um das »Warum«. Das Ziel war es nun, die Gründe und Ursachen hinter den Berichten zu analysieren und zu verstehen. Data Mining ❸ hat geholfen, Muster aus den Daten zu erkennen und somit wertvolle Informationen daraus abzuleiten. Durch den massiven Einsatz von künstlicher Intelligenz werden heute vorausschauende Einblicke ❹ gewonnen. Dies geht einher mit einer höheren Effizienz, niedrigeren Kosten und schnelleren Reaktionen auf sich verändernde Anforderungen. Die Vision von Google sieht vor, dass KI nicht nur Einblicke bereitstellt, sondern in die Lage versetzt wird, autonome Entscheidungen ❺ zu treffen. Eine strenge Integration einer selbstlernenden Datenanalyse mit den Datengeneratoren, wie z. B. IoT-Hardware oder Transaktionen, ermöglicht eine völlig neue Art der Automatisierung.

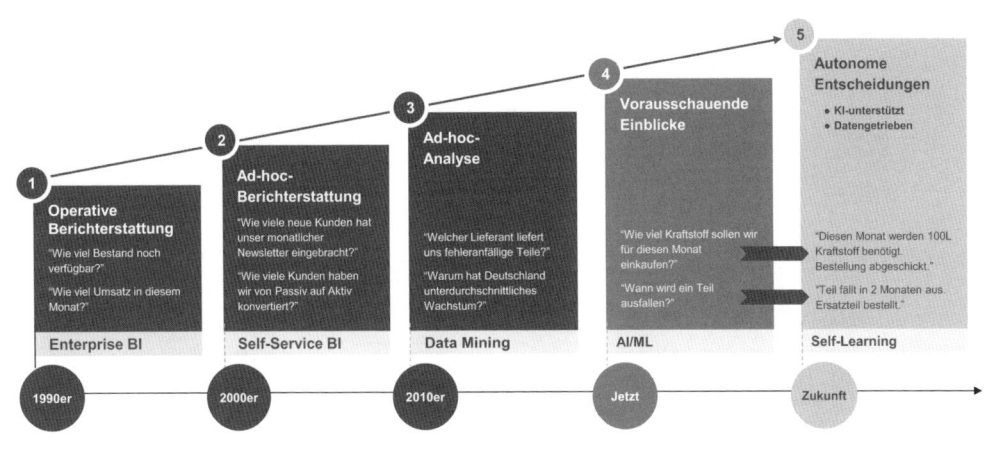

Abb. 6–4 *Entwicklung der BI- bzw. DWH-Systeme über die vergangenen Jahrzehnte (Quelle: Google Cloud)*

Die Stärke von Google liegt darin, die Lücken zwischen all diese Aspekten zu schließen. Ziel ist es, eine moderne Landschaft samt notwendigen Technologien zu erschaffen – hin zu einem KI-unterstützten und datengetriebenen autonomen Unternehmen. Dem zugrunde liegen drei Hauptmerkmale, wie die folgenden Abschnitte zeigen.

6.4.1 Einführung einer serverlosen Architektur

Das Serverless-Konzept beschreibt, dass der Hyperscaler nicht nur die Verwaltung der physischen Infrastruktur übernimmt, sondern auch alle restlichen Operationalisierungsaufgaben, nämlich Bereitstellung, Skalierung, Überwachung und Fehlertoleranz [Baldini et al. 2017]. Diese verbleibenden Aufwände hat Google mit seinem Produkt BigQuery und dem dazugehörigen Ökosystem vollständig aufgelöst. BigQuery ist ein mächtiges DWH, das komplett serverlos zur Verfügung gestellt wird. Die Komplexität wird somit drastisch reduziert und für den Benutzer bleibt mehr Zeit, sich mit den eigentlichen Daten zu beschäftigen und sich keine Sorgen um die operationale Verantwortung zu machen. Alle Aufgaben, die unter Serverless fallen, wie oben beschrieben, erfolgen automatisch: Das System wird automatisch bereitgestellt, skaliert, überwacht und protokolliert sowie redundant sichergestellt.

Wie dies erfolgt, zeigt Abbildung 6–5. Traditionell sind Speicher- und Rechenressourcen in der Hardware physisch gekoppelt. Dies erfordert einen Spagat zwischen den erwarteten Rechen- und Speicherressourcen beim Kauf neuer Hardware. Auf der Google-Cloud-Plattform können Speichereinheiten von reinen Recheneinheiten durch eine Abstraktionsschicht inzwischen getrennt werden. Das Google-Netzwerk verbindet alle Ressourcen über Rechenzentren hinweg und skaliert beides unabhängig vollautomatisch voneinander – ohne dass sich ein Administrator darum kümmern muss.

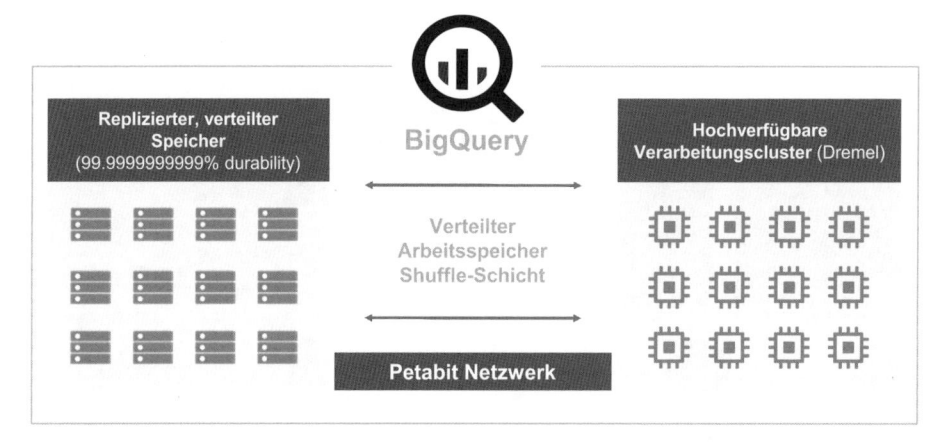

Abb. 6–5   Trennung von Speicher und Rechenleistung bei Google (Quelle: Google Cloud)

Alle Daten- und Analysedienste verwenden dieses Prinzip und stellen separate APIs für die Speicher- und Verarbeitungsschicht bereit. Dies bedeutet, dass Rechenressourcen zu den Daten gebracht werden können, anstatt dass Daten zu den Rechenressourcen verschoben oder kopiert werden müssen. Dieses Prinzip wird auch allgemein in einer Data-Lake-House-Architektur genutzt. Daher ist BigQuery ganz einzigartig für diese Zwecke auf dem Markt positioniert. Die

Abfrage-Engine von BigQuery ist von der Speicherschicht getrennt. Dies hat zur Folge, dass automatisch bei Bedarf (»on demand«) mehr Rechenleistung gefordert werden kann.

Dieses Modell bietet auch besondere Vorteile hinsichtlich der Kosten. Der Kunde muss einerseits nicht für kontinuierlich laufende Cluster bezahlen, die teilweise unbenutzt sind, und andererseits keine zusätzlichen Ressourcen bei Szenarien mit hoher vorläufiger Last bereitstellen. Außer den minimalen Kosten für die persistente Speicherung der Daten werden nur geringe Kosten für die Größe einzelner Abfragen berechnet, unabhängig davon, wie viele Ressourcen dafür benötigt werden. Das Beste aus beiden Welten wird jedoch trotzdem angeboten: Es ist auch möglich, eine bestimmte Menge an Rechenleistung für fixe Beiträge im Voraus zu reservieren, um die Kostenplanung zu unterstützen.

Die Einfachheit der IT-Systeme ist ein wesentlicher Faktor für ein dezentrales Modell wie ein Data Mesh. Die Bereitstellung dieser einfach nutzbaren Infrastruktur für Benutzer ist eine Grundlage, die im Rahmen der Google-Cloud-Plattform realisiert werden kann. Durch die Verallgemeinerung der am weitesten verbreiteten internen Datensysteme auf eine serverlose Analyseplattform kann Google Cloud die »Time-to-Insights« enorm verkürzen.

6.4.2 Einführung innovativer KI/ML-Technologien

Ein zentraler Aspekt der Cloud-basierten Datenplattform ist die Vereinfachung und Beschleunigung von Geschäftsabläufen durch Datenanalyse. Hierzu existiert mittlerweile eine Vielzahl von Möglichkeiten, die über eine reine Geschäftsanalytik und klassische statistische Methoden hinausgeht (vgl. Abb. 6–6), wie z.B. maschinelles Lernen (ML) und künstliche Intelligenz (KI). Die zentrale Datenplattform, wie sie bereits in Abschnitt 6.3 beschrieben wurde, ist das Fundament und eine der Grundvoraussetzungen für die erfolgreiche Anwendung von KI/ML-Technologie. Wie KI/ML-Technologie innerhalb einer zentralen Datenplattform integriert und für unterschiedliche Anwendungsfälle eingesetzt werden kann, wird nachfolgend erläutert.

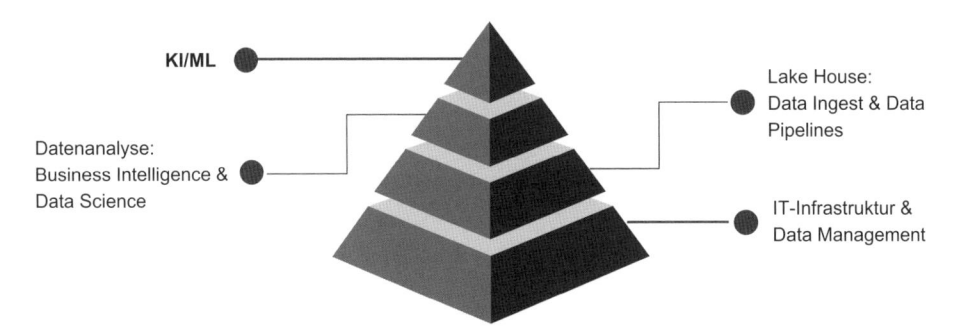

Abb. 6–6 *Das Fundament für KI/ML-Technologie (Quelle: Google Cloud)*

Die grundlegenden Konzepte von ML und KI sind bereits seit einigen Jahrzehnten bekannt [Samuel 1959], dennoch kamen die größten Fortschritte und erste Anwendungen in dem Feld erst mit der Verfügbarkeit von großen Trainings-Datenmengen, der Commoditisierung von Rechenleistung und der Effizienzsteigerung von Algorithmen [Dean et al. 2012]. Eine wichtige Rolle spielen dabei die Hyperscaler, die diese Entwicklung mitgetragen haben, allen voran Google.

Google ist bereits seit Jahren führend auf dem Gebiet von ML und KI[2]. Die Expertise hat sich durch intensive Forschung entwickelt und ist in zahlreichen Publikationen von Google Research und Google Brain manifestiert (einige Hundert pro Jahr[3]). Viele der ML- und KI-Konzepte und Methoden aus der Forschung sind in zahlreichen Google-Produkten im Einsatz, wie beispielsweise Search, Gmail, YouTube. Das macht Google zu einem der größten Anwender von ML und KI in Produktion und ist gleichzeitig ein wichtiges Alleinstellungsmerkmal. Einige KI/ML-Technologien wurden von Google als »Open Source« veröffentlicht und wurden somit zu Industriestandards. Zwei bekannte Beispiele dafür sind BERT[4], ein Transformer für die Verarbeitung von natürlicher Sprache, und TensorFlow[5], das populärste Framework für die Entwicklung von ML-Modellen.

Seit ca. 2017 wird Googles ML- und KI-Technologie über die Google Cloud durch unterschiedliche Services Nutzern zur Verfügung gestellt. Die grundlegende Philosophie dabei ist, passende ML- und KI-Services für jeden Nutzer gemäß seinen Kompetenzen und Fähigkeiten anzubieten – von vorgefertigten KI-Lösungen bis hin zu KI-optimierter Infrastruktur. Dadurch wird der Zugang zu KI/ML-Technologie Nutzern mit unterschiedlichsten Fähigkeiten, von Software Developers bis hin zu ML Engineers, ermöglicht. Man bezeichnet dies als Demokratisierung von KI/ML (vgl. Abb. 6–7). Dabei wird zwischen KI-Bausteinen und Plattform unterschieden:

- **KI-Bausteine**
  KI-Bausteine werden mit großen Datasets von Google trainiert und fortlaufend verbessert. Somit wird Teams ohne zusätzliches KI/ML-Fachwissen (z. B. Developer, Data Analysts) die Implementierung von ML ermöglicht:
  - **KI/ML-APIs**
    Vortrainierte Modelle mit Daten von z. B. Google, die ohne jegliche Zugabe von Trainingsdaten durch den Nutzer über eine REST-API aufgerufen werden können. Typische Anwendungen sind hier für unstrukturierte Daten gegeben, z. B. im Bereich der visuellen Erkennung und Analyse von Bildern oder Videos, der Spracherkennung in Form von Übersetzung, Analyse natürlicher Sprache, Sprache-zu-Text-Umwandlung etc.

---

2. *https://cloud.google.com/blog/products/ai-machine-learning/google-cloud-a-leader-in-gartner-mq-for-cloud-ai-developer-services*
3. *https://research.google/pubs*
4. *https://ai.googleblog.com/2018/11/open-sourcing-bert-state-of-art-pre.html*
5. *https://www.tensorflow.org*

- **Automatisiertes maschinelles Lernen, auch als AutoML bezeichnet**
  AutoML automatisiert die iterativen Aufgaben der Entwicklung eines ML-Modells für bereits bekannte Problemstellungen. Die Basis wird durch ein von Google vortrainiertes ML-Modell gebildet. Durch Zugabe von spezifischen Trainingsdaten für den Anwendungsfall durch den Nutzer lassen sich hochwertige, benutzerdefinierte Modelle mit minimalem Aufwand und Fachkenntnissen für den speziellen Anwendungsfall nachtrainieren. Bei AutoML-Services kann der Nutzer mithilfe einer übersichtlichen grafischen Benutzeroberfläche maßgeschneiderte Modelle sowohl für unstrukturierte Daten (Bilder, Videos, natürliche Sprache etc.) als auch für strukturierte Daten (Tabellen), beispielsweise für prognostische Analysen, trainieren.
- **Integriertes ML innerhalb des Data Warehouse**
  Mithilfe von Standard-SQL-Abfragen können Modelle für maschinelles Lernen bereits im Data Warehouse (z. B. BigQuery ML auf Google Cloud) trainiert und ausgeführt werden. Datenanalysten, die hauptsächlichen Nutzer eines Data Warehouse, können so mithilfe ihrer vorhandenen SQL-Fähigkeiten ML nutzen, ohne dabei auf neue Business-Intelligence-Tools und Tabellen zugreifen zu müssen. Dies erhöht die Geschwindigkeit der Modellentwicklung und -innovation, da keine Daten mehr aus dem Data Warehouse zur Weiterverarbeitung exportiert und formatiert werden müssen. Im Data Warehouse sind bereits einfache ML-Modelle vortrainiert, beispielsweise lineare oder logistische Regression, k-means etc.[6], mit deren Hilfe z. B. prognostische Analysen durchgeführt werden können.

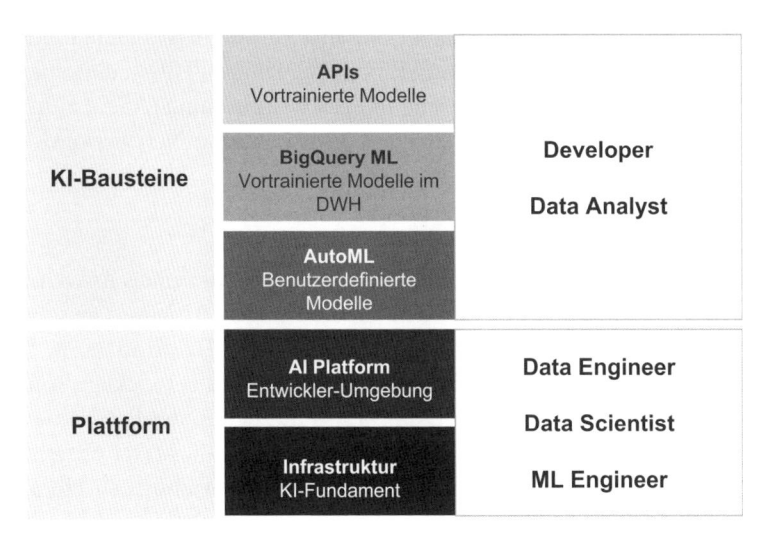

Abb. 6–7 *Demokratisierung von KI/ML: Technologie für jeden Nutzer gemäß seinen Fähigkeiten verfügbar machen (Quelle: Google Cloud)*

---

6. *https://cloud.google.com/bigquery-ml/docs/introduction#supported_models_in*

- Plattform
    - **AI Platform**
    Eine vollständige Plattform unterstützt die Entwickler entlang des gesamten ML-Lebenszyklus – Erstellen, Validieren, Bereitstellen und Verwalten von Modellen – durch Tooling. Wichtig hierbei ist vor allem das Optimieren und Automatisieren von ML-Workflows für MLOps (Continuous Delivery und Pipelines zur Automatisierung im maschinellen Lernen), worauf im nächsten Abschnitt näher eingegangen wird. Ein wichtiges Modul auf der AI Platform ist AI Platform Notebooks. Dies ist ein verwalteter Dienst des JupyterLabs. Dieser ist in der Data-Science-Community weit verbreitet und bietet Data Scientists und ML-Entwicklern eine Oberfläche und eine integrierte Umgebung für das Experimentieren und Entwickeln von ML-Modellen. Nutzer können mit nur einem Klick auf AI Platform verwaltete Notebook-Instanzen auf JupyterLab erstellen. Diese haben eine bereits vorkonfigurierte Umgebung, beispielsweise für die gängigsten Data-Science-Bibliotheken wie R, pandas, NumPy, SciPy, scikit-learn und Matplotlib sowie ML-Frameworks wie TensorFlow, Keras, fast.ai, RAPIDS, XGBoost und PyTorch.
    - **KI-Infrastruktur für KI-Entwickler**
    Hier erfolgt das Trainieren von Modellen für Deep Learning und maschinelles Lernen auf KI-optimierter Infrastruktur, beispielsweise Graphical Processing Units (GPUs) von NVIDIA. NVIDIA-GPUs ermöglichen eine kostengünstige Inferenz und unterstützen vertikales und horizontales Skalierungstraining für ML. Darüber hinaus gibt es ausschließlich bei Google Cloud auch sogenannte Tensor Processing Units[7] (TPUs), eine speziell entwickelte anwendungsspezifische integrierte Schaltung (ASIC) zum Trainieren und Ausführen von neuronalen Deep-Learning-Netzwerken.

6.4.3 KI/ML im produktiven Einsatz

Sofern ein Nutzer genügend relevante Trainingsdaten für seinen Anwendungsfall vorliegen hat, ist es vor allem mit den im vorherigen Abschnitt beschriebenen KI/ML-Tools möglich, ein aussagekräftiges ML-Modell zu trainieren. Somit ist die eigentliche Herausforderung nicht ein ML-Modell zu entwickeln, sondern ein integriertes ML-System aufzubauen, das kontinuierlich in der Produktion betrieben werden kann. Durch den langjährigen Betrieb ML-basierter Systeme in der Produktion hat Google viel Erfahrung gesammelt. Die wichtigsten Herausforderungen und Erkenntnisse hat Google in [Sculley et al. 2015] zusammengefasst und publiziert.

---

7. *https://cloud.google.com/tpu*

Aus dieser Publikation stammt auch das nachfolgende Diagramm (vgl. Abb. 6–8), das sehr deutlich aufzeigt, dass nur ein kleiner Teil eines realen ML-Systems aus dem geschriebenen ML-Code des ML-Modells besteht.

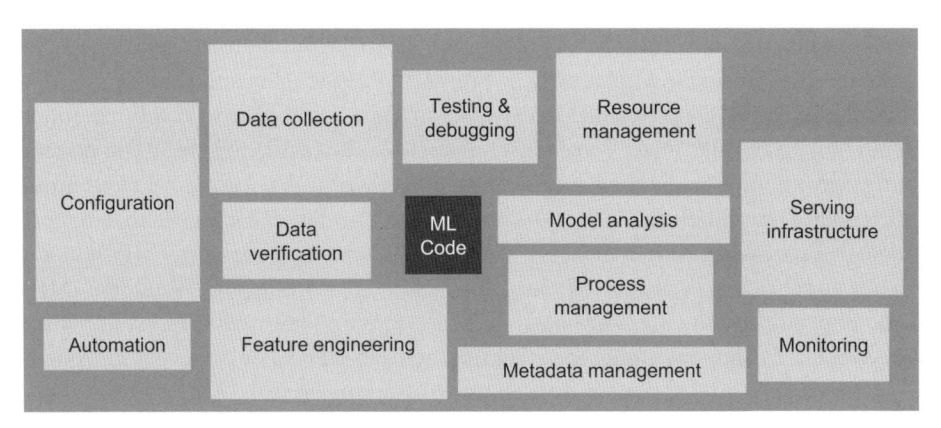

Abb. 6–8 *Notwendige Infrastruktur, die neben dem Quellcode des ML-Modells zusätzlich in einem ML-System benötigt wird [Sculley et al. 2015]*

Die zusätzlich erforderlichen Schritte sind umfangreich und komplex, jedoch eine Voraussetzung für den erfolgreichen Einsatz von KI/ML-Technologie. Dabei spielen vor allem zwei Faktoren eine wesentliche Rolle:

- die Vorbereitung der Daten – eine solide Datenbasis und das Vorhandensein von Daten in der Cloud und
- die Operationalisierung und das Automatisieren der Datenverarbeitung sowie des ML-Modellzyklus für den Produktionsbetrieb.

Vorbereitung der Daten

Durch eine Vielzahl von Services und Konnektoren lassen sich Daten je nach Format, Größe etc. in Echtzeit oder als Batch auf die Cloud importieren und verarbeiten. Nach dem sogenannten Data-Mesh-Konzept (siehe Abschnitt 6.3.1) würde man dabei nicht erst alle Daten in einem Data Lake sammeln, sondern je nach Anwendungsfall domänenorientiert in unterschiedliche Pipelines verarbeiten. So würde man für KI/ML-Anwendungen die Daten nach dem Load beispielsweise in ein Data Warehouse ggf. durch den Einsatz weiterer Hilfstools, z. B. Wrangler, bereinigen und die relevanten Features für das Modelltraining extrahieren. Der Vorteil einer umfangreichen Datenplattform, wie beispielsweise ein Lake House auf Google Cloud, ist die Integration aller Services miteinander. Somit ist das Verbinden einzelner Services und das Automatisieren der Abläufe teils ohne Programmieren möglich, und die Daten müssen nicht physisch zwischen den einzelnen Services bewegt oder importiert werden.

In Abbildung 6–9 ist dargestellt, wie sich aus Architektursicht die Datenplattform in einem ML-System einfügt. Jede KI/ML-Lösung sollte durch den Anwendungsfall und das Business getrieben werden. Im nächsten Schritt steht die Data-Science-Plattform zum Experimentieren zur Verfügung. Diese umfasst die bereits zuvor beschriebenen Tools und Hilfsmittel, um ML-Modelle zu erstellen (z.B. Notebooks, TensorFlow, AutoML). Für das Entwickeln und Trainieren der Modelle wird die Data-Science-Plattform mit Daten aus dem Lake House (oder dem Data Lake oder Data Warehouse, je nach Architektur) beliefert. Die Datenaufbereitung und das Feature Engineering entstehen in den aus dem Lake House führenden Data Pipelines (siehe Abschnitt 6.3). Nun fängt der eigentliche operative ML-Prozess an, dessen einzelne Schritte im nächsten Abschnitt »MLOps« im Detail beschrieben werden. Wichtig hierbei ist die Iteration. Wenn ein ML-Modell produktiv in einer Applikation im Einsatz ist, dann wird dieses konstant überwacht. In der nachfolgenden Sektion wird beschrieben, wie die einzelnen Schritte voneinander separiert werden und automatisiert ablaufen.

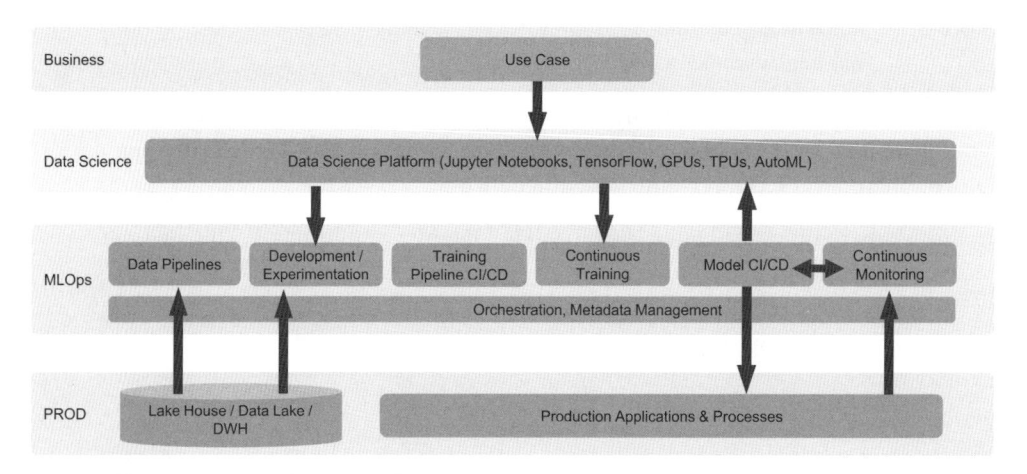

Abb. 6–9 *Die umfassende Architektur eines ML-Systems im produktiven Einsatz (Quelle: Google Cloud)*

MLOps: Bereitstellung der ML-Modelle und Produktionsbetrieb

Ausgenommen der vortrainierten Modelle, die einfach durch APIs zur Verfügung gestellt werden und über die API Response direkt die Ergebnisse liefern, muss ein trainiertes ML-Modell durch den Nutzer für die weitere Anwendungen bereitgestellt werden. Des Weiteren müssen die Modelle verwaltet und kontinuierlich evaluiert und nachgebessert werden.

Heutzutage setzt man hierfür die bekannten DevOps-Prinzipien auf ML-Systemen, auch MLOps genannt, ein. MLOps ist eine ML-Entwicklungskultur und -praxis, die darauf abzielt, die ML-Systementwicklung (Dev) und den ML-Systembetrieb (Ops) zu verbinden. MLOps zu praktizieren bedeutet, auf Automatisierung und Monitoring zu setzen, und zwar in allen Phasen der ML-Systemkonfiguration wie Integration, Testen, Freigabe, Bereitstellung und Infrastrukturverwaltung.

Wie in Abbildung 6–9 aufgezeigt, kann MLOps in folgende Phasen eingeteilt werden:

- **Entwicklung und Experiment**
  In dieser Phase werden neue ML-Algorithmen und Modelle iterativ mit Daten aus den Data Pipelines und Tools aus der Data-Science-Plattform entwickelt und getestet. Der dabei entstandene Quellcode der ML-Pipeline wird in ein Quell-Repository als Artefakt übertragen.

- **Continuous Integration/Continuous Delivery der Pipeline**
  In der Regel ist das Testen des Codes Teil der Notebook- oder Skriptausführung. Diese Testschritte werden im Quellcode niedergeschrieben. Dabei führt man hier nicht nur Unit Tests oder Integrationstests ein, sondern es erfolgt auch eine Validierung der Daten, der Datenschemata und der Modelle. Es entstehen Artefakte wie beispielsweise Pakete und ausführbare Dateien. Diese Artefakte werden nun in die Zielumgebung deployt, die das neue »Implementierungsrezept« für das ML-Modell beinhalten.

- **Continuous Training/Automatisierte Trigger**
  Die Pipeline wird in der Produktion anhand eines Zeitplans oder durch einen Trigger, z.B. sobald neue Daten zur Verfügung stehen, automatisch ausgeführt. Dabei wird ein ML-Modell mit den neuesten zur Verfügung stehenden Daten trainiert. Die Ausgabe dieser Phase ist ein trainiertes Modell, das in die Modell-Registry übertragen wird.

- **Continuous Integration/Continuous Delivery des Modells**
  Das trainierte Modell steht nun als »Vorhersagedienst« für Vorhersagen bereit. Hierbei entsteht das Artefakt »Prediction Service«.

- **Monitoring**
  Hier wird die Leistung und Qualität des Modells anhand der Live-Daten überwacht. An das Monitoring ist ein Trigger geknüpft, der das Ausführen der Pipeline oder das Ausführen eines neuen Testzyklus einleiten kann.

Um diese Phasen in einzelne Komponenten überführen zu können, gibt es unterschiedliche Frameworks wie beispielsweise Kubeflow, TensorFlow Extended oder einen verwalteten Dienst auf der Cloud (AI Platform Pipelines auf Google Cloud)[8].

---

8. *https://cloud.google.com/solutions/machine-learning/architecture-for-mlops-using-tfx-kubeflow-pipelines-and-cloud-build*

6.4.4 Ende-zu-Ende-Anwendung von einer mit KI/ML integrierten Datenplattform

Es gibt bereits einige Beispiele aus der Industrie, die die Vorteile und Erfolge einer Datenplattform, die mit KI/ML-Technologie integriert ist, aufzeigen.

Eines der prominentesten Beispiele ist Predictive Maintenance. Die Möglichkeit, Anomalien in Maschinendaten zu untersuchen und auf dieser Basis Maschinenausfälle vorherzusagen, um dem Ausfall planungssicher entgegenzuwirken, ist unter wirtschaftlichen Aspekten für Unternehmen äußerst relevant. Am Beispiel Predictive Maintenance lässt sich einfach erklären, warum die Integration von KI/ML-Technologie in einer zentralen Datenplattform in Kombination mit MLOps entscheidend für die erfolgreiche Umsetzung sind:

- **Datenintegration**
  Die Basis von Predictive Maintenance sind Maschinendaten/-parameter, die über Sensoren ausgelesen und in die Cloud übertragen werden. Um diese Daten für das Trainieren eines ML-Modells nutzen zu können, müssen diese zuvor bereinigt werden (fehlende Werte oder Ausreißer werden aussortiert, Aggregationen etc.). In manchen Fällen werden die Sensordaten mit weiteren Daten (z.B. Umgebungsdaten, Wetterdaten, Schichtpläne etc.) aus unterschiedlichsten Datenquellen angereichert. Für diesen Vorgang wird eine Datenplattform benötigt, die sowohl einem Data Engineer das Zusammenführen unterschiedlicher Daten erlaubt als auch dem Data Scientist/ML Engineer das Vorbereiten der Daten sowie das Trainieren und Experimentieren mit ML-Modellen ermöglicht. Die Ergebnisse aus dem trainierten ML-Modell müssen nach erfolgreicher Vorhersage durch einen Datenanalysten aufbereitet werden, z.B. mit Stammdaten zu der Maschine angereichert und über ein Dashboard einem Mitarbeiter aus der Wartung oder Business User zur Verfügung gestellt werden. Dieser kann nun vorausschauend in die Wartungsplanung gehen und somit Ausfälle verhindern.
- **MLOps**
  Die Ergebnisse aus den Vorhersagen müssen laufend im Monitoring überwacht und validiert werden. Sollte die Güte des ML-Vorhersagemodells nicht ausreichend sein oder neue Trainingsdaten zur Verfügung stehen, wird über die MLOps-Pipeline automatisch ein neuer ML-Entwicklungs- und Testzyklus eingeleitet.

6.4.5 Das »Big Picture« als Referenzarchitektur für ein modernes Lake House

Abbildung 6–10 zeigt eine Beispielarchitektur eines Lake House anhand von Google Cloud Data Services.

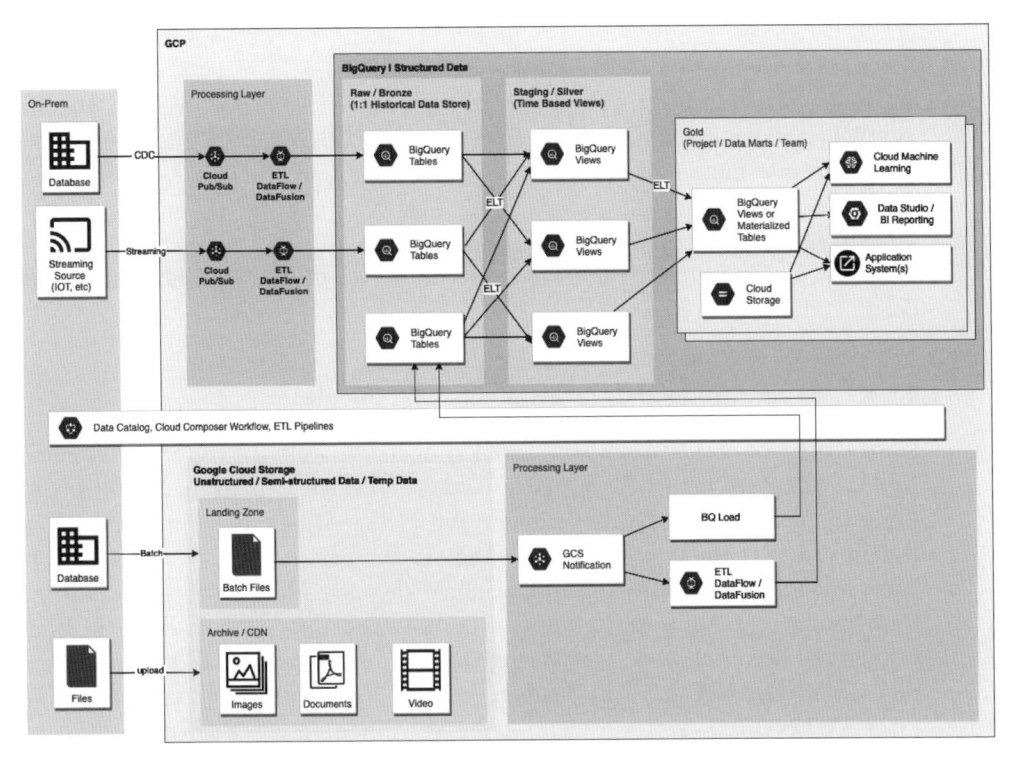

Abb. 6-10 Beispiel einer Referenzarchitektur unter Verwendung von Google Cloud Data Services
(Quelle: Google Cloud)

Der obere Teil speichert strukturierte Daten in BigQuery (BQ) ab. Unstrukturierte Daten werden zunächst in Google Cloud Storage abgelegt. Diese unstrukturierten Daten werden über »BQ Load« ebenfalls in BigQuery abgespeichert. Von dieser zentralen Stelle können Daten über alle möglichen APIs, Schnittstellen und BI-Tools analysiert und für Machine Learning verwendet werden.

Eine Option der Modellierung innerhalb von BigQuery ist, die verschiedenen klassischen Stages eines Data Warehouse (Raw, Staging, Business Core, Information Marts bzw. Bronze, Silver, Gold) flexibel mit Views zu realisieren, ohne die Daten mehrmals redundant in den Stages zu persistieren. Die Views berechnen die Business- und Mart-Schichten dann jeweils neu und in Echtzeit unter Nutzung der enormen Performance von BigQuery.

Zusammenfassend bleibt festzuhalten, dass das Lake-House-Modell das Beste aus beiden Welten verspricht, indem es klassische BI-Technologien für Analytik mit Technologien für Data Science und Machine Learning verbindet. Ein Lake House hat damit den enormen Vorteil, als wirklich zentrale Plattform alle Daten an einer einzigen Stelle zu speichern, zu managen und auch zu schützen. Data Governance ist an einer zentralen Stelle koordinierbar, KPIs werden immer gleich berechnet, es gibt keine »Schatten-BI« mehr, die sich aus verschiedenen Systemen bedienen muss und zu Inkonsistenzen führt.

Eine Lake-House-Plattform hat jedoch dieselben Herausforderungen wie die alte Welt, die bei der Konzeption von Anfang an berücksichtigt werden müssen. Diese zentrale Lake-House-Plattform ist der Unterbau für Konzepte wie Data Mesh und Self-Service-BI, vor allem für eine Nutzung der Daten aller unterschiedlichen Use Cases und zugänglich für alle Teams des Unternehmens. Diese Plattform kann somit als Enabler einer »Data Driven Company« verstanden werden.

6.4.6 Betrieb produktiver Anwendungen mit Google

Google betreibt eine Vielzahl von Applikationen, die weltweit von mehr als einer Milliarde Nutzer täglich verwendet werden. Über viele Jahre hat Google die Erfahrungen, wie man Applikationen auf diesen Skalen betreibt, unter dem Begriff »Site Reliability Engineering« (SRE) zusammengefasst [Beyer et al. 2016]. Auch wenn die eigene BIA-Anwendung einen kleineren Nutzerkreis haben dürfte, so profitiert jede Anwendung von den grundlegenden Gedanken des SRE. Dies beginnt mit der Festlegung, was Verfügbarkeit im Kontext einer BIA-Applikation für welche Geschäftsbereiche bedeutet. Sowohl die Festlegung von Metriken (»Service Level Indicators«, SLIs) und die Vereinbarung von Zielwerten für jede Metrik (»Service Level Objectives«, SLOs) als auch deren kontinuierliche Erfassung sind ein wichtiger Teil von SRE, da diese eine Objektivierung der Priorisierung von neuen Features vs. Stabilität einer Applikation ermöglichen.

Ein hoher Grad von Automatisierung von Prozessen rund um die Wartung von Applikationen ist ein weiterer wichtiger Aspekt. Arbeitsschritte, für die keine menschliche Entscheidungskompetenz vonnöten ist, sollten der Maschine überlassen werden. Wesentlich ist ebenfalls die Kultur der detaillierten Analyse und Dokumentation im Fehlerfall. Eine detaillierte Erfassung der zeitlichen Abläufe vor und nach einem Fehler führen zu den wahren Ursachen, die dann grundsätzlich beseitigt werden können. Dies setzt eine vertrauensvolle Arbeitsumgebung über Teamgrenzen hinweg voraus. Weitere Bereiche des SRE sind das (Last-)Testen von Anwendungen, die Erstellung und der Betrieb von Datenverarbeitungsprozessen und – ganz wichtig – Aspekte des Change Management. Denn SRE ist auch eine Grundeinstellung eines Unternehmens im Hinblick auf die Bereitstellung von Softwarelösungen. Und dies betrifft viele, wenn nicht alle Unternehmensbereiche und -prozesse und definitiv nicht nur die IT oder gar nur DevOps-Teams. Dementsprechend kann man SRE nicht über Nacht anschalten. Vielmehr ist es ein (Lern-)Prozess in jedem Unternehmen, das Lösungen anbietet und betreibt.

6.5 Fazit und Ausblick

Googles Kerngeschäft basiert auf der Analyse gigantischer Datenmengen, zu dessen Zweck das Unternehmen im Laufe der vergangenen 20 Jahre diverse neue Technologien entwickelt hat. Google hat dabei frühzeitig die Herausforderungen großer Business-Intelligence-Landschaften durchlebt, zu denen u. a. Kapazitätslimitierungen der Architektur, die Entstehung von Datensilos, mangelhafte Datenqualität und die Governance der Daten gehörten.

Mit der stetig zunehmenden Geschwindigkeit des Wandels verschiedener Industrien ist auch die Notwendigkeit flexibler Architekturen gewachsen. Cloud bietet hier nicht nur technologisch neue Möglichkeiten, auch der Shift vom klassischen Budgetprozess hin zum aktiven Kostenmonitoring samt einem grundlegend neuen Prozessverständnis hilft Unternehmen, kürzere ROIs zu realisieren. Der Ansatz eines zentralen »BI-Teams«, das mit Anforderungen überflutet wird und eigentlich mehr Zeit in Abstimmungstreffen verbringt, als Datenverarbeitungsprozesse und Dashboards umzusetzen, ist obsolet. Die zentrale IT-Abteilung sollte nach ihrem neuen Verständnis, Vorlagen und Vorgehensweisen erarbeiten und diese Blaupausen aktiv in die Organisation tragen. Eine konkrete Umsetzung obliegt dann den einzelnen Fachbereichen. Damit hält der Paradigmenwechsel, der durch die Einführung von Microservices begonnen hat und durch Cloud-Services stetig voranschreitet, auch im Umfeld von Business Intelligence und Datenanalyse Einzug. Darüber hinaus ermöglicht die Konvergenz von SQL und KI/ML neue Möglichkeiten, altbekannte Analyseverfahren intelligent zu erweitern.

Einher geht dies mit der Einführung moderner Ansätze und neuer Konzepte, von denen Data Mesh und Lake House zwei prominente Vertreter sind. Data Mesh ist ein Architekturparadigma, in dem domänenorientierte und autonome Teams eine »Data Economy« bilden und Daten als Produkte nutzen. Dieses Prinzip verfolgt Google unter dem Stichwort »ZeroOps«, was nicht nur eine serverlose Datenanalyse ermöglicht, sondern gleichermaßen auch die gemeinsame Nutzung der (Daten-)Ressourcen.

Das Lake House gilt als der nächste Schritt in der Evolution der Data Lakes, für die Unternehmen in der Regel unterschiedliche Use Cases anhand mehrerer Daten-Repositories parallel etabliert haben. Die Konvergenz von Data Lakes und Data Warehouses versucht eine neue, flexible Architektur mitsamt den besten Funktionen beider Welten zu etablieren und wird als Lake House bezeichnet. Die Implementierung von ETL/ELT, Datenmodellen und Data Governance sowie Zugriffsrechten erfolgt wie in einem Data Warehouse, was Konsistenz und Datenqualität sowie Zugriffsschutz garantiert. Technologisch basiert ein Lake House auf den altbekannten Anforderungen hinsichtlich eines hochperformanten und flexiblen Speichers. State of the Art ist der kostengünstige Betrieb eines Lake House in der Cloud, um insbesondere große unstrukturierte Datenmengen mit flexibler Skalierung und Hochverfügbarkeit zu gewährleisten.

Wie auch schon beim Data-Mesh-Ansatz verfolgt Google bei dem Lake House das Prinzip des Aufbaus einer universellen Datenplattform mit standardisierten Zugriffsmöglichkeiten und entkoppelter Compute- zu Storage-Ebene für eine unlimitierte Skalierung. Datensilos gehören damit der Vergangenheit an. Diese zentrale Datenplattform ist auch das Fundament und eine der Grundvoraussetzungen für die erfolgreiche Anwendung von KI/ML-Technologie. Seit ca. 2017 wird Googles ML- und KI-Technologie über die Google Cloud durch unterschiedliche Services Nutzern zur Verfügung gestellt. Die grundlegende Philosophie dabei ist, passende ML- und KI-Services für jeden Nutzer gemäß seinen Kompetenzen und Fähigkeiten anzubieten – von vorgefertigten KI-Lösungen bis hin zu KI-optimierter Infrastruktur. Dadurch wird der Zugang zu KI/ML-Technologie Nutzern mit unterschiedlichsten Fähigkeiten, von Software Developers bis hin zu ML Engineers, ermöglicht. Man bezeichnet dies als Demokratisierung von KI/ML.

Der Einstieg respektive der Umstieg in die Nutzung der Public Cloud als Standard für BIA-Anwendungen setzt lediglich ein Übersichtswissen über die Google-Cloud-Plattform und die darin enthaltenen Services voraus. Aus- und Weiterbildung der Teams ist hier, wie auch bei anderen Themen, ein essenzieller Faktor für den Erfolg und auch ein motivierendes Element für die Menschen im Unternehmen. Darüber hinaus sollten frühzeitig Grundprinzipien für die Nutzung der Cloud festgelegt und gelebt werden (z.B. Managed Services als Standard). Diese Prinzipien ermöglichen es, Blaupausen zu erstellen (IaC), auf die Teams zurückgreifen können. Auch müssen Prozesse im Unternehmen an die Cloud angepasst werden, um alle Vorteile nutzen zu können. Hier sollte verstärkt auf die Kompetenz der Menschen gesetzt werden. Die Kultur des »Ausprobierens« in einem definierten Rahmenwerk sollte der Standard sein, denn kreative Köpfe gibt es in jedem Unternehmen – manchmal in Bereichen, wo man sie nicht vermutet. Die Cloud ermöglicht es, diese Fähigkeiten der Menschen sichtbar werden zu lassen. Google Cloud unterstützt daher nicht nur bei der Einführung neuer Technologien, sondern insbesondere auch bei der kulturellen Transformation durch einen Know-how-Transfer von »Googles Culture of Engineering«.

7 Die Modern-Data-Warehouse-Architektur von Microsoft

Fabian Jogschies[1]

Microsoft bietet mit seiner modernen Datenservice-Landschaft das grundlegende Fundament für ein Modern Data Warehouse (MDWH). Die hier dargestellte Lambda-Architektur dient im Verlauf als Gerüst, um die verschiedenen Disziplinen und Services sowie die Funktionalitäten zu beschreiben. In diesem Beitrag bekommen Sie somit einen Überblick über den Modern Data Estate von Microsoft Azure mit dem Fokus auf moderne analytische Datenarchitekturen. Azure bietet Stand 2021 über 40 verschiedene Services im Data-Bereich an, deswegen wurde an dieser Stelle eine Auswahl der für diesen Überblick relevantesten Services getroffen. Hier ist zu beachten, dass je nach Anforderungen weitere Services in den Fokus gezogen werden können. Diese Übersicht kann nicht jede Komponente in gebührendem Tiefgang beschreiben und dient daher nur einleitend für weitere Recherchen.

7.1 Datenablage mit Azure Data Lake Storage Gen2

Azure Data Lake Storage Gen2 stellt ein webbasiertes HDFS-File-System dar, das auf hohe Skalierbarkeit und Kosteneffizienz ausgelegt ist. In der MDWH-Architektur von Microsoft dient diese Komponente als Basis für die weitere Verarbeitung und Persistierung im Bereich von BI & Analytics-Architekturen.

Volume – Größe

- **Unbegrenzte Datenmengen:** Azure Storage ist unabhängig davon skalierbar, ob der Zugriff über Schnittstellen des Data Lake Storage Gen2 oder des BLOB Storage erfolgt. Die Lösung ist in der Lage, Exabyte an Daten zu spei-

---

1. Dieses Kapitel gibt ausschließlich die persönlichen Ansichten, Gedanken und Meinungen von Fabian Jogschies wieder und sind weder für die Microsoft Corporation noch eine ihrer Tochtergesellschaften bindend. Die hierin enthaltenen Informationen dienen nur zu Informationszwecken und stellen nicht die aktuelle Meinung der Microsoft Corporation oder eines mit Microsoft verbundenen Unternehmens dar.

chern und zu verwalten. Darüber hinaus ist der Service für die Verarbeitung mehrerer Petabytes an Informationen konzipiert.

Volume – Anzahl

- Ein wesentlicher Bestandteil von Data Lake Storage Gen2 ist das Hinzufügen eines hierarchischen Namespace zum BLOB-Speicher. Der hierarchische Namespace organisiert dabei Objekte/Dateien in einer Hierarchie von Verzeichnissen für den effizienten Datenzugriff.
- Performance-Gewinne zeigen sich insbesondere bei Operationen auf einer Teilmenge einer insgesamt großen Anzahl von Dateien.
- Auch Vorgänge wie das Umbenennen oder Löschen eines Verzeichnisses werden zu einzelnen atomaren Metadatenvorgängen im Verzeichnis, anstatt alle Objekte aufzuzählen und zu verarbeiten, die das Namenspräfix des Verzeichnisses gemeinsam haben.

Velocity – Stream Integration

- Integration mit Event Hub (Capture Feature) für die Langzeitspeicherung von Events
- Persistenzschicht für Streaming-Daten aus Spark oder Azure-nativen Diensten (Azure Stream Analytics)

Variety – Formate

- Data Lake Gen2 basiert auf einem kostengünstigen BLOB-Speicher (Binary Large Objects). Beliebige Datenformate werden unterstützt.

Sicherheit

- **Rollenbasierte Zugriffsregeln** auf High-Level-Containern und detaillierte Zugriffssteuerung auf Verzeichnissen und Dateien basierend auf POSIX-Berechtigungen (Access Control Lists, ACLs) und Azure Active Directory. Die Einstellungen können über den Storage-Explorer oder Frameworks wie Hive und Spark konfiguriert werden.
- **Mehrschichtige Schutzmechanismen** für Datenzugriff, Verschlüsselung und Steuerung auf Netzwerkebene.

Zuverlässigkeit

- **Datendauerhaftigkeit** von geschriebenen Daten bei 99,99 % (16 Neunen) mit automatischer Georeplikation.
- **Built-in-Hochverfügbarkeit** und **Disaster Recovery**

Auto-Kostenoptimierung

- Data Lake Storage Gen2 bietet kostengünstige BLOB-Speicherkapazität und -transaktionen.
- **Kostenoptimierung** durch die unabhängige Skalierung von Speicher- und Compute-Ressourcen, Verwaltung und automatisierte Anwendung von Lebenszyklusrichtlinien und Tiering auf Objektebene je nach Zugriffsfrequenz: Das heißt, wann liegen die Daten in der »Hot«-, »Cold«- oder »Archive«-Zugriffsebene?

Exploration

- Storage-Explorer im Web und als Desktop Tooling.
- Datenexplorer in Azure Synapse Analytics (Workspace).

Der Azure Data Lake Gen2 dient im Modern Data Warehouse als Basis-Persistenzlayer. Er bietet die Möglichkeit, kosten- sowie leistungsoptimiert Daten in einer beliebigen Varianz zu speichern und unter Anforderungen wie High Availability und High Concurrency zur Verfügung zu stellen (vgl. Abb. 7–1).

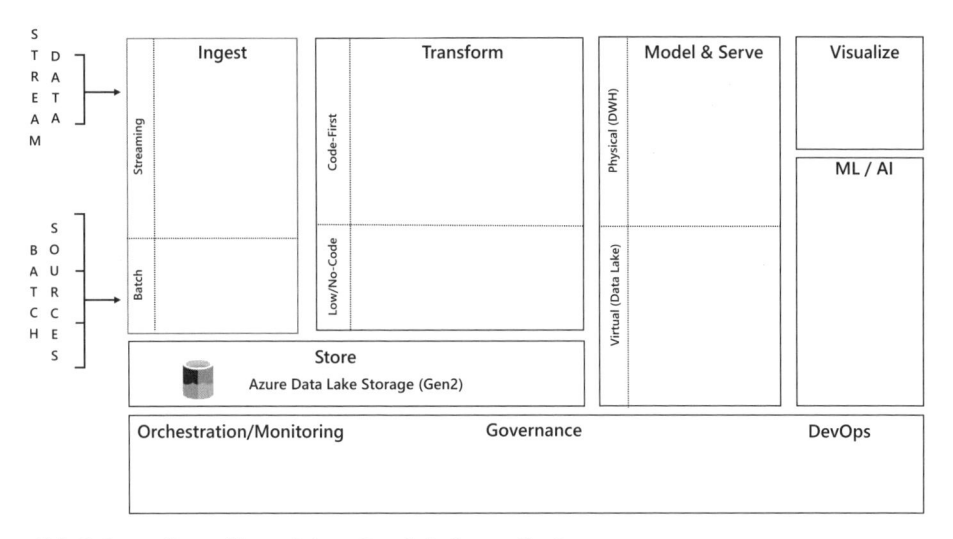

Abb. 7–1 *Datenablage mit Azure Data Lake Storage Gen2*

Eventaufnahme mit Event Hub und IoT Hub

Azure bietet die Möglichkeit, Streaming-Lösungen über zwei verschiedene Arten von Hubs zu implementieren, den Event Hub sowie den IoT Hub. Beide Technologien zielen auf Anforderungen an kurze Latenzen bei der Datenverarbeitung ab (vgl. Abb. 7–2).

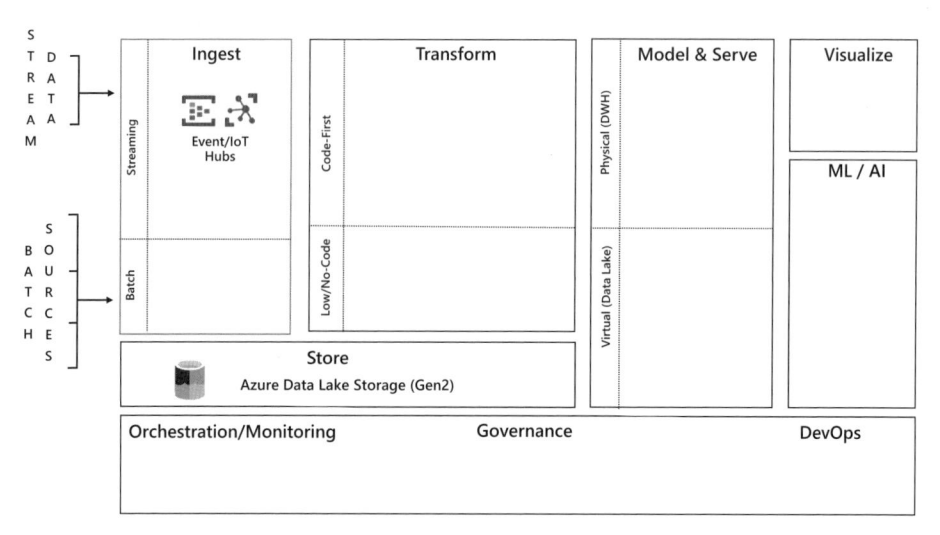

Abb. 7–2 Eventaufnahme mit Event Hub und IoT Hub

Der IoT Hub wurde speziell entwickelt, um die Anforderungen bei der Verbindung von IoT-Geräten mit der Azure Cloud zu erfüllen. Er dient somit als Gateway, um Daten aus IoT-Geräten zu sammeln und in der Cloud weiter zu verarbeiten. Darüber hinaus ermöglicht der IoT Hub gegenüber dem Event Hub eine bidirektionale Kommunikation mit den IoT-Endgeräten (vgl. Tab. 7–1).

Funktion	IoT Hub Standardtarif	Event Hubs
Nachrichten, die von Geräten an die Cloud gesendet werden	Ja	Ja
Protokolle: HTTPS, AMQP, AMQP über WebSockets	Ja	Ja
Protokolle: MQTT, MQTT über WebSockets	Ja	
Gerätebasierte Identität	Ja	
Datei-Upload von Geräten	Ja	
Device Provisioning Service	Ja	
Senden von Nachrichten aus der Cloud an Geräte	Ja	
Gerätezwillinge und Geräteverwaltung	Ja	
Gerätestreams (Vorschau)	Ja	
IoT Edge	Ja	

Tab. 7–1 Event Hub vs. IoT Hub

Bei Azure Event Hubs handelt es sich um eine Big-Data-Streaming-Plattform und einen Eventerfassungsdienst, die sich durch ein sehr einfaches Deployment und die dazugehörige Konfiguration auszeichnen.

Millionen von Ereignissen pro Sekunde erfassen (nahezu in Echtzeit)

- Erfasst kontinuierlich eingehende Daten aus Hunderttausenden von Quellen/Devices – mit geringer Latenz und konfigurierbarer Aufbewahrungsdauer.
- Hinzufügen von Quellen/Devices mit flexibler Autorisierung und Drosselung.

Einfach mit dem Apache Kafka-Ökosystem verbinden

- Nahtlose Verbindung mit Kafka-Anwendungen und -Clients durch Azure Event Hubs für Apache Kafka® und die Unterstützung der entsprechenden APIs.
- Unterstützt Daten aus beliebigen Quellen und erlaubt die plattformübergreifende Entwicklung mit Unterstützung gängiger Protokolle wie AMQP, HTTPS und Apache Kafka / Client-Bibliotheken.

Echtzeit- und Microbatch-Verarbeitung zugleich aktivieren

- Nahtloses Senden von Daten an BLOB Storage oder Data Lake Storage zur Langzeitaufbewahrung oder Microbatch-Verarbeitung mit Event Hub Capture ohne separate Stream-Verarbeitung zu diesem Zweck.

Verwalteter Dienst mit elastischer Skalierung

- Niedriger Instandhaltungsaufwand und mühelose Skalierung, wenn statt Megabytes Terabytes von Daten gestreamt werden. Dabei kann Zeitpunkt und Umfang der Skalierung bestimmt werden.

Sicherheit

- Event Hub verfügt über folgende Zertifizierungen: CSA STAR, ISO, SOC, GxP, HIPAA, HITRUST und PCI.

Partitionierung von einkommenden Events anhand von Partition Keys und Verteilung der Events an erweiterbare Konsumentengruppen.

Integrationen mit weiteren Cloud-Diensten wie z. B. für Monitoring-Events und deren Handling sowie Azure Functions.

7.2 Data Ingest und Orchestrierung

Für das Quelldaten-Onboarding, die Orchestrierung externer Workloads sowie für Low-/No-Code-Datentransformationen kann Azure Data Factory verwendet werden. Der Funktionsumfang von Azure Data Factory ist auch eine der vier Komponenten des integrativen Dienstes Azure Synapse Analytics. Sowohl die im weiteren Verlauf folgenden Synapse Pipelines als auch die Data Factory teilen sich die gleiche Codebasis, daraus resultierend ist eine Feature-Parität der beiden Funktionalitäten gegeben (vgl. Abb. 7–3).

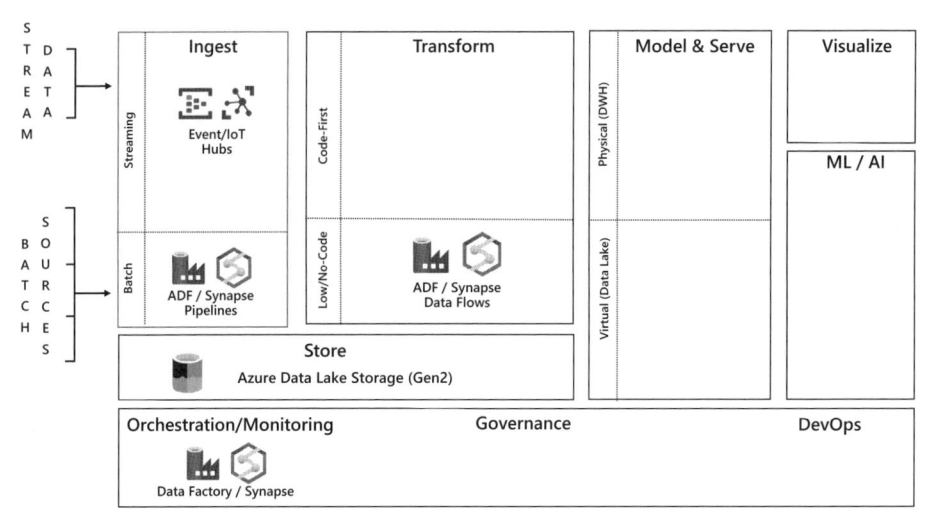

Abb. 7–3 *Data Ingest und Orchestrierung*

Beide Dienste, Azure Data Factory und Azure Synapse Analytics, das im weiteren Verlauf dieses Kapitels beschrieben wird, können als gleich betrachtet werden und teilen sich die folgende Beschreibung der Funktionalitäten.

Mächtigkeit: Data Onboarding, Transformation, Orchestrierung und Monitoring

- Ganz einfach Daten von mehr als 90 nativen Konnektoren (Quellsystemen) erfassen.
- Orchestrieren und Überwachen (integriertes Monitoring) at Scale für Data Ingest, Datentransformation, Schreiboperationen, Datenkopie und Lookup.
- Neben den Code-free Data Flows auch Integrationen für den Aufruf von externem Compute für Modell-Trainings, Batch-Inferencing oder Transformationen mittels (u. a.) Spark, Azure Machine Learning oder SQL Stored Procedures.
- Für Pipelines gibt es diverse Trigger und Scheduling-Möglichkeiten.

Einfache Nutzbarkeit und Flexibilität

- Erstellen von Data Onboarding Pipelines ohne Code. In wenigen Schritten zusätzlich auch in einem Explorer erstellbar.

- Gesamte Pipelines und auch Transformationsschritte (ETL/ELT) können codefrei entwickelt werden.
- Für die Transformation (Data Flows) können Mapping Data Flows oder Wrangling Data Flows verwendet werden. Beides sind Code-free-/Low-Code-Optionen. Die Daten können dabei gezeigt werden. Die beiden Data-Flow-Optionen empfehlen sich auch für Fachanwender.
- Es können aber auch Code-First-Transformationsschritte ausgeführt werden (z. B. durch das Aufrufen von Custom Code auf einer externen Spark-Engine).
- Es steht ein Katalog von Beispiel-Pipelines zur Verfügung, aus dem für eine weitere Beschleunigung der Entwicklung Pipelines ausgewählt und auf Basis derer Anpassungen vorgenommen werden können.

Kollaboration

- Für das gemeinsame Arbeiten und die Änderungshistorie sowie für das Staging von Data Pipelines (z. B. DEV, TEST, PROD) wird eine Git-Integration angeboten.

Integrationen für Governance und Security

- Durch den Einsatz von Azure Purview, den Data Governance Service, der im Verlauf des Kapitels noch beschrieben wird, wird Data Lineage durch die Integrationen mit Azure Data Factory / Synapse Pipelines unterstützt. Die Lineage in Data Flows kann bis auf Spaltenebene und über verschiedene Speicherdienste hinweg nachvollzogen werden.
- Unter anderem wird eine Hardware-Security-Module-(HSM-)Integration (Azure Key Vault) angeboten. Diese dient zum Beziehen von Datenquellen/-senken-Credentials.

7.3 Transformation, Serving und ML mit Azure Synapse Analytics

Azure Synapse Analytics ist das aktuelle Flagschiff des Microsoft Azure Data Estate und bildet eine zentrische Basis, um das moderne Data Warehouse in der Cloud abbilden zu können. Synapse Analytics hat den Anspruch, allen Beteiligten und notwendigen Personen zu ermöglichen, das Beste aus den Unternehmensdaten zu gewinnen und diese effizient zu verwenden.

Wie in Abbildung 7–4 zu sehen, bietet Synapse Analytics die Möglichkeit, einen Großteil der geforderten Funktionalitäten im Bereich Cloud Warehousing abzubilden, und verbindet so die Disziplinen von Data Engineering über Data Science bis Data Analyze sowie Visualize (in Verbindung mit Power BI).

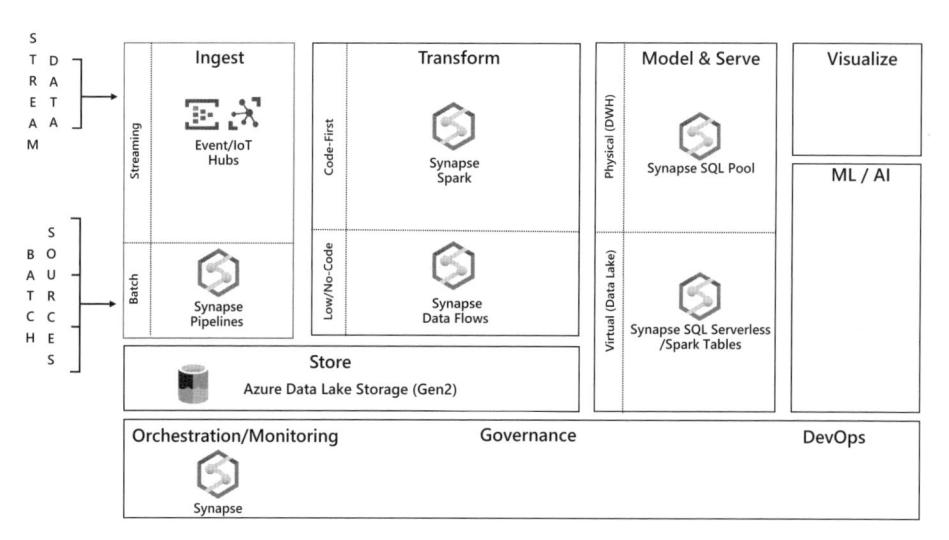

Abb. 7–4   *Azure Synapse Analytics*

Neben den beschriebenen Synapse Pipelines, die beim Data Ingest und der Orchestrierung unterstützen, bietet Synapse Analytics weiterführende Funktionen im Bereich Transform und Serve.

Mit Apache Spark-Pools beherrscht es die Code-First-Datentransformation für Streaming und Batch Use Cases sowie einfache Data Lake Exploration und das Serving mittels Tabellen in Spark. Spark-Abfragen auf Dateien sind mit wenigen Klicks erstellt. Für das Streaming wird z.B. Apache Spark Structured Streaming verwendet und die Events aus dem Event Hub verarbeitet. Für die Batch-Daten wird aus Spark insbesondere auf Azure Data Lake Storage Gen2 zugegriffen. Es handelt sich um eine Trennung von Storage- und Compute-Ressourcen.

Mit SQL-Pools und SQL On-Demand deckt Synapse zusätzlich Code-First-T-SQL-basierte Datentransformationen, einfache Data Lake Exploration sowie das Serving aus physischen SQL-Tabellen heraus ab. SQL-Pools, die mit einer Auto-Pause-Funktion kommen, stehen hier für die aus der Vergangenheit bereits bekannten physikalischen Warehouses und Tabellen, die aus dem Data Lake Gen2 über die Synapse Pipelines beladen werden können. Die Innovation, die hier mit Synapse Analytics vorgestellt wird, dreht sich um SQL On-Demand. Die Daten können bei On-Demand SQL aus dem Data Lake Gen2 gelesen, verarbeitet und transformiert werden. Hier ergibt sich die Möglichkeit, neben physikalischen Tabellen auch logische Konstrukte zu erstellen und für die Datenanalyse oder Visualisierung zu verwenden. Hierbei werden die Daten nicht wie bei den SQL-Pools erneut persistiert, sondern sie existieren nur in logischer Form auf Basis der Daten im Data Lake Gen2.

Des Weiteren gibt es in Synapse Analytics Integrationen mit Azure Machine Learning sowie Power BI. Auch Tableau unterstützt Azure-Dienste wie Azure Synapse Analytics und Azure SQL Database. Zuletzt wird Synapse durch die

Integration mit Azure Purview (Azure Data Governance) ein zentraler Bestandteil des Datenmanagementkonzeptes. Hier besteht die Möglichkeit, Daten in ihrem ganzheitlichen Data Estate direkt über Synapse zu suchen und durch wenige Klicks direkt anzubinden. Im Folgenden werden die zentralen Bestandteile sowie Innovationen von Synapse beschrieben.

Synapse Pipelines

- Synapse beherrscht das hybride Batch-Daten-Onboarding, Low-/No-Code-Datentransformation sowie Orchestrierung und Monitoring.

Spark

- Fest integriertes Apache Spark
- Über die Low-/No-Code-Datentransformation und ETL/ELT-Orchestrierung hinaus kommt Azure Synapse mit einer nativen Code-Centric-Spark-Integration.

SQL Analytics

- Umfassende T-SQL-basierte Analyse. Sowohl physisch (SQL-Tabellen) als auch on demand (auf Dateien im Data Lake).
- Massiv-paralleles Data Warehousing mit einer Kombination aus SQL On-Demand sowie provisioniertem Compute.

Studio

- Vereinheitlichte Oberfläche
- Azure Synapse Studio bietet eine vereinheitlichte Arbeitsumgebung für Datenvorverarbeitung, Datenmanagement, Data Warehousing, Big Data und KI-Aufgaben.
    - Exploration: Datenquellen wie Data Lakes Storages und Datenbanken
    - Entwicklung: Spark-Jobs, Notebooks, SQL-Scripts und Data Flows
    - Integration: Data Catalog, Data Lineage
    - Monitoring: Pipelines und Trigger, Spark-Applikationen und SQL-Abfragen
    - Manage: Apache Spark-Pools, SQL-Pools, Linked Services, Trigger etc.
    - Visualisierung: mit Power BI in kürzester Zeit Dashboards umsetzen

Wahl der Programmiersprache

- Verwendung der bevorzugten Sprachen, einschließlich T-SQL, Python, Scala, Spark SQL und .NET, für serverlose und bereitgestellte Compute-Ressourcen.

Lake House

- Fest integrierte Apache Spark- und SQL-Engines
- Verbesserung der Zusammenarbeit zwischen Datenexperten, die an erweiterten Analyselösungen arbeiten. Problemlose Verwendung von T-SQL-Abfragen für das Data Warehouse sowie die integrierte Spark-Engine.

Spark

- Stream-Analyse z.B. mittels Spark Structured Streaming. Spark Structured Streaming ist eine Apache-API, die es erlaubt, Berechnungen auf Datenstreams so zu definieren wie in der Batch-Verarbeitung statischer Daten.
- Batch-Transformationen werden in Synapse Spark ebenfalls unterstützt. Zur Ausführung dienen Spark-Pools.
- Die Spark-Cluster arbeiten mit FPGA sowie mit optimierten und für FPGA kompilierte Spark Libraries für eine Best-in-Class-Performance.
- Schneller Start und Auto-Scaling werden ebenfalls unterstützt.
- Integrierte Security und Sign-on

Data Lake- und Datenbank-Exploration

- Verbinden und Einsehen diverser Data Stores wie Data Lakes und Cosmos DB.
- Integration relationaler und nicht relationaler Daten, Ad-hoc-Abfragegenerierung und -ausführung auf Dateien im Data Lake mittels SQL.
- Auch für Spark können Abfragen auf Files direkt via Klick auf die Files im Data Lake erzeugt werden.
- SQL Serverless erlaubt ein logisches Data Warehouse auf Azure Data Lake.
- Darüber hinaus synchronisiert SQL Serverless automatisch Spark-Tabellen.

Data Warehousing mit leistungsstarker SQL-Engine

- Für missions-kritische Workloads können Nutzer die Performance mittels intelligenten Workload-Managements, Workload-Isolation sowie uneingeschränkter Parallelität einfach optimieren und priorisieren.

Branchenführende Verwaltung und Sicherheit

- Verwendung integrierter Features, um sicherzustellen, dass Daten und Prozesse nur von Personen mit autorisiertem Zugriff eingesehen werden können.
- Schutz der Daten mit den fortschrittlichsten Sicherheits- und Datenschutzfunktionen wie z.B. Sicherheit auf Spalten- und Zeilenebene sowie dynamischer Datenmaskierung.

- Automatisierte Gefahrenerkennung sowie eine »Always On«-Datenverschlüsselung. Auch lässt sich der Dienst zuverlässig (netzwerk- und identitätsseitig) vor externen Zugriffen schützen.

Integrierte KI und BI sowie transaktionale NoSQL Stores für Analytics

- Wahlweise Vervollständigung von End-to-End-Analyselösungen durch die nahtlose Integration von Azure Machine Learning und Power BI.
- So können schnell Einblicke aus allen Datenquellen, Data Warehouses und Big-Data-Analytics-Systemen gewonnen werden.
- Machine Learning wird sowohl via Spark MLlib als auch über die Integration mit Azure ML unterstützt.
- Synapse Link erlaubt zudem den Zugriff auf einen analytischen Columnstore, der in einer transaktionalen Cosmos DB automatisch im Hintergrund synchronisiert wird. Dies ermöglicht analytische Auswertungen auf transaktionalen Daten ohne Performance-Implikationen für das transaktionale System.

Delta-Lake-Format wird ebenfalls in Synapse Spark unterstützt.

- Zuverlässigere und skalierbarere Gestaltung von Data Lakes durch die Verwendung einer Open-Source-Speicherschicht, die für den gesamten Datenlebenszyklus konzipiert ist.
- Delta ist ein Datenformat und wird wie andere Daten in einem Azure Data Lake gespeichert.
- Alle Daten im Delta Lake werden im Apache Parquet-Format gespeichert. Dies ermöglicht dem Delta Lake eine effiziente Kompression und Encoding-Schemas. Folgende Vorteile ergeben sich u.a. durch die Verwendung von Delta:
  - ACID-Transaktionen
  - Time Travel (Datenversionsverwaltung)
  - Audit History

Synapse Analytics Spark Machine Learning

Zuletzt unterstützt auch Azure Synapse Analytics Machine Learning. Hierzu kann die bekannte Spark MLlib verwendet werden, die nativ von Synapse Spark unterstützt wird. Im weiteren Fokus liegt hier die Integration mit dem Azure Machine Learning Service, der in Abschnitt 7.5.1 noch beschrieben wird. Diese Integration spielt ihre Stärke gerade in der Historisierung von Datasets und Modellversionen aus, aber auch um alle Skill Level im Bereich Data Science zu adressieren.

7.4 Transformation, Serving und ML mit Azure Databricks

Azure Databricks ist eine Spark-basierte Analyseplattform von den Machern von Spark. Aufbauend auf das Framework hat Databricks eine Umgebung implementiert, die durch einen interaktiven Arbeitsbereich die Zusammenarbeit zwischen Data Engineers, Data Scientists und Machine-Learning-Technikern verbessert. Wie auch bei Synapse Analytics zu sehen, deckt Azure Databricks einen weiteren Scope an Funktionalitäten in der gegebenen Architektur ab (vgl. Abb. 7–5).

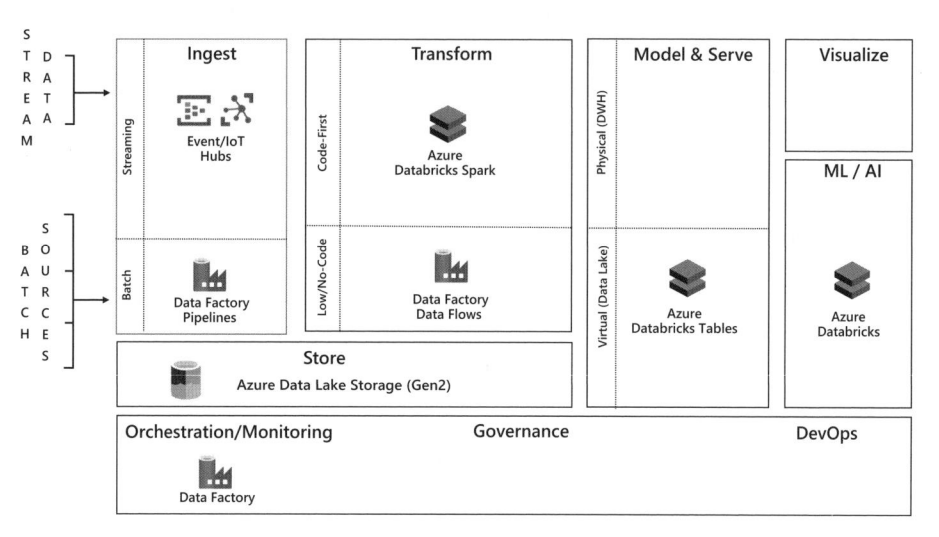

Abb. 7–5 *Azure Databricks*

Für eine Big-Data-Pipeline werden Rohdaten oder strukturierte Daten in Batches über Azure Data Factory in Azure erfasst oder mithilfe von Apache Kafka oder Event Hub nahezu in Echtzeit gestreamt. Diese Daten werden langfristig in einem Azure Data Lake persistiert. Mit Databricks können auch direkt Verbindungen mit einer ebenfalls großen Auswahl an Datenquellen zum Onboarding hergestellt werden. Aufgrund der umfangreicheren Scheduling- und Orchestrierungsoptionen sowie der mehr als 90 unterstützten Konnektoren ist in diesem Kontext die Azure Data Factory als ganzheitliche Orchestrierung vorzuziehen.

Durch den Einsatz von Azure Databricks können Code-First-Transformationen sowie Modellierung und Serving (wie bei Synapse Analytics) mittels Spark umgesetzt werden. Azure Databricks unterstützt auch Machine Learning mit einem breiten Spektrum an Frameworks durch die Möglichkeiten der Integration von Spark MLlib, PyTorch, TensorFlow und scikit-learn. Zudem stellt Databricks ein verwaltetes MLflow zum Experiment-Tracking und zur Modellregistrierung bereit. Es kann aber auch entschieden werden, die Modellregistrierung aus Databricks heraus mittels MLflow API mit Azure Machine Learning zentral vorzunehmen.

Generelle Features sowie ETL/ELT

Zuverlässige, verwaltete (managed) Datentechnik

- Umfangreiche Datenverarbeitung für Batch- und Streaming-Workloads
- Cluster feingliedrig konfiguriert für beste Zuverlässigkeit und Performance. Kein Cluster-Monitoring nötig

Open-Source-basierte Stream- und Batch-Verarbeitung

- Schnelle, optimierte Apache Spark-Umgebung und verbessertes Caching

Auswahl von Programmier-/Abfragesprachen

- Verwendung der bevorzugten Sprachen, einschließlich Python, Scala, R, Spark SQL und .NET, für serverlose oder bereitgestellte Compute-Ressourcen

Optimierte Spark-Engine

- Einfache Datenverarbeitung in einer automatisch skalierenden Infrastruktur. Dank einer hoch optimierten Apache Spark™-Engine kann eine bis zu 50-fache Leistungssteigerung erzielt werden.

Kollaborative Notebooks

- Modelle können gemeinsam mit Tools und Sprachen der Wahl entwickelt werden. Schneller Zugriff auf Daten und deren Analyse zur Informationsgenerierung und -weitergabe.

Einfache Versionskontrolle von Notebooks

- GitHub-, Azure DevOps- oder Bitbucket-Integration

Verwalteter/Managed Delta Lake

- Siehe Abschnitt 7.3

Native Integration mit Azure-Diensten

- Ergänzung von Analyse- und Machine-Learning-Lösungen durch die enge Verzahnung mit Azure-Diensten wie Azure Data Factory, Azure Data Lake Storage, Azure Machine Learning, Azure Synapse Analytics, Azure Cosmos DB und Power BI

Interaktive Arbeitsbereiche

- Nahtlose Zusammenarbeit zwischen Data Scientists, Data Engineers und Business Analysts

Bereit für die Produktion

- Skalierbare Ausführung unternehmenskritischer Daten-Workloads auf einer vertrauenswürdigen Datenplattform, die Integrationen für CI/CD und Monitoring-Lösungen bietet.
- Eigenes Scheduling sowie Integration mit Synapse Pipelines / ADF für wiederholte Ausführungen.

Kosteneffektiv

- Trennung von Compute und Speicher (Databricks-Cluster und Data Lake Storage). Autoskalierung und Autoterminierung von Compute-Clustern für maximale Flexibilität und verbesserte Total Cost of Ownership (TCO)

Sicherheit auf Unternehmensniveau

- Mit den benutzerfreundlichen, nativen Sicherheitsfeatures werden die Daten am Speicherort geschützt, sodass die Arbeitsbereiche für Analysen für Tausende Benutzer und Datasets stets konform, privat und isoliert sind.
- Auch die Compute-Cluster können in privaten Netzwerken erstellt und Data Store Secrets in einem Azure Key Vault gespeichert werden.
- Mittels Use-Identity-Forwarding zum Azure Data Lake kann jeder Nutzer nur auf die für ihn freigegebenen Daten zugreifen.

Zusätzliche Machine-Learning-Features

Kollaborative Data Science

- Einfachere und schnellere Data Science für große Datasets

Machine-Learning-Runtime

- Mit einem Klick kann auf vorkonfigurierte Machine-Learning-Umgebungen zugegriffen werden, um Machine-Learning-Prozesse mit modernen und gängigen Frameworks wie PyTorch, TensorFlow und scikit-learn zu erweitern.

MLflow

- Überwachung und Freigabe von Experimenten, Reproduzierung von Testläufen und gemeinsame Verwaltung von Modellen in einem zentralen Repository.

Azure Machine Learning Integration

- Nutzung komplexer automatisierter Machine-Learning-Funktionen dank des integrierten Dienstes Azure Machine Learning, um schnell geeignete Algorithmen und Hyperparameter zu bestimmen. Vereinfachte Verwaltung, Überwachung und Aktualisierung von Machine-Learning-Modellen.

7.5 Data Lab Toolbox – Machine Learning

7.5.1 Azure Machine Learning (AML)

Hierbei handelt es sich um eine Cloud-basierte Umgebung, die das Trainieren, Bereitstellen, Automatisieren, Verwalten und Nachverfolgen von ML-Modellen unterstützt. Abbildung 7–6 ordnet Azure Machine Learning (AML) in die Referenzarchitektur ein.

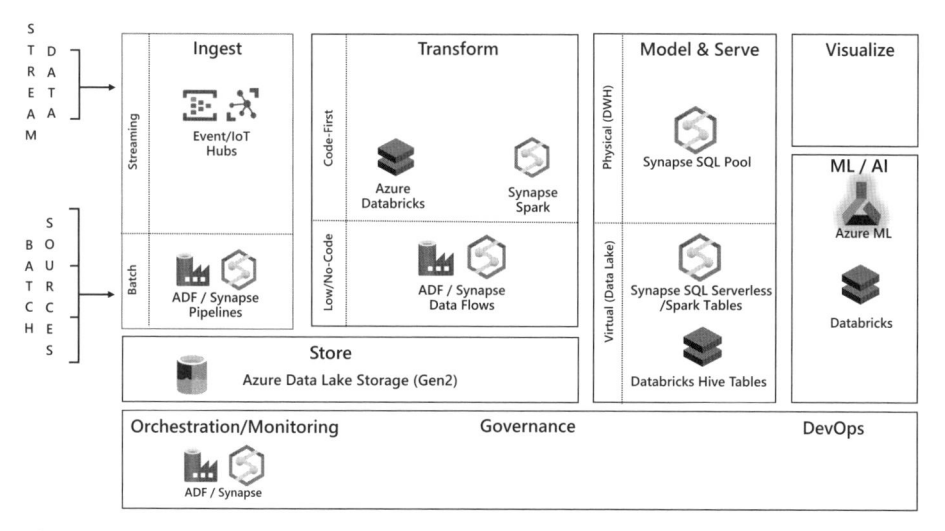

Abb. 7–6 Azure Machine Learning

Datenversorgung

AML unterstützt verschiedene Datenquellen, als Grundlage zur Persistierung der Daten steht hier der Azure Data Lake Gen2 im Fokus.

Deployment & Scheduling für Training und Inference

Machine-Learning-Modelle können mit AutoML, grafischem Designer, R-Studio, JupyterLab oder Konsole/IDE erstellt werden. Dadurch bietet Azure ML die Möglichkeit, auch ohne tiefgehende Erfahrung im Bereich Data Science Machine-Learning-Funktionalitäten zu nutzen. Hier spiegelt sich der rote Faden des Azure-

Zielbildes wider, durch die Entwicklung eines Modern Data Warehouse auch alle Fachbereiche in die Lage zu versetzen, Daten innovativ zu nutzen. Schaut man nun in den codezentrischen Ansatz von Azure Machine Learning, gibt es dort weitreichende Möglichkeiten der Entwicklung. Eigens entwickelte Modelle können auf einem Compute-Cluster per REST-API-Endpunkt verfügbar gemacht und so für Batch-Inferencing genutzt werden. Des Weiteren lassen sich auch automatisierte Re-Trainings in einem Endpunkt veröffentlichen und über Azure DevOps oder Azure Data Factory/Synapse Analytics Pipelines geplant und wiederkehrend ausführen. Für die Entwicklung kann es notwendig sein, auch lokal Skripte und Trainings auszuführen, diese Möglichkeit ist ebenfalls ohne direkte Abhängigkeiten gegeben.

ML für alle Kenntnisstufen

- Produktivität für Mitarbeiter aller Kenntnisstufen: Programmierung mittels integrierter kollaborativer Notebooks, JupyterLab, R-Studio, Konsole oder Remote via SSH. Verwendung des Drag-&-Drop-Designers oder des automatisierten maschinellen Lernens, um die Modellentwicklung zu beschleunigen.

Offen und interoperabel

- Optimale Unterstützung von Open-Source-Frameworks und Sprachen wie MLflow, Kubeflow, ONNX, PyTorch, TensorFlow, Python und R

Kollaborative Notebooks

- Integrierte Jupyter-Notebooks mit Ein-Klick-Bedienung
- Erhöhte Produktivität dank IntelliSense (Autovervollständigung), einfacher Bereitstellung von Rechenleistung und Kernelwechsel sowie der Offlinebearbeitung von Notebooks

Automatisiertes ML

- Erstellung genauer Modelle für die Klassifizierung, Regression und Zeitreihenvorhersage in kurzer Zeit. Nutzung der Interpretierbarkeit von Modellen, um nachzuvollziehen, wie ein Modell erstellt wurde.

Machine Learning per Drag & Drop

- Verwendung des Designers mit Modulen für Datentransformation, Modelltraining und Modellauswertung oder zum Erstellen und Veröffentlichen von ML-Pipelines (z. B. für Re-Trainings und Batch Scoring) mit nur wenigen Klicks

Datenbeschriftung / Labeling

- Nutzung des ML-unterstützten Beschriftungsfeatures, um schnell Daten vorzubereiten, Labeling-Projekte zu verwalten und zu überwachen sowie um wiederkehrende Aufgaben zu automatisieren.

MLOps, Versionierung und Nachverfolgung

- Nutzung der zentralen Registrierung, um Daten, Modelle und Metadaten zu speichern, zu versionieren und nachzuverfolgen. Automatische Erfassung der Datenherkunft und Governance.
- Verwendung von Git zur Nachverfolgung von Codeänderungen. Nutzung von GitHub Actions oder Azure DevOps Pipelines zum Implementieren von Workflows, wie z. B. zum Staging (Release) durch Umgebungen
- Verwaltung, Überwachung und Vergleich von Experiment-Ausführungen

Automatische Skalierung von Compute-Ressourcen

- Nutzung verwalteter Compute-Ressourcen für das Training und zum schnellen Testen, Validieren und Bereitstellen von Modellen. CPU- und GPU-Cluster können für einen Arbeitsbereich freigegeben und automatisch entsprechend den ML-Anforderungen skaliert werden.

Enge Verzahnung mit anderen Azure-Diensten

- Beschleunigung der Produktivität mithilfe der Integration mit Azure-Diensten wie Azure Synapse Analytics, Cognitive Search, Power BI, Azure Data Factory, Azure Data Lake und Azure Databricks

Reinforcement Learning

- Skalierung von Reinforcement Learning (RL) mittels leistungsstarker Compute-Cluster. Zugriff auf Open-Source-RL-Algorithmen, Frameworks und Umgebungen.

Verantwortungsvolles maschinelles Lernen

- Modelltransparenz mithilfe Interpretationsfunktionen beim Training und Herleiten von Rückschlüssen. Bewertung der Modellfairness und Vermeidung von Unfairness mithilfe von Ungleichheitsmetriken. Schutz der Daten mit differenzieller Privatsphäre.

Unternehmenssicherheit

- Mit Funktionen wie der Netzwerkisolation und Private Link (private IP-Adressen für den Dienst sowie den Compute), der rollenbasierten Zugriffssteuerung für Ressourcen und Aktionen, benutzerdefinierten Rollen und der verwalteten Identität für Compute-Ressourcen können Modelle auf sichere Weise erstellt und bereitgestellt werden.

7.5.2 Azure Cognitive Services

Die Azure Cognitive Services sind eine Familie von KI-Diensten und kognitiven APIs, die die Entwicklung von intelligenten Apps unterstützen oder ermöglichen (vgl. Abb. 7-7).

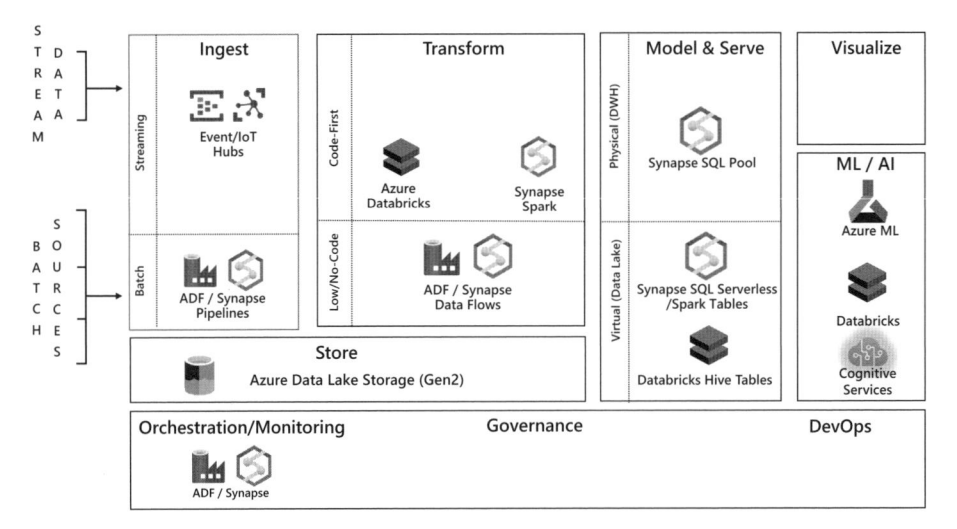

Abb. 7-7 Azure Cognitive Services

Es handelt sich hierbei um Cloud-basierte Dienste, die durch REST-APIs oder Source Development Kits angesprochen werden können. Ziel ist es, dabei zu unterstützen, Anwendungen durch kognitive Intelligenz zu ergänzen, und zwar ohne tiefgehendes Wissen im Bereich KI oder Data Science. Die Cognitive Services umfassen eine Großzahl an Diensten, die sehen, hören, sprechen, verstehen oder bereits Entscheidungen treffen können. Im weiteren Verlauf wird eine Übersicht der verschiedenen Möglichkeiten vorgestellt.

Bildanalyse-APIs

- **Maschinelles Sehen**
  Der Dienst für maschinelles Sehen eröffnet Zugriffe auf erweiterte kognitive Algorithmen für die Bildverarbeitung und die Rückgabe von Informationen.
- **Custom Vision Service**
  Mit dem Custom Vision Service lassen sich benutzerdefinierte Bildklassifizierungen erstellen.
- **Gesichtserkennung**
  Der Gesichtserkennungsdienst bietet den Zugriff auf erweiterte Algorithmen zur Gesichtserkennung, wodurch die Ermittlung von Gesichtsmerkmalen sowie die Gesichtserkennung ermöglicht wird.
- **Formularerkennung**
  Die Formularerkennung identifiziert und extrahiert Schlüssel-Wert-Paare und Tabellendaten aus Formulardokumenten und gibt dann strukturierte Daten aus, die auch die Beziehungen in der ursprünglichen Datei umfassen.
- **Video Indexer**
  Video Indexer ermöglicht es, Erkenntnisse aus Videos zu extrahieren.

Spracherkennungs-APIs

- **Speech-Dienst**
  Der Spracherkennungsdienst erweitert Anwendungen um sprachaktivierte Features. Der Speech-Dienst umfasst verschiedene Funktionen wie Sprachkennung, Sprachsynthese, Sprachübersetzung und vieles mehr.

Sprache-APIs

- **Language Understanding (LUIS)**
  Mit dem Dienst »Language Understanding« (LUIS) kann die Anwendung verstehen, wenn eine Person Wünsche in ihrer eigenen Sprache äußert.
- **QnA Maker**
  QnA Maker ermöglicht es, aus teilstrukturierten Inhalten einen Frage- und Antwortdienst zu erstellen.
- **Textanalyse**
  Die Textanalyse bietet die Verarbeitung von natürlicher Sprache für unformatierten Text für die Standpunktanalyse, die Schlüsselbegriffserkennung und die Sprachenerkennung.
- **Translator**
  Translator ermöglicht eine maschinenbasierte Textübersetzung in Quasi-Echtzeit.
- **Plastischer Reader**
  Plastischer Reader erweitert Anwendungen um Sprachausgabe sowie um Funktionen zum besseren Verständnis.

Entscheidungs-APIs

- **Anomalieerkennung**
  Die Anomalieerkennung bietet die Möglichkeit, Abweichungen in Zeitreihendaten zu überwachen und zu erkennen.
- **Content Moderator**
  Der Content Moderator bietet die Überwachung auf möglicherweise anstößige, unerwünschte und risikobehaftete Inhalte.
- **Metrics Advisor**
  Metrics Advisor bietet eine anpassbare Anomalieerkennung für multivariate Zeitreihendaten sowie ein umfassendes Webportal, das bei der Verwendung des Dienstes unterstützt.
- **Personalisierung**
  Mit der Personalisierung lässt sich die beste Benutzeroberfläche für den Benutzer auswählen und dabei in Echtzeit von deren Verhalten lernen.

7.6 Visualisierung mit Power BI

Das Ziel von Power BI in Verbindung mit der Microsoft Azure Cloud besteht darin, den maximalen Nutzen aus Daten zu erzielen. Power BI bietet eine Vielzahl an Konnektivitäten zu anderen Quellen und Systemen und kann auch als Stand-alone-Applikation sowohl lokal als auch in der Cloud betrieben werden (vgl. Abb. 7–8). Der Fokus von Power BI liegt in der intelligenten Option, Self-Service-Analysen in Unternehmen zu ermöglichen und so die verschiedenen Bereiche und Personen in die Lage zu versetzen, die Daten, die als Grundlage für die Entscheidungen dienen, zu analysieren und zu visualisieren.

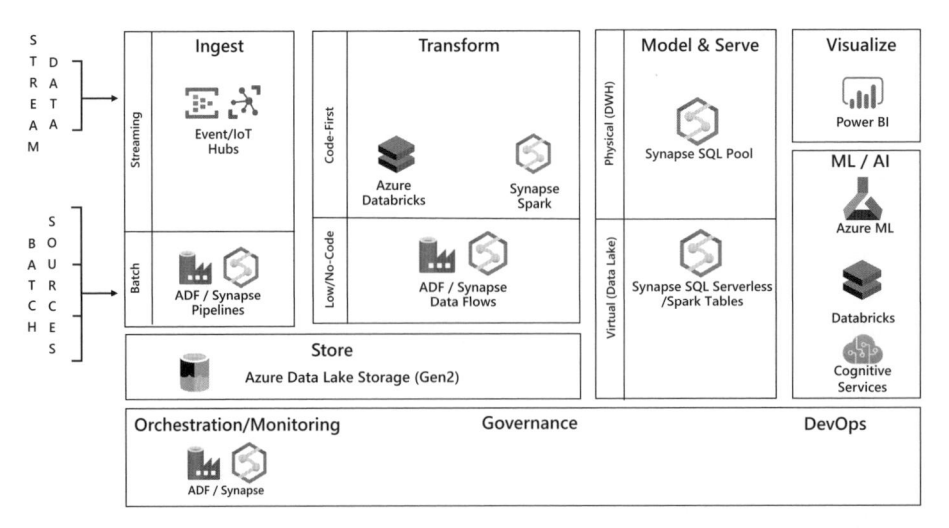

Abb. 7–8 Visualisierung mit Power BI

Azure Synapse Analytics Integration

- Power BI integriert sich nativ mit Azure Synapse Analytics, somit können alle Daten im Modern Data Warehouse direkt und kosteneffizient über Power BI von Fachanwendern analysiert und visualisiert werden.

Azure Databricks Konnektor

- Durch den direkten Konnektor lässt sich Power BI auch mit Databricks integrieren und nutzen.

Azure Machine Learning Integration

- Durch die Integration von Power BI und Azure Machine Learning besteht die Möglichkeit, Power-BI-Berichte auf Grundlage eines in Azure ML erzeugten Machine-Learning-Modells zu erstellen.

7.7 Data Governance mit Azure Purview

Im Verlauf dieses Kapitels wurden die Themen Ingest, Store, Transform, Serve und Visualize mit Microsoft Azure und Power BI beschrieben. Ein weiterer zentraler und wichtiger, wenn nicht sogar der wichtigste Punkt ist die Data Governance als Unteraufgabe des Datenmanagements. Bei den vorherrschenden Daten mit den bekannten Vs muss es möglich sein, zu verstehen, welche Daten wo liegen, was diese Daten bedeuten und wer darauf zugreifen darf. Hier bietet Azure Purview als Cloud-basierter Service die Möglichkeit, eine einheitliche Governance über die vorhandenen Daten zu legen (vgl. Abb. 7–9). Der Fokus von Purview liegt hier nicht nur auf Cloud-basierten Daten, sondern hat den Anspruch, sowohl Multi-Cloud- als auch On-Premises-Szenarien abbilden zu können.

- Automatisierte Datenermittlung, Herkunftsidentifizierung und Datenklassifizierung für lokale Quellen sowie Multi-Cloud-Quellen und SaaS-Quellen
- Einheitliche Übersicht über Datenobjekte und deren Beziehung zueinander für eine nachvollziehbare Data Lineage
- Semantische Suche zum Finden von Daten mithilfe von geschäftlichen oder technischen Begriffen
- Erkenntnisse bezüglich des Speicherorts und der Übertragung von vertraulichen Daten in hybriden Datenlandschaften

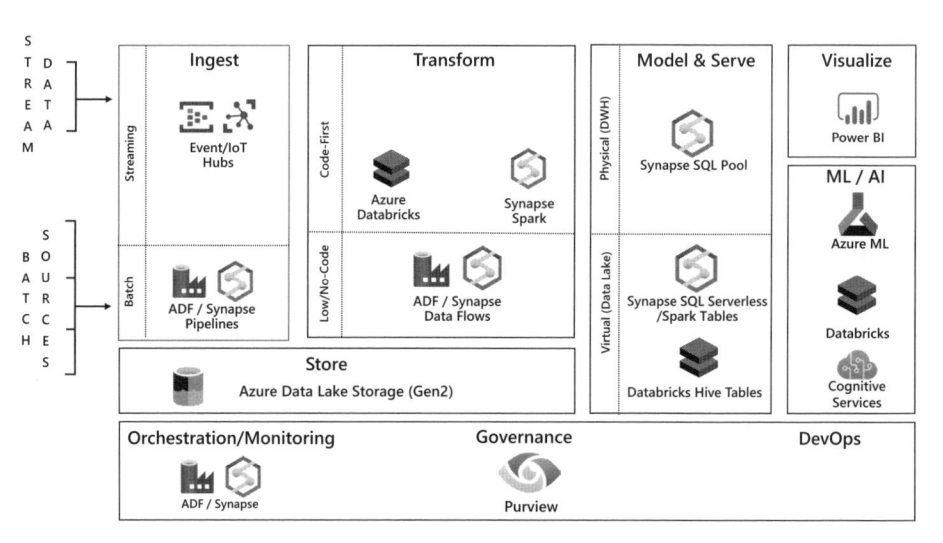

Abb. 7–9 Data Governance mit Azure Purview

7.8 Azure DevOps

DevOps bietet die Möglichkeit, durch die Verschmelzung von Entwicklung und Betrieb die Arbeit besser zu koordinieren und zusammenzuführen (vgl. Abb. 7–10). Daraus resultiert eine Kultur, die das Produkt und den Kunden in den Mittelpunkt stellt und so zu einer gesteigerten Effizienz führt. Azure DevOps unterstützt hierbei ganzheitlich die Entwicklung und den Zyklus von der Planung bis zur Operationalisierung. Legt man diesen Punkt nun etwas tiefer, entstehen daraus einige Disziplinen oder Paradigmen, die Azure DevOps in den Fokus rückt.

- **Azure Pipelines**
  Azure Pipelines kombinieren Continuous Integration sowie Continuous Deployment, um Code kontinuierlich und konsistent testen zu können sowie im Anschluss das Deployment auf jeder beliebigen Umgebung durchführen zu können. Über Templates bietet sich die Möglichkeit, auch Infrastructure as Code abzubilden und in entsprechenden Pipelines die notwendige Infrastruktur automatisiert zu provisionieren.

- **Azure Repos**
  Es handelt sich hierbei um einen Satz von Tools, die bei der Versionskontrolle des Codes unterstützen. Im Fokus der MDWH-Architektur bietet sich hiermit die Möglichkeit, sowohl Spark-Code als auch Low-/No-Code-Pipeline-Deklarationen historisiert und reproduzierbar abzulegen. Außerdem können hier die Konfigurationen der Synapse-Instanz wie Datenquellen-Deklarationen abgelegt werden.

7 Die Modern-Data-Warehouse-Architektur von Microsoft

- **Azure Artifacts**
  Mit Azure Artifacts besteht die Möglichkeit, codezentrische Applikationsartefakte wie Maven, NPM, nuget Paketfeeds aus öffentlichen und unternehmensinternen Quellen anlegen und bereitstellen zu können.

- **Azure Boards**
  Mit Azure Boards haben agile Unternehmen und Teams die Möglichkeit, eigene Projekte sowie Fortschritte zu planen und zu visualisieren. Die bekannten Scrum- und Kanban-Boards ebenso wie Custom Boards können angelegt und somit die Funktionalitäten passend zu dem entwickelten Projekt verwendet werden.

- **Azure Testplan**
  Testen gehört genau wie die Entwicklung zu einem Projekt. Mit Azure Testplan lassen sich genaue manuelle sowie explorative Tests erstellen und organisieren. Darüber hinaus besteht die Möglichkeit, Stakeholdern direkten Zugriff auf die Pläne zu geben und so frühzeitig Feedback mit in die Entwicklung einfließen zu lassen.

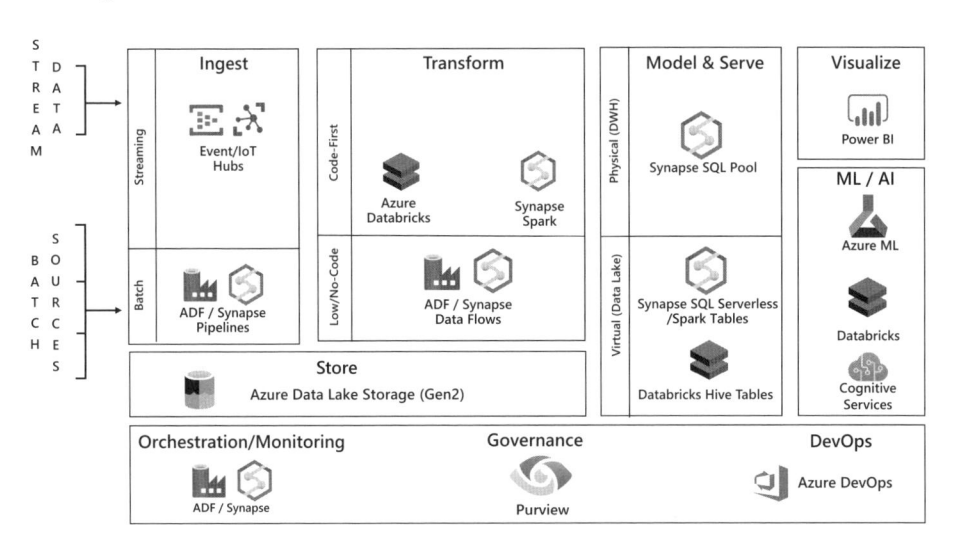

Abb. 7-10 Azure DevOps

8 SAP Business Warehouse von gestern bis morgen

Daniel Eiduzzis

Für viele Anwenderunternehmen ist das SAP Business Warehouse (BW) Fluch und Segen gleichermaßen. Auf der einen Seite verfügt die Data-Warehouse-Lösung aus Walldorf über ideal abgestimmte Schnittstellen zu den angeschlossenen SAP-Quellsystemen. Diese gewährleisten einen sicheren und stabilen Betrieb. Auf der anderen Seite genießt das BW auch den Ruf, nur eine mäßige Performance zu unterstützen sowie überdurchschnittlich viel Zeit bei der Projektumsetzung in Anspruch zu nehmen.

Aber die Zeiten ändern sich. Die Unternehmen und ihre Anwender formulieren immer weitergehende Anforderungen und erwarten in den Fachbereichen Datenautonomie und intuitiv bedienbare Reporting-Lösungen von der SAP. Gleichzeitig bietet die HANA-Architektur aber auch wesentlich mehr Flexibilität und lässt hybride Plattformen zu. Es kann also im Best-of-Breed-Sinne die jeweils passende Komponente eingesetzt werden, ohne sich zwingend auf nur einen Hersteller beschränken zu müssen. Dies ist gleichzeitig auch die Chance für die SAP, in zukünftigen Architekturen wertvolle Bausteine zu liefern.

8.1 Business Intelligence made in Walldorf

8.1.1 SAP Business Warehouse – Wie alles begann

Wenn man einen Blick auf die Entwicklung der Data-Warehouse-Architekturen im SAP-Kontext werfen möchte, kann man zweifelsohne von gewachsenen Strukturen sprechen. Bereits im Jahr 2000 wurde mit dem Release 2.0B die erste marktreife Version des SAP Business Warehouse (BW) veröffentlicht, die fortan bei vielen SAP-Anwendungsunternehmen das Mittel der Wahl wurde.

Wenn in der Folge Anforderungen an ein unternehmensweit einheitliches Reporting mit einem standardisierten Berichtswerkzeug artikuliert wurden, führte bei Unternehmen, die beispielsweise ihr Finanz- und Rechnungswesen mit SAP R/3 unterstützten, selten ein Weg am SAP BW vorbei [Pufahl 2006].

Vereinfacht skizziert bestand das SAP BW aus Datamanagement-Bausteinen (die sogenannte Data Warehouse Workbench), Möglichkeiten für Benutzerabfragen über einen OLAP-Prozessor sowie in späteren Releases aus Data-Mining-Werkzeugen (Analyseprozess-Designer) [Egger et al. 2004].

Abgesehen davon, dass das SAP BW auf NetWeaver-Basis bei bestehenden SAP ERP-Lizenzen in den meisten Fällen kostenlos mit ausgeliefert wurde, war ein gewichtiges Argument für die Nutzung und Anbindung des SAP BW insbesondere der integrative Faktor: Über den sogenannten Business Content wurden vordefinierte, geschäftsprozessspezifische Templates für Datenextraktion, Modellierung und Reporting ausgeliefert. Diese sollten dem Kunden – auch im Vergleich zu möglichen alternativen BI-Lösungen von Drittanbietern – eine vermeintlich schnelle Einführung sowie im Anschluss einen stabilen Betrieb gewährleisten.

Auswertungen und Reporting erfolgten über den Business Explorer (BEx) im Microsoft Excel-Plug-in, einem Berichtsmedium, das Endanwendern vor allem im Controlling durchaus vertraut war. Zudem bestand über den Web Application Designer (WAD) die Möglichkeit, zuvor definierte Queries auch im Intranet zu publizieren [Chamoni et al. 2006] (vgl. Abb. 8–1).

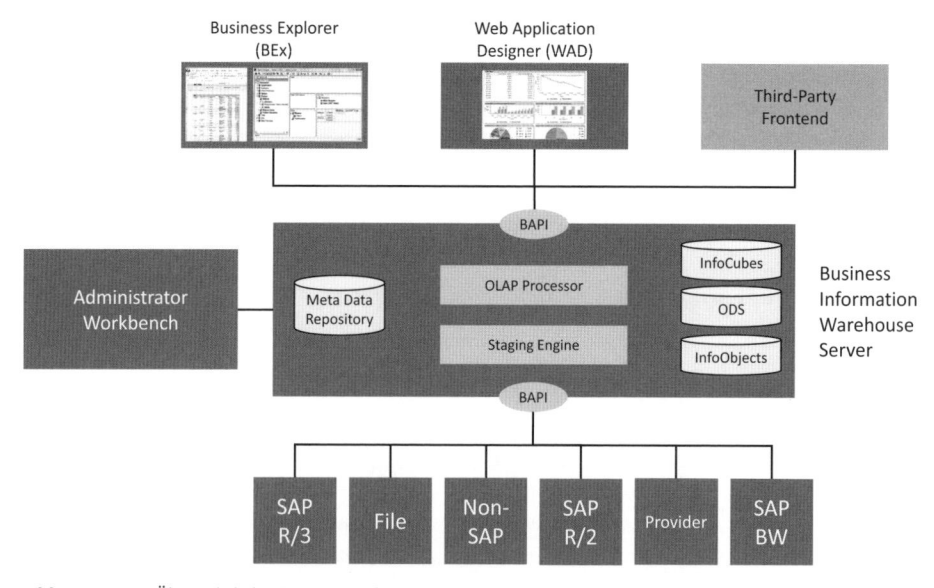

Abb. 8–1   Übersichtliche SAP BW-Architektur in den frühen Softwarereleases

SAP BW mehr Fluch als Segen?

Solange es das SAP BW gibt, so lange gibt es auch Kritik und Diskussion um die Business-Intelligence-(BI-)Lösung von SAP. Die vom Hersteller selbst als Unique Selling Point beschriebenen Charakteristika hatten in der Praxis nicht selten so ihre Tücken.

Insbesondere die schnelle Einführung konnte je nach Projektsituation und den unterschiedlichen Kundenbedürfnissen nicht gewährleistet werden. Der Business Content für die Geschäftsprozessmodule, wie Sales & Distribution (SD), Finance & Controlling (FI/CO) oder Materials Management (MM), konnte bestenfalls als Kopiervorlage dienen, die dann mehr oder weniger aufwendig auf das individuelle Anwenderszenario angepasst werden musste. Im schlimmsten Fall konnten ausgelieferte Schablonen für Datenextraktion oder Fortschreibungen nur als nackte Hülle verwendet werden, die in der späteren Ausprägung von Grund auf neu angepasst wurden.

In laufenden Projekten mussten kundeneigene Modifikationen vielerorts in die bestehende Business-Warehouse-Architektur eingeflochten werden. Um beispielsweise abstrakte Routinen in der Datenfortschreibung anzugeben, konnten Customer-Exits genutzt werden, in denen mit der proprietären Programmiersprache ABAP gearbeitet wurde. Da es sich bei dieser Programmiersprache jedoch um ein SAP-eigenes Werkzeug handelte, konnten etwaige in der IT-Abteilung verfügbare SQL-Fertigkeiten, die man aus Data-Warehousing-Anwendungen von Drittanbietern kannte, nicht wiederverwertet werden.

Je nach Design und Aufbau der mehrschichtigen SAP BW-Architektur kam es bei komplexen Geschäftsprozessfällen nicht selten zu aufwendigen Data-Upload-Szenarien, die sich in ihrer (Über-Nacht-)Verarbeitung als sehr zeitintensiv erwiesen. Zudem waren die Antwortzeiten im Frontend bei längeren Aufbereitungen mit langen Wartezeiten für den Endanwender verbunden.

Daher erwies sich das SAP BW oftmals mehr als Fluch denn als Segen: Das SAP BW war nun mal häufig durch die SAP ERP-Präsenz und -Lizenzierung bereits vorhanden – somit konnte bzw. sollte es, trotz mancher Einschränkungen, genutzt werden.

8.1.2 Probleme, Kritik und Herausforderungen im SAP BW-Kontext

Die bisweilen lange Projektdauer war ein permanenter Kritikpunkt, der häufig von den beauftragenden Fachbereichen an die IT adressiert wurde. Selbst vermeintlich überschaubare fachliche Anforderungen bedurften durch die komplexe SAP BW-Architektur einer ungewöhnlich langen Dauer.

Die mehrschichtige Architektur ist auch Grund für eine fehlende Flexibilität, neue Projektideen in Form von Piloten und sogenannten Mock-ups kurzfristig zu verproben. Die Vorlaufzeiten lassen schnelle Ergebnisse, auf deren Basis beispielsweise Richtungsentscheidungen getroffen werden sollen, nur eingeschränkt zu. Daher wurden in der Vergangenheit entsprechende Provisorien durch Data-Downloads und das Arbeiten mit Excel, Access und anderen Programmen realisiert.

In diesem Zusammenhang wird auch der von den Anwendern artikulierte Wunsch nach Self-Service deutlich, dem in den frühen SAP BW-Releases nicht entsprochen werden konnte. Zu statisch und wenig intuitiv waren sowohl Backend- als auch Frontend-Architekturen sowie deren Bordmittel. Dadurch entstand oft eine permanente Abhängigkeit von IT-Kompetenzen, die für die Umsetzung verantwortlich waren.

Die Berichtswerkzeuge BEx und Web Application Designer waren dann über viele Releasezyklen das einzige Mittel der Wahl, bis diese Auswahl durch den Zukauf von BusinessObjects ausgeweitet wurde. Lösungen Dritter, die beispielsweise Anwenderforderungen in puncto Visualisierungen zu bedienen vermochten, konnten nur bedingt ans SAP BW-Backend angebunden werden. Wollte sich das Anwenderunternehmen für entsprechende Lösungen entscheiden, so mussten ungünstige architektonische Workarounds aufgebaut werden.

Die fehlende Offenheit des SAP BW ließ die Anbindung und Integration von Non-SAP-Quellsystemen nur schlecht bis gar nicht zu. Das Hauptargument für den Einsatz von SAP BW reduzierte sich auf den integrativen Charakter und die Anbindung des Business Warehouse an die SAP ERP-Welt.

Positiver Kritikpunkt: Auch wenn Datenextraktionen und Datenflüsse bisweilen aufwendig den kundenindividuellen Gegebenheiten angepasst werden mussten, so erwies sich der Betrieb dieser Anbindungen und der Datenflüsse in der Regel als äußerst stabil.

8.2 Entwicklung des SAP BW

8.2.1 Die Zeit vergeht, das SAP BW bleibt

Selten wurde eine Software so oft »für tot erklärt«, wie dies beim Business Warehouse von SAP der Fall ist [Jendro 2008; Kerl 2015]. Und doch kann das SAP BW mittlerweile auf eine über 20 Jahre andauernde Historie zurückblicken und ist insbesondere bei Unternehmen in der DACH-Region – so diese Häuser auch auf SAP im ERP-Kontext setzen – sehr stark verbreitet.

Immer wieder entstand der Eindruck durch Produkt- und Marketinginitiativen der SAP, dass man die hauseigene Business-Intelligence-Applikation auslaufen lässt. Regelmäßige Abkündigungen einzelner Bausteine bekräftigten zudem diesen Eindruck. Und nichtsdestoweniger konnte das SAP BW seinen Platz in der sogenannten Enterprise Architecture (EA) vieler Kunden behaupten.

Im Laufe der Zeit hat SAP das BW durch zusätzliche Features und Funktionen aufgewertet und so versucht, weitere Anwendungen auf das Business Warehouse zu heben. So entstanden weitere Komponenten im SAP BW-Umfeld, wie beispielsweise das Strategic-Enterprise-Management-(SEM-)Cockpit, aus dem Lösungen für Planung und Konsolidierung heraus entstanden. In manchen Situationen wurden auch nur Teilfunktionen, wie das Business Planning and Simulation (BPS), kundenseitig eingesetzt, um ein Interface für manuelle Datenerfassung und Datenmanipulation zu nutzen. Weitere SAP BW-basierte Lösungen, z.B. für Konsolidierungen, folgten.

Durch den Zukauf von BusinessObjects (BO) im Jahre 2009 versuchte SAP sein Reporting-Portfolio durch die Integration eines Angebots von außen auszuweiten. Zudem bestand für die SAP auch ein gewisser Konkurrenzdruck am Markt, da zeitgleich IBM einen ähnlichen Vorstoß wagte, indem man sich mit Cognos eine ebenfalls renommierte Auswahl an Berichts- und Analyse-Instrumenten einverleibte. Die Integration der unterschiedlichen BO-Werkzeuge gestaltete sich in der Folgezeit jedoch komplizierter als zunächst angenommen. Immer wieder wurden Lösungen für Dashboarding, Visualisierungen und Ad-hoc-Reporting im Web aus der Taufe gehoben, um sie später nach mehreren Umbenennungen wieder End-of-Life zu setzen. Durch die Etablierung verschiedener Schnittstellen (MDX, SQL) wurden immer wieder neue Ansätze gefahren, sowohl die BO-Werkzeuge mit dem SAP BW-Backend zu verknüpfen oder auch umgekehrt das BEx-Berichtswesen in die BO-Plattform zu integrieren. Performance-Schwierigkeiten oder fehlende native SAP BW-Funktionalitäten, wie beispielsweise das Handling von SAP BW-Hierarchien in der BO-Umgebung, waren die Folge.

Dieses Vorgehen war wenig nachvollziehbar für die SAP-Kunden und erzeugte Verunsicherung. Wenn zu Beginn einer Projektinitiative nicht klar war, ob das präferierte Frontend am Ende der Projektdauer noch verfügbar sein würde, fiel es schwer, eine belastbare Roadmap aufzustellen.

Und kommt jetzt der Sargnagel?

Bedingt durch die sich häufig ändernde Produktstrategie und das Abkündigen mehrerer Komponenten, die erst kurze Zeit vorher als vermeintlich strategisch definiert wurden, trug die SAP selbst dazu bei, dass der Fortbestand des Business Warehouse infrage gestellt wurde.

War man sich auf Kunden- und auf Dienstleisterseite sicher, dass die SAP nun aber in Zukunft keine weiteren Entwicklungsressourcen in die hauseigene BI-Lösung investieren würde, wurde wider Erwarten eine neue Roadmap vorgestellt.

Wenngleich der Frust auf Anwenderseite bisweilen groß war, so bestand eben auch eine gewisse Abhängigkeit zum SAP BW. Auf der einen Seite wurden über die Jahre viel Zeit und Aufwand in die SAP BW-Installationen investiert. Dem Gedanken des Investitionsschutzes musste in diesem Zusammenhang Rechnung getragen werden. Darüber hinaus war aus rein technischer Sicht ein Schwenk auf eine Data-Warehouse-Lösung eines Marktbegleiters aus den bereits beschriebenen Gründen nur eingeschränkt möglich. Da sich ein SAP ERP-System mit seiner komplexen Struktur und Logik nur bedingt bis gar nicht durch BI-Konzepte Dritter ansteuern ließ, waren die betroffenen Anwenderunternehmen in gewisser Weise gebunden.

Auf der anderen Seite wurden die Schmerzpunkte im Zusammenhang mit dem SAP BW zunehmend offenkundiger. Änderungen am bestehenden Setup oder gar neue Projekte ließen sich im Laufe der Zeit und mit gewachsenen Strukturen immer schwieriger umsetzen und nahmen mehr und mehr Zeit in Anspruch. Die Performance sowohl im Backend als auch im Frontend entsprach häufig nicht den Erwartungen der Fachanwender. Gleichzeitig boten die SAP BW-Berichtswerkzeuge eine äußerst geringe Flexibilität, womit sich neue Methoden hinsichtlich Visualisierung und Dashboarding nur schlecht realisieren lassen. Die Konsequenz war eine wachsende Entfremdung vor allem auf der Fachanwenderseite und der Wunsch nach alternativen Lösungen.

8.2.2 Der große Wurf bleibt aus

Nach dem Zukauf von BusinessObjects brachte SAP in den Folgejahren zahlreiche Neuerungen im Business-Intelligence-Umfeld heraus. Dies betraf sowohl Features im Backend als auch neue Bausteine in der Reporting-Suite. Zum Teil handelt es sich bei Letzterem aber auch lediglich um Komponenten, die einem Facelift unterzogen wurden und in diesem Zuge einen neuen Namen erhielten.

Durch die stetig wachsende Menge an Daten kam das Backend gerade im Umfeld von Großkonzernen des Öfteren an seine Kapazitätsgrenzen und büßte auch in der Verarbeitung der Daten im Business Warehouse spürbar an Performance ein. Unternehmen befanden sich in einem Spannungsfeld, in dem permanent weitergehende Anforderungen durch neue Projekte an die IT adressiert wurden. Gleichzeitig gab es kaum Zeit, bestehende Strukturen zu prüfen, zu harmonisieren oder ggf. einem Re-Design zu unterziehen. Somit wurden große Datenmengen in gesetzte Architekturen gekippt, weshalb bestehende Zeitfenster in der (Über-Nacht-)Datenverarbeitung nicht mehr ausreichten und auch Ad-hoc-Verarbeitungsprozesse eine ungleich längere Dauer in Anspruch nahmen.

Darüber hinaus machten sich diese Entwicklungen auch in den Antwortzeiten im Frontend bemerkbar. Auch ohne aufwendige Visualisierungen oder gar Visual-Basic-Programmierungen im Reporting waren einfache BEx Queries basierend auf komplexen Datenzielen (InfoCubes, MultiProvider) erst nach langer Wartezeit mit dem gewünschten Ergebnis verfügbar.

Diesen Problemen begegneten Anwenderunternehmen bei allzu großen Schmerzen dann mit Hardware. Durch die Installation eines sogenannten Business Intelligence Accelerator (BIA) konnte dem Umstand der schlechten Antwortzeiten im Reporting entgegengetreten werden [Penaranda 2016] (vgl. Abb. 8–2). Mit der Integration der Such-Engine TREX in SAP BW, die alle Faktentabellen indiziert und im Speicher vorhält, verfolgte die SAP einen neuen architektonischen Workaround. So konnte die Performance bei Abfragen im BW von mehreren Minuten auf zum Teil wenige Sekunden verbessert werden und für unzureichende Daten-Subsets werden keine Abfragen mehr ausgeführt. Die Systemleistung wurde dadurch nicht beeinträchtigt. Diese Appliance, die eine Kombination aus Software und Hardware war, musste jedoch für verhältnismäßig hohe Gebühren lizenziert werden [Bjorlin 2010].

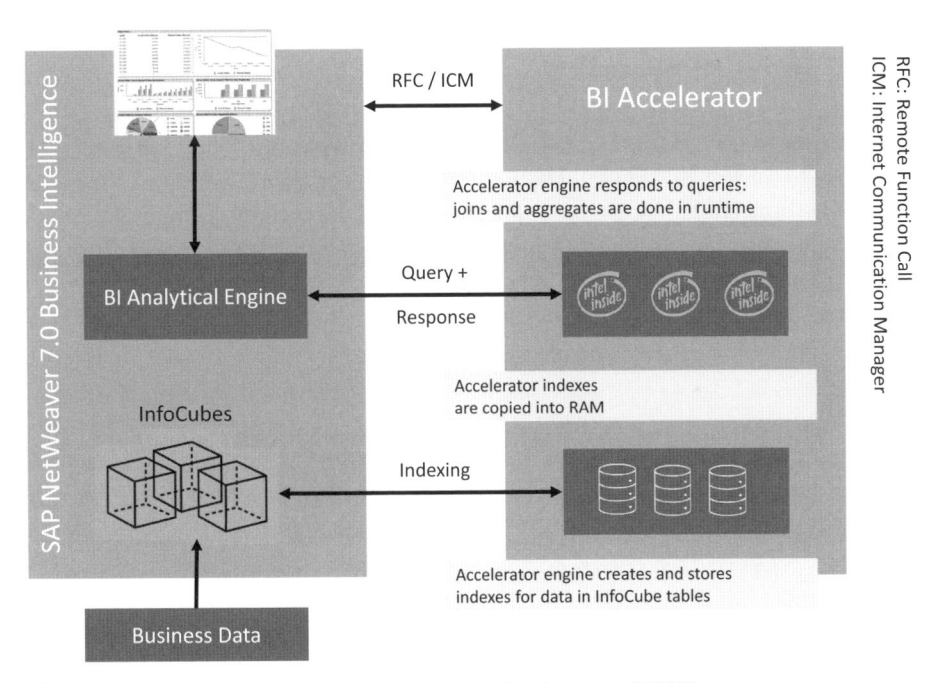

8 SAP Business Warehouse von gestern bis morgen

Abb. 8–2 Architektur des BI Accelerators und seine Beziehung zum SAP BW

Da das SAP BW bei vielen Kunden nicht die einzige Business-Intelligence-Lösung war, wurde mit der Zeit auch der Bedarf an Datenintegration zunehmend lauter. Um beispielsweise eine 360°-Kundenanalyse vorzunehmen, benötigte man neben externen Marktdaten, Informationen aus dem Point of Sales zusätzlich Belege aus dem transaktionalen SAP ERP respektive dem SAP BW-System. Über den sogenannten Open Hub bot die SAP seinen Kunden schon früh die Möglichkeit, betrachtungsrelevante Daten zu exportieren. Grundsätzlich musste dieser Weg aber nochmals zusätzlich, zum Teil sehr teuer, lizenziert werden. Darüber hinaus war der Zugriff aus rein technischer Sicht mit den limitierten Bordmitteln wenig komfortabel.

Mit BusinessObjects wurde es nicht übersichtlicher

Auf der Frontend-Seite erhofften sich die Anwender durch das Portfolio und Know-how von BusinessObjects mehr Flexibilität und Auswahlmöglichkeiten als in der Vergangenheit. Dabei stand auch der Wunsch nach Programmen für Dashboarding, Office-Integration und Web-Reporting ganz oben auf der Wunschliste.

Und rein quantitativ betrachtet wurden die SAP-Kunden auch mit zahlreichen neuen bzw. zumindest umbenannten Werkzeugen konfrontiert. Auch wenn die einzelnen Komponenten bisweilen futuristische Namen, wie Voyager, Pioneer oder Xcelsius, hatten, so waren die wenigsten Lösungen von strategischer Bedeutung und hatten selten lange Bestand.

Tatsächlich ist die Entwicklung auf der Frontend-Seite in puncto Reporting und Planung bis zuletzt eine sehr volatile Geschichte, die den Kunden stets im Ungewissen ließ, auf welches Werkzeug man langfristig setzen sollte. Zudem kam es in der Orchestrierung mit bestehenden Lösungen im Bereich Planung und Konsolidierung zu Medienbrüchen. Die ursprüngliche Lösung mit Business Planning and Simulation (BPS) wurde über die sogenannte Integrierte Planung (IP) und dem späteren Zukauf von OutlookSoft zur SAP Business Planning and Consolidation (BPC) Suite. Selbst die in der Zwischenzeit freigegebene Embedded-Variante dieser Suite hat im SAP-Produktportfolio heute keine strategische Bedeutung mehr.

8.3 SAP Business Intelligence – heute und morgen

8.3.1 HANA und Cloud geben die Strategie vor

Als vor über 10 Jahren mit S/4 Finance und dem BW on HANA die ersten marktreifen SAP-Applikationen auf der neuen HANA-Entwicklungs- und Integrationsplattform der SAP vorgestellt wurden, war dies auch der Beginn einer neuen Produktstrategie der Walldörfer. Das neue In-Memory-Datenbankmanagementsystem sollte fortan den Kern der zukünftigen Entwicklungen sowohl im ERP- als auch im BW-Umfeld ausmachen. Zudem sollte die HANA-Technologie zwei Trends ebnen: Simplifizierung und Speed.

Mit den ersten reinrassigen HANA-Releases SAP BW/4HANA (1.0) und den nachfolgenden Auskopplungen wurde die bisherige Schichtarchitektur des SAP BW einem neuen Konzept unterworfen [Knigge & Hesselhaus 2021].

Das Konzept der skalierbaren Schichtarchitektur (Layered Scalable Architecture, kurz LSA) sah die Implementierung verschiedener Schichten für die Datenbereitstellung, das Corporate Memory, die Datenverteilung und die Analyse von Daten im SAP BW vor. Dabei wurde im Wesentlichen zwischen den zwei Hauptschichten Enterprise Data Warehouse (EDW) und Data Mart unterschieden (vgl. Abb. 8–3).

Ein Nachteil bzw. ein Kritikpunkt dieses Ansatzes war, dass insbesondere bei großen Installationen die Datenredundanz des Mehrschichtenkonzeptes das Data Warehouse spürbar aufblähte. Zudem beanspruchte diese Architektur lange Lade- und Transformationszeiten, bis der Data Mart aufbereitet und fürs Reporting präpariert war.

Der Simplifizierungsansatz mit der neuen auf HANA basierenden Architektur sah vor allem eine Eliminierung und Virtualisierung bestehender Schichten vor. Durch den direkten Zugriff auf Modelle und Objekte in der Dateneingangsschicht konnten bisherige Staging-Ebenen zumindest in puncto persistenter Datenhaltung eingespart werden.

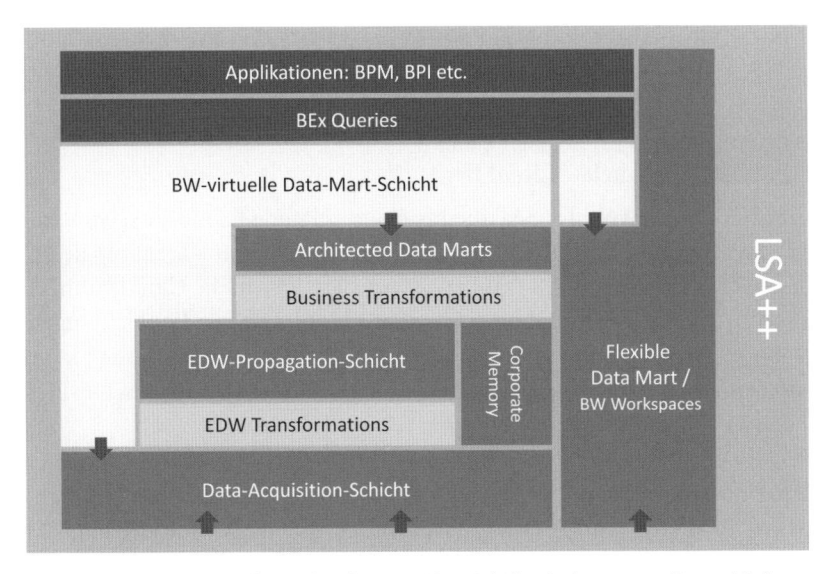

```
┌─────────────────────────────────────────────┬──────┐
│      Applikationen: BPM, BPI etc.           │      │
├─────────────────────────────────────────────┤      │
│             BEx Queries                     │      │
├──────────────────────────────────────┬──────┤      │
│     BW-virtuelle Data-Mart-Schicht   │      │      │
│          ↓              ↓            │      │  L   │
│      Architected Data Marts          │      │  S   │
│      Business Transformations        │      │  A   │
│                        ┌──────┐  Flexible   │  +   │
│   EDW-Propagation-Schicht │Corp.│ Data Mart/│  +   │
│                        │Memory│ BW Workspaces│     │
│      EDW Transformations  └──────┘           │     │
│          ↓                                   │     │
│       Data-Acquisition-Schicht               │     │
│      ↑   ↑   ↑   ↑                           │     │
└──────────────────────────────────────────────┴─────┘
```

Abb. 8–3   *Virtualisierung insbesondere der Data-Mart-Schicht als elementarer Unterschied*

Verspricht die architektonische Verschlankung schon einen Zeitgewinn beim Data-Upload und der Datenaufbereitung, so wird ein weiterer Boost im Frontend durch die In-Memory-HANA-Datenbank erwirkt. Bei SAP HANA handelt es sich dabei um eine Appliance, d. h. eine Kombination aus Hardware und Software, die mithilfe der In-Memory-Technik den gegenüber der Festplatte erheblich schneller zugreifbaren Arbeitsspeicher des Computers zur Datenspeicherung nutzt. Verglichen mit herkömmlichen Anwendungen ermöglicht sie Auswertungen großer Datenmengen mit höherer Performance. Das heißt, durch die HANA-Performance wird dem Wunsch der Endanwender nach leistungsstarken Antwortzeiten in der Analyse entsprochen.

Eine somit schlanke Gesamtarchitektur im SAP BW-Backend soll auch die Möglichkeit schaffen, Anpassungen und Neuentwicklungen im BW in sehr viel kürzerer Zeit vorzunehmen.

HANA SQL Data Warehousing als zusätzliches DWH-Angebot

Mit der Etablierung der neuen HANA-Technologie wurde auch ein weiteres Data-Warehousing-Angebot aus dem Hause SAP ins Leben gerufen: Neben der Nutzung der SAP BW-Applikation, basierend auf der HANA-Datenbank, ist mit SAP HANA SQL Data Warehousing auch ein nativer Datenbankzugriff respektive ein natives SQL Data Warehousing möglich. Das HANA SQL DWH ist ein SQL-getriebener Ansatz, bei dem SAP HANA lose mit verschiedenen Werkzeugen und Plattformdiensten gekoppelt und logisch kombiniert wird. Die gekoppelten Instrumente bedienen meist separate Repositories.

Der Vorteil dieses Ansatzes liegt vor allem in der Freiheit des DWH-Designs und der Nutzung etwaig vorhandenen SQL-Know-hows. Modellierungsansätze, wie Data Vault, die sich im applikationsgestützten SAP BW nicht umsetzen ließen, können hier Anwendung finden. Gleichzeitig nutzt der Kunde die hohe Performance der HANA-Datenbank.

Alles was SAP entwickelt – Cloud first!

Im Jahr 2018 wurde von der SAP die bis heute geltende Cloud-First-Strategie ausgerufen. Im Zuge dieser Initiative geht es darum, die Cloud-Technologie großflächig in der Produktstrategie zu etablieren und alles, was in die Cloud kann, auch in die Cloud zu heben. Dies bedeutet auch, dass alle zukünftigen Entwicklungen nicht zur Cloud-ready sind, sondern vor allem zunächst für die Cloud-Nutzung priorisiert werden – erst danach erfolgen Anpassung und Neubau für die On-Premises-Welt.

Neben der Möglichkeit, sein SAP BW/4HANA nicht mehr nur On-Premises, sondern alternativ auch in der Private oder Public Cloud zu betreiben, hat dieser neue Kurs für die BI- und Analytics-Werkzeuge weitere Konsequenzen. Als vollständig integrierte Software-as-a-Service-Plattform (SaaS) vereint die neue SAP Analytics Cloud (SAC) die zentralen Funktionen Reporting, Analyse, Visualisierung, Planung und Simulation in nur einer Plattform. Vormals bestehende Angebote wurden bereits abgelöst oder zumindest End-of-Life gesetzt und sollen nach und nach in die SAC migriert werden

Gänzlich neue Lösungen, wie beispielsweise Data Storytelling, werden ausschließlich nur in der Cloud Analytics Suite entwickelt und gelauncht.

Diese Entwicklung hat mittel- und langfristig die Konsequenz für den Kunden, dass er, falls er sich für ein Reporting mit dem SAP-Instrumentarium entscheidet, zwingend den Weg in die Cloud antreten muss – zumindest im Frontend.

Data Warehouse als Cloud-only-Alternative

Das jüngste Kind in der BI & Analytics-Familie ist die sogenannte SAP Data Warehouse Cloud (DWC). Das erste rein Cloud-basierte DWH aus dem Hause SAP soll ein Angebot für die Fachanwender sein, denen Freiheit und Flexibilität nur im Frontend nicht mehr ausreicht.

Über sogenannte Spaces werden den Nutzern eigene Datenräume zugewiesen, in denen individuelle Modellierungen, Aufbereitungen und Aggregationen bis hin zur Integration externer Daten zugestanden werden. Für Letzteres gibt es einen stetig wachsenden Fundus an bereitgestellten Konnektoren. Über eine SQL-Schnittstelle kann das Berichtswerkzeug der Wahl angebunden werden, wobei eine nahtlose Integration mit der SAC gegeben ist [Weber 2019].

Mit dem neuen DWH-Setup trägt die SAP schlussendlich der Entwicklung am Markt Rechnung, dass Data-Warehouse-as-a-Service-Angebote immer häufiger nachgefragt werden und man dieses Feld nicht alleine dem Wettbewerb überlassen wollte. Neben dem SAP BW und der Alternative des HANA SQL DWH reiht sich das DWC nun als dritte Data-Warehouse-Lösung in das SAP-Produktportfolio ein.

Mit der bereits zuvor beschriebenen SAP Analytics Cloud für Reporting, Visualisierung und Planung ist die DWC das zweite rein Cloud-basierte Produkt im Analytics-Schaufenster der SAP, die hier konsequenterweise die ausgegebene Cloud-First-Strategie in die Tat umsetzt.

8.3.2 Features und Werkzeuge für Data Management und Data Integration

Mittlerweile ist das Repertoire an Werkzeugen und Lösungen für die an BI angrenzenden Bereiche spürbar angewachsen und bietet den SAP-Kunden so weitergehende Möglichkeiten.

Im Data-Management-Sinne können die SAP BW-Nutzer die Größe und das Wachstum ihres Systems durch intelligente Bordmittel nachhaltig steuern. Mit Nearline-Storage und Data Tiering existieren weitergehende Insights und Autofunktionen, die in der Lage sind, weniger stark frequentierte Datenbereiche als »Cold Data« zu identifizieren und diese entweder zu komprimieren oder gar in angrenzende externe Speicher, wie z.B. einen Data Lake, auszulagern. Fürs Reporting sind diese Daten weiterhin verfügbar, belasten aber nicht mehr den kostspieligen HANA-Speicher, so sich das Unternehmen bereits auf dieser Datenbanktechnologie befindet.

Mehrere Add-on-Hersteller bieten darüber hinaus Lösungen für Data Management, Governance und Dokumentation im SAP BW-Umfeld an. Somit lassen sich beispielsweise Redundanzen in der Datenmodellierung und im Berichtsdesign vermeiden und Synergien im Sinne der Datenwiederverwertung erzielen.

Datenintegration gewinnt immer mehr an Bedeutung

SAP bietet nicht nur Instrumente für den klassischen Datentransfer zwischen SAP ERP und dem angeschlossenen SAP BW. Durch die deutlich breiter gewordene Palette an Applikationen und heterogenen Entwicklungs- und Datenbankplattformen kann inzwischen aus einer ganzen Reihe unterschiedlicher Werkzeuge und Konzepte ausgewählt werden, die eben auch für BI-Zwecke genutzt werden können.

Zu den Datenintegrationsangeboten gehören SAP Data Intelligence, SAP Data Services, die SAP Cloud Platform Integration Suite sowie die Integrationsfunktionen der SAP HANA-Plattform. Dabei sind Komponenten, wie beispielsweise Smart Data Integration (SDI), Smart Data Access (SDA) und SAP Landscape Transformation Replication Server (SLT), für Datenintegrationsbedarfe verfügbar, die sowohl einen virtuellen Datenzugriff als auch Replikationen zwischen SAP- und Non-SAP-Datenquellen ermöglichen.

Inzwischen ist bei den aktuellen HANA-gereiften SAP-Releases auch die Anwendung von Third-Party-Datenintegrationslösungen deutlicher besser gewährleistet, was dem Kunden weitere Freiheiten in seiner Toolauswahl bietet. So können Instrumente, die bereits für ETL und Datenintegration zwischen Systemen außerhalb des SAP-Universums verwendet werden, nun auch für SAP-Prozesse genutzt werden.

8.3.3 Reporting und Analyse dort, wo die Daten generiert werden

Durch die sukzessive Umstellung auf S/4HANA werden die Anwenderunternehmen nun mit der Aufgabe konfrontiert, sich mit neuen Konzepten und Möglichkeiten in puncto Auswertung und Analytics auseinanderzusetzen.

In der Vergangenheit wurden alle berichtsrelevanten Informationen ins angeschlossene Data Warehouse transferiert, um sie dort nach einer mehr oder weniger aufwendigen Aufbereitung dem Anwender mit einem Zeitversatz von einem Werktag für Analysezwecke zur Verfügung zu stellen.

Neuerdings kann dieser Umweg aber eingespart werden. Der S/4HANA-Werkzeugkasten umfasst mit Embedded Analytics weitreichende Möglichkeiten, die dem User vielerlei Analyse-Optionen an die Hand geben [Butsmann et al. 2019]. Über sogenannte analytische Fiori-Apps können sowohl Ad-hoc-Auswertungen als auch Zeitreihenanalysen mit geringem Horizont direkt dort vorgenommen werden, wo die Daten entstehen. Dabei lassen sich diese Apps den kundenindividuellen Bedürfnissen in ausreichender Tiefe anpassen.

Embedded Analytics verschafft dem Kunden nicht nur zeitliche Vorteile, wenn es um die Ad-hoc-Analyse von Echtzeitinformationen direkt in der Datenquelle geht. Die angeschlossenen Data Warehouses werden mit Blick auf Datentransfers und Datenhaltung verschont, was das Wachstum des Business Warehouse von Fall zu Fall spürbar verlangsamen kann.

8.3.4 Hybride Konzepte als State-of-the-Art-Architektur

Die neu gewonnene Offenheit der HANA-Architektur lässt auch andere Architekturen im BI & Analytics-Kontext erwachsen. Selbst Anwenderunternehmen, die von gestern bis morgen eine klare SAP-Strategie im ERP-Sinne sowie bei angrenzenden Geschäftsapplikationen fahren, können sich in puncto Data Warehousing in Zukunft deutlich flexibler aufstellen. SAP BW ist hier nicht mehr die Standardlösung für alle Data-Warehouse- und Reporting-Fragestellungen.

Im »Best-of-Breed«-Ansatz, bei dem in Abhängigkeit vom Use Case die jeweils technologisch idealste Lösung ausgewählt wird, finden morgen hybride Konzepte Anwendung. Dabei können Anwendungen, die in der Vergangenheit eher dezentral genutzt wurden und den Charakter einer Abteilungslösung hatten, zukünftig unternehmensweit etabliert werden. Das trifft z.B. auf Frontend-Lösungen zu, bei denen Berichtswerkzeuge, wie Tableau, Power BI oder Qlik, sich das deutlich umfangreichere Set an verfügbaren Schnittstellen zunutze machen und direkt auf dem SAP BW/4HANA, dem SAP HANA SQL DWH oder auch der Data Warehouse Cloud aufgesetzt werden (vgl. Abb. 8–4). So lassen sich für den

8 SAP Business Warehouse von gestern bis morgen

Anwender z. B. Bedarfe bezüglich Visualisierung und Dashboarding decken, die die bisherigen SAP-Mittel so nicht stemmen konnten.

Cloud Data Lakes, basierend auf kostengünstigen Plattformen, wie AWS S3 oder Microsoft Azure BLOB Storage, finden immer häufiger Anwendung in Unternehmen. Insbesondere für Massendaten sowie semi- und unstrukturierte Daten sind diese Speichermedien sinnvolle Alternativen, da eine SAP HANA-Datenbank dafür schlicht zu teuer ist. Somit gilt es, eine zusätzliche Datenquelle in der Gesamt-BI-Architektur zu berücksichtigen. Darüber hinaus können Data Lakes auch für die Archivierung von sogenannten kalten Daten (»Cold Data«) angebunden werden, was die Verwendung einmal mehr begründet.

Controller und Verantwortliche in der Vertriebssteuerung können die gewonnene technische Flexibilität nutzen, um Third-Party-Anbieter von Planungslösungen in das Analytics-Setup einzuflechten. Anbieter, wie Board, Tagetik oder Bissantz, können ähnlich wie die genannten Frontend-Instrumentarien auf diese Weise dauerhaft ihren Platz finden.

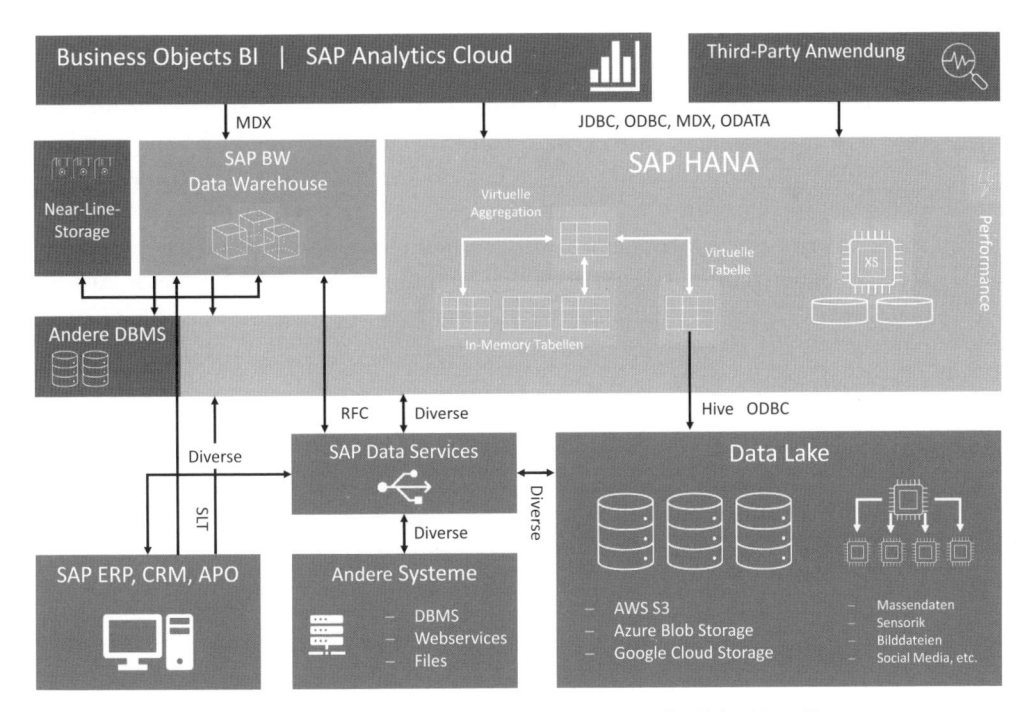

Abb. 8–4 BI-Architektur der Zukunft mit Einsatz von Lösungen unterschiedlicher Hersteller

Eine sauber abgestimmte Governance und klar definierte Verantwortlichkeiten gewährleisten die passende Orchestrierung der unterschiedlichen Komponenten. Dies hat unter Umständen auch organisatorische Konsequenzen beim Anwender zur Folge. In jedem Fall ist diese Aufgabe ein permanent fortlaufender Prozess.

8.4 Ausblick und Fazit

Es stellt sich immer mehr die Frage, ob das SAP BW langfristig im Portfolio der BI & Analytics-Lösungen der SAP seinen Platz behaupten kann. Die SAP wird vermutlich nicht drei DWH-Lösungen parallel weiterentwickeln und zudem weitere Ressourcen in die SAP Analytics-Cloud-Plattform investieren. Hier scheint eine mittelfristige Fokussierung der Entwicklerkapazitäten insbesondere zugunsten der reinen Cloud-Angebote als wahrscheinlich.

Die Tendenz, dass Kunden ihre Applikationen mehr und mehr in die Cloud migrieren, wird ganz sicher nicht abnehmen. Somit scheint auch von dieser Seite die Nachfrage das Angebot auf Herstellerseite nachhaltig zu motivieren.

Darüber hinaus werden S/4HANA-Anwenderunternehmen ausreichend große Teile ihres bisherigen Reportings mit den neuen Embedded-Analytics-Möglichkeiten direkt im S/4HANA-Universum abbilden können und ergänzend die SAC für Bedarfe hinsichtlich Data Storytelling nutzen. Dem Wunsch nach Autonomie und Demokratisierung für einzelne Fachbereichsanforderungen kann dann mit den Mitteln der Data Warehouse Cloud entsprochen werden, wenn nicht schon alternative Angebote der Wettbewerber Einzug gehalten haben.

Damit wird es morgen nicht mehr die eine One-Vendor-Stack-Plattform für Business-Intelligence-Bedarfe geben, sondern eine zunehmend heterogene Systemlandschaft, die sich aus einzelnen begründeten Lösungen verschiedener Hersteller zusammensetzt. Dies bietet Chancen, aus Anwendersicht weiterhin vertraute oder neu liebgewonnene SAP-Anwendungen zu nutzen und als Ergänzung Komponenten Dritter für ausgewählte Funktionen in einem hybriden Aufbau einzuflechten. Gleichzeitig müssen dann aber Fragestellungen hinsichtlich Governance sowie der Verantwortlichkeiten für Installation, Service und Betrieb beantwortet werden.

9 Aus der Theorie in die Praxis – der Einfluss regulatorischer Anforderungen auf eine moderne Referenzarchitektur

Thomas Müller · Lisa Anne Schiborr · Stefan Seyfert

Durch zunehmenden Wettbewerbs- und Kostendruck sowie steigende fachliche Anforderungen werden Industrie- und Standardlösungen branchenübergreifend immer populärer. Jedoch werden diese Standardlösungen neuen Anforderungen, z.B. der BCBS-239-Compliance im Bankenumfeld, oftmals nicht gerecht. Es entsteht eine Lücke, der nur mit einer modernen Infrastruktur für dispositive Systeme begegnet werden kann, um etwa die Historisierung, das Metadaten- und Datenqualitätsmanagement oder die (Data) Governance abzubilden. Kreativität in der Umsetzung ist daher gefragt. Im Folgenden wird eine moderne Referenzarchitektur vorgestellt, die bei der Bestimmung zukünftiger Herausforderungen unterstützt, und daraus resultierende Handlungsempfehlungen für die Vorgehensweise identifiziert.

9.1 Aktuelle Herausforderungen

Seit einigen Jahren befindet sich der Bankensektor in einem fundamentalen Umbruch. Einer der wichtigsten Treiber dieses Umbruchs ist die Digitalisierung und der damit einhergehende Digitalisierungsdruck: Das klassische Bankenumfeld verwandelt sich zunehmend in ein übergreifendes digitales Ökosystem mit vielen verschiedenen integrierten Finanzdienstleistungen. Der Einsatz (meistens Neubau) von belastbareren IT-Architekturen mit integrierten Technologien, um Prozesse z.B. durch Automatisierung effizienter zu gestalten, ist dabei schon längst zur Voraussetzung geworden, um im (inter)nationalen Wettbewerb bestehen zu können.

Eine weitere Herausforderung sind die Themen Umsatzentwicklung und Profitabilität. Seit 2008 befindet sich der Leitzins der Europäischen Union auf einem historischen Tiefpunkt. Deutsche Banken leiden besonders unter den Folgen dieser jahrelangen Niedrigzinspolitik, da, anders als bei ausländischen Banken, der Fokus meist auf dem Zinsgeschäft liegt und somit ein großer Teil der Umsätze ausbleibt. Viele Unternehmen haben erkannt, dass ein großes Einsparungspotenzial in der Überholung ihrer meist veralteten dispositiven Architekturlandschaften liegt. Um ihre Profitabilität und damit ihre Wettbewerbsposition zukünftig zu sichern und auszubauen, sehen sich Banken gezwungen, belastbare und zugleich flexiblere IT-Architekturen einzuführen. Der Fokus liegt dabei ganz klar auf einer hohen Automatisierung und der Einführung von Standardsoftware, um zukünftigen Anforderungen flexibel, agil und Performance-orientiert entgegenzutreten.

Der vorherrschende Wettbewerbs-, Digitalisierungs- und Kostendruck ist jedoch nicht der einzige Grund, weshalb eine »architektonische« Neuausrichtung der Unternehmen unbedingt notwendig ist: Eine der größten Herausforderungen ist die Umsetzung von regulatorischen und gesetzlichen Vorgaben an die Gesamtbanksteuerung wie z. B. Basel III, Mindestanforderungen an die Kreditvergabe, Stresstests etc. Eine der wichtigsten Lehren aus der Finanzkrise ist, dass die Informationstechnologie (IT) und die Datenarchitektur von Banken oft nicht (mehr) für ein umfassendes Finanzrisikomanagement geeignet sind. So war ein Großteil nicht in der Lage, Risikopositionen abzubilden und diese auf Konzernebene und über Geschäftseinheiten und Konzerngesellschaften hinweg schnell und genau zu identifizieren. Die Steuerung der Risiken war durch die unzureichenden Verfahren und Kapazitäten nicht gewährleistet. Als Gegenreaktion verschärfte der Basler Ausschuss die Anforderungen, um Unternehmen zukünftig die Erkennung und Steuerung von bankweiten Risiken zu ermöglichen.

2013 wurden zudem die »Grundsätze für die effektive Aggregation von Risikodaten und die Risikoberichterstattung« (BCBS 239) veröffentlicht. Das Hauptziel dieses Standards ist, die fehlerfreie Darstellung von Risikodaten und das interne Risiko-Reporting der Banken zu stärken, um wiederum das Risikomanagement und die Entscheidungsprozesse zu verbessern. BCBS 239 formuliert Anforderungen an Data Governance, Metadatenmanagement, Datenqualitätsmanagement, Datenprozesse, IT- und Risikoarchitekturen sowie die Erstellung und Verteilung von Risikoberichten. Zusätzliche Anforderungen an den Detail- und Automatisierungsgrad sowie die Skalierbarkeit der relevanten Daten erfordern ein Umdenken und bedeuten hohe Anpassungsaufwände für viele Unternehmen.

BCBS 239

Folgende vier Themenbereiche sind vom BCBS-239-Standard betroffen:

- **Governance & Infrastruktur:** Das Thema Datenmanagement fällt in den Verantwortungsbereich von Vorstand und Senior Management. Ziel ist es, unabhängig von Organisationsgrenzen die richtigen Risikodaten zu generieren. Die Sicherstellung der effektiven IT-Unterstützung des Reportings und der Risikodaten-Aggregation ist daher ein wichtiger Bestandteil.
- **Risikodaten-Aggregation:** Die Risikodaten-Aggregation muss vor allem zeitnah erfolgen. Um dies sicherzustellen, ist meist die (vollständig) automatisierte Generierung von Risikodaten erforderlich.
- **Risikoberichterstattung:** Gewährleistet werden muss die Integration aller Risikofelder, die zeitnahe Erstellung und Verteilung von Risikoberichten sowie

die Verständlichkeit der Berichterstattung für alle Nutzer. Zusätzlich muss sichergestellt werden, dass eine Darstellung aller Schwachstellen und Grenzen des Risiko-Reportings vorhanden ist, damit diese bei zukünftigen Entscheidungsfindungen mit einbezogen werden können.

- **Aufsichtsrechtliche Überprüfung:** In der Regel werden drei Empfehlungen an die nationale Aufsichtsbehörde kommuniziert: Erstens wird überprüft bzw. überwacht, ob alle Grundsätze eingehalten werden. Im Fall von Audits oder Sanktionen werden zweitens die genutzten Werkzeuge untersucht. Drittens muss sichergestellt werden, dass die zuständigen Aufsichtsbehörden untereinander vernetzt sind und so die Zusammenarbeit gewährleistet werden kann.

Aus den oben genannten Punkten ergeben sich fünf Handlungsfelder:

1. **IT-(Gesamt-)Architektur:** Um zukünftig nachhaltig Transparenz über Prozesse und ihre Daten zu erreichen, müssen Banken die Konzeption einer strategischen IT-Architektur unabhängig von der vorherrschenden Unternehmenskultur realisieren. Bestandteile dieser Architektur sind vor allem eine konzernweite Datenarchitektur inklusive Metadatenmanagement, Datenqualitätsmanagements sowie die Entwicklung und Implementierung einer Data Governance (inkl. Rollen und Zuständigkeiten) für Risikodaten. Die Einführung eines zentralen Datenhaushalts, der als »Single Point of Truth« fungiert und somit die Datenkonsistenz entlang der gesamten Banksteuerung sicherstellt, ist dabei essenziell. Risiko-Datenmodelle müssen z. B. einheitlichen Namenskonventionen unterliegen, einen einheitlichen Detaillierungsgrad der Daten gewährleisten, um Prozesse auf Basis einer »Single Source« zu realisieren. Dies ist besonders wichtig, da Datenmodelle konzernweit überführbar sein müssen, z. B. für die Abstimmung zwischen Risiko- und Accounting-Daten. Das Sammeln von Daten erfolgt dabei meist automatisiert; die Ausführung von manuellen Prozessen sollte dabei nur eine Ausnahme sein.

2. **Datenqualitätsmanagement (DQM):** Korrekte Daten, d. h. eine hohe Datenqualität, bilden die Basis eines effektiven Risikomanagements und sind daher einer der zentralen Aspekte von BCBS 239: Um gemäß dem Standard zukünftig in der Lage zu sein, einheitliche Risikoberichte und Analysen sowohl in regelmäßigen Frequenzen als auch »auf Knopfdruck« (ad hoc) zu erstellen, unterliegen die Daten hohen Ansprüchen mit Blick auf Genauigkeit, Integrität, Beschaffenheit und Aktualität. Das DQM muss daher leistungsfähig genug sein, um automatische Prozeduren zur Eskalation und Messung der Datenqualität, basierend auf einer umfassenden Data-Governance-Architektur, bereitzustellen. Die Zuständigkeiten für die Data Governance liegen dabei nicht nur im IT-Bereich, sondern auch im Business.

3. **Risiko-Reporting:** Ziel ist ein ganzheitliches, genaues und vor allem qualitätsgesichertes Risiko-Reporting: Um zeitgerecht Managemententscheidun-

gen zu unterstützen, werden vor allem prägnante und effiziente Prozesse gefordert, die flexible, über das Standard-Reporting hinausgehende Analysen und Simulationen zulassen. Verschiedene Steuerungssichten müssen dabei konsistent zueinander sein, d. h., sie müssen auf dem gleichen Datenbestand basieren und die Abdeckung aller wesentlichen Risiken gewährleisten. Bei der Risikoberichterstattung ist es vor allem wichtig, auf die verschiedenen Empfängerkreise einzugehen und die Verständlichkeit des Reportings an diese anzupassen.

4. **Gesamtheitliche Organisation des IT-Managements:** Banksteuerungsrelevante Daten sollen zumindest in Teilen zentral gemanagt werden. Hier geht es primär darum, eine fristgerechte Risikodatenbereitstellung zu gewährleisten und den fachlichen Anforderungen an das Datenmanagement gerecht zu werden. Viele Unternehmen haben daher ein »fachliches Datenmanagement« implementiert, das in Teilen die Steuerung und Überwachung zentral übernimmt.

5. **Metadatenmanagement (MDM):** Die Data Lineage ist eine der Königsdisziplinen des Metadatenmanagements: Insbesondere die regulatorischen Anforderungen an die Transparenz der Daten (d. h. die Nachvollziehbarkeit der Herkunft der Daten über Architekturschichten hinweg) können in Teilen mit einer durchgehenden Data Lineage beantwortet werden. Die Data Governance spielt im MDM-Kontext ebenfalls eine wichtige Rolle, da hier Verantwortlichkeiten für die Bereitstellung der Metadaten in der notwendigen Qualität und Vollständigkeit eindeutig geregelt und überwacht werden.

Um die aufsichtsrechtlichen Anforderungen abbilden und dem immensen Kostendruck beggnen zu können, konsolidieren und standardisieren Banken zunehmend ihre heterogenen Anwendungslandschaften. Um insbesondere Ertragsziele abbilden zu können, werden moderne Architekturen benötigt. Sie unterstützen Geschäftsprozesse effizient und gewährleisten niedrigere Betriebs- und Weiterentwicklungskosten. Heutige Anwendungslandschaften sind meist hochkomplex und in der Regel säulenartig aufgebaut. Hinzu kommt, dass einige Anwendungen bereits das Ende ihres Lebenszyklus erreicht haben. Bei der Einführung einer neuen Banksteuerung gilt daher auf Strategieebene: Business follows IT. Das heißt, die Neuausrichtung des Unternehmens basiert auf der Implementierung einer integrierten, standardisierten Softwarelösung. Ziel ist die Nutzung von Standards und die effiziente Optimierung und Unterstützung von zugehörigen Prozessen, um so auch die Komplexität der Banksteuerung und der Prozesse insgesamt zu reduzieren und Medienbrüche zu vermeiden.

Viele dieser Disziplinen und Maßnahmen werden häufig nur unzureichend umgesetzt. Im Folgenden wird eine Referenzarchitektur vorgestellt, die den oben aufgeführten Anforderungen und Herausforderungen Rechnung trägt.

- **Historisierung (Abschnitt 9.2)**: Eine der wesentlichen Anforderungen an die Historisierung ist es, ein Höchstmaß an Transparenz zu schaffen. Ein einheitliches Historisierungskonzept bildet dabei das Grundgerüst, um die Datenmodellierung und die damit verbundene Bewirtschaftung von historischen Datenbeständen zu organisieren.
- **Datenschichtenarchitektur (Abschnitt 9.3)**: Die Datenschichtenarchitektur definiert die Datenspeicherung (physisch und/oder logisch) sowie deren Zugriffspunkte. Dabei ist es ein zentrales Anliegen, die Integrität des Gesamtdatenbestandes im gesamten Banksteuerungs-Ökosystem sicherzustellen (Single Point of Truth).
- **Integrationsarchitektur (Abschnitt 9.4)**: Das Hauptziel der Datenintegration ist, die Verfügbarkeit und benötigte Aufbereitung von Daten für die jeweiligen Nutzergruppen zu realisieren. Im Rahmen der Integrationsarchitektur ist es notwendig, Daten jederzeit in vollständiger Transparenz vorzuhalten, d.h. eine lückenlose Data Lineage zu implementieren.
- **Metadatenmanagement (Abschnitt 9.5)**: Der zentrale Metadatenhaushalt schafft eine einheitliche und abgestimmte Begriffswelt und somit eine ganzheitliche Transparenz über Daten. Die Navigation durch den Metadatenhaushalt erfolgt meist über Weboberflächen mit grafischen Elementen für Daten-, Prozess- und Ablaufdiagrammen sowie der Data Lineage.
- **Datenqualitätsmanagement (Abschnitt 9.6)**: Eine qualitätsgesicherte Datenbasis ist besonders wichtig für die Steuerungsfähigkeit eines Unternehmens. Die Kernanforderung des Datenqualitätsmanagements ist die Sicherung der BCBS-239-Compliance des gesamten zentralen Datenhaushalts.

9.2 Historisierung

Folgender Abschnitt erläutert die Herausforderungen der Historisierung und beschreibt Best-Practice-Hinweise für die Umsetzung.

Bei der Betrachtung von IT-Systemen wird die Behandlung von Änderungen in den verwalteten Datenbeständen häufig als einer der deutlichsten Unterschiede zwischen operativen Informationssystemen und einem Data Warehouse angesehen. Der Fokus eines operativen Informationssystems liegt auf der Verwaltung der jeweils aktuellen Datenobjekte, d.h., Änderungen in Beständen werden durch das Überschreiben bestehender Datensätze mit neuen Ausprägungen realisiert. Dagegen ist für ein Data Warehouse die Fortschreibung und Dokumentation aller historischen Datenbestände die Voraussetzung für die konsistente Datenbereitstellung über einen langen Zeitraum hinweg.

Die Vielzahl der regulatorischen Anforderungen und insbesondere die Prinzipien aus BCBS 239 erfordern oft eine Neuausrichtung der dispositiven Systemlandschaft. Eine wesentliche Anforderung dabei ist es, ein Höchstmaß an Transparenz zu schaffen. Grundlage dafür ist ein einheitliches Historisierungskonzept, das verbindlich die Modellierung und die damit verbundene Bewirtschaftung von historischen Datenbeständen regelt. Für die Modellierung von historischen Daten gibt es (noch) keinen allgemeingültigen Standard. In der Praxis findet man immer wieder unterschiedliche Varianten. Die Hersteller von Datenbanken haben erkannt, dass diese zentrale Funktionalität am besten innerhalb ihrer Datenbank umgesetzt wird. Inzwischen gibt es auch einen SQL-ANSI-Standard, der jedoch noch nicht in allen Datenbanken vollständig umgesetzt wurde.

9.2.1 Bitemporale Historisierung

Bei der Historisierung unterscheidet man grundsätzlich zwischen fachlicher und technischer Historisierung, die sich nach der jeweiligen Gültigkeit richtet.

- Fachliche Gültigkeit
  Bei der fachlichen Historisierung wird die Gültigkeit einer Version durch den Anwender aus fachlicher Sicht festgelegt. Sie repräsentiert den Zustand eines Objekts in der fachlichen Welt. Fachliche Änderungen können dabei grundsätzlich in die Vergangenheit oder in die Zukunft datiert werden. Lücken von Versionen eines Objekts müssen – sofern fachlich nicht erforderlich – vermieden werden, da eine Lücke bedeutet, dass dieses Objekt während dieser Zeit nicht existent ist. Überlappungen sind im eigentlichen Sinne einer Versionierung nicht zulässig. Eine Überlappung würde bedeuten, dass die Information mehrdeutig ist.

- Technische Gültigkeit
  Bei der technischen Historisierung wird die Gültigkeit einer Version durch den Zeitpunkt der Änderungsoperation im System festgelegt. Sie repräsentiert das technische Wissen über den Zustand eines Objekts. Datenänderungen werden dabei nicht durch Überschreiben oder Löschen abgebildet. Vielmehr wird die technische Gültigkeit der alten Version beendet und – sofern es sich um ein Update handelt – eine neue Version eingefügt. Diese neue Version ist vom Zeitpunkt der Erstellung an bis auf Widerruf (das heißt erneute Datenänderung), quasi unendlich, gültig.

Die bitemporale Historisierung ist die Kombination von fachlicher und technischer Historisierung. In den meisten Fällen erfüllt die bitemporale Datenhaltung die fachlichen Anforderungen an die Historisierung einer modernen Banksteuerung.

Es gibt jedoch fachliche Themen, z. B. Buchungen einer alten Rechnung im Rahmen der Abschlussprozesse, die drei Zeitbezüge (technischer Änderungszeitpunkt, fachlicher Stichtag, Buchungstag) benötigen. In solchen Fällen wird die bitemporale Historisierung um einen weiteren fachlichen Zeitbezug auf eine tritemporale Historisierung erweitert. In beiden Varianten der Historisierung (bitemporal, tritemporal) liegt die Komplexität in der Backend-Verarbeitung. Bei der bitemporalen Historisierung müssen die Gültigkeitsfenster so verwaltet werden, dass bei einer beliebigen Zeitkombination (as of date) für die fachliche und technische Gültigkeit genau eine Version existiert. Fachliche, zeitliche Überlappungen sind dabei nicht zulässig. Bei der tritemporalen Historisierung erweitert sich der Ergebnisraum um eine dritte zeitliche Dimension und die Komplexität erhöht sich entsprechend (vgl. Abb. 9–1).

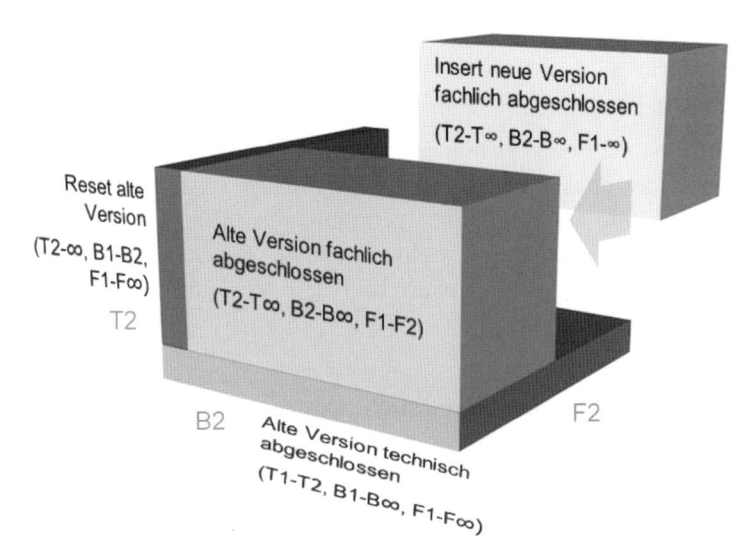

Abb. 9–1   *Tritemporale Historisierung*

9.2.2 Best Practice

Die bi- bzw. tritemporale Historisierung gehört zu den Königsdisziplinen der temporalen Datenhaltung. Sowohl die fachliche Spezifikation als auch die technische Umsetzung erfordern fundiertes Expertenwissen. Bei der Fachspezifikation liegt die Herausforderung darin,

- zwischen bitemporal und tritemporal zu entscheiden,
- die fachliche Gültigkeit korrekt zu bestimmen und
- Regeln für den Umgang mit inkonsistenten Daten (z.B. zeitlichen, fachlichen Überlappungen) zu definieren.

Bei der technischen Umsetzung ist zunächst zu klären, ob und inwieweit die Datenbankfunktionen die Verwaltung und Verwendung von historisierten Tabellen unterstützen. Danach ist zu prüfen, ob die Standardfunktionen ausreichen, um die Anforderungen an die Historisierung umzusetzen. Als Best Practice haben sich Ladeadapter bewährt, in denen die komplexe Verarbeitungslogik für die Historisierung gekapselt wird.

9.3 Datenschichtenarchitektur

Im folgenden Abschnitt werden die verschiedenen Datenschichten der Referenzarchitektur dargestellt und gegeneinander abgegrenzt.

Die Architektur von Datenschichten definiert die physische und/oder logische Speicherung und deren Zugriffspunkte. Dabei ist es ein zentrales Anliegen dieser Komponente, die Integrität des Datenbestandes im gesamten Ökosystem sicherzustellen. Das schließt sowohl das Vorhandensein der Daten als auch den performanten Zugriff auf selbige mit ein.

Modellierung der Schichten

Für jede Datenschicht muss es hinreichende Gründe für deren Existenz geben, da jede, insbesondere physisch vorhandene Schicht eine zusätzliche Komplexität in die Architektur mit einbringt. Dies geht mit zusätzlichen Kosten sowohl im Betrieb als auch in der Weiterentwicklung einher. Zudem muss für jede Schicht die Art der Datenhaltung (Datenspeicher) definiert und ihrem Verwendungszweck entsprechend optimiert sein.

9.3.1 Datenschichten der Referenzarchitektur

Die Referenzarchitektur definiert vier Nutzdatenschichten, die die Speicherung der Daten und den Zugriff darauf definieren (vgl. Abb. 9–2). Darüber hinaus verortet sie anzubindende Quellsysteme als logischen Datenbezugspunkt. Zusätzlich ist ein Archiv vorgesehen, das auf Speicherung von Daten abzielt, die sich am Ende ihres Nutzungs- bzw. Lebenszyklus befinden.

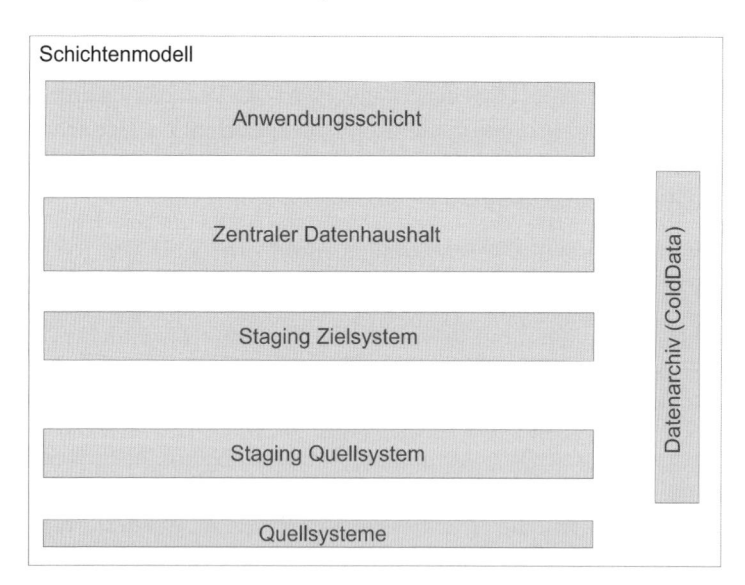

Abb. 9–2   *Schichtenmodell*

Alle vier Nutzschichten befinden sich logisch innerhalb einer großen Datenplattform und grenzen sich über Dauerhaftigkeit und Nutzung voneinander ab. Im Folgenden wird auf die Organisation des zugrunde liegenden Datenspeichers sowie auf die Notwendigkeit und den prinzipiellen Aufbau dieser Schichten eingegangen:

- **Datenspeicher:** Die zugrunde liegende Datenhaltung wird über ein relationales Datenbankmanagementsystem abgebildet, das im Idealbild sowohl »in-memory« zeilenorientiert als auch bei Bedarf spaltenorientiert organisiert ist. Ersteres ist insbesondere für die nicht persistente Aufbereitung von Ergebnisdaten hinsichtlich der Performance von hoher Bedeutung. Die Zielplattform unterstützt idealerweise nativ eine bitemporale Historisierung (vgl. Abschnitt 9.2.1). Das bedeutet, dass der ANSI-Standard 2011 vollumfänglich mit den Werkzeugen der Datenbank bedient wird. Diese Fähigkeit ist insbesondere hinsichtlich der regulatorischen Anforderungen in Bezug auf die Nachvollziehbarkeit von Datenbeständen essenziell.

- **Staging Quellsysteme:** Diese Schicht definiert den Übergabepunkt der Quelldaten, die in ihrer originären Form, d. h. ohne inhaltliche Transformationen, persistiert sind. Sie dient der Entkopplung der Quellsysteme von dem Datenbestand der Zielarchitektur. Dazu ist es notwendig, die Beladung aller eingehenden Daten, unabhängig von einer nachgelagerten Verarbeitung und deren Anforderungen an semantische und syntaktische Korrektheit, sicherzustellen. Dabei ist es unerheblich, wie diese in die Staging Area kommen, ob über das nächtliche Einspielen von Textdateien oder auch über die hochfrequente Anlieferung in Form von Datenströmen. Die Datenorganisation ist dabei auf die Gegebenheiten der Quellsysteme respektive Datenübertragungstechnologie eingerichtet, sodass grundsätzlich alle Daten aufgenommen werden können. Ein weiterer wichtiger Aspekt dieser Schicht ist die Bedienung der Nachweispflicht, sowohl für die Daten an sich als auch für anfallende Prozessmetadaten.

- **Staging Zielsystem:** Ein zentrales Element für die Weiterverarbeitung dieser Daten ist die umfassende Definition von zusammenhängenden Beladungseinheiten, die z. B. einen kompletten Buchungstag über den Gesamtdatenbestand identifizieren. Für die Weiterverarbeitung in die Zieldatenhaltung ist es von elementarer Bedeutung, dass die Daten in syntaktisch fehlerfreier Form vorliegen. Das bedeutet insbesondere, dass vorhandene Datentypen vollumfänglich den erwarteten Datentypen entsprechen und es zu keiner Schlüsselverletzung kommt. Die Struktur und die Inhalte der Daten dieser Datenschicht orientieren sich hierbei am abnehmenden System. Dadurch werden vorhandene Datensätze auf ihre Eignung zur Weiterverarbeitung gescannt. Die fehlerhaften Datensätze werden markiert und mit entsprechenden Hinweisen zu den Regelverletzungen versehen. Basierend auf dieser Markierung (am jeweiligen Datensatz) wird entschieden, welche Datensätze für eine weitere Verarbeitung infrage kommen.

- **Zieldatenbestand:** Diese Datenschicht stellt den gesamten konsolidierten Datenhaushalt der Architektur dar. Alle anliefernden Prozesse haben die Aufgabe, diesen Datenbestand aktuell und persistent zu halten, damit alle nachgelagerten Prozesse auf diesen zugreifen können. Im Gegensatz zu den vorher genannten Staging-Schichten ist die Verweildauer der Daten prinzipiell unbeschränkt bzw. durch den Datenlebenszyklus vorgegeben. Dieser Zieldatenbestand dient der darauf aufbauenden Anwendungsschicht als Single Point of Truth (SPOT). Anomalien in der Datenbank müssen durch die Vermeidung von Datenredundanzen verhindert werden. Viele Modellierungsansätze für den zentralen Zieldatenbestand basieren daher auf der dritten Normalform. In der Praxis dominieren Modellierungsansätze wie z. B. Data Vault, die sich sehr nah an den Datenstrukturen der Quellsysteme orientieren. Der Vorteil ist unmittelbar ersichtlich: Die Bewirtschaftungsprozesse sind vergleichsweise einfach und können schnell implementiert werden. Demgegenüber stehen fertige Industriedatenmodelle, die im Idealfall schon mit darauf aufsetzenden fertigen analytischen Applikationen bereitgestellt werden. Der große Nachteil von Industriedatenmodellen ist die Ausrichtung der Datenstrukturen auf vordefinierte Geschäftsprozesse, individuelle Strukturen der Quellsysteme werden dabei nicht berücksichtigt. Im Ergebnis muss der Kunde ggf. seine Geschäftsprozesse neu ausrichten (Business follows IT). In jedem Fall wird die Implementierung der Bewirtschaftungsprozesse komplexer als bei einer quellsystemorientierten Modellierung, da die Datenstrukturen der Quellsysteme erheblich von den Zieldatenstrukturen abweichen können.

- **Anwendungsschicht:** Alle fachlichen Bedarfe an den zentralen Datenhaushalt werden über die Anwendungsschicht bedient. Im Gegensatz zu den vorangegangenen Datenschichten wird die Anwendungsschicht nicht zwingend persistent gespeichert. Konkret handelt es sich um einen Federation-Ansatz, d.h., es wird ein Zugriff (vgl. Zugriffsschicht in Abschnitt 9.4) auf die zugrunde liegenden Daten geschaffen, ohne eine zusätzliche Persistenz oder Dopplung in der Datenhaltung. Grundsätzlich könnten so Datenschichten aus heterogenen Datenquellen in einer einzigen Datenzugriffsschicht verfügbar gemacht werden. Die Heterogenität der Daten kann sowohl in der Datenhaltung als auch in einer fachlichen Trennung begründet sein. In der vorliegenden Referenzlösung befinden sich die Daten in der gleichen Datenhaltung, sie werden aber von unterschiedlichen und voneinander unabhängigen Prozessen bewirtschaftet.

Hinweis: Die Performance einer nicht persistenten Anwendungsschicht muss von Anfang an überwacht werden. Mit steigenden Datenvolumen, Nutzerzahlen und Anwendungsszenarien kann von einer vollständigen zu einer teilweisen Virtualisierung abgewichen werden.

9.3.2 Archivierung und Housekeeping

Im Fokus der Archivierung stehen Daten, die nur selten oder nicht aktiv genutzt werden. Diese können in eine alternative Datenstruktur oder Speicherlösung verschoben werden, die für das Unternehmen weniger kostspielig ist. Unter Housekeeping werden Regelprozesse subsumiert, die darauf abzielen, veraltete Daten performant und überwacht zu löschen. Das sind Daten, deren Aufbewahrung weder aus regulatorischen noch aus fachlichen oder prozessualen Gründen weiter notwendig sind.

Archivierung

Eine gängige Methode der Archivierung ist das Data Tiering. Sie ermöglicht es, Daten verschiedenen Speicherbereichen bzw. Speichermedien zuzuordnen. Als Kriterien dienen dabei die Art der Daten, operationale Überlegungen, Anforderungen an die Performance, Zugriffshäufigkeit und Sicherheitsanforderungen. In der Praxis hat sich eine Multi-Temperatur-Speicherstrategie bewährt, bei der die Daten je nach den oben genannten Kriterien als »hot«, »warm« oder »cold« klassifiziert werden. Abhängig von der Klassifizierung und einer Kostenbetrachtung werden die Daten in unterschiedlichen Speicherbereichen bzw. Speichermedien gehalten. Zusätzlich dazu gibt es auch regulatorische Gründe, die einen Einfluss auf die Archivierung haben, z.B. gesetzliche Aufbewahrungsfristen oder vorgeschriebene Datenlöschungen aufgrund der Datenschutz-Grundverordnung.

Housekeeping

Mit der Zeit entfallen für Datensätze die fachliche und die regulatorische Notwendigkeit, diese vorzuhalten. Durch das Housekeeping werden diese nicht mehr benötigten Datensätze gelöscht.

Eine besondere Herausforderung ist dabei das Löschen in bitemporalen Tabellen. Dabei wird zwischen dem technischen und fachlichen Housekeeping unterschieden. In den folgenden Beschreibungen werden deshalb auch zwei Tabellenarten betrachtet:

- Basistabelle, die für einen Nutzer unmittelbar sichtbare fachliche Tabelle (die den technisch aktuellen Stand der fachlichen Historie enthält)
- Historientabelle, die für einen Nutzer nicht unmittelbar sichtbare technische Tabelle (die den technisch historischen Stand der fachlichen Historie enthält)

Technisches Housekeeping

Beim Housekeeping bezüglich der technischen Historisierung (kurz: technisches Housekeeping) werden diejenigen Sätze aus der Historientabelle gelöscht, deren technische Gültigkeit vor dem technischen Löschzeitpunkt endet. (Der Löschzeitpunkt ist definiert durch aktuelles Datum minus technische Vorhaltedauer.) Eine Aufbewahrung von Ultimo-Ständen findet nicht statt.

Die Basistabelle ist von der technischen Historisierung nicht betroffen, da sie ausschließlich technisch aktuelle Sätze enthält (vgl. Abb. 9–3).

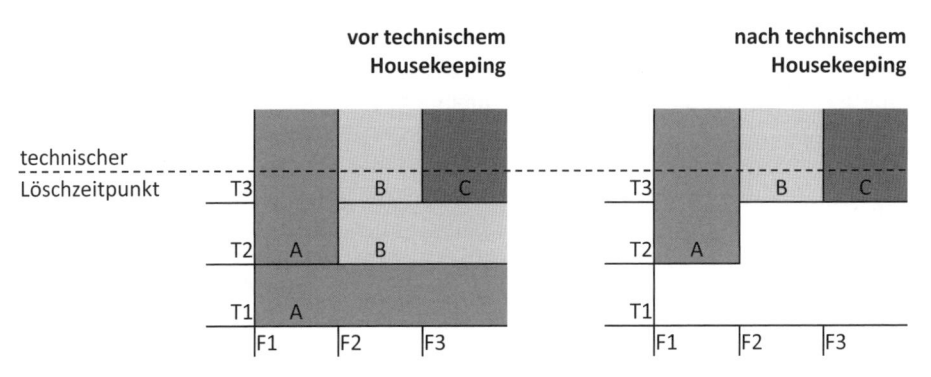

Abb. 9–3   Technische Historisierung

Fachliches Housekeeping

Beim Housekeeping bezüglich der fachlichen Historisierung (kurz: fachliches Housekeeping) werden diejenigen Sätze aus der Basistabelle gelöscht, deren fachliche Gültigkeit vor dem fachlichen Löschdatum endet und die keinen der parametrisierten Ultimo-Werte enthalten (vgl. Abb. 9–4).

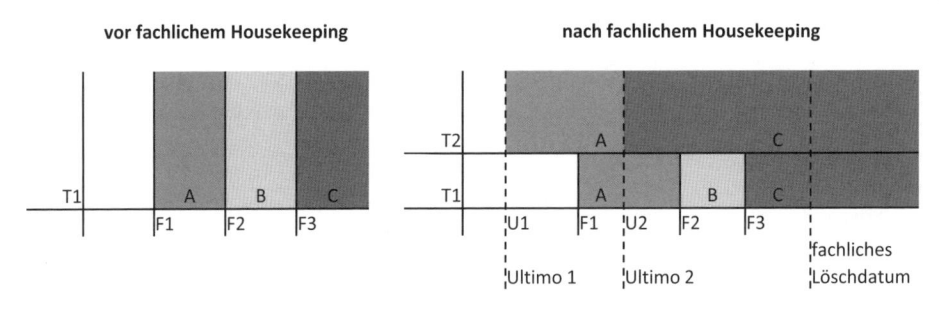

Abb. 9–4   Fachliche Historisierung

Die hierbei entstehenden Gültigkeitslücken werden nachfolgend wieder geschlossen, indem die fachliche Gültigkeit der zu einem Ultimo gültigen Version auf die komplette Ultimo-Periode ausgedehnt wird.

Die Historientabelle ist von der fachlichen Historisierung insofern betroffen, als die entsprechenden Operationen der technischen Versionierung unterliegen. Das heißt für die Historientabelle, dass sie die durch Löschung oder Änderung obsolet gewordenen Versionen aufnehmen muss. Sie wächst also zunächst sogar an, bis diese historischen Versionen nach Ablauf der technischen Vorhaltedauer vom technischen Housekeeping gelöscht werden.

9.4 Integrationsarchitektur

Die Integrationsarchitektur gibt das Rahmenwerk für die Datentransporte zwischen den in Abschnitt 9.3 vorgestellten Datenschichten und Datentransformationen innerhalb einer Schicht vor (vgl. Abb. 9–5). Dazu zählen sowohl die Prozesse, die eine persistente Veränderung in der Zieldatenschicht herbeiführen, aber auch die, die das Ergebnis von Datentransformationen in einer virtualisierten Zugriffsschicht zur Verfügung stellen (vgl. auch Data Federation). Das erklärte (funktionale) Ziel dieser Prozesse ist, Daten dort verfügbar zu machen, wo sie benötigt werden, wann sie benötigt werden und in der Form, in der sie benötigt werden. Idealerweise geschieht dies mit eher lose gekoppelten (»loosely coupled«) Applikationen und mit einer begrenzten Anzahl von Schnittstellen, die möglichst standardisiert sind. Im Idealfall gibt es keine Abhängigkeiten der Applikationen untereinander oder von nebenläufigen Verarbeitungsprozessen. Im Zuge von regulatorischen Anforderungen ist es darüber hinaus notwendig, jederzeit eine vollständige Transparenz der Transformationen im Sinne von Verarbeitungsregeln, Datenherkunft, Datenaktualität, aber auch Datenqualitätsproblemen vorzuhalten (vgl. Data Lineage).

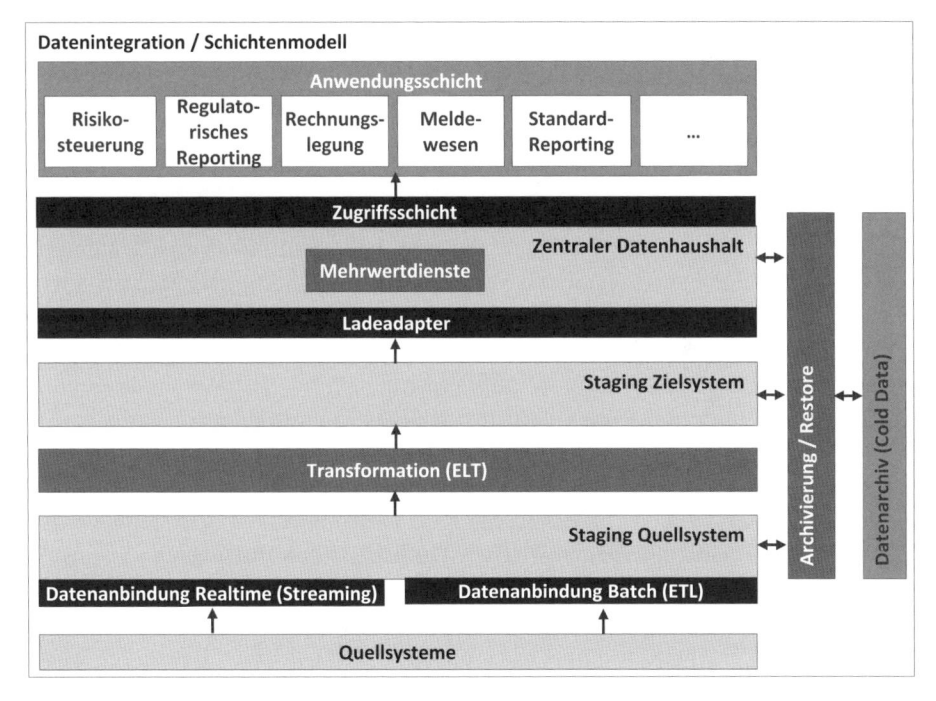

Abb. 9–5   *Integrationsarchitektur*

9.4.1 Verfahren und Werkzeuge

Die Auswahl eines passenden Datenintegrationsansatzes orientiert sich an den Anforderungen der Datentransporte. Dabei kann zwischen Datentransporten zwischen Plattformen und solchen innerhalb einer Plattform unterschieden werden. Somit definiert die Datenschichtenarchitektur Vorgaben für die Integrationsarchitektur.

Integration zwischen Plattformen

In der Natur dieser Sache liegt es, dass Daten Systemgrenzen überschreiten. Somit liegt das Hauptaugenmerk auf Werkzeugen, die genau in diesem Bereich ihre Stärken haben, z. B. Konnektivität, Variabilität hinsichtlich Verarbeitungsgrößen und der Dokumentation von Verarbeitungsschritten. Das sind z. B. klassische ETL-(Extract-Transform-Load-)Werkzeuge, die einen direkten Zugriff auf Quelldaten und auf die Zieldatenschicht haben. Ein anderes Beispiel für einen Datenaustausch sind Messaging-Systeme, z. B. basierend auf Apache Kafka. Deren Grundprinzip ist es, die Daten einer Quelle genau einmal zu erschließen und in einer unternehmensweiten Datenverteilungsplattform für interessierte und berechtigte Abnehmer (Consumer) zur Verfügung zu stellen. Dabei steuert die Quelle (Producer) transparent die Frequenz und die Inhalte der Daten.

In der Referenzarchitektur binden beide beschriebene Ansätze die Quellsysteme an die Staging Quellsysteme an.

Integration innerhalb der Plattform

Immer dann, wenn Quelle und Ziel von einer Datentransformation sich in der gleichen Plattform bzw. in einer Datenhaltung befinden, haben sich Datenintegrationswerkzeuge bewährt, die die Verarbeitung der Daten innerhalb der Plattform abbilden. Weil die Daten nicht erst in eine separate Engine gelesen, dort verarbeitet und dann wieder geschrieben werden müssen, ist dieser Ansatz besonders performant. Insbesondere kann so die Performance der Zieldatenbank genutzt werden, die in modernen Datenplattformen die meisten Integrationsanforderungen bedienen kann. Dieser Ansatz, im Folgenden auch synonym mit ELT bezeichnet, bedeutet nicht zwingend, dass auf den Komfort und die Effizienz von Werkzeugen verzichtet werden muss und manuell Datenbankskripte erstellt werden müssen. Im betrachteten regulatorischen Umfeld ist sogar dringend davon abzuraten. Um eine notwendige Data Lineage nicht zu erschweren oder nahezu unmöglich zu machen, stellen einige Datenintegrationsanbieter Funktionalitäten bereit, die die Verarbeitung in die Plattform selbst »pushen«. Eine andere Möglichkeit, die die vorhandenen Funktionen einer Datenbank noch stringenter ausnutzt, ist der Einsatz von spezifischen Generatoren, die in hohem Maße auf die jeweilige Infrastruktur angepasst sind. Dies ist insbesondere bei industrialisierten Datenmodellen und hochgradig standardisierbaren Verarbeitungsmustern sinnvoll.

In der Referenzarchitektur greift dieser Ansatz an mehreren Stellen:

- Transformation zwischen Staging Quellsystem und Staging Zielsystem, um die verschiedenen Strukturen und Inhalte der Quellen auf die standardisierten Vorgaben abzubilden
- Innerhalb des zentralen Datenhaushalts, wo Mehrwertdienste aus gelieferten Grunddaten angereicherte Ergebnisdaten bereitstellen

Logische Integration

Unter einer logischen Integration (Virtualisierung) wird die Gesamtheit aller nicht persistierenden Datentransformationen zusammengefasst. Der einfachste Baustein einer Virtualisierung ist eine Datenbanksicht, über die nachgelagerte Systeme auf die eigentlichen Daten (1:1) zugreifen.

Dieses Mindestmaß an Entkopplung ist immer zu empfehlen, um die Datennutzung von der eigentlichen Datenbewirtschaftung zu entkoppeln, z. B. für Weiterentwicklungen oder auch für anspruchsvolle Berechtigungsszenarien. Solche Datenbanksichten können je nach fachlicher Anforderung auch komplexe Transformationen abbilden. Von zentraler Bedeutung ist es hier, dass einerseits die in diesen Artefakten gekapselte Transformationslogik für den Metadatenhaushalt erschließbar bleibt. Andererseits muss auch stets gewährleistet werden, dass der Zugriff auf solche Berechnungen den definierten Antwortzeiten entspricht. Theoretisch ist es denkbar, den gesamten Datenbestand zu virtualisieren. Allerdings stößt dieser Ansatz in der Praxis schnell an Grenzen. Dies kann z. B. durch Volumen und Heterogenität der Daten begründet sein. Aber auch durch regulatorische und prozessuale Anforderungen hinsichtlich Nachvollziehbarkeit und Nachverarbeitbarkeit. In der Referenzarchitektur wird in der Zugriffsschicht die logische Integration zwischen dem zentralen Datenhaushalt und den fachlichen Bedarfen der Anwendungsschicht abgebildet.

9.4.2 Anbindung Metadatenmanagement

Wie in den vorhergehenden Abschnitten bereits beschrieben, ist es von zentraler Bedeutung, jederzeit nachvollziehen zu können, welche Prozesse welche Daten geschrieben bzw. bereitgestellt haben. Das zielt zum einen auf die entwickelten Datenintegrationsstrecken ab, deren Information z. B. über die Erschließung der Metadaten von ETL/ELT-Werkzeugen verfügbar gemacht wird (statische Metadaten), zum anderen aber auch auf die Messpunkte in den Transformationen. In der Praxis haben sich dabei zwei Verfahren etabliert, die sich kombinieren lassen, die Anreicherung von Nutzdaten und das Sammeln von Laufzeitstatistiken, wie in den folgenden Abschnitten beschrieben:

- **Anreicherung von Nutzdaten:** Bei diesem Verfahren werden die Datensätze der Nutzdaten um zusätzliche Attribute angereichert. Typische Beispiele sind hier Verarbeitungszeitpunkte, technische Datenbankschlüsselinformationen oder auch prozessidentifizierende Attribute des verarbeitenden Werkzeuges. Auf diese Metadaten kann im Bedarfsfall zurückgegriffen werden, sei es bei der Analyse von Bewirtschaftungsstrecken im Fehlerfall oder bei der Unterstützung von Data Lineage.
- **Sammeln von Laufzeitstatistiken:** Das zweite vorgestellte Verfahren zielt darauf ab, synchron zur Verarbeitungszeit aussagefähige Logging-Informationen in den Metadatenhaushalt einzuspielen. Das sind z. B. Prozessinformationen, wie das Starten eines bestimmten Programmmoduls oder das Fehlen einer erwarteten Dateilieferung. Weiterhin sind Metriken der prozessierten Daten wertvolle Informationen, z. B. die Anzahl der gelesenen und geschriebenen Datensätze.

9.4.3 Anbindung Datenqualitätsmanagement

Analog zu den Metadaten gibt es zwei Ansätze, Datenqualitätsprüfungen vorzunehmen: synchrone und asynchrone Prüfungen. Synchrone Prüfungen sind innerhalb des gleichen Verarbeitungsprozesses verortet, der für die inhaltliche Transformation verantwortlich ist. Die Ergebnisse dieser Prüfungen können je nach Anwendungsfall mit den eigentlichen Daten geschrieben und/oder direkt an den Metadatenhaushalt gemeldet werden oder sogar die Verarbeitung an sich steuern. Denkbar ist Letzteres, wenn es z. B. zu viele oder kritische Datenauffälligkeiten gibt, sodass die Verarbeitung in Summe oder teilweise gestoppt werden muss. Asynchrone Prüfungen laufen nicht innerhalb einer eigentlichen Datentransformation. Sie werden dazu eingesetzt, Vor- oder Nachbedingungen einer Verarbeitungslogik zu validieren und zu berichten. Diese Art der Prüfungen sind in der Regel hinsichtlich der Ausführung auf einen größeren Datenbestand optimiert.

9.5 Metadatenmanagement (MDM)

Im nachstehenden Abschnitt werden die Anforderungen an das Metadatenmanagement beschrieben und die daraus resultierende Best-Practice-Umsetzung in der Referenzarchitektur abgeleitet.

Metadaten sind nicht nur Daten über Daten: Viele Projekte im Kontext analytischer Plattformen haben in der Vergangenheit nicht die gewünschte Akzeptanz aller beteiligten Stakeholder erzielen können, da das Thema Metadatenmanagement oft nur als Kür behandelt und somit nicht ausreichend Berücksichtigung gefunden hat. Dabei bilden Metadaten das unverzichtbare Verbindungsstück zwischen den analytischen Systemen und ihren Anwendern. Ergänzend zu den Analysedaten werden zusätzliche Informationen benötigt, um den vollen Nutzen bzw. Mehrwert der Daten erzielen zu können. Diese zusätzlichen Informationen fallen in jeder Phase des Softwarelebenszyklus an. Bereits während der Entwicklung entstehen wichtige Metadaten, die bei der späteren Nutzung analytischer Daten benötigt werden. Somit werden die Grundlagen bereits bei der Erstellung der Standards in Form von Entwicklerrichtlinien gelegt, d. h., für jeden Ergebnistyp im Rahmen der Softwareentwicklung sollte vorab geklärt werden, welche Metadaten in welcher Form bzw. in welchem Format beigestellt werden müssen. Die Einhaltung und damit die Qualität der Metadaten sollte durchgehend in Form von Compliance Checks überwacht werden, da Metadaten nur nützlich sind, wenn diese vollständig und korrekt sind.

Metadaten lassen sich nach den typischen Perspektiven Fachlichkeit, Technik und Organisation klassifizieren (vgl. Tab. 9–1). Insbesondere die technischen Metadaten entstehen oft automatisch durch die Verwendung von Technologien wie Datenbanken, Datenintegrationsplattformen, Modellierungswerkzeugen oder Reporting-Tools. Die fachlichen und organisatorischen Metadaten hingegen werden in der Regel manuell verwaltet. Zu guter Letzt müssen die Metadaten miteinander verknüpft werden. Die Aufwände für die manuelle Pflege und Verknüpfung der Metadaten sind mitunter sehr hoch, sodass für jeden Anwendungsfall unter Berücksichtigung von Kosten-Nutzen-Aspekten entschieden werden sollte, ob eine Umsetzung sinnvoll ist.

Fachlich	Technisch	Organisatorisch
Fachliches Datenmodell	Tabellendefinitionen	Verantwortlichkeiten
Kennzahlendefinition	Datentypen	Data Owner
Merkmalsbeschreibungen	RI-Beziehungen	Data Steward
Fachliche Schlüssel	Indexdefinitionen	Eskalationsmatrix
Definition Hierarchien	Ladezeitpunkt	Richtlinien
Objektbeschreibungen	Laufzeitstatistiken	Prozessabläufe
Mapping-Regeln	Datenvolumen	Benutzergruppen
Prozessbeschreibungen	Fehlercodes	Freigabe
Prüfregeln	Programmparameter	Audit-Trail

Tab. 9–1   Überblick Metadaten

9.5.1 MDM – Kernanforderungen

Der Metadatenhaushalt schafft eine einheitliche und abgestimmte Begriffswelt und ist somit ein verpflichtendes Bindeglied zwischen Fachlichkeit, Technik und Organisation. Der Aufbau eines zentralen Metadatendatenhaushalts ist dabei vergleichbar mit dem Aufbau eines klassischen zentralen Data Warehouse, in dem die relevanten Daten über Schnittstellen integriert und für dispositive Zwecke aufbereitet werden.

Beim MDM werden im Wesentlichen die Entwicklungswerkzeuge als Quellen angebunden, indem die Metadaten aus Systemtabellen bzw. Repositories extrahiert und in den zentralen Metadatenhaushalt überführt und konsolidiert werden. Ergänzend gibt es Verwaltungsoberflächen für die Pflege von fachlichen Metadaten. Für die Auswertungen werden je nach Bedarf spezifische Reporting-Komponenten wie beispielsweise für die Data Lineage (Datenherkunft, -verwendung), Datenkataloge (Business Glossary) oder ein Prozessmonitor zur Überwachung der Betriebsprozesse für unterschiedliche Anwendergruppen zur Verfügung gestellt (vgl. Abb. 9–6).

Eine besondere Bedeutung kommt der Data Governance im Kontext des MDM zu. Die Verantwortlichkeiten für die Bereitstellung der Metadaten in der notwendigen Qualität und Vollständigkeit sollten eindeutig geregelt und überwacht werden.

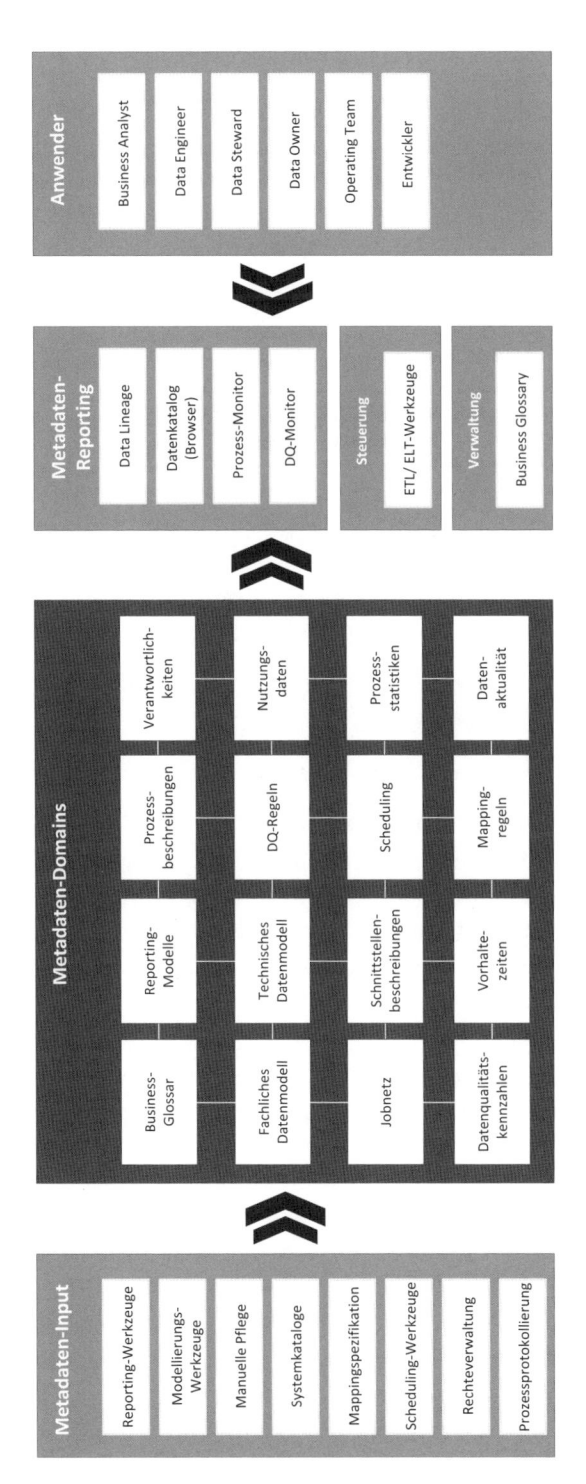

Abb. 9–6 Metadaten-Domains

9.5.2 Die Metamodelllandkarte (Modellsichten)

Alle Metadatenmodell-Objekte inklusive deren Beziehungen werden in verschiedenen Abstraktionsebenen beschrieben und verknüpft. Im Folgenden sind fünf Modellsichten dargestellt, die bei der Umsetzung eines übergreifenden Metadatenhaushalts von grundlegender Bedeutung sind. Die ersten drei Ebenen umfassen dabei die klassischen Datenmodellierungsebenen (vgl. Abb. 9–7).

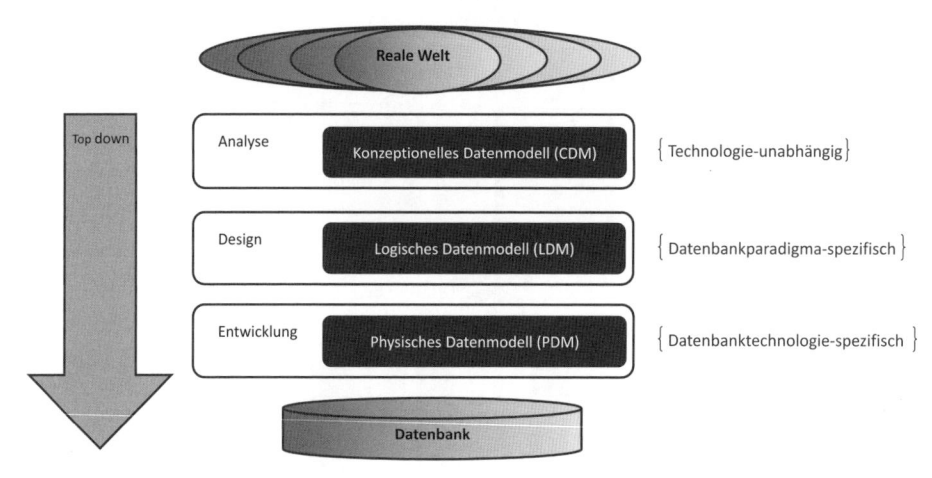

Abb. 9–7 *Klassische Datenmodellierungsebenen*

1. **Konzeptionelles (fachliches) Datenmodell (CDM):** Im konzeptionellen Datenmodell werden die fachlichen Objekte und Methoden auf einer hohen Abstraktionsebene beschrieben. Als beschreibende Merkmale werden nur die Attribute in das Modell aufgenommen, die für das fachliche Verständnis von Bedeutung sind. Das konzeptionelle Datenmodell wird vom Fachbereich definiert und ist eindeutig, d.h., es gibt genau *ein* fachliches Datenmodell.

2. **Logisches Datenmodell (LDM):** Auf der logischen Modellierungsebene kann es verschiedene Sichten geben, z.B. für den zentralen Datenhaushalt und die Reporting-Schicht. Im logischen Modell wird die Speicherform festgelegt. In den meisten Fällen wird das logische Datenmodell in Form eines relationalen Datenmodells abgebildet. Für die Reporting-Schicht kommen alternativ auch multidimensionale Modelle zum Einsatz. Die Vorgehensweise bei der Modellierung ist top-down, d.h., die Datenstrukturen aus dem konzeptionellen Datenmodell (CDM) bilden die Grundlage für die Modellierung des logischen Datenmodells.

3. **Physisches Datenmodell (PDM):** Im physischen Datenmodell legt man sich hinsichtlich der spezifischen Speichertechnologie eines Datenbankherstellers fest. Auch hier ist die Vorgehensweise top-down, d.h., die Datenstrukturen aus dem logischen Datenmodell bilden die Grundlage für das physische Datenmodell.

4. **Transformationsmodell (statisches Modell):** Das Transformationsmodell beschreibt die Bewirtschaftungslogik entlang der mehrschichtigen Datenarchitektur. Diese Regeln werden in der Design-Phase in Form von Mapping-Regeln definiert.
5. **Prozessmodell (dynamisches Modell):** Das Prozessmodell beschreibt die zeitliche Dimension innerhalb der Integrationsarchitektur. Dazu gehört im Wesentlichen die Protokollierung der Bewirtschaftungsprozesse inklusive Datenqualitätskennzahlen zur Laufzeit.

Der vollständige Nutzen dieser Modellierungssichten kommt jedoch erst dann zum Tragen, wenn die Objekte zwischen den Modellen verknüpft werden (Data Lineage).

9.5.3 Data Lineage

Die Data Lineage beschreibt den Datenfluss entlang der mehrschichtigen Datenarchitektur von der Quelle bis zum Ziel (vgl. Abb. 9–8). Dabei wird die statische Sicht entlang des Transformationsmodells durch die dynamische Sicht entlang des Prozessmodells ergänzt, indem Laufzeitinformationen inklusive Messergebnisse des Datenqualitäts-Monitorings hinzugefügt werden.

Wie die bitemporale Historisierung ist die Data Lineage eine der Königsdisziplinen des Metadatenmanagements. Insbesondere die regulatorischen Anforderungen aus BCBS 239 nach Transparenz können größtenteils mit einer durchgehenden Data Lineage beantwortet werden. Nicht selten verlangen die Vertreter der Aufsicht vor Ort die Einsicht in die Data Lineage auf unterschiedlichen Abstraktionsebenen. Oft sind dann Experten über eine längere Zeit damit beschäftigt, Datenflüsse und Objektzusammenhänge zum Teil manuell zu modellieren. Ein perfekt aufgesetztes Metadatenmodell würde diese Aufgabe auf Knopfdruck erledigen.

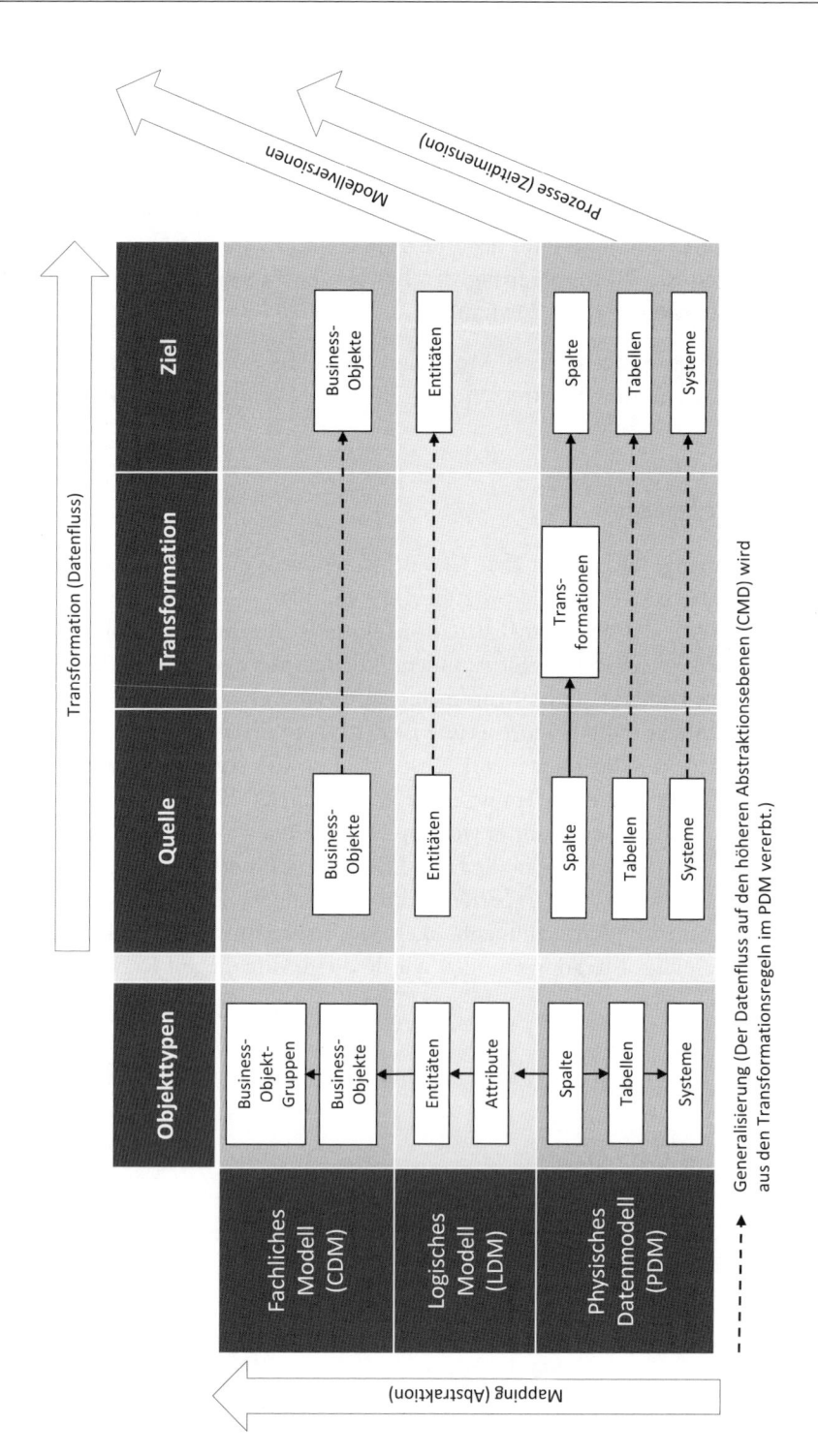

Abb. 9–8   *Data Lineage*

9.5.4 Best Practice MDM – Technologie

Am Markt gibt es diverse Standardlösungen für die Implementierung einer übergreifenden MDM-Architektur. Wie bei vielen Standardlösungen darf man jedoch nicht dem Irrglauben unterliegen, dass die Einführungsaufwände dadurch geringer ausfallen. Es gibt einige gute Argumente für solche Standardlösungen:

- Das Metadatenmodell ist bereits vorkonfiguriert und kann bei Bedarf erweitert werden.
- Fertige Schnittstellen ermöglichen den Import von technischen Metadaten aus unterschiedlichen Tools und Technologien.
- Vorgefertigte Verwaltungsoberflächen ermöglichen die Pflege von fachlichen Metadaten, z. B. in Form eines Business-Glossars, grafische Funktionen bieten eine komfortable Möglichkeit, verschiedene Metadaten miteinander zu verknüpfen (Metadata Stitching).
- Mächtige Navigations- und Suchfunktionen innerhalb des Metadaten-Repositories erleichtern die Verwendung und erhöhen den Nutzen der Metadaten.
- Die Zusammenhänge der Metadaten werden als Data Lineage grafisch aufbereitet.

Demgegenüber gibt es allerdings diverse Kompensatoren, die bei der Produktauswahl bzw. Lösungsfindung berücksichtigt werden sollten:

- Zum Teil nicht benötigte Komplexität, da die vordefinierten Schnittstellen die Metadaten aus den Tools vollumfänglich importieren.
- Viel Redundanz und dadurch auch Anomalien, da auch die Tools große Überschneidungen hinsichtlich der Metadaten haben.
- Hohe Verwaltungsaufwände für die Verknüpfung der Metadaten.
- Die Oberflächen sind oft sehr kompliziert und nur von Entwicklern nachvollziehbar.
- Bestimmte Metadaten-Anwendungsfälle (Use Cases) können gar nicht oder nur mit hohen Aufwänden umgesetzt werden, da die notwendigen Metadaten nicht verfügbar sind.

Die Entscheidung für eine Standard- oder eine Individuallösung kann nur aus den Anforderungen heraus in Form von Use Cases vorgenommen werden. Erfahrungen haben gezeigt, dass große MDM-Lösungen oft aufgrund von zu hoher Komplexität gescheitert sind. Schlanke Lösungen mit schnellen, unkomplizierten Governance-Prozessen und qualitätsgesicherten Metadaten sind wesentliche Erfolgsfaktoren für eine erfolgreiche Einführung eines übergreifenden Metadatenmanagements.

9.5.5 Best Practice MDM – Architektur

Die Metadaten-Anwendungsfälle (Use Cases) bilden die Grundlage für die Zielarchitektur. Diese Use Cases werden mit passgenauen funktionalen Komponenten abgebildet, die entsprechende Informationsbedarfe an den zentralen Metadatenhaushalt erzeugen (vgl. Abb. 9–9).

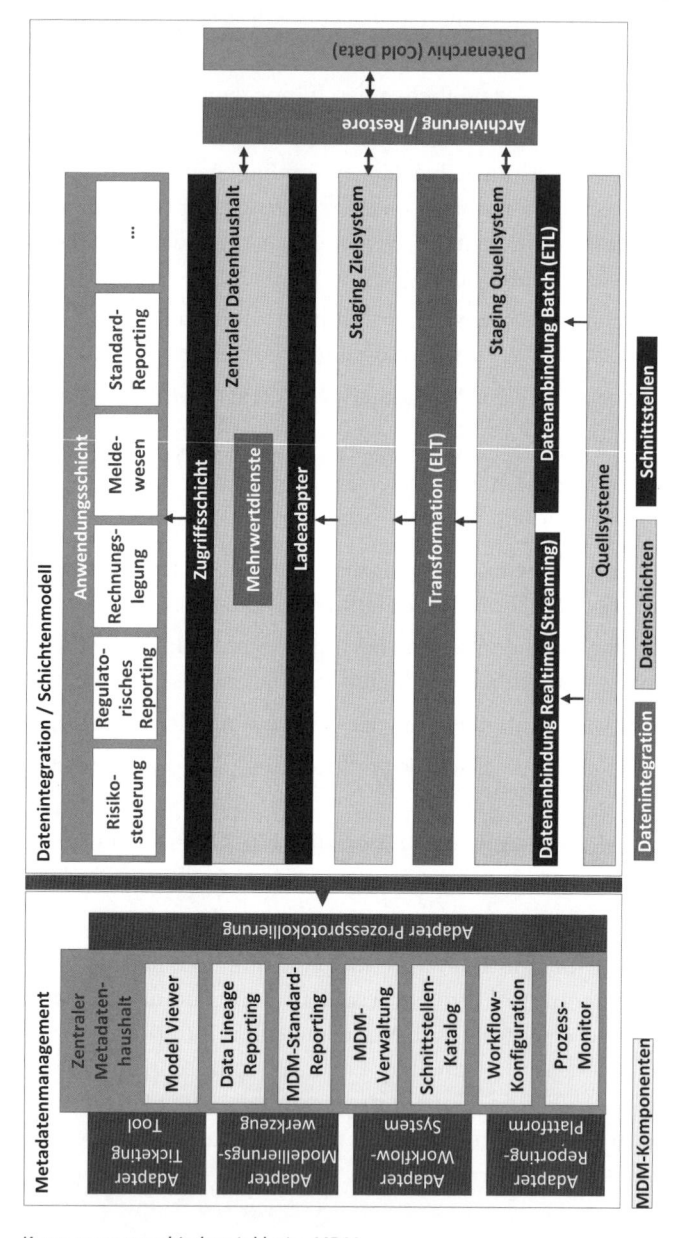

Abb. 9–9 Komponentenarchitektur inklusive MDM

Im Grundsatz wird dieser Informationsbedarf über Schnittstellen mit den entsprechenden Metadaten versorgt. Darüber hinaus werden Verwaltungskomponenten benötigt, um fehlende Metadaten zu ergänzen. Die Navigation durch den Metadatenhaushalt erfolgt über eine intuitive Weboberfläche mit grafischen Elementen für Daten-, Prozess- und Ablaufdiagrammen sowie der Data Lineage. Die höchste Komplexität hinsichtlich der Darstellung bildet die Data Lineage, mit der nicht nur die Datenverwendung und Herkunft visualisiert wird, sondern weitere Informationen wie beispielsweise aus dem Prozess- und Datenqualitäts-Monitoring ergänzt werden.

9.6 Datenqualitätsmanagement (DQM)

Im nachstehenden Abschnitt werden die Anforderungen an das Datenqualitätsmanagement beschrieben und die daraus resultierende Best-Practice-Umsetzung in der Referenzarchitektur abgeleitet. Das Auf und Ab der wirtschaftlichen Rahmenbedingungen in den letzten Jahren hat Unternehmen klar vor Augen geführt, wie wichtig eine gute qualitätsgesicherte Datenbasis für die Steuerungsfähigkeit eines Unternehmens ist. Die Realität sieht jedoch oft anders aus: Die Studienergebnisse der letzten biMA®-Studie von Sopra Steria [Seyfert et al. 2018] zeigen deutlich, dass Unternehmen ihre Hausaufgaben im Bereich Datenqualität nicht erledigt haben. Wie in früheren Studien stellt die Datenqualität nach wie vor die größte Herausforderung dar. Diese Entwicklung wird sich voraussichtlich mit dem zunehmenden Datenvolumen aus der Big-Data-Welt mit Sensordaten, IoT und unstrukturierten Daten noch verstärken. Um diesen Herausforderungen begegnen zu können, gibt es verschiedene Werkzeuge. Diese lassen sich in folgende Klassen kategorisieren:

- **Data-Profiling-Werkzeuge** dienen dazu, Datenqualitätsprobleme zu identifizieren, um daraus Prüfregeln für den Regelbetrieb abzuleiten. Diese Werkzeuge kommen meist in der Analysephase zum Einsatz. Beim Data Profiling können die Messpunkte und die Regeln frei definiert werden. Ein Profiling auf dem gesamten Zieldatenbestand im Regelbetrieb ist aus Performance-Gründen nicht zu empfehlen.
- **Data-Cleansing-Werkzeuge** stellen fertige Algorithmen zur Bereinigung von Standardmustern (beispielsweise Duplikat-Erkennung, Adressharmonisierung, Zielformatierungen) zur Verfügung.
- Mit dem **Data Quality Monitoring** wird die Datenqualität im Regelbetrieb anhand von DQ-Kennzahlen gemessen. Beim Data Quality Monitoring sind die Messpunkte und die Regeln fest definiert.

Analog zum Metadatenmanagement stellt sich auch hier wieder die Frage nach »Make or Buy«: In der Praxis dominieren Standardwerkzeuge für das Data Profiling. Data Cleansing und Data Quality Monitoring hingegen werden meist passgenau, individuell umgesetzt. Eine pauschale Empfehlung gibt es jedoch nicht.

9.6.1 DQM – Kernanforderungen

Die Kernanforderung des Datenqualitätsmanagements ist die Sicherung der BCBS-239-Compliance des gesamten zentralen Datenhaushalts. Diese ist nur bei einer hinreichend guten Datenqualität zu erreichen.

Daten sind von hoher Qualität, wenn sie für die beabsichtigten Nutzungszwecke in der Banksteuerung wie Betrieb, Entscheidungsfindung und Planung, geeignet sind (fitness for use). Daten sind insbesondere zur Verwendung geeignet, wenn sie frei von Mängeln sind und erwünschte Eigenschaften wie beispielsweise Eindeutigkeit, Aktualität und Vollständigkeit besitzen. Unter Datenqualitätsmanagement werden nun alle Aktivitäten subsumiert, die dazu beitragen, die Qualität der Daten fortlaufend zu verbessern. Diese fallen in die folgenden vier Kategorien:

- Identifikation und Definition von qualitätsrelevanten Metadaten und Anforderungen wie Datenqualitätsregeln und -kennzahlen
- Messung und Bewertung der Informationsqualität
- Analyse der Ursachen von identifizierten Datenqualitätsproblemen
- Behebung der ermittelten Fehlerursachen

Dabei adressiert das Datenqualitätsmanagement alle Phasen des Datenlebenszyklus, insbesondere aber die Akquisitions- und Anwendungsphase. Operativ bedeutet das für Datenverarbeitungsprozesse z. B., dass deren Steuerung das Erkennen und Verhindern von Fehlern berücksichtigt. Steuerungsrelevante Berichte und ein entsprechendes DQ-Reporting an alle relevanten Stakeholder sorgen für die notwendige Transparenz.

Eine besondere Bedeutung kommt der Data Governance im Kontext des DQM zu. Die Verantwortlichkeiten und die Prozesse für die fortlaufende Überwachung und Verbesserung der Datenqualität sollten eindeutig geregelt und überwacht werden.

9.6.2 Prüfregeln

Quelldaten lassen sich nur dann (sinnvoll) in den zentralen Datenhaushalt laden, wenn sie technischen und fachlichen Bedingungen genügen. Die dafür erforderliche Definition und Pflege von Prüfregeln sowie deren Ausführung auf den Datenhaushalt der Integrationsstrecke muss entsprechend umgesetzt werden.

9 Einfluss regulatorischer Anforderungen auf eine moderne Referenzarchitektur

Prüfregeln sollten u. a. folgenden Anforderungen genügen:

- Sie sind einem Datenobjekt (und im Bedarfsfall ausgewählten Datensätzen) zuordenbar.
- Sie unterliegen einem Releasezyklus und einem Abnahmeprozess.
- Sie sind einer DQ-Klasse zugeordnet, die eine steuernde Funktion für die Datenverarbeitung hat (das ist i. d. R. eine Einwertung in schwerwiegende sowie temporäre Fehler und Warnungen/Auffälligkeiten).
- Sie können nach verschiedenen Kriterien kategorisiert werden und erlauben Auswertungen entlang der Datenqualitätsanforderungen (Aktualität, Integrität, Vollständigkeit, fachliche Korrektheit).

Prüfregeln lassen sich in drei Gruppen einteilen:

- **Generische Prüfungen** sind technische Datenqualitätsregeln, die aus dem physischen Datenmodell abgeleitet werden können, z. B. Wertelisten, Null-Constraints (eine Spalte kann/kann nicht standardgemäß NULL-Werte enthalten), Unique Keys (stellt sicher, dass alle Werte in einer Spalte unterschiedlich sind), referenzielle Integritätseinschränkungen (RI-Constraints: Datensätze dürfen (über ihre Fremdschlüssel) nur auf existierende Datensätze verweisen).
- **Fachliche entitätsbezogene Prüfungen** umfassen alle fachlichen Datenqualitätsregeln aus dem konzeptionellen Datenmodell, z. B. Pflichtfelder, die aus der Generalisierung von Objekten (Entitäten) abgeleitet werden. Dies sind weitestgehend alle Prüfungen, die auf den Feldern einer einzelnen logischen Entität erfolgen können.
- **Fachliche entitätsübergreifende Prüfungen** sind fachlich komplexe Regeln, die z. B. auf Attribute von zwei oder mehreren logischen Entitäten abzielen. Dabei sind Ergänzungen um beliebig viele fachliche Datenqualitätsregeln möglich, die durch SQL ausgedrückt werden können.

9.6.3 Korrekturen

Fehlerhafte Datensätze, die nicht verarbeitet werden können, müssen im Regelbetrieb erkannt und für die weitere Verarbeitung ausgefiltert werden. Idealerweise werden Fehler direkt im Quellsystem behoben, sodass eine neue Version eines Objektes bzw. Geschäftsvorfalls die komplette Standard-Verarbeitungskette durchläuft und ein konsistenter Datenbestand garantiert werden kann. In der Praxis sind Korrekturen im Quellsystem oft jedoch nicht möglich. In diesem Fall sollten die Änderungen auf den Rohdaten innerhalb der Staging Area vorgenommen werden, da von dort die Daten qualitätsgesichert weiterverarbeitet werden.

9.6.4 Best Practice DQM – Architektur

In der Referenzarchitektur kommt eine eigenständige Servicekomponente, der Data Quality Scanner, für die Überwachung der Datenqualität zum Einsatz (vgl. Abb. 9–10).

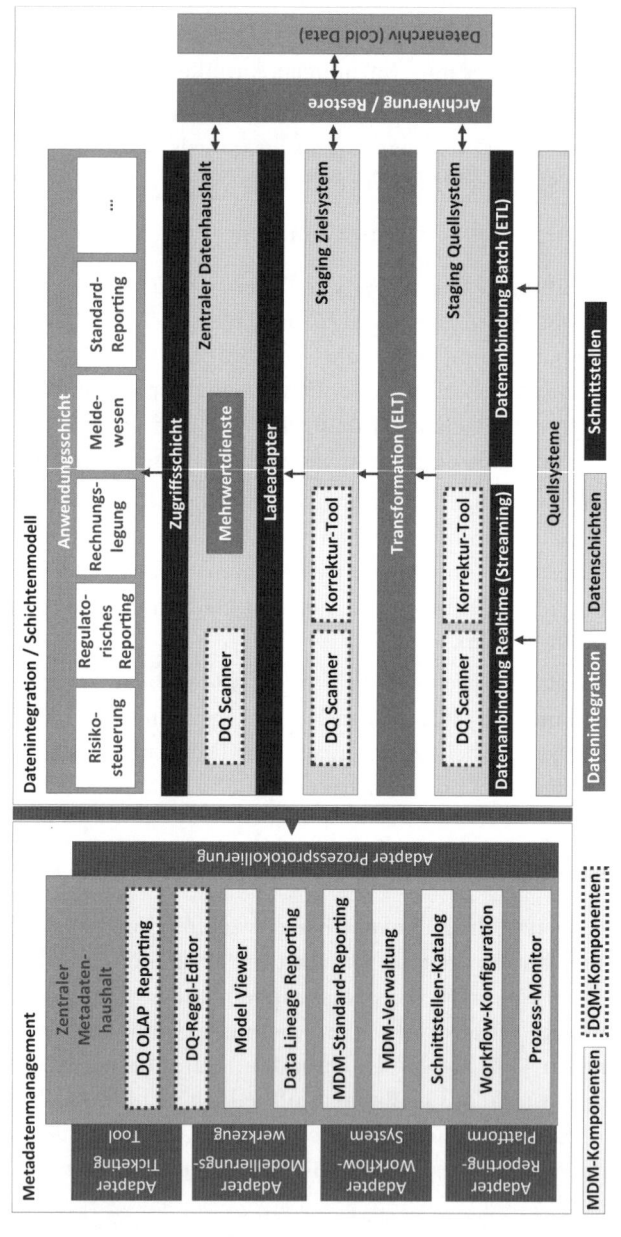

Abb. 9–10 Komponentenarchitektur inklusive DQM

Die DQ-Prüfungen erfolgen dabei asynchron vor der eigentlichen Transformation. Der Data Quality Scanner wendet die Prüfregeln auf die Daten der jeweiligen Staging Area an, protokolliert eventuelle Verstöße direkt am Datensatz und loggt seine Ergebnisse im zentralen Metadatenhaushalt. Dabei muss sichergestellt werden, dass zu jedem Datensatz nachvollziehbar ist, welchen Regeln er genügt und welche Regeln wann und wodurch verletzt worden sind. Die langfristige Persistenz der erfolgten Prüfungen und Resultate bildet die feingranulare Grundlage für die Weiterverarbeitung und das Ausfiltern fehlerhafter Datensätze (Data Quality Gate) sowie das nachgelagerte DQ-Reporting. Das Data Quality Gate stellt sicher, dass ein Datensatz nur dann verarbeitet wird, wenn nach der Überprüfung aller aktiven Regeln kein ladungsverhindernder Regelverstoß vorliegt. Dazu greift das Data Quality Gate auf die Ergebnisse des Data Quality Scanner zurück.

Für das DQ-Reporting werden die Messergebnisse in einem multidimensionalen DQ-Modell aufbereitet. Dieses DQ-OLAP-Modell ermöglicht die Darstellung und Auswertung für alle relevanten Anforderungen an das Reporting. Typische Dimensionen des DQ-OLAP-Modells sind Verantwortlichkeiten, Fehlerklassifizierungen, Datenobjekte, Verarbeitungsprozesse, aber auch Bewertungen hinsichtlich der Relevanz in Form von Priorisierungen.

9.7 Fazit und Handlungsempfehlungen

Seit 2008 hat sich das grundlegende Selbstverständnis von Banken verändert. Das damals definierte Ziel, das Risikomanagement und die Entscheidungsprozesse der Banken zu verbessern, hat bis heute nichts von seiner Aktualität und Relevanz eingebüßt. Im Gegenteil, denn die moderne Banksteuerung ist weitaus stärker durch (regulative) Anforderungen, Vorgaben, Einschränkungen und durch eine vorherrschende internationale Ausrichtung geprägt. Hinzu kommt, dass sich Anforderungen stetig weiterentwickeln und die Banksteuerung daher eine zum Teil noch unvorhersehbare Flexibilität und zugleich Robustheit mitbringen muss.

In der Realität werden die an die IT-Gesamtarchitektur und deren Komponenten gerichteten regulatorischen Erwartungen jedoch häufig nur unzureichend umgesetzt. Gleichzeitig nimmt der Kostendruck zu, über innovative und vor allem standardisierte Anwendungslandschaften einen größeren wirtschaftlichen Nutzen zu erzielen und somit die getätigten Investitionen zu rechtfertigen. Der Druck auf die Business- und IT-Verantwortlichen entsteht sowohl durch die noch ungelösten Aufgaben aus der Vergangenheit als auch durch die Unsicherheit, wie die Anforderungen im Kontext der fortschreitenden Digitalisierung umgesetzt werden können. Durch die Digitalisierung ist nämlich eine Vielzahl von neuen Herausforderungen entstanden, die vor allem strategische und organisatorische Versäumnisse der letzten Jahre erkennbar machen. Banken stehen daher vor der schwierigen Aufgabe, das Gleichgewicht zwischen einer adäquaten Individualisierung und Standardisierung zu erreichen.

Basierend auf den vorgestellten Heraus- und Anforderungen können die folgenden Handlungsempfehlungen identifiziert werden:

- **Gesamtheitlicher Neubau:** Es wird empfohlen, einen gesamtheitlichen Neubau der Banksteuerung anzustreben, um von Anfang an einen hohen Grad an Standardisierung gewährleisten zu können. Ebenso wird durch einen Neubau, anders als bei einer (Teil-)Modernisierung, das Risiko der Übernahme von technischen Schulden minimiert und die Frage der Datenherkunft (Data Lineage) entlang der vorhandenen Datenarchitektur vereinfacht, wodurch essenzielle Kostentreiber von Beginn an eliminiert werden.

- **Individualisierung vs. Standardisierung:** Was zunächst wie ein Widerspruch klingt, ist heute eine der wichtigsten Anforderungen an die neue Banksteuerung. Auf der einen Seite müssen Banken deutlich effizienter, daher standardisierter und automatisierter werden, um langfristig Kostenersparnisse zu generieren und im internationalen Wettbewerb bestehen zu können. Auf der anderen Seite erwarten Kunden hochindividualisierte Services und Leistungen entlang der Gesamtwertschöpfungskette. Um dies gewährleisten zu können, ist es von Vorteil, eine bedarfsgerechte IT-Architektur in Form eines Ökosystems zu errichten, die nicht nur Standardfunktionen, sondern auch individuellen Bedürfnissen und Abfragen Rechnung trägt.

- **Der Fokus liegt auf der Datenqualität und den Metadaten:** Beim Aufbau einer neuen Banksteuerung sollte von Anfang an der Fokus auf der Datenqualität und den Metadaten liegen. Datenqualitätsmanagement und Metadatenmanagement, die oft als Kür angesehen werden, legen die fundamentalen Bausteine, um Akzeptanz von Projekten und Entscheidungen innerhalb der Banken zu gewährleisten und nachhaltig zu sichern. Metadaten bilden dabei das unverzichtbare Verbindungsstück zwischen den analytischen Systemen und den Anwendern. Die Schaffung eines homogenen Begriffsverständnisses mithilfe eines zentralen und konsolidierten Metadatenhaushalts sowie die Einhaltung und Qualitätssicherung von Analyse- und Metadaten ist daher von größtmöglicher Bedeutung. Um BCBS-239-compliant zu sein, muss das Datenqualitätsmanagement die Sicherung des gesamten Datenhaushalts gewährleisten.

- **Die Grundlagen der neuen Banksteuerung liegen in der Architektur:** Die IT-Architektur liefert die Grundlagen für Transparenz in Form von bitemporaler Historisierung, einer durchgehende Data Lineage und eines übergreifendes DQ-Reportings. Ein zentraler Aspekt dabei besteht darin, die Integrität des Gesamtdatenbestands innerhalb der Banksteuerung zu sichern. Das Hauptziel der zu implementierenden Architektur ist, Daten entlang der vorgestellten Datenschichten zu transportieren und in ausreichender Qualität verfügbar zu machen.

- **Governance darf nicht vernachlässigt werden:** Eine besondere Bedeutung im Rahmen der neuen Banksteuerung kommt der (Data) Governance zu. Die Governance dient als überspannende Schicht, als Rahmenwerk, um zu garantieren, dass Investitionen bestmöglich auf die betriebswirtschaftlichen Bedarfe der Bank abgestimmt sind. Zudem ist eine allumfassende Governance gesetzlich vorgeschrieben; sie umfasst dabei nicht nur das Einhalten einer Rechenschaftspflicht (»Vertrauen ist gut, Kontrolle ist besser«), sondern auch das Einteilen und Einhalten von Verantwortlichkeiten. Die Verantwortlichkeiten und die Prozesse für die fortlaufende Überwachung und Verbesserung von z.B. der Datenqualität sollten eindeutig geregelt und überwacht werden, um die Grundlage für eine langfristige Wertschöpfung und das Vertrauen in Banken zu rechtfertigen.

Zusammenfassend wird deutlich, dass es immer wichtiger wird, moderne, ganzheitliche Architekturlösungen anzustreben, die sowohl standardisiert als auch individualisiert einsetzbar sind. Die neue Banksteuerung ist ein ganzheitlicher Optimierungsansatz, der sowohl regulatorischen, organisatorischen als auch strategischen Anforderungen Rechnung trägt, um nachhaltig Einsparungspotenziale zu heben und Risiken zu minimieren.

10 Case Study: Crédit Agricole Consumer Finance Netherlands

Nick Golovin · Don Seur

Mit einem ausstehenden Portfolio von mehr als 1,7 Mrd. Euro (exkl. 100 Mio. Euro an Dienstleistungen für Dritte) ist Crédit Agricole Consumer Finance Netherlands B.V. (CA CF NL) eines der führenden Finanzierungsunternehmen in den Niederlanden. CA CF NL ist unter den Marken Interbank und Findio tätig und hat drei Vertriebskanäle: Kreditvermittler (unter der Marke Interbank), Partnerschaften und Direktkanal (Findio). Als wichtiger historischer Akteur auf dem Verbraucherkreditmarkt bietet CA CF NL seinen Kunden und Partnern Finanzierungslösungen, die flexibel, verantwortungsvoll und auf ihre Bedürfnisse zugeschnitten sind. CA CF NL ist Teil des französischen multinationalen Crédit Agricole S.A. Crédit Agricole ist Marktführer in Frankreich und eine der größten Banken in Europa, die mehr als 52 Millionen Kunden betreut.

10.1 Herausforderungen

Die Datenmanagementarchitektur von Crédit Agricole Consumer Finance Netherlands (CA CF NL) wurde ursprünglich mit einem Schwerpunkt für traditionelle finanzrelevante Themen entwickelt und glich sehr der klassischen Hub-and-Spoke-Architektur, die bereits in Abschnitt 1.5 »Klassische Architekturen für BIA-Ökosysteme« dieses Buches näher erörtert wurde. So wurden Daten hauptsächlich für das Meldewesen und für Finanzauswertungen verwendet. Das System erforderte einen hohen Grad an technischem Know-how für die Verwaltung und Instandhaltung.

Im ersten Schritt wurden die Daten aus den Datenquellen über eine ETL-Strecke (Extraktion, Transformation, Laden) in das passende Schema gebracht und im Enterprise Data Warehouse (EDW) gespeichert.

Im weiteren Schritt dienten die Data Marts zur Bereitstellung der Daten. Die Daten aus dem Enterprise Data Warehouse wurden entsprechend den Anforderungen der Fachbereiche vorbereitet und über die mit dem Data Mart verbundenen Endbenutzerwerkzeuge wie Berichtssysteme oder Auswertungstools zur Verfügung gestellt (vgl. Abb. 10–1).

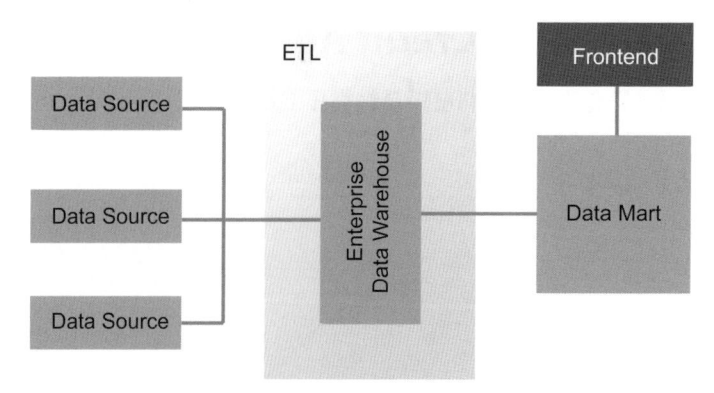

Abb. 10–1   Ursprüngliche Grobarchitektur

Die Digitalisierung und die stetig wachsende Anzahl an Regularien führten dazu, dass sich die Anforderungen der Fachbereiche häufiger änderten. Mit der bestehenden Architektur war es für das Data Management Office von Crédit Agricole Consumer Finance sehr schwierig, den Anforderungen gerecht zu werden.

Folgende Herausforderungen resultierten konkret aus dieser Situation:

- Im Data-Management-Team gab es mehrere ETL-Entwickler, die vorwiegend mit regulatorischen Projekten beschäftigt waren. Neue Anforderungen mussten in der Freizeit erledigt werden. Das führte zu langen Time-to-Markets, häufigen Leerlaufzeiten und hohen Kosten.
- Die Fachbereiche forderten den eigenständigen Zugriff auf alle Unternehmensdaten, um flexibler mit den Daten arbeiten zu können. Des Weiteren wollten die Data Scientists direkt auf die Rohdaten im EDW zugreifen.
- Mit der bestehenden Architektur war es nahezu unmöglich, die Governance aufrechtzuerhalten.
- Neben den Datensilos waren die Datenlogik und Datenmodelle isoliert in den semantischen Schichten der BI-Tools.

In den nächsten Abschnitten werden die wesentlichen Herausforderungen näher erörtert.

10.1.1   Lange Time-to-Market

Bei Anfragen für Daten aus den Fachbereichen, die noch nicht ins Enterprise Data Warehouse geladen waren, musste das Data-Management-Team zunächst neue ETL-Strecken entwickeln. Hierzu erstellte das Data Management Office dedizierte Data Marts, in die die angefragten Daten hinein repliziert wurden. Dieser Prozess war recht mühsam und dauerte meist mehrere Wochen. Das führte oft dazu, dass die Anfrage bereits irrelevant geworden war, wenn die Daten geliefert werden konnten.

10.1.2 Zugang zu Echtzeitdaten

Der digitale Wandel im alltäglichen Geschäft von CA CF NL erforderte die Nutzung von Echtzeitdaten für operative Dienste. Ein Beispiel ist das Programm zur Kreditvergabe. Angenommen, ein Kunde geht zum Autohändler und möchte ein Auto kaufen. Er braucht einen Kredit, um das Auto erwerben zu können. Er füllt ein Kreditantragsformular aus, das so schnell wie möglich von CA CF NL geprüft werden muss. Mit Zugang zu Echtzeitdaten könnte der Mitarbeiter direkt ins System und den Antrag in Anwesenheit des Kunden prüfen.

Mit der bestehenden Architektur war der Zugang zu Echtzeitdaten nicht möglich.

10.1.3 Daten für operative Zwecke

Für CA CF NL wurde es immer wichtiger, Daten nicht nur für finanzrelevante Zwecke, sondern auch für operative Anwendungen zu nutzen. Im Gegensatz zu finanzrelevanten Themen spielt die Aktualität der Daten für operative Zwecke eine wesentliche Rolle. Die Daten im Data Warehouse waren jedoch aufgrund des Setups oft mehrere Wochen alt und daher ungeeignet für operative Anwendungen.

Wichtige Anwendungsfälle für operative Zwecke, die nur mit sehr hohem Aufwand oder sogar unmöglich durchführbar waren, waren die Wiederverwendung der Daten aus dem Data Warehouse, die Integration der Daten sowie die Bereinigung und Zusammenführung von Echtzeit- und historischen Daten.

10.1.4 DSGVO-Konformität

Als einer der führenden Finanzierungsdienstleister arbeitet CA CF NL viel mit personenbezogenen Daten. Von der Einführung der am 25. Mai 2018 in Kraft getretenen Datenschutz-Grundverordnung (DSGVO) war auch CA CF NL betroffen. Um die neuen Vorschriften vollständig zu erfüllen, musste (und muss) CA CF NL sicherstellen, dass alle personenbezogenen Daten jederzeit vollständig und aktuell sind.

Was noch wichtiger ist, die Daten dürfen weder physisch repliziert noch in externen Data Warehouses abgespeichert werden. Ein schwieriges Unterfangen mit der bestehenden Architektur, die nicht über die technischen Voraussetzungen verfügte, um Daten DSGVO-konform zu verarbeiten und zu verwalten.

10.1.5 Anbindung von modernen Datenquellen

Mit der bestehenden Architektur war es nicht möglich, moderne Datenquellen wie Google Analytics und andere Marketingsysteme zu integrieren. Auch wenn die Anbindung nach langer Entwicklungszeit ermöglicht worden wäre, hätten die Daten nicht mehr den ursprünglichen Anforderungen entsprochen, wenn sie endlich verfügbar gewesen wären. Insbesondere bei den modernen Cloud- und SaaS-Datenquellen ändern sich die Schnittstellen häufig. Daher sind Agilität und Flexibilität eine wesentliche Eigenschaft, um mit den Daten sinnvoll arbeiten zu können.

Der folgende Abschnitt befasst sich mit den Schritten, die Crédit Agricole Consumer Finance auf der Suche nach einer Lösung durchgeführt hat.

10.2 Anforderungen an die neue Lösung

Das Data Management Office der Crédit Agricole Consumer Finance stellt die Schnittstelle für Daten zwischen IT und Business dar. Mit dem technischen Know-how auf der einen Seite und dem Verständnis für die Anforderungen aus Regulatorik und Business auf der anderen Seite erkannte es, dass die im vorhergehenden Abschnitt beschriebenen Herausforderungen nur auf der Architekturebene behoben und langfristig gelöst werden können. In diesem Zusammenhang mussten sie sich vor allem auch die Notwendigkeit der Flexibilität und Agilität vor Augen führen. Zumal die Anforderungen sich immer schneller änderten und vermehrten.

Zunächst wurden die Voraussetzungen für die neue Lösung festgelegt. Wie in Abbildung 1–5 im Abschnitt 1.4 (S. 18) »*Anforderungen an eine ganzheitliche BIA-Architektur*« dieses Buches bereits erläutert, wurden erst die Anforderungen der verschiedenen Anspruchsgruppen näher beleuchtet.

Auf der einen Seite stehen die Entwickler und Betreiber. Bei Crédit Agricole Consumer Finance werden sie durch das Data Management Office widergespiegelt. Ihre Interessen an der neuen Architektur sind:

- Die einfache Anbindung von mehreren Datenbanken
- Die problemlose Integration weiterer Datenquellen (vor allem auch API-basierter Datenquellen), die oft in ihrer Art sehr heterogen sind
- Der Zugriff auf Echtzeitdaten
- Die Möglichkeiten der Datenbereinigung und -anreicherung auf einer zentralen Ebene
- Der Zugang zu Metadaten für die Wirkungsanalyse
- Die Anbindung der Daten aus dem bereits bestehenden Enterprise Data Warehouse und die Verbindung dieser mit dem Active Directory für eine DSGVO-konforme Data Governance und Datensicherheit
- Eine stabile Performance und hohe Skalierbarkeit der Architektur

Die Fachabteilungen wie Sales, Marketing und Controlling bilden die Anwenderseite. Auf der Anwenderseite ist außerdem eine Gruppe zu nennen, die in den letzten Jahren immer mehr an Bedeutung gewonnen hat, die Data Scientists bzw. quantitativen Analysten. Speziell für die Finanzindustrie ist diese Gruppe nicht wirklich neu, weil es schon immer die »Quant«-Anwender gab. Aber auch in der Finanzindustrie hat sich der Anwendungsbereich der Data Scientists weiter auf der Business-Seite ausgeweitet. Diese doch recht neue Gruppe ist technisch bewandert und hat andere Anforderungen an Daten als die bislang üblichen Anwendergruppen. Einer dieser Ansprüche ist die Notwendigkeit, direkt auf Rohdaten zugreifen zu können.

Weitere Kriterien für die Anwender sind:

- Agilität mit der Möglichkeit für Ad-hoc-Abfragen und -Importe
- Die einfache Bedienung, um die Abhängigkeit von den ETL-Experten zu verringern
- Self-Service-Funktionen für Business-Analysten und Data Scientists
- Die Erstellung von themenorientierten Datenmodellen für Kunden und Anwender
- Der Zugriff auf die Daten in Echtzeit, um die operativen Initiativen voranzutreiben
- Data-Lineage-Fähigkeiten für verschiedene regulatorische sowie geschäftliche Zwecke

Die Anforderungen der Entscheider (Head of DMO und CFO von Crédit Agricole Consumer Finance) sind:

- Niedrige Kosten beim Aufbau und bei der Weiterentwicklung der Architektur
- Konformität mit DSGVO und weiteren Verordnungen
- Die strategische Positionierung von CA CF NL in Bezug auf Themen wie Digitalisierung und Regulatorik

Die Anforderungen wurden oben zwar den entsprechenden Anspruchsgruppen zugeordnet. Jedoch sind diese Anforderungen nicht immer begrenzt auf eine Gruppe, sondern können mehrere oder sogar alle betreffen.

Nach der Evaluierung von verschiedenen Lösungen entschied sich CA CF NL für das Logical Data Warehouse von Data Virtuality. Das Logical Data Warehouse (LDW) nutzt einen hybriden Datenintegrationsansatz, in dem die agile Datenvirtualisierung mit dem leistungsstarken ETL verbunden wird. Es setzt auf die bestehende Dateninfrastruktur auf und bietet dadurch die notwendige Flexibilität und Agilität, um den regulatorischen und fachbereichsspezifischen Anforderungen gerecht zu werden.

10.3 Moderne Datenarchitektur

Datenvirtualisierung spielt eine wesentliche Rolle in einer modernen Datenarchitektur, da sie eine flexible und kostensparende Entwicklung ermöglicht. Jedoch sind klassische Konzepte der Datenintegration wie Batch-orientierte ETL bzw.

ELT nach wie vor extrem wichtig und nicht zu vernachlässigen. Eine ausgeglichene Mischung von physischer Konsolidierung und Datenvirtualisierung stellt oftmals die optimale Lösung dar [Cook 2019].

Mit dem Logical Data Warehouse baute CA CF NL eine Datenvirtualisierungsschicht auf dem bestehenden Enterprise Data Warehouse auf (vgl. Abb. 10–2). Diese Schicht ist verbunden mit den verschiedenen Datenquellen (z. B. Anwendungssystem/CRM, Kundenfeedback von der Webseite, Cloud-Daten usw.). Daten können nun integriert und automatisiert werden. Weiterhin erlaubt die moderne Architektur, neue Quellen recht schnell hinzuzufügen, bereits vorhandene Quellen zu aktualisieren und die Daten in unterschiedlichen Frontends und Tools zu präsentieren. Zudem können auf der Datenkonsumentenseite verschiedene Tools des klassischen Enterprise BI, Self-Service-BI, Data Science etc. auf die gleiche Datenschicht zugreifen.

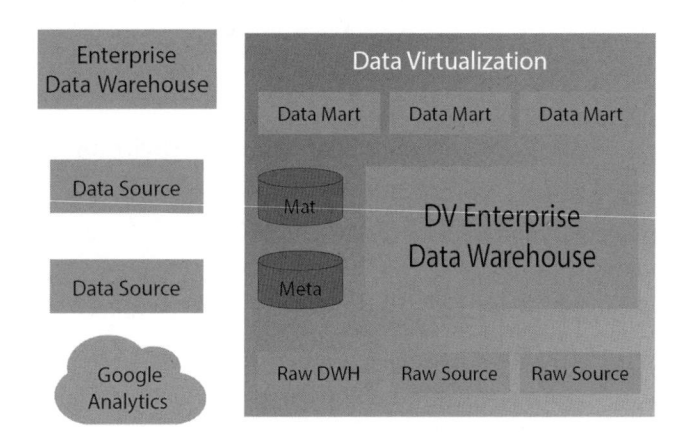

Abb. 10–2 *Architektur des Logical Data Warehouse (Mat = Materialisierung)*

Mit der neuen Architektur konnten Datensilos aufgebrochen werden. Die Fachbereiche können nun auch mittels SQL auf alle Daten zugreifen. Die Datenvirtualisierungsschicht hat sich bei CA CF NL zu einem »Single Point of Truth« entwickelt. So konnte die Time-to-Market drastisch verringert werden. Zudem konnte durch die Bedienung mittels SQL die Abhängigkeit von Experten stark reduziert werden. Business-Analysten, Data Scientists etc. können mit eigenen technischen Kenntnissen wie etwas SQL-Know-how die notwendigen Abläufe selbst vornehmen, ohne ETL-Strecken zu entwickeln.

Die Daten werden über unterschiedliche APIs wie z. B. JDBC, ODBC und Webservice abgefragt. Die Konnektoren der Plattform greifen über die verschiedenen APIs auf die Quellsysteme zu und rufen so die Daten ab. Die Besonderheit dieser modernen Architektur ist, dass die Konnektoren zu den Quellsystemen je nach Bedarf einerseits die Daten live abfragen, aber andererseits auch in den zentralen Datenspeicher replizieren können.

Durch die Fähigkeit, die Daten zu replizieren, wird neben dem Caching eine wirkungsvollere Möglichkeit genutzt, um die Performance der Plattform zu steigern. Dabei werden die Daten, die bei Abfragen viel Performance in Anspruch nehmen, je nach Bedarf im Hauptspeicher gecacht, in der Datenbank materialisiert (transparente Abbildung der View in einer Tabelle) oder in eine Datenbank repliziert (Erstellung einer neuen Tabelle, die die Daten aus der Quelltabelle in einer transformierten, historisierten oder bereinigten Form beinhaltet).

Die Integration der ersten Datenquellen zur Datenvirtualisierungsschicht dauerte nur ein bis zwei Tage. Solch ein Prozess beinhaltet das Einrichten von Berechtigungen und die Organisation der Metadaten, um das Ganze zukunftsträchtig zu gestalten.

Datenmodelle und die Semantik, die bislang in den BI-Frontends hinterlegt waren, wurden ebenfalls in die Virtualisierungsschicht verlagert, sodass auch hier Silos vermieden werden.

Datenqualität und Data Governance sind zwei weitere Themen, die nun besser adressiert werden können. Bei Bedarf werden die Daten zunächst in der Datenvirtualisierungsschicht entsprechend den vordefinierten Regeln bereinigt, bevor sie in den Data Marts verwendet werden können. So befinden sich in den Data Marts stets aktuelle und vollständige Daten.

Weiterhin erlaubt die virtuelle Schicht, DSGVO-konform mit sensiblen Daten zu arbeiten. Diese Daten müssen nicht erst in das Enterprise Data Warehouse geladen werden, sondern sind über die virtuelle Schicht direkt aus den Quellen verfügbar.

Mit der modernen Datenarchitektur hat die CA CF NL eine Investition für die Zukunft getätigt, da vieles ermöglicht wird, was früher undenkbar war. Eines der Themen ist die Integration von Daten in der Cloud. Weitere Use Cases werden im nächsten Abschnitt näher erläutert.

10.4 Use Cases

Finanzinstitute müssen sich zunehmend dem Wettbewerbsdruck stellen, der sich in den letzten Jahren durch die steigenden regulatorischen Anforderungen, den schnell voranschreitenden digitalen Wandel und die Niedrigzinsphase erhöht hat [Deloitte 2019]. Crédit Agricole musste sich den gleichen Herausforderungen stellen und stand vor den Aufgaben, auf Basis von Kundendaten ihre Produkte und ihren Service anzupassen, regulatorische Meldungen zeitnah einzureichen und dabei die IT-Kosten zu senken.

Mit der modernen Datenarchitektur, wie in Abbildung 10–3 dargestellt, können sie verschiedene Use Cases bedienen und sich dadurch den Herausforderungen stellen.

Im Folgenden werden die verschiedenen Use Cases näher beleuchtet.

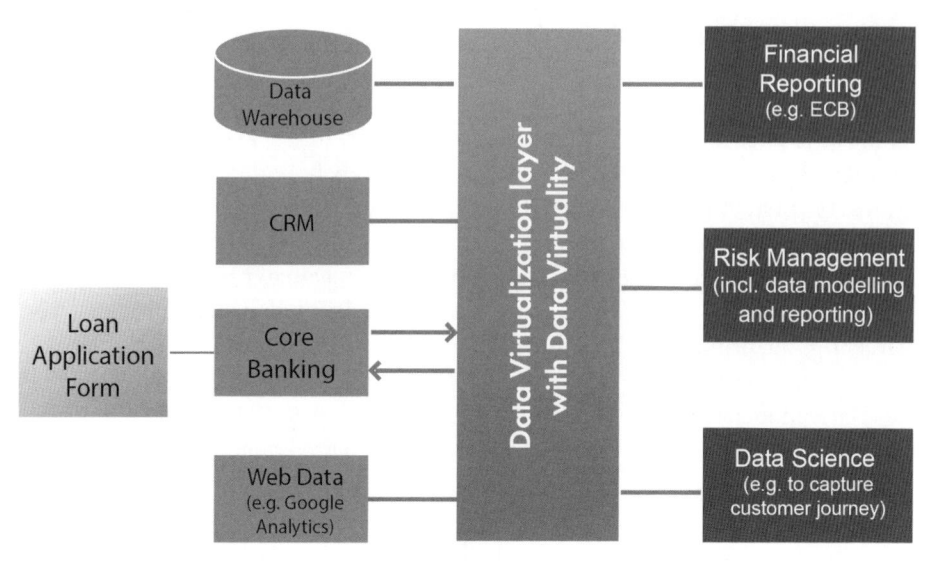

Abb. 10–3   *Use Cases für das Logical Data Warehouse*

10.4.1   360°-Blick auf Kunden

Der 360°-Blick auf den Kunden ist auch in der Finanzbranche nicht wegzudenken. Um die gesamte Customer Journey zu sehen, zu verstehen und darauf basierend personalisierte Angebote zu machen, ist es zunächst wichtig, alle notwendigen Daten aus den verschiedenen Datenquellen zusammenzuführen [Brenninkmeijer 2019].

Bei CA CF NL handelt es sich um die folgenden Datenquellen, die für den 360°-Blick integriert wurden: CRM, Kernbanksystem, Vertriebssystem, Google Analytics und Marketingsystem. Erst mit der neuen Architektur konnten moderne Datenquellen wie Google Analytics und andere Marketingsysteme angebunden werden.

Die Datenvirtualisierung ermöglicht nicht nur die Abfrage der Echtzeitdaten aus diesen Datenquellen, sondern erlaubt es, weiterhin mit den Kundendaten zu arbeiten, ohne gegen die DSGVO zu verstoßen. Laut DSGVO dürfen persönliche Kundendaten nicht nochmals abgespeichert werden. Mit der Datenvirtualisierung ist es nicht mehr notwendig, die Daten aus den Quellen zu entnehmen, da die Daten in der virtuellen Schicht zur Verfügung stehen.

10.4.2   Echtzeit-Sales-Monitoring

Durch den digitalen Wandel ist die Unterstützung des Finanzierungsprozesses mit Echtzeitdaten ein fester Bestandteil des Systems geworden. Beim klassischen Architekturansatz beinhaltete das Enterprise Data Warehouse, wie bereits in Abschnitt 1.5 »*Klassische Architekturen für BIA-Ökosysteme*« dieses Buches erörtert, nur Schnappschüsse des Datenbestands von operativen Systemen. Die Daten waren daher mindestens einen Tag alt. Verzögerte Reaktionen zu sich ändernden Marktsituationen haben jedoch erhebliche Auswirkungen auf den Jahresumsatz.

Mit der modernen Datenarchitektur können Echtzeitdaten über die virtuelle Schicht aus den Datenquellen abgefragt und im Sales-Monitoring-Instrument abgebildet werden. Die Mitarbeiter aus dem Sales-Bereich können nun auf Basis aktueller Daten ihre Entscheidungen treffen.

10.4.3 Marketinganalysen

Neben Sales Monitoring hat der digitale Wandel auch einen großen Einfluss auf das Marketing bei CA CF NL. Marketingmaßnahmen müssen entsprechend gemessen und ausgewertet werden. Daher spielten bei der Wahl der Lösung die Konnektoren zu Marketingdatenquellen wie Google Analytics eine entscheidende Rolle.

Durch die Anbindung der Marketingdaten mit der Datenvirtualisierungsschicht kann die Fachabteilung Marketing die relevanten Daten jederzeit in ihrem Analysetool abrufen und die Maßnahmen zeitnah analysieren, auswerten und ggf. weitere Maßnahmen ergreifen.

10.4.4 Risk Management

Risikobewertungen betreffen sowohl die internen operativen Themen wie die Berechnung von Kreditparametern als auch die internen und externen Berichte. Bei den externen Berichten haben vor allem die regulatorischen Meldungen eine signifikante Bedeutung. Für diese Risikobewertung ist die Zusammenführung von Kundeninformationen mit weiteren Finanzinformationen innerhalb des internen Datenbestands notwendig.

Mit der neuen Datenarchitektur können die verschiedenen Datenquellen mit meist unterschiedlichen Formaten schnell in der Datenvirtualisierungsschicht zusammengeführt und mittels Rapid Prototyping getestet werden. So können Änderungen der Anforderungen schnell und flexibel reflektiert und implementiert werden.

10.4.5 Data Preparation für regulatorische Reportings

Die Aufbereitung der Daten für das Meldewesen wurde durch die neue Datenarchitektur sehr vereinfacht. Schon nach einer Woche waren alle Datenquellen angeschlossen und nach knapp zwei Wochen konnten bereits Meldungen nach dem International Financial Reporting Standard 9 (IFRS 9) erstellt werden.

Dabei wurde das System so aufgebaut, dass Meldungen jeder Art, d.h. Finanzmeldungen, Risikoberichte, Reports, an die Muttergesellschaft erfolgen sowie regulatorische Meldungen mit weniger Aufwand und Zeit erstellt werden können.

Bei den oben vorgestellten Use Cases handelt es sich nur um eine kleine Auswahl, die bei CA CF NL mit der modernen Datenarchitektur ermöglicht wurden. Ein entscheidender Use Case, der in den letzten Jahren immer mehr an Aufmerksamkeit gewinnt und auch von CA CF NL verfolgt wird, ist Data Science. Die Datenarchitektur spielt eine entscheidende Rolle in der Data Science [van der Lans 2020]. Studien belegen, dass Data Scientists 80 % ihrer Zeit mit der Datenaufbereitung und nur 20 % ihrer Zeit mit der eigentlichen analytischen Arbeit verbringen, wenn die zugrunde liegende Datenarchitektur den klassischen Ansatz verfolgt. Mit der modernen Datenarchitektur können sich Data Scientists vollkommen auf die analytische Arbeit konzentrieren, weil alle notwendigen Daten jederzeit in der »Single Source of Truth« zur Verfügung stehen.

10.5 Schlussfolgerung: Datenvirtualisierung das Allheilmittel?

Die Vorteile, die Crédit Agricole Consumer Finance durch die Verwendung der Datenvirtualisierung in ihrer Datenarchitektur gewonnen hat, liegen klar auf der Hand. Die Agilität, die sie durch die sofortige Nutzung der Daten erlangt hat, kann nicht geleugnet werden. Dennoch ist auch klar, dass das Data Management Office nicht allen Anforderungen gerecht geworden wäre, wenn sie bei ihrer Architektur nur rein auf Datenvirtualisierung gesetzt hätte.

Zuallererst ist Datenvirtualisierung weder für große Datenmengen skalierbar noch dazu geeignet, um eine große Anzahl von gleichzeitigen Abfragen zu bewältigen. Darüber hinaus ist sie stark von der Geschwindigkeit und Stabilität der Quellsysteme sowie des Netzwerks abhängig. Dadurch ist die Leistung in der Regel sowohl für die Datenanalyse als auch für den Betrieb eingeschränkt.

Viele Datenvirtualisierungsanbieter versuchen diese Probleme durch verschiedene Arten des Cachings zu kompensieren. Dabei werden Repositories, Virtualisierung und verteilte Prozesse für die Datenverwaltung kombiniert, um das Bestmögliche aus den verschiedenen Technologien zu vereinen. Allerdings bleibt dieser Ansatz immer noch hinter den Erwartungen des robusten und performanten Data Warehouse zurück. Weiterhin besteht bei Caching das Problem, dass Cache-Ladungen rund um die Leistungsanforderungen der Quellsysteme geplant werden müssen. Auch die Tatsache, dass der Cache in ein einziges Repository geladen wird, das unter Umständen für verschiedene Datensätze und/oder Datentypen nicht optimiert ist, stellt sich problematisch dar.

Aus diesen Gründen beinhaltet die Datenarchitektur von CA CF NL neben der Datenvirtualisierung weiterhin ein Data Warehouse mit ETL-Strecken. Mit dem Logical Data Warehouse hat CA CF NL auch eine Lösung gefunden, die Datenvirtualisierung und ETL in einem Tool vereint. Somit können die Vorteile beider Technologien genutzt und verschiedene Use Cases bedient werden.

11 Datenvirtualisierung

Daniel Rapp • Thomas Niewel[1] • Jörg Meiners

Die folgenden Ausführungen vermitteln einen Einblick in die Technologie und in die Anwendungsfälle der Datenvirtualisierung. Dabei ist zu berücksichtigen, dass es mehrere Anbieter für Datenvirtualisierungslösungen auf dem Markt gibt, deren Produkte sich hinsichtlich der technischen Details und Funktionalitäten unterscheiden. Insofern enthalten die folgenden Beschreibungen auch Verallgemeinerungen, und einige der genannten Funktionen können mehr oder weniger produktspezifisch ausgeprägt vorhanden sein.

11.1 Moderne Datenarchitekturen für das Zeitalter der Digitalisierung

Im Zeitalter der Digitalisierung erleben wir kontinuierlich den Aufstieg neuer, vielversprechender Konzepte und Technologien wie etwa Big Data, das Internet der Dinge (IoT), Data Lakes oder Artificial Intelligence (AI). Dennoch gab es nicht viele Entwicklungen in der Art und Weise, wie die Daten hierfür bereitgestellt werden. Die Modernisierung der Datenarchitektur ist das Gebot der Stunde.

Es erscheint daher als geradezu anachronistisch, dass Unternehmen zwar innovative Konzepte wie Data Lakes oder AI/ML implementieren, sich bei der Datenbereitstellung aber immer noch auf veraltete Konzepte zur Datenintegration verlassen. So wurden traditionelle ETL-Prozesse vor der Jahrtausendwende entwickelt – also in einer Zeit, in der das Datenvolumen nach heutigen Maßstäben sehr gering war und die Daten fast ausschließlich in strukturierter Form und in wenigen Datenbanken vorlagen. Diese herkömmlichen Ansätze der Datenintegration sind der Menge und Heterogenität heutiger Datenlandschaften technisch kaum gewachsen und deren Betrieb ist wirtschaftlich nicht mehr sinnvoll.

Gleichzeitig sind die Anforderungen aus dem Business signifikant gestiegen: Die Fähigkeit zur bestmöglichen Datennutzung ist heute zum entscheidenden Faktor zur Wettbewerbsfähigkeit einer Organisation avanciert. Hierbei geht es

---

1. Anm. des Verlags: Wie wir leider erfahren mussten, ist Herr Thomas Niewel zwischenzeitlich verstorben.

längst nicht mehr nur darum, alle Unternehmensdaten vollumfänglich analysieren zu können. Komplexe Informationsbedürfnisse können nur dann befriedigt werden, wenn hybride Datenlandschaften nahtlos integriert und sicher gemanagt, neue Quellen schnell und flexibel adaptiert und Echtzeitdaten höchst performant bereitgestellt werden können.

Leider basiert auch das Design neuer Datenarchitekturen allzu oft auf alten Prinzipien: Sie sind häufig zu »data-store-centric« und bestehen aus vielen physischen Datenspeichern, in denen Informationen wiederholt und redundant gehalten werden. Auch neuartige Repositorien wie Data Lakes sind letztlich physische Datenspeicher, in die Daten (Zeit & Ressourcen verzehrend) kopiert werden. Und dieses Vorgehen bringt noch eine Reihe an weiteren Nachteilen mit sich. Denn je öfter Daten physisch kopiert werden, bevor sie für die Analyse zur Verfügung stehen, desto höher ist die Datenlatenz. Zudem kann mit jedem Kopiervorgang ein potenzielles Datenqualitätsproblem auftreten. Des Weiteren erfordern Modifikationen in physischen Datenbanken ein zeitaufwendiges Vorgehen, was in starren und unflexiblen Datenarchitekturen resultiert. Und auch aus der Perspektive der Datentransparenz und des Datenschutzes sollte von einer redundanten Datenhaltung »per Design« abgesehen werden.

Bei der Entwicklung einer neuen Datenarchitektur sollte der Fokus also weniger auf der (wiederholten) Speicherung von Daten liegen, sondern mehr auf der Verarbeitung und Nutzung der Daten. Hierbei sollten die Themen Datenarchitektur, Technologie und Governance holistisch betrachtet und gleichrangig behandelt werden. Moderne Datenarchitekturen müssen so konzipiert sein, dass sie flexibel, erweiterbar, einfach zu ändern und skalierbar sind, um für maximale Zukunfts- und Investitionssicherheit zu sorgen. Nur so können diese mit Blick auf die sich kontinuierlich ändernden Business-Anforderungen und technologischen Entwicklungen nachhaltig bestehen. Datenvirtualisierung fungiert als unternehmensweite logische Datenschicht und bildet den Kern einer solchen Architektur, mittels derer alle Unternehmensdaten aus heterogenen Quellen replikationsfrei integriert und gemanagt, die Governance zentral verwaltet und sämtliche Datenkonsumenten mit verlässlichen Daten in Echtzeit versorgt werden [Miller 2019].

11.2 Datenvirtualisierung – ein Überblick

Die Datenvirtualisierung bietet einen modernen Ansatz zur Datenintegration. Über eine logische Datenschicht werden Daten aus verschiedensten Systemen integriert. Sicherheits- und Governance-Regeln werden zentral verwaltet und den Nutzern und Anwendungen Informationen in Echtzeit bereitgestellt.

Die Methode der Datenvirtualisierung geht hierbei über den einfachen Ansatz zur Datenintegration hinaus und fungiert als eine Datenquelle für alle Datenkonsumenten. Diese Datenquelle dient auch als zentraler Layer, in dem Regeln zur Gewährleistung von Datensicherheit und Data Governance definiert werden. Für den Nutzer verbirgt die Datenvirtualisierung hierbei die Komplexität des Zugriffs auf die zugrunde liegenden Datenquellen sowie deren Formate und Strukturen: Der Datenkonsument muss sich nur noch mit einer einzigen logischen Datenbank verbinden. Datenschutz- und Governance-Anforderungen können so zentral verwaltet und den Nutzern und Anwendungen integrierte Informationen in Echtzeit zur Verfügung gestellt werden.

Gerade die rasante Zunahme der Datenmenge und die Vielzahl der unterschiedlichsten Quellsysteme stellt Verantwortliche vor eine enorme Herausforderung. Ohne eine nachhaltige Strategie zur Koordinierung und Überwachung solch unterschiedlicher Datenquellen wird das Risiko eines Verstoßes gegen die DSGVO und andere Vorschriften zur permanenten Sorge – nicht zuletzt durch einfaches menschliches Versagen, das dazu führen kann, dass Daten in zu großem Umfang weitergegeben, irrtümlich offengelegt oder nach dem Herunterladen zur Verarbeitung an sekundären Speicherorten sichtbar gemacht werden. Hier bietet die Datenvirtualisierung die Möglichkeit, einheitliche Sicherheits- und Konformitätsstandards für sämtliche Datenquellen einzuhalten und klare Zugriffsregeln für alle Datenkonsumenten festzulegen, indem sie einen zentralisierten Datenzugriff ohne eine Datenreplikation ermöglicht.

Abbildung 11–1 zeigt Datenvirtualisierung am Beispiel der Denodo Platform: Sie verbindet unterschiedliche Datenquellen, transformiert und kombiniert verwandte Daten in Views und veröffentlicht das Datenmodell zur Benutzung für alle Endbenutzer und Anwendungen.

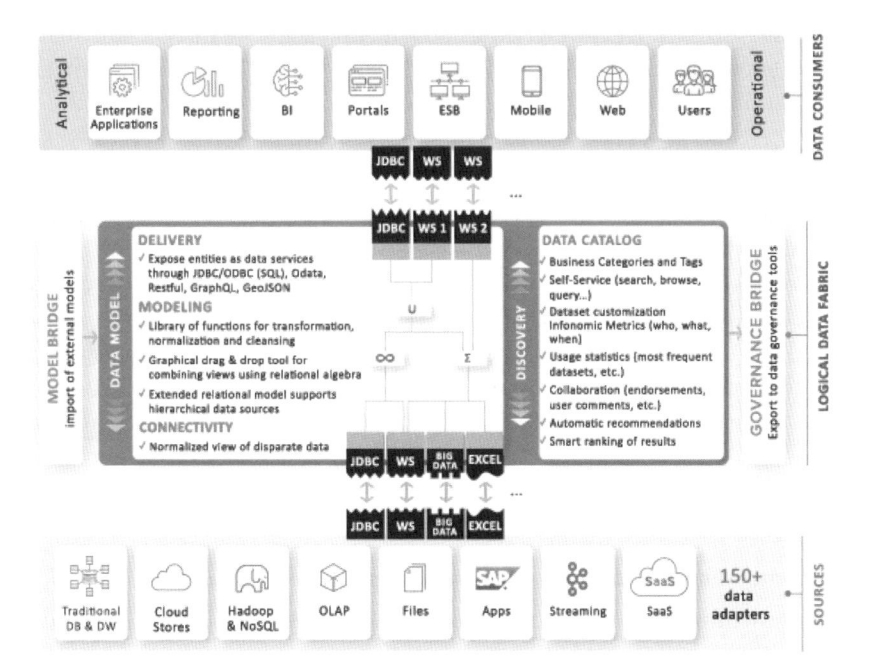

Abb. 11–1 Datenvirtualisierung am Beispiel der Denodo Platform[2]

2. *https://www.denodo.com/en/document/datasheet/denodo-platform-80-datasheet*

11.2.1 Anwendungsfälle der Datenvirtualisierung

Die Datenvirtualisierung wird in verschiedensten Anwendungsszenarien genutzt. Die nächsten Abschnitte beschreiben einige der typischen Anwendungsfälle.

360°-Kundenansichten

Für einen guten Service müssen Unternehmen nicht nur über die historischen Interaktionen der Kunden Bescheid wissen, sondern auch deren Präferenzen für neue Angebote kennen. Dazu versuchen Marketingteams, Daten über ihre eigenen Unternehmenssysteme hinaus zu sammeln: Daten aus E-Mails von Kunden, Kommentare in sozialen Medien, relevante Nachrichten sowie andere zeitkritische und sich ständig ändernde Informationen.

Während die Vorstellung einer 360°-Kundenansicht leicht zu erklären ist, war diese in der Praxis für die meisten Unternehmen schwer zu realisieren. In den 90er- und 2000er-Jahren haben sich viele Unternehmen auf CRM- und DWH-Systeme konzentriert, um die entsprechende Kundeninformationen zu analysieren. Dies ist jedoch aufgrund des großen und wachsenden Anteils von Kundeninteraktionen, die heutzutage außerhalb dieser Systeme stattfinden, nicht mehr ausreichend. Darüber hinaus stehen traditionelle DWH-Architekturen vor den Herausforderungen hoher Kosten und komplexer Prozesse zur Datenbereitstellung.

Die mangelnde Agilität traditioneller Architekturen hat zu einem rasanten Aufstieg der Datenvirtualisierung als zeitgemäßes Modell geführt. Die Datenvirtualisierung ermöglicht hier eine einfache und schnelle Integration aller benötigten Datenquellen und bietet den Anwendern einen Zugriff auf die integrierten Informationen in Echtzeit.

Data Governance

Die Data Governance definiert, wie Unternehmen die Verfügbarkeit, Nutzbarkeit, Integrität und Sicherheit ihrer Daten mit einer Reihe vordefinierter Regeln und Prozesse verwalten. Insbesondere sind dabei auch regionale Verordnungen, wie beispielsweise die DSGVO (Datenschutz-Grundverordnung der Europäischen Union), und branchenspezifische Regelungen, wie beispielsweise der HIPAA (Health Insurance Portability and Accountability Act), zu berücksichtigen.

In einer Architektur mit Datenvirtualisierung erfolgen alle Datenzugriffe über einen einzigen zentralen Punkt. Damit ergibt sich auch ein singulärer Kontrollpunkt zur Etablierung einer einheitlichen Data Governance. Dies meint insbesondere:

- Datenqualität: Festlegung der Datentransformationen und -kombinationen
- Datenschutz: Etablierung von feingranularen Regeln zur Zugriffskontrolle und zur Datenanonymisierung

- Datenverständnis: Bereitstellung eines Datenkatalogs mit Data-Lineage-Funktionalität
- Auditierung: Aufzeichnung und Monitoring aller Datenzugriffe und aller Modifikationen des Datenmodells

Digitale Transformation

Die digitale Transformation ist unverändert ganz oben auf der Liste der strategischen Initiativen eines jeden CEOs. Im Mittelpunkt der digitalen Transformation steht – unabhängig von der Branche oder der Größe des Unternehmens – eine API-Strategie. Application Programming Interfaces (APIs) bilden die Grundlage der digitalen Wirtschaft, denn sie ermöglichen den Zugang und die Nutzung von Daten und tragen zu kürzeren Innovationszyklen, schnelleren Produkteinführungen und verbesserten Dienstleistungen bei. Als Schnittstelle zwischen den Systemen ermöglichen sie die Erweiterungen und Zusammenarbeit mehrerer Anwendungen.

Die Datenvirtualisierung unterstützt und ermöglicht die API Economy. Jede primäre, abgeleitete, integrierte oder virtuelle Datenquelle kann in einem anderen Format oder Webprotokoll (REST, SOAP, OData etc.) zugänglich gemacht werden.

BI und Analytics

Eine der häufigsten Anwendungen der Datenvirtualisierung sind agile Berichte, Operational Business Intelligence (BI) und Echtzeit-Dashboards, die eine zeitnahe Aggregation, Analyse und Präsentation der relevanten Daten aus mehreren Quellen erfordern. Daten müssen stetig und zeitnah analysiert werden, um täglich operative Entscheidungen in wichtigen Geschäftsprozessen wie Vertrieb, Support, Fertigung, Logistik, Finanzen, Recht und Compliance treffen zu können. Durch die Datenvirtualisierung kann die IT agiler auf diese fast unersättliche Nachfrage nach verwertbaren Informationen reagieren. Bei der Datenvirtualisierung verbleiben die Daten in den Quelldatenspeichern. Eine Replikation mit den zugehörigen Staging-, Transformations- und Stapelkopierwerkzeugen und -prozessen ist nicht erforderlich. Der Zugriff auf die Daten erfolgt über virtuelle regelbasierte Ansichten, die schnell erstellt, geändert oder verworfen werden können. Diese Methodik ermöglicht eine agile iterative Erstellung von Berichten und Dashboards mit nahezu sofortiger Einbeziehung und Rückmeldung der Fachabteilungen und der operativen Anwender.

Big Data

Das wachsende Volumen und die Vielfalt von Unternehmensdaten, die aus internen und externen Quellen stammen, erschwert es Unternehmen, ihre Daten für umsetzbare Erkenntnisse zu nutzen.

Die Datenvirtualisierung integriert die verschiedenen Datensilos wie Data Lakes, traditionelle Data Warehouses und andere Datenquellen. Diese Technologie ermöglicht es Unternehmen, vorhandene Lösungsinvestitionen beizubehalten und gleichzeitig ihre Datenarchitektur zu modernisieren, um neue Anforderungen auf eine agile Weise zu unterstützen.

Cloud-Transformation

Die Einführung von Cloud-Technologien eröffnet den Unternehmen mehr Agilität und Flexibilität. Dennoch bergen Datenarchitekturen, die nun sowohl aus lokalen als auch aus Cloud-Datenquellen bestehen, auch neue Herausforderungen.

Die Datenvirtualisierung adressiert diese hybriden Umgebungen, indem sie eine logische Datenstruktur erstellt, die sowohl Cloud- als auch lokale Lösungen umfasst. Diese Ebene bietet außerdem einen einheitlichen Datenzugriff und eine starke Sicherheits- und Governance-Schicht für Unternehmensdaten.

Durch die Entkopplung des Datenmodells und -zugriffs von der physischen Speicherform unterstützt die Datenvirtualisierung auch die Cloud-Modernisierung: Sie erleichtert den Übergang von lokalen, normalerweise monolithischen Anwendungen zu speziellen Software-as-a-Service-Anwendungen (SaaS) in der Cloud.

11.3 Die Technologie der Datenvirtualisierung

Die Integration verschiedener Datenquellen wird in einer Datenvirtualisierungsplattform über die Abbildung der externen Datenquellen als Views realisiert. Unterschieden wird zwischen Views, die einen direkten und nicht transformierten Zugriff auf die externen Daten bieten (sogenannte Base Views), und den daraus abgeleiteten Views, in denen die Verarbeitungslogik – also die Transformationen und Kombinationen – stattfindet (sogenannte Derived Views).

Beispiele für Datenquellen sind relationale Datenbanken, Daten in Dateien (wie Excel, XML, Parquet etc.), multidimensionale Datenbanken, NoSQL-Datenbanken oder Daten aus einem Webservice.

Eine übliche Praxis ist es, die Base Views durch die Erstellung von Derived Views zu transformieren und zu kombinieren. Diese Derived Views formieren dann ein semantisches Datenmodell (auch »Kanonisches Datenmodell« oder »Unified Data Model« (UDM) genannt, das den Endanwendern schließlich präsentiert wird (vgl. Abb. 11–2). Die Erstellung dieser Derived Views erfolgt ganz klassisch mithilfe der SQL-Sprache oder alternativ durch einen grafischen SQL-Editor. Es werden also Joins, Unions, Aggregationen, Filter, Typ-Konvertierungen, Berechnungen etc. gebildet, um die Quelldaten in die gewünschte Form zu bringen.

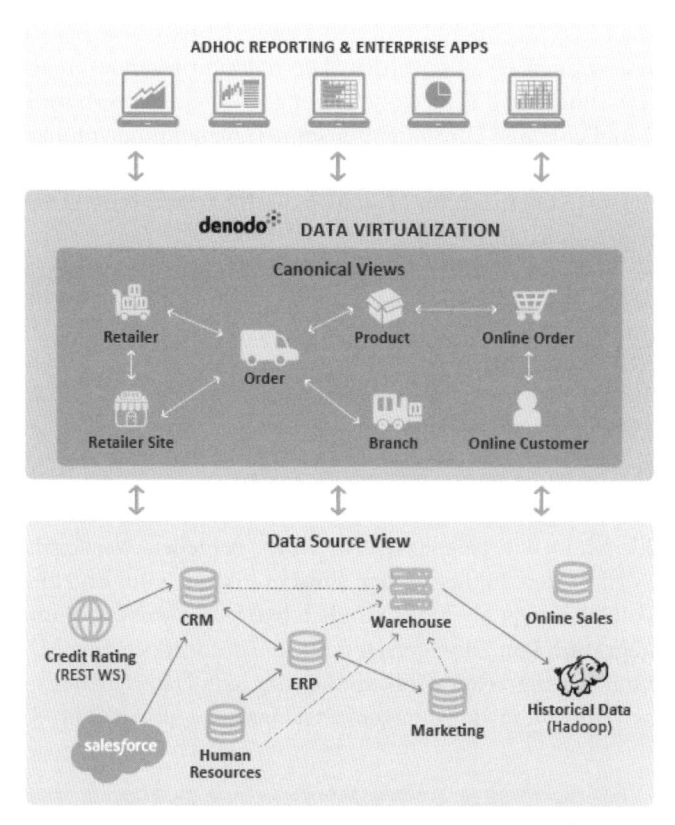

Abb. 11–2 *Modellierung und Bereitstellung eines kanonischen Datenmodells*[3]

Aus der obigen Beschreibung wird ein entscheidendes Wesensmerkmal der Datenvirtualisierung deutlich: Der gesamte Prozess der Datenbereitstellung, d.h. das Konnektieren der Datenquellen und die Datenmodellierung, erfolgt rein regelbasiert. Es werden keine Daten physisch kopiert oder transformiert. Dies erlaubt eine sehr schnelle und agile Form der Datenintegration, und die Endbenutzer und Anwendungen profitieren direkt von allen Regelneuerungen, -änderungen und -erweiterungen.

11.3.1 Zugriff auf das Datenmodell

Auf die Datenvirtualisierungsplattform kann mit beliebigen Clients, die die Nutzung von JDBC- oder ODBC-Treibern erlauben, zugegriffen werden. Viele der gebräuchlichen Visualisierungswerkzeuge (d.h. BI-Tools etc.) enthalten vorintegrierte Konnektoren zum Zugriff auf die Datenvirtualisierungsplattform. Der Zugriff auf das Datenmodell in der Datenvirtualisierungsplattform ist für die Benutzer identisch mit dem Zugriff auf klassische RDBMS-Systeme: Nach dem Login werden

---

[3]. *https://www.denodo.com/en/document/whitepaper/denodo-platform-80-technical-architecture*

für den Benutzer alle für ihn autorisierten Views sichtbar. Auf Basis dieser Views können dann Abfragen erstellt werden. Die dahinterliegende Heterogenität der Datenquellen, Formate und Protokolle bleibt dem Benutzer verborgen.

Weitere Möglichkeiten zur Datenkonsumierung sind die von der Datenvirtualisierungsplattform bereitgestellten APIs: Üblicherweise sind das Webservices – wie REST, OData, SOAP, GraphQL – und die Integration als Dienstanbieter in einen Enterprise Service Bus (ESB).

Sofern die konsumierenden Anwendungen einen Single-Sign-on-Mechanismus unterstützen (z.B. mittels Kerberos, SAML, OAuth etc.), wird auch dieses von den Datenvirtualisierungsplattformen üblicherweise ermöglicht.

11.3.2 Datenschutz und Sicherheit

Die Datenvirtualisierung wirkt als zentrale Datenzugriffskontrollschicht. Datenvirtualisierungslösungen verfügen über ein Rollenkonzept (RBAC), mit dem die Rechte auf Elemente wie beispielsweise Views vergeben werden können. Eine Maskierung von Daten inklusive der Einschränkung von Ergebnismengen ist über dieses Rollenkonzept ebenfalls möglich (Row-level bzw. Column-level Security). Eine Integration von AD-Servern inklusive des Imports der AD-Gruppen in die Datenvirtualisierung erlaubt die Einbettung der Datenvirtualisierung in ein unternehmensweites Identity-Management-Konzept (vgl. Abb. 11–3).

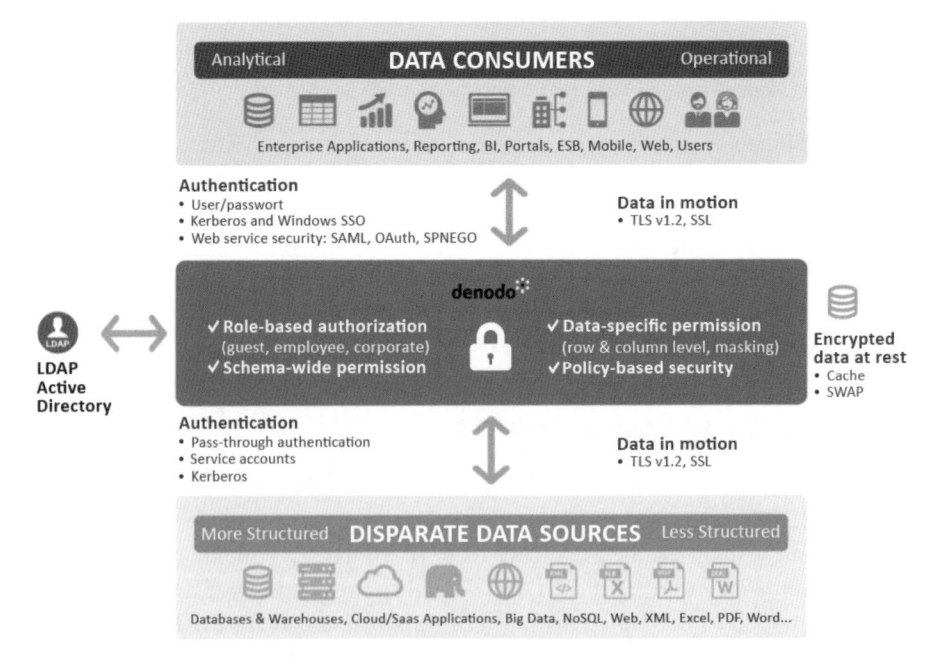

Abb. 11-3 Sicherheitsarchitektur einer Datenvirtualisierung am Beispiel der Denodo Platform[4]

4. https://www.denodo.com/en/document/whitepaper/denodo-platform-80-technical-architecture

Die Anbindung der Datenquellen bietet ebenfalls vielfältige Möglichkeiten zur Authentifizierung. Sofern die Datenquellen es erlauben, können diese Quellen sowohl über einen technischen User als auch über den an die Datenvirtualisierung angemeldeten User konnektiert werden. Durch dieses Vorgehen können die bereits in den Datenquellen vorhandenen Security-Regeln weiterhin genutzt werden.

11.3.3 Query-Optimierung

Die Performance von Abfragen ist häufig mitentscheidend für den Erfolg oder Misserfolg von analytischen Plattformen. Aus diesem Grunde optimiert die Datenvirtualisierung alle Abfragen auf eine spezielle Art, um insbesondere auch eine hohe Performance auf großen und verteilten Daten (also auf heterogenen Datenquellen) zu ermöglichen.

Diese Optimierung wird durch den sogenannten »Dynamic Optimizer« (manchmal auch »Cost-Based Optimizer« genannt) durchgeführt. Das Ziel des Optimizers ist es, eine weitgehende Vorverarbeitung der Daten bereits auf den beteiligten Datenquellen zu erreichen. Durch diese lokale Minimierung der Ergebnismengen wird das Datenvolumen für die föderierte Weiterverarbeitung minimiert. Der Effekt ist ein verringerter »Network Traffic« und eine weniger aufwendige Nachverarbeitung der Daten in der Datenvirtualisierungsplattform selbst.

Sehr vereinfacht und verallgemeinert gesehen findet die Optimierung der Abfragen in zwei Phasen statt: Die erste Phase ist die »statische Optimierung«, die zweite Phase ist die »dynamische Optimierung« (vgl. Abb. 11–4).

In der »statischen Optimierung« werden die einzelnen Zugriffspläne auf die beteiligten Datenquellen erstellt. Dabei kennt und nutzt die Datenvirtualisierung die Funktionalitäten, das Protokoll und den Dialekt der jeweiligen Datenquelle. Die Subqueries an die Datenquellen werden so erstellt, dass eine möglichst weitgehende Vorverarbeitung der Daten bereits auf den Datenquellen erfolgt. Dies enthält Operationen, wie beispielsweise Joins, Filterungen, Aggregierungen, Sortierungen und Berechnungen, die möglichst an die Datenquellen delegiert werden.

In der »dynamische Optimierung« geht es nun darum, den besten Ausführungsplan für die Datennachverarbeitung zu entwickeln. Das heißt, die von den Datenquellen gelieferten Teilergebnismengen müssen kombiniert und ggf. weiter transformiert werden. Ein wesentlicher Teilaspekt dabei ist eine kostenbasierte Optimierung des Ausführungsplans. Dieses Verfahren ist vergleichbar mit der CBO (Cost-Based Optimization) in klassischen RDBMS-Systemen und sorgt dafür, dass die Abfragen auf Basis eines Regelwerks und unter der Kenntnis der Datenstatistiken optimiert werden. Dabei beschreiben die Datenstatistiken die Mengengerüste und Datenverteilungen in den Datenquellen. Somit kann die kostenbasierte Optimierung beispielsweise den besten Join-Algorithmus finden und anwenden, d. h. beispielsweise ein Merge, Hash oder Nested-Loop Verfahren zur Anwendung bringen.

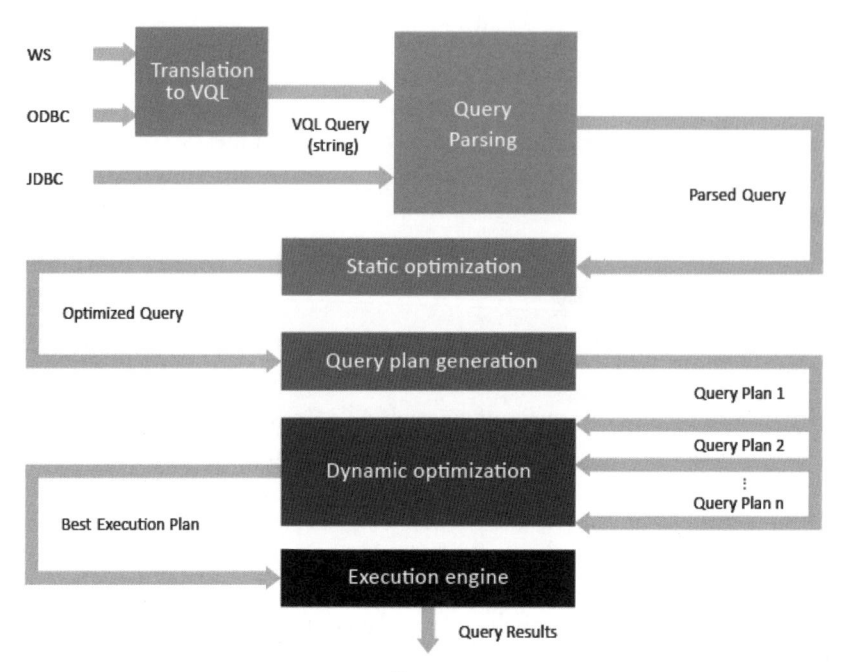

Abb. 11-4 Phasen der Abfragen-Optimierung[5]

11.3.4 Daten-Caching

Wie bei allen Architekturen für analytische Plattformen kann es Szenarien geben, in denen Datenquellen keinen effizienten Zugriff erlauben. Beispiele für solche Szenarien sind:

- Einzelne Datenquellen sind zu langsam.
- Einzelne Datenquellen sind bereits durch das operative Tagesgeschäft hoch ausgelastet und sollen nicht durch zusätzliche analytische Abfragen belastet werden.
- Es werden sehr kurze Antwortzeiten (ggf. für operative Abfragen) gefordert, aber zugleich ist die nötige Kombination und Transformation der Daten hochkomplex.

Bei solchen Randbedingungen bzw. für solche Anforderungen ermöglichen es die Datenvirtualisierungsplattformen, ausgewählte Daten zu cachen.

---

5. https://www.denodo.com/en/document/e-book/denodo-cookbook-query-optimization

Als Speichersystem für die Daten kommt eine interne Datenbank der Datenvirtualisierungsplattform zum Einsatz, aber viele Produkte erlauben es aus Performance- und Skalierungsgründen auch, extern bereitgestellte RDBMS-Systeme gezielt für das Daten-Caching zu verwenden.

Ein wichtiger Aspekt ist, dass Daten auf allen Transformationsstufen des Datenmodells gecacht (d.h. materialisiert) werden können. So können beispielsweise ausgewählte Base Views gecacht werden, wenn die entsprechende Datenquelle zu langsam ist oder vor analytischen Echtzeitabfragen gekapselt werden soll. Andererseits können auch volltransformierte Derived Views materialisiert werden, um z.B. den Mitarbeiterinnen und Mitarbeitern eines Callcenters einen schnellen operativen Zugriff auf eine 360°-Kunden-View zu geben.

Bei vielen Datenvirtualisierungslösungen ist die Verwaltung der Cache-Daten und Datenstrukturen voll in das Produkt integriert. Die benötigten Tabellen und Indizes werden in der Speicherdatenbank automatisiert angelegt bzw. entfernt.

Das Laden der Daten in den Cache erfolgt zumeist über eingeplante Hintergrundjobs in einem eigens bereitgestellten Scheduler der Datenvirtualisierungsplattform. Die Lade- und -Refresh-Vorgänge der Daten können im Allgemeinen voll, partiell oder inkrementell durchgeführt werden.

11.3.5 Datenkatalog

Datenvirtualisierungsplattformen bieten vielfach auch einen integrierten Datenkatalog zur Unterstützung von verschiedensten Geschäftsinitiativen wie beispielsweise der Bereitstellung einer »Data-Self-Service«-Lösung. Dieser Datenkatalog enthält die Metadaten des gesamten Datenmodells, das in der Datenvirtualisierung definiert ist. Diese Metadaten können – beispielsweise durch Data Stewarts – noch angereichert werden, um die Lesbarkeit für Geschäftsanwender zu verbessern. Der Datenkatalog ermöglicht den Benutzern das Durchsuchen und Navigieren in den Metadaten, das Entdecken von Beziehungen in den Metadaten und den Datensätzen, das Durchführen von Suchen über die Metadaten sowie die Formulierung von Abfragen und den Export der Abfrageergebnisse.

11.4 Abgrenzung zu anderen Integrationstechnologien

Die Datenvirtualisierung ist eine sehr effiziente und flexible Technologie für die Integration und Bereitstellung von Daten.

Tabelle 11–1 verdeutlicht die Unterschiede zu anderen verbreiteten Methoden zur Datenintegration:

Funktionalität	Daten-virtualisierung	ETL	ESB
Laden von Daten in ein Data Warehouse oder in einen ODS		x	
Daten transformieren und kombinieren	x	x	
Modellieren eines semantischen Datenmodells	x	x	
Echtzeit-Datenzugriff mit Performance-Optimierung für Verbundabfragen	x		
Synchronisation von Anwendungen		x	x
Datenkatalog inklusive der Anreicherung von Metadaten	x		
Event Driven Workflows			x

Tab. 11-1   Abgrenzung unterschiedlicher Integrationstechnologien

11.5 Kundenbeispiel: Die Festo Gruppe

11.5.1 Unternehmensprofil der Festo Gruppe

Die Festo Gruppe ist ein verantwortungsvolles Familienunternehmen und Global Player in der Digitalisierung. Im Zuge der Digitalisierung richtet sich Festo als weltweit führender Anbieter von Automatisierungstechnik und technischer Bildung mit seinen Produkten und Services auf die smarte Produktion der Zukunft aus. Dabei setzt das Unternehmen auch auf künstliche Intelligenz und maschinelles Lernen. Seit über 60 Jahren ist das 1925 gegründete unabhängige Familienunternehmen mit Sitz in Esslingen a.N. Impulsgeber in der Automatisierung und hat sich mit einem einzigartigen Angebot zum Weltmarktführer in der technischen Aus- und Weiterbildung entwickelt. 300.000 Kunden in der Fabrik- und Prozessautomation weltweit vertrauen auf die pneumatischen und elektrischen Antriebslösungen des Unternehmens. Festo Didactic bietet darüber hinaus modernste Qualifizierungslösungen für rund 56.000 Industrieunternehmen und Bildungseinrichtungen in aller Welt. Die Festo Gruppe erzielte im Geschäftsjahr 2019 einen Umsatz von 3,07 Mrd. Euro und ist mit rund 21.000 Mitarbeiterinnen und Mitarbeitern an 250 Standorten weltweit präsent. 8 % vom Umsatz fließen jährlich in die Forschung und Entwicklung.

11.5.2 Geschäftsanforderungen

Um die Innovationen, die für Festo seit jeher an erster Stelle stehen, fortzusetzen, musste Festo seine betriebliche Effizienz optimieren, Fertigungsprozesse automatisieren und seinen Geschäftskunden On-Demand-Services anbieten. Dazu gehörte es, intelligentere und agilere Wege zu finden, um die eigenen Datenbestände zu analysieren und zu kapitalisieren.

Ein konkretes Beispiel: *Ein Vorhaben war die Schaffung eines Energy Transparency System (ETS). Dieses Informationssystem sollte die Möglichkeit bieten, die aktuell anliegenden Energieflüsse und Energieverbräuche in den Festo-Produktionsstätten zu analysieren und zu visualisieren. Die Erkenntnisse sollten u.a. dazu dienen, den Energieverbrauch durch geeignete Maßnahmen stetig zu optimieren.*

Eine Herausforderung dabei war, dass die benötigten Daten in verschiedenen Systemen und in verschiedenen Formaten gehalten werden: Die IoT-Daten in einem Data Lake und die weiteren Daten u.a. in einem SAP BW System, in Webservices und in Dateien. Es musste also eine Möglichkeit gefunden werden, dem ETS einen integrierten Zugriff auf diese heterogenen Daten bereitzustellen (»Single Point of Entry«). Gleichzeitig musste diese Zugriffsschicht in der Lage sein, auch große Datenmengen aus den verschiedenen Datenquellen performant und in Echtzeit zu transformieren und zu kombinieren.

Strategisch betrachtet ging es Festo darum, den Fachabteilungen die Daten aus ihren unterschiedlichen Datensilos einfach, sicher, integrativ und in Echtzeit bereitzustellen. Das Finden und Nutzen von Daten sollte in einer »Self-Service«-Manier möglich gemacht werden, um die Abhängigkeit der Fachabteilungen von der IT zu reduzieren.

11.5.3 Die Lösung

Festo implementierte eine neue Architektur mit dem internen Namen »Big Data Analytics Framework« (vgl. Abb. 11–5).

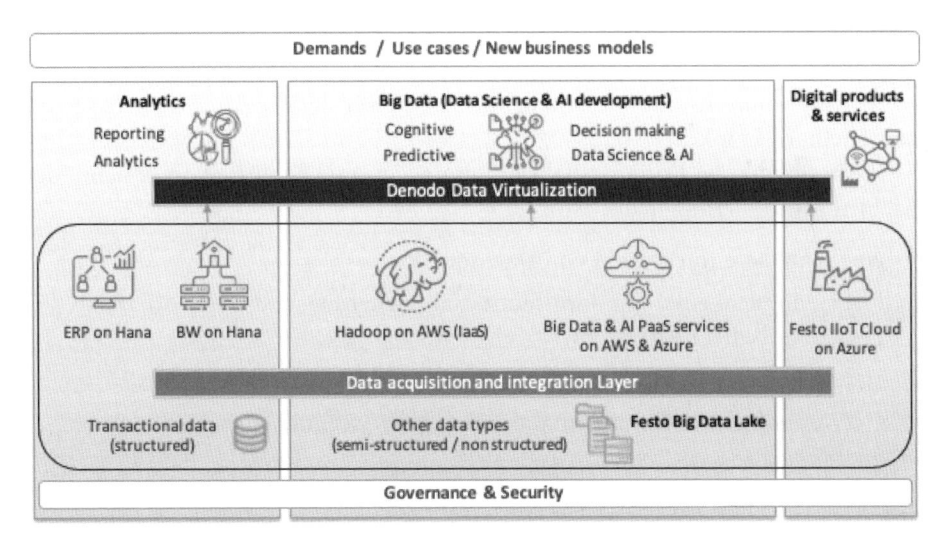

Abb. 11–5 *Das »Big Data Analytics Framework« von Festo [Frank 2019]*

In dieser Architektur spielt die Datenvirtualisierung eine wichtige Rolle: Sie stellt eine Verbindung zu allen Daten in den heterogenen Datenquellen her, schafft eine zentrale Stelle zur Datentransformation, Datenkombination und Data Governance und stellt den Fachabteilungen einen einfachen und integrativen Zugriffspunkt bereit.

Die Datenvirtualisierung stellt den Benutzern ein abstraktes, modelliertes und stabiles Datenmodell bereit. Die darin enthaltenen Datenbank-Views sind für die Geschäftsanalysten, Data Scientists und Entwickler über sämtliche Abteilungen hinweg verständlich und gebrauchsfertig zugeschnitten.

Der Zugriff auf dieses zentrale Datenmodell kann nun mit der jeweils präferierten Anwendung des Benutzers erfolgen, also mit BI-Anwendungen, analytischen Notebooks etc. Für webbasierte Anwendungen oder für den »Machine-to-Machine«-Informationsaustausch ist das Datenmodell auch per REST-API oder per SOAP konsumierbar.

»Das ist für uns eine Win-win-Situation, da das Unternehmen jetzt die nötige Flexibilität hat und nicht länger von der IT abhängig ist, um Daten zu erhalten«, sagt Diethard Frank, IT-Produktmanager Big Data bei Festo.

Da die Datenzugriffe nun über die Datenvirtualisierung in Echtzeit auf den Datenquellen direkt erfolgen, müssen die Daten nicht mehr aufwendig repliziert oder kopiert werden. Somit trägt die Datenvirtualisierung erheblich zu einer Effizienzsteigerung bei.

11.5.4 Die Mehrwerte

Mit der Implementierung des »Big Data Analytics Framework« hat Festo eine Vielzahl von Vorteilen erzielt.

»Unsere Fachanwender haben jetzt die Flexibilität, ihre eigenen Dashboards zu betreiben und instand zu halten, was die IT für andere Aufgaben freisetzt«, sagt Diethard Frank.

Dabei bildet die Datenvirtualisierung die zentrale Schlüsselkomponente der Architektur und ermöglicht Festo:

- eine schnellere Integration von Datenquellen,
- mehr Möglichkeiten zur Informationsanreicherung und damit die Basis für bessere Entscheidungen,
- agilere Prozesse durch die Entkoppelung von IT und Fachbereichen,
- eine vereinfachte Datennutzung durch Self-Service und einen Datenkatalog,
- die flexible Nutzung bevorzugter Anwendungen und Protokolle zum Konsumieren des zentralen Datenmodells,
- die Reduzierung von Datenkopien und damit mehr Effizienz im Betrieb und in der Infrastruktur sowie
- mehr Freiheiten für die IT, um die Datenhaltung zu modernisieren und Cloud-Transformation zu gestalten.

11.6 Zusammenfassung

Die Ansprüche der Unternehmen an eine analytische Plattform sind stetig gestiegen. Mit Advanced Analytics, Machine Learning (ML) und Artificial Intelligence (AI) werden autonome oder halbautonome Verfahren zur Analyse und Kapitalisierung von Daten implementiert, die in der Regel über die herkömmliche Business Intelligence (BI) hinausgehen. Damit steigt die Wertschöpfung von analytischen Lösungen, aber auch die Herausforderung der Implementierung: Die analytischen Algorithmen werden komplexer und sie erfordern den Zugriff auf immer mehr Daten und auf immer aktuellere Daten – und dies ggf. auch in Echtzeit, insbesondere wenn es um eine Zukunftsprognose geht.

Gleichzeitig hat die Heterogenität der Datenhaltung in der IT stark zugenommen. Viele Unternehmen haben bereits vor Jahren neben einem klassischen Data Warehouse auch einen Data Lake eingeführt. Doch meist befinden sich die Daten, die für einen konkreten analytischen Anwendungsfall benötigt werden, auch in weiteren Datenquellen: in NoSQL-Datenbanken, in operativen Systemen, in Cloud-Diensten etc. Für diese diversifizierte Datenhaltung in der IT gibt es sehr gute Gründe und sie ist in weiten Teilen mit dem derzeitigen Stand der Technik auch unvermeidbar. Dennoch erschwert dieser Umstand den Fachabteilungen den integrativen und einfachen Zugriff auf die benötigten Daten.

In der Praxis ergibt sich also ein Spannungsfeld zwischen einem gestiegenen Datenbedarf der Fachabteilungen einerseits (siehe Advanced Analytics) und einem erschwerten Datenzugang andererseits (Datenheterogenität). Um diesen Konflikt zu meistern, bedarf es einfacherer und agilerer Methoden zur Datenintegration. Und hier kommt die Datenvirtualisierung ins Spiel.

Die Datenvirtualisierung ist eine logische Schicht – technisch gesehen manifestiert sich das in den »Database Views« –, die alle Unternehmensdaten integriert, die in den unterschiedlichen Systemen und Silos gespeichert sind. Damit stellt sie ein zentrales Datenmodell bereit, auf dem die Endbenutzer mit der Anwendung ihrer Wahl arbeiten können. Die Mehrwerte der Lösung lassen sich gut nachvollziehen, wenn man die Lösung aus drei unterschiedlichen Perspektiven betrachtet: aus der Perspektive der Anwender, der Data Governance und der IT.

11.6.1 Die Anwenderperspektive

Die Endbenutzer aus den Fachabteilungen – wie z.B. Business-Analysten, Data Scientists – erfahren einen *Data-Self-Service*. Sie können sich voll auf die Verwendung der Daten konzentrieren, anstatt sich mit technischen Konnektivitäts- und Transformationsproblemen befassen zu müssen:

- Sie haben einen einzigen zentralen Zugangspunkt für alle Daten.
- Sie arbeiten auf einem geschäftsorientierten semantischen Datenmodell.
- Sie finden und verstehen die Daten mithilfe eines Datenkatalogs.
- Sie können die Daten mit den Anwendungen ihrer Wahl analysieren.
- Sie haben einen performanten Zugriff auf die Daten in Echtzeit.

11.6.2 Die Data-Governance-Perspektive

Data-Governance-Verantwortliche – wie z.B. Chief Information Officers, Data Stewards, Data Architects – erhalten mehr und bessere Methoden, um die Unternehmensdaten nutzbar zu machen. Und sie haben jetzt einen *zentralen Kontrollpunkt*, um die Richtlinien zur Datenverwaltung und -sicherheit anzuwenden:

- Sie können die Daten schneller nutzbar machen.
- Sie haben mehr Möglichkeiten zur Informationsanreicherung.
- Sie können einen »Single Point of Truth« etablieren.
- Sie können ein gemeinsames Datenverständnis im Unternehmen ermöglichen.
- Sie können die Qualität der Datentransformation und -kombination steuern.
- Sie können den Datenschutz gewährleisten.
- Sie können alle Zugriffe und Änderungen aufzeichnen und prüfen.

11.6.3 Die IT-Perspektive

Die IT hat üblicherweise ihre ganz eigenen Vorgaben und Anforderungen, um die Infrastruktur zu optimieren und gleichzeitig Kosteneinsparungen zu erzielen. Die Datenvirtualisierung entkoppelt die Endbenutzer von den physischen IT-Systemen. Und das gibt der IT mehr Freiheit, die Modernisierung der IT-Infrastruktur voranzutreiben:

- Sie kann die Anzahl der benötigten Datenkopien reduzieren und damit effizienter arbeiten.
- Sie kann den Endbenutzern ein stabiles (weil virtualisiertes) Datenmodell bereitstellen.
- Unterhalb dieser stabilen Schnittstelle hat sie mehr Freiheiten z.B. für Infrastrukturinnovationen, für eine Best-of-Breed-Architektur oder für eine Cloud-Migration.

Teil III
Architekturbeispiele

12 BIA-Architekturen für klinische Studien

Jörg Krempien • Jörg Frank • Philipp Kazzer

Klinische Daten werden heutzutage als ein großer Vermögenswert der pharmazeutischen Industrie angesehen. Daten sind elementar für den gesamten klinischen Entwicklungsprozess. Sie sind die Basis für Analysen, Marktzulassungen, Packungsbeilagen und das Marketing.

Ohne gute klinische Daten, die strukturiert, einfach auszuwerten und sauber sind, lässt sich das Potenzial von Medikamenten unter Umständen nicht voll ausschöpfen.

Ein Data Warehouse (DWH), das diese klinischen Daten an einem zentralen Punkt strukturiert zur Verfügung stellt, kann den Entwicklungsprozess an vielen Stellen unterstützen und einen signifikanten, messbaren Beitrag leisten.

12.1 Über klinische Studien

Bei der Entwicklung neuer oder verbesserter Medikamente ist die Durchführung von klinischen Studien ein zentraler Schritt, um die Wirksamkeit eines Medikaments zu belegen sowie Nebenwirkungen zu erkennen und zu quantifizieren.

Klinische Studien werden in vier Phasen eingeteilt (vgl. Tab. 12–1):

Phase	Teilnehmer	Dauer	Ziele
I	ca. 20–80	Wochen	Erstmalige Anwendung an gesunden Probanden
II	ca. 50–200	Monate	Überprüfung des Therapiekonzepts, Bestimmung der Therapiedosis
III	ca. 200–10.000	Monate bis Jahre	Signifikanter Wirksamkeitsnachweis, *Marktzulassung*
IV	bis Millionen	Jahre	Nach der Marktzulassung zur Überprüfung seltener Nebenwirkungen

Tab. 12–1 Phasen einer Arzneimittelstudie

Im hier beschriebenen Data Warehouse werden die Studienphasen II und III unterstützt.

Um eine Studie abzuschließen, muss diese den Status der »Clean Database« erreichen; erst danach können die Studiendaten bei den Gesundheitsbehörden eingereicht werden.

Nach Abschluss aller Studien der Phase III kann eine Marktzulassung beantragt werden. Da ein etwaiges Patent auf einen Wirkstoff bereits Jahre vor der Marktzulassung beantragt und erteilt wird, sind Pharmakonzerne daran interessiert, Studien so effizient wie möglich durchzuführen. Gleichzeitig muss dabei die Sicherheit der Studienteilnehmerinnen und Studienteilnehmer sowie der Nachweis von Sicherheit und Wirksamkeit des Medikaments gewährleistet sein.

Um die optimale Durchführung von Studien zu garantieren, wird – sofern es die IT angeht – versucht, sich so weit wie möglich von externen Abhängigkeiten abzukoppeln. Es werden zwar die gleichen IT-Systeme zur Durchführung und Datenhaltung verwendet, innerhalb derselben wird aber eine größtmögliche Unabhängigkeit gewahrt. So werden Studiendaten in eigenen Datencontainern abgelegt. Bestehende (Industrie-)Standards werden dabei oftmals zugunsten von Geschwindigkeit und Flexibilität geopfert. Dies erzeugt für konsumierende Systeme, wie ein DWH, besondere Herausforderungen. Zum einen sind die Datenstrukturen zwischen den Studien nicht komplett deckungsgleich (ca. 90 % gleich/10 % unterschiedlich), zum anderen können sich Datenstrukturen quasi über Nacht ändern.

Des Weiteren besteht im Pharmaumfeld die Pflicht zur GxP-Validierung von IT-Systemen. Dies führt dazu, dass Änderungen am produktiven System nur durch ein offizielles Release mit Validierung durchgeführt werden dürfen. Das schränkt die Reaktionsmöglichkeit des DWH – beispielsweise auf kurzfristige Änderungen der Tabellenstruktur zu reagieren – stark ein und führt zu besonderen Anforderungen im Staging.

> **GxP**[1] bezeichnet zusammenfassend alle Richtlinien für »gute Arbeitspraxis«, die insbesondere in der Medizin, der Pharmazie und der pharmazeutischen Chemie Bedeutung haben. Das »G« steht für »Gut(e)« und das »P« für »Praxis«, das »x« in der Mitte wird durch die jeweilige Abkürzung für den spezifischen Anwendungsbereich ersetzt.
> Hier: GCP = »Good Clinical Practice«.

Generell ist die Durchführung von klinischen Studien durch internationale und nationale Regelwerke stark reguliert. Durch Audits von Gesundheitsbehörden wie FDA (Food and Drug Administration, USA) oder EMA (Europäische Arzneimittel-Agentur) werden auch die verwendeten IT-Systeme ständig geprüft. Bei

---

1. *https://de.wikipedia.org/wiki/GxP*; abgerufen am 21.03.2021

schwerwiegenden Mängeln kann im Zweifelsfall die Weiterführung einer Studie untersagt werden bzw. sogar die Marktzulassung eines Medikaments verlorengehen. Da dies hohe wirtschaftliche Konsequenzen für ein Pharmaunternehmen haben kann, ist der Druck auf die IT-Systeme, eine hohe Qualität zu gewährleisten, entsprechend groß.

12.2 Anforderungen an die BI-Architektur

Die DWH- bzw. Business-Intelligence-(BI-)Architektur im Umfeld der klinischen Studien muss zum einen »klassische« Anforderungen wie Korrektheit, Robustheit, Performance und Erweiterbarkeit erfüllen. Zum anderen sind spezielle Anforderungen zu beachten, die sich insbesondere durch die Art und die Struktur der zugrunde liegenden Daten ergeben.

Oft wurde in der Vergangenheit für jede klinische Studie ein eigenes Datenmodell entwickelt. Dieses wurde durch »Copy & Paste« von bestehenden Studien erstellt und auf die individuellen Bedürfnisse angepasst. Trotz der Etablierung des Study Data Tabulation Model (SDTM) ist diese Praxis weiterhin gebräuchlich. Auch lässt das SDTM-Datenmodell einen hohen Freiheitsgrad zu [CDISC 2021].

> **SDTM (Study Data Tabulation Model)** ist ein Standard des *Clinical Data Interchange Standards Consortium* (CDISC) für die Organisierung und Formatierung von Streamline-Prozessen zur Sammlung, zum Management, zur Analyse und zum Reporting von klinischen Daten.

Daher ist es notwendig, mit Quelldaten umzugehen, deren Datenmodell von Studie zu Studie leicht variiert. Aus Sicht des BI-Systems ist dabei jede Studie ein eigenes Quellsystem.

Im Bereich des Data Management ist es von Vorteil, die eingegebenen Daten einer klinischen Studie möglichst früh zu überwachen, um den Zustand der Daten so schnell wie möglich beurteilen zu können. Wichtige Kennzahlen sind z. B. die Anzahl und der Verlauf offener Nachfragen (Queries) in der Studie. Dabei handelt es sich um Nachfragen, die aufgrund von Prüfungen automatisch und manuell gestellt werden und bis zur Klärung des Sachverhaltes offen sind. Eine Einreichung bei einer Zulassungsbehörde ist erst dann möglich, wenn es in der klinischen Studie keine offenen Queries mehr gibt. Oft wird auch noch das Datenmodell bis zum Start der klinischen Studie angepasst.

Somit ergeben sich drei zentrale Anforderungen an das BI-System:

- Verarbeitung von Daten aus (leicht) heterogenen Quelldatenmodellen der zugrunde liegenden Studiendaten

- Zeitnahe Reporting- und Analysemöglichkeiten ab dem Start der klinischen Studie
- Standardisiertes Reporting

Weitere Anforderungen sind:

- Validiertes System (FDA 21 CFR)
- Zugriff auf das System 24/7 ohne Downtime während der Beladung

> Durch **Validierung** oder Validation (von lateinisch *validus* »kräftig, wirksam, fest« und *valare* »den Wert von etwas feststellen«) wird der dokumentierte Beweis erbracht, dass ein Prozess oder ein System die vorher spezifizierten Anforderungen reproduzierbar im praktischen Einsatz erfüllt. Die Anforderungen für die Validierung in der Pharmabranche werden unter anderem durch die FDA (Food and Drug Administration) und EMA (Europäische Arzneimittel-Agentur) erstellt.

Die Anforderung, kurzfristige Analysemöglichkeiten in einem validierten System bereitstellen zu können, lässt sich nur umsetzen, wenn neue Studien ohne Entwicklungsarbeiten integriert werden können. Dies bedeutet, dass die Integration von neuen Studien(daten) ausschließlich über Konfigurationen erfolgen kann.

Anforderungen an einen Realtime- oder Near-Realtime-Betrieb sind bis heute in diesem Bereich nicht formuliert worden. Erst bei einer Operationalisierung des BI-Systems (z.B. der Verlagerung eines Teils des Query Handling in das BI-System) könnten solche Anforderungen gestellt werden.

12.3 Architekturdetails

12.3.1 Architekturüberblick

Als Architektur wurde zunächst eine klassische Drei-Schichten-Architektur gewählt (vgl. Abb. 12–1). Dabei werden die Studiendaten in einen *Staging Layer* importiert, in einem *Core Data Warehouse* integriert und in *Data Marts* für analytische Anwendungen bereitgestellt (vgl. [Inmon 2005] und [Bauer & Günzel 2013]). Dabei kann jedoch insbesondere der Staging Layer bei näherer Betrachtung nochmals unterteilt werden. Sowohl *Staging Layer*, *Core Layer* als auch *Publish Layer* sind als persistierte Datenschichten angelegt.

Als wesentliche Datenlieferanten sind Oracle LSH (Oracle Life Sciences Data Hub als Quelle für klinische Daten) sowie RAVE EDC (Electronic Data Capture) von Medidata (als Quelle für operative Daten) zu betrachten. Weitere Quellsysteme spielen eine untergeordnete Rolle. Die Daten aus Oracle LSH werden in einen *Key-Value Store* geladen (siehe den nachfolgenden Abschnitt), weil dort die Varianz der Studiendaten am stärksten zutage tritt.

12 BIA-Architekturen für klinische Studien

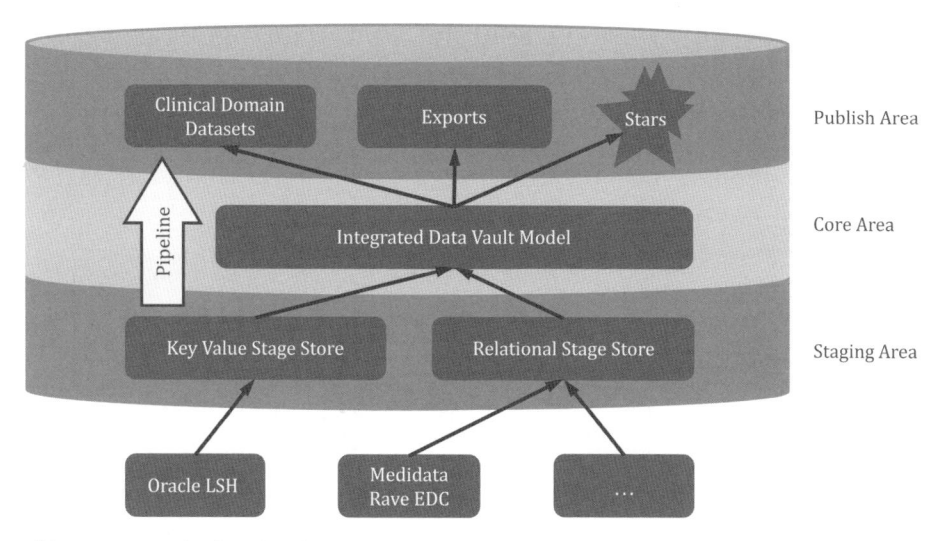

Abb. 12–1 Architekturüberblick

12.3.2 Staging

Das Staging-Konzept des DWH für klinische Studien extrahiert sowohl operationale als auch klinische Daten und stellt diese den nachfolgenden Schichten des DWH zur Verfügung. Es existieren zwei Staging-Konzepte in Abhängigkeit zum Quellsystem und der zugehörigen Anforderungen. Die operationalen Daten werden als Kopie in relationalen Strukturen gespeichert, da die Strukturen dieser Quelle statisch sind. Die Datenextraktion der klinischen Daten erfolgt in einen *Key-Value Store*, da sich diese Daten im Schema unterscheiden und die Schemata selbst über die Zeit mutieren. Für die Staging-Tabellen wird ein Zeitstempel-basierter Delta Load verwendet. Für jede Domäne einer klinischen Studie wird eine eigene Staging-Tabelle beladen.

> Ein **Key-Value Store** speichert die Daten nicht in tabellarischer Form, sondern legt die Werte mit ihrem Key (entspricht dem Namen der Spalte) und dem zugehörigen Wert ab.

Flexibler Stage View Layer für klinische Daten

Auf dem Key-Value Store wird ein *Stage View Layer* aufgesetzt, der wiederum die Daten zurück in eine tabellarische Form transformiert und sie für die nachfolgenden Schichten bereithält (vgl. Abb. 12–2).

Die Daten werden als Key-Value-Paare abgespeichert. In den Metadaten ist die relationale Repräsentation der Quelldaten hinterlegt. Aus den Metadaten werden automatisiert Views erzeugt, die wiederum die Daten zur weiteren Verarbeitung darstellen. Dabei werden fehlende Datenelemente als leere Einträge in den entsprechenden Attributen ergänzt und nicht modellierte Daten aus dem Quellsystem ignoriert.

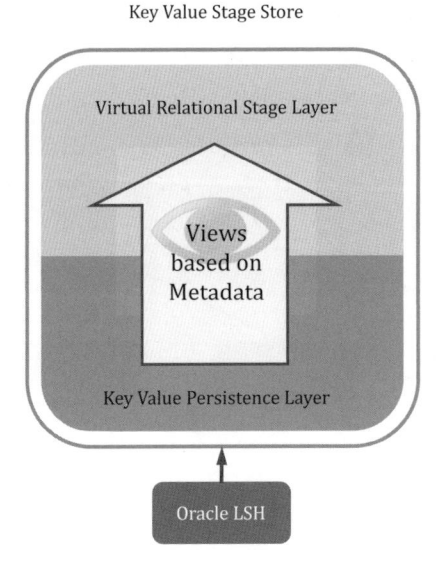

Abb. 12-2 *Stage View Layer*

> **Nutzen des Key-Value Store**
>
> Das Beladen der Stage-Tabellen erfolgt flexibel und robust. Änderungen in der Datenquelle (z. B. Umbenennung, Weglassen, Zusammenführen von Attributen) führen nicht zum Abbruch der Verarbeitung. Alle Quelldaten können immer in den Key-Value Store geladen werden.

Dieser Zwischenschritt trägt maßgeblich zur Resilienz und Robustheit des Ladeprozesses bei.

Aufgrund des Stage View Layer werden die Daten zusätzlich harmonisiert. So können auch unterschiedliche Stage-Tabellen zusammengeführt werden. Die Ladeprozesse in die nachgelagerten Schichten und auch die Struktur müssen nicht angepasst werden. Stattdessen können sie mit harmonisierten Daten und einer statischen Struktur versorgt werden.

Die Flexibilität des Stage View Layer geht so weit, dass klinische Studien mit anderen Datenmodellen (mit geringer Strukturabweichung) im Stage View Layer emuliert und in den vorhandenen Ladeprozess integriert werden können.

Zusatz-Pipeline und Virtualisierung

Attribute aus dem Key-Value Store, die nicht im Stage View Layer an die nachgelagerte Core-Schicht weitergegeben werden, können in sogenannten *Zusatz-Pipe-*

lines über eine zusätzliche automatisierte Virtualisierung an den *Publish Layer* weitergegeben und integriert werden (vgl. Abb. 12–1).

Persistenter Staging Layer

Die persistente Staging-Schicht verfolgt eine eigene Historisierungsstrategie und dient als Grundlage für die virtualisierten Schichten. Die Daten aus der Quelle werden alle in den gleichen Key-Value Store geschrieben. Partitioniert nach Studien ist er optimiert für studienbasiertes Reporting.

12.3.3 Core

Die in den vorherigen Abschnitten benannten Unterschiede zwischen den einzelnen Studien führen zu Problemen bei Standard-Dashboards. Um dem entgegenzuwirken, wird im *Core Layer* ein harmonisiertes Datenmodell verwendet, das aus der größtmöglichen Schnittmenge aller Studien besteht.

Die Modellierung des *Core* erfolgt gemäß der Data-Vault-Modellierungstechnik nach Dan Linstedt [Linstedt & Olschimke 2015]. Die Data-Vault-Modellierung hat sich in der Praxis als vorteilhaft in Bezug auf Flexibilität und Standardisierung bewährt.

Beim Aufbau des Core stehen zwei Dinge im Vordergrund:

- Erzeugung eines stabilen Datenmodells zur weiteren Verwendung
- Integration der Daten aus den verschiedenen Quellen, insbesondere von operativen und klinischen Daten

Die im SDTM verwendeten Tabellen werden *Domänen* genannt. Klassische Domänen sind z. B. AE (Adverse Events), DM (Demographics) oder LB (Lab Data). Das SDTM kennt mehr als 45 solcher Domänen. Zusätzlich können noch frei konfigurierbare Domänen hinzugefügt werden. Standardfelder aus diesen Domänen werden im Core Layer geladen. Felder, die studienspezifisch sind oder von Dashboards auch perspektivisch nicht gebraucht werden, werden in eine persistente Staging-Schicht (PSA) (siehe Abschnitt 12.3.2) geladen.

Als operationale Daten werden hier die Daten bezeichnet, die keine direkten Patientendaten sind, diese aber beschreiben oder zusätzliche Informationen über den Verarbeitungsprozess der Daten liefern. Als Beispiel seien hier die bereits erwähnten »Queries« genannt.

Die operationalen Daten liegen im Quellsystem in einem relationalen Datenmodell vor. Auch dieses Datenmodell wird in den Data Vault überführt.

Im Core Layer werden die klinischen und operationalen Daten miteinander in Bezug gesetzt. Beispielhaft ist in Abbildung 12–3 die Verbindung von klinischen Daten (AE) mit operationalen Daten (Query und Study) in einem Data-Vault-Modell dargestellt. Diese Verknüpfung geschieht mithilfe von Link-Tabellen (z. B. L_Query_AE). Die einzelnen Domänen bestehen jeweils aus Hub (z. B.

H_Query) und Satelliten (z. B. S_Query und S_Query_Stat), wobei ein Hub eine unbegrenzte Anzahl an Satelliten haben kann.

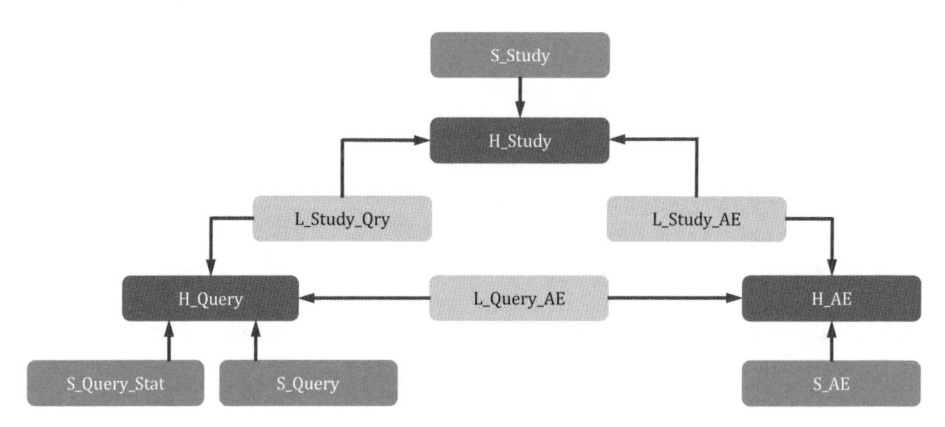

Abb. 12–3   Data Vault für klinische und operationale Daten

Die Daten, die im Quellsystem lediglich als aktuellste Version vorhanden sind, werden mittels SCD2 historisiert. Die SCD2-Historisierung wird dabei in den Satelliten und Links des Data-Vault-Modells umgesetzt. Aus anderen Quellsystemen, die bereits eine hinreichend gute Historisierung haben, wird diese in das Data-Vault-Modell übernommen.

Die Befüllung des Core Layer erfolgt auch bei der Integration von neuen Studien automatisch, sodass alle modellierten Datenelemente verarbeitet werden. Fehlende Datenelemente werden »ignoriert«, was zu einer hohen Robustheit des Core Loads führt.

12.3.4 Publish

Der *Publish Layer* präsentiert die Daten gegenüber den analytischen Anwendungen. Erfahrungen haben gezeigt, dass Data Vaults viele Vorteile bei der Bewirtschaftung mit sich bringen, bei der Auswertung in den Reporting-Tools aber massive Performance-Probleme verursachen. Daher hat man sich beim Publish Layer für ein klassisches Multi-Star-Datenmodell entschieden.

Da die auf diesem DWH basierenden Dashboards von Anwenderinnen und Anwendern auf der ganzen Welt in (fast) allen Zeitzonen benutzt werden, bleibt kein Downtime-Zeitfenster, um den Publish Layer zu befüllen. Daher wurde ein sogenannter Schatten-Publish-Layer (Pub2) eingerichtet. Dieser ist zu Beginn des täglichen Loads eine 1:1-Kopie des eigentlichen Publish Layer (Pub1). Die Dashboards greifen über einen Synonym-Layer (Pub) auf die eigentlichen Daten zu. Nach beendeter Core-Aktualisierung wird zuerst PUB1 aktualisiert. Währenddessen zeigen die Synonyme auf die Tabellen in PUB2. Sobald PUB1 fertig geladen ist, werden die Synonyme auf die Tabellen in PUB1 umgeswitcht und dann PUB2 aktualisiert. Nach Beendigung des täglichen Loads sind PUB1 und PUB2 wieder 1:1-Kopien (vgl. Abb. 12–4).

12 BIA-Architekturen für klinische Studien

Der Switch der Synonyme geschieht in Bruchteilen von Sekunden und bleibt von den Dashboards unentdeckt. Durch diese Technik kann eine 24/7-Erreichbarkeit des DWH sichergestellt werden.

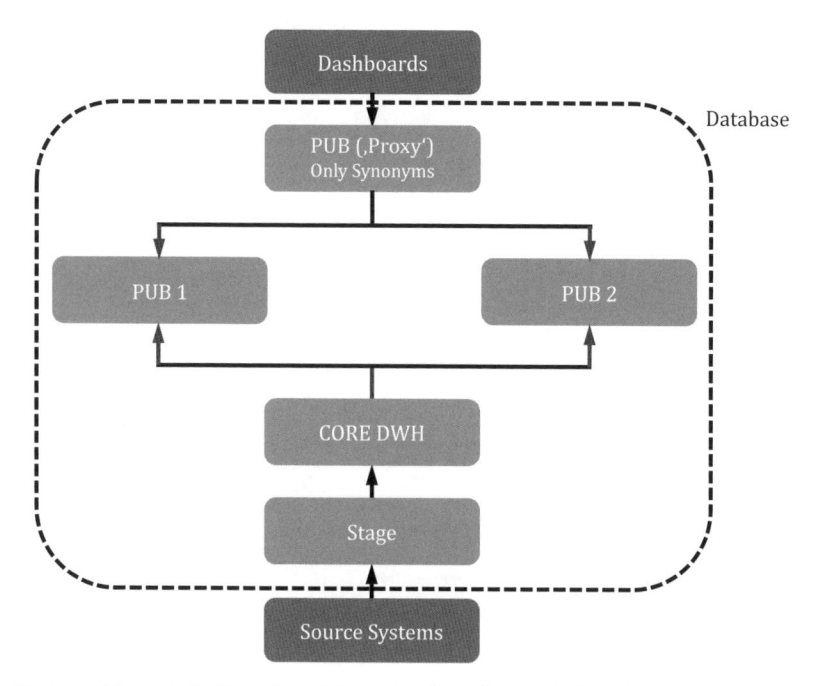

Abb. 12–4 *Schematische Darstellung der unterbrechungsfreien Beladung des DWH*

12.3.5 Virtualisierung (Domänen durch Konfiguration)

Die konfigurierbare Virtualisierungsschicht erfüllt die besonderen Anforderungen im Bereich klinischer Studien:

- Verarbeitung von Daten aus (leicht) heterogenen Quelldatenmodellen der zugrunde liegenden Studiendaten
- »Konfiguration statt Change Request«, um den Validierungsaufwand zu reduzieren

Der Key-Value Store der persistenten Schicht ist nach Studien partitioniert und enthält die Studiendaten aller klinischer Domänen. Attribute verschiedener Datenmodelle mehrerer Studien können nebeneinander abgelegt werden und – in Abhängigkeit der Konfiguration in der Harmonisierungsschicht – direkt an den Publish Layer übergeben werden. Der Publish Layer ist ein automatisch generierter *View Layer.*

Mit diesem Ansatz können alle Arten von Tabellen geladen werden. Dies bietet die maximale Flexibilität in Bezug auf zu integrierende Quellen. Der Ladeprozess wird mit einer eigenen Delta-Tabelle und einer eigenen Kontroll-Tabelle unabhängig vom restlichen Ladeprozess des Core DWH gesteuert. Abbildung 12–5 zeigt das »Virtualisierungs-Framework für Domänen durch Konfiguration«.

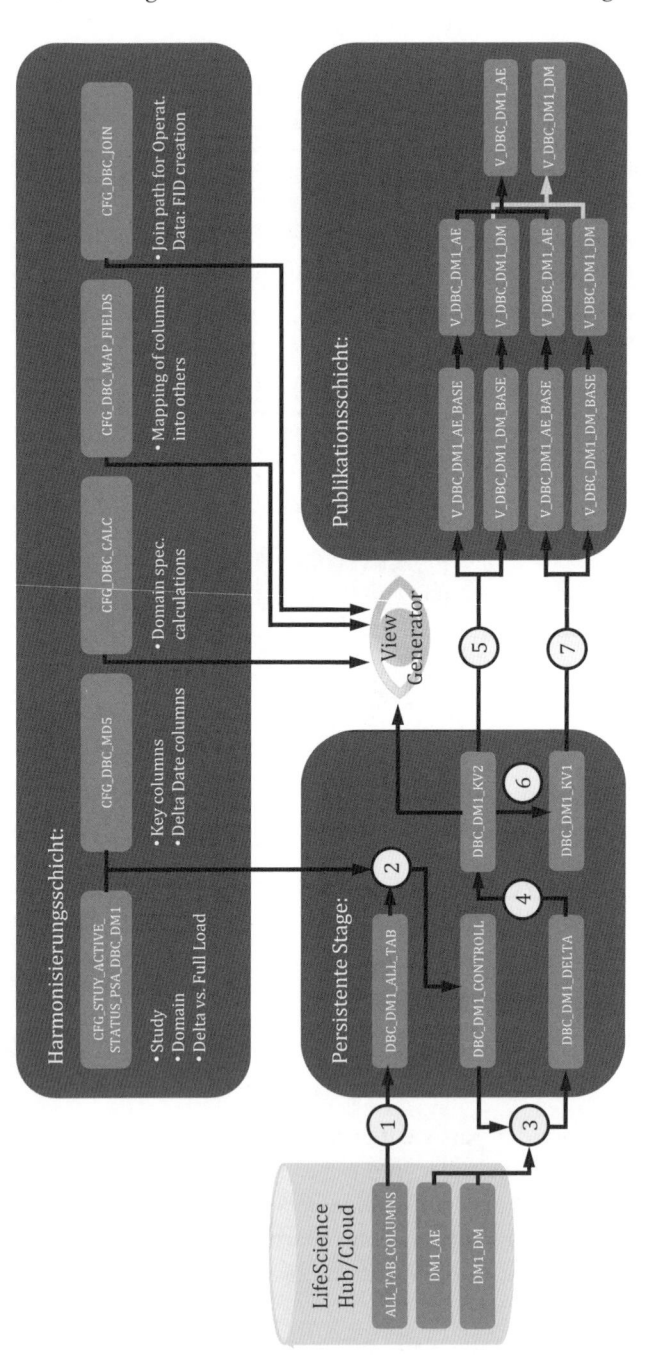

Abb. 12–5   Virtualisierungs-Framework für Konfiguration

1. Extraktion der Metainformation aus dem Quellsystem
2. Automatische Generierung der Abfragen für den Ladeprozess
3. Datenextraktion aus dem Quellsystem in die Delta-Tabelle
4. Laden in den Key-Value Store
5. Automatische View-Generierung basierend auf den Informationen der Harmonisierungsschicht
6. und 7. Tabellenduplikation und Synonym-Switch

Konfigurierbare Harmonisierung der Datenmodelle

In der Harmonisierungsschicht hat es sich aus GxP als sinnvoll erwiesen, bestimmte Merkmale konfigurierbar zu lassen. Wichtige dynamische und volatile Aspekte können aus der DWH-Entwicklung ausgeschlossen und zeitnah konfiguriert werden.

Zu diesen konfigurierbaren Merkmalen gehört die Festlegung eines Primär- und Fremdschlüssels, um die Daten mit denen aus dem Core Layer zu verknüpfen. Zusätzliche vorberechnete Werte sowie die Integration operationaler Daten und Core-typischer Historisierungen werden in der Harmonisierungsschicht bereitgestellt. Außerdem umfasst die Konfiguration das Umbenennen und Mappen zusätzlicher klinischer Domänen und Attribute.

Durch die hohe Flexibilität sind – ohne zusätzlichen Entwicklungsaufwand – auch medizinische Diktionäre lad- und integrierbar.

Automatische Virtualisierung klinischer Domänen

Der View-Generator nutzt die Information aus dem persistenten Key-Value Store, um domänenspezifische Views zu erstellen. Die Schlüssel-Wert-Paare und die Information aus der konfigurierbaren Harmonisierungsschicht werden integriert. Diese Informationen vereinen Datenmodelle verschiedener Studien. Es können aber auch unterschiedliche Datenmodelle (SDTM, DM1) nebeneinander dargestellt werden.

12.4 Entwicklungsgeschichte und Ausblick

Die Entwicklung des DWH/BI-Systems für klinische Studien erfolgte iterativ. Für einen iterativen Ansatz sprechen folgende Punkte:

- Schneller Einsatz von ersten Features
- Lernen in einem sehr innovativen Umfeld
- Vervollständigung von Anforderungen während der Entwicklung

Der Ansatz des DWH für klinische Studien war für alle Beteiligten neu. Vergleichbare Architekturen wurden bis dahin nicht gefunden. Damit handelte es sich um ein Projekt mit hohem Innovationsgrad. Im ersten Schritt wurden operative Daten integriert. Hier konnte noch auf eine Standardarchitektur mit *Staging*, *Data Vault* und *Data Marts* im Star-Schema zurückgegriffen werden. Die Integration klinischer Daten erfolgte entlang der klinischen Domänen. So wurden im ersten Schritt einige wenige zentrale klinische Domänen ausgewählt, um diesen neuen Architekturansatz zu erproben. Daraufhin wurden – parallel für die implementierten Domänen – sukzessive Studiendaten geladen bzw. produktiv gesetzt und neue klinische Domänen hinzugefügt. Dadurch konnten von Anfang an analytische Anwendungen mit einem begrenzten Funktionsumfang für einen Teil der laufenden klinischen Studien bereitgestellt werden. Aufgrund der Weiterentwicklung des Systems konnten sowohl weitere Funktionen implementiert als auch Schritt für Schritt alle laufenden klinischen Studien integriert werden.

Nachdem das System alle grundsätzlichen Funktionen für alle Studien bereitgestellt hat, wurden die nächsten Anforderungen und Erweiterungen umgesetzt. Zum einen waren es bereits von Anfang an existierende Anforderungen, z. B. die Baseline-Flag-Berechnung, zum anderen auch Anforderungen, die erst formuliert werden konnten, als die Möglichkeiten des Systems sichtbar wurden, z. B. Virtual Cut Off.

Nachdem dieses System für laufende Studien im Einsatz ist, wird überlegt, auch abgeschlossene Studien zu behandeln, um ein schnelles und effizientes Study Pooling zu ermöglichen. Viele Konzepte können dafür wiederverwendet werden, ggf. ist lediglich eine Erweiterung notwendig. Die Divergenz und die Menge der Daten im Pooling sind noch einmal deutlich höher als bei laufenden Studien.

Finales Ziel ist die Integration aller laufenden und abgeschlossenen Studien in einem System, sodass auf der Gesamtheit der Daten analytische Prozesse angewendet werden können.

12.5 Use Cases

Mit der Entwicklung des DWH-Systems konnte eine Reihe von Use Cases für die Anwendung im Bereich des Data Management von klinischen Studien umgesetzt werden. Alle Use Cases zielen auf eine effizientere Arbeit mit den Daten der klinischen Studien ab, um die Zeitdauer der Studien zu verkürzen und die Patientensicherheit zu erhöhen.

12.5.1 Virtual Cut Off

Während einer Studiendurchführung werden regelmäßig Daten von Teilmengen der Studienteilnehmerinnen und Studienteilnehmer einer speziellen Datenanalyse unterzogen. Ergebnisse dieser Zwischenanalysen müssen an die Gesundheitsbehörden berichtet werden, die daraufhin über die Weiterführung oder den Abbruch der Studie entscheiden (vgl. Abb. 12–6). Um diese Teilmengen zu bestimmen, werden sogenannte Cut Offs durchgeführt. Anhand von bestimmten Regeln (z.B. alle Teilnehmerinnen und Teilnehmer, die bereits einen bestimmten Checkpoint in der Studie erreicht haben) werden die Daten »eingefroren« und analysiert. Wurde dieses »Einfrieren« der Daten früher durch eine physische Kopie der Datenbank erreicht, kann dies im vorliegenden DWH simuliert werden. Dafür übermittelt der Studienmanager ein Regelwerk an das DWH-Team, das dieses in SQL übersetzt und in eine Konfigurationstabelle lädt. Im nächsten Aktualisierungslauf erstellt ein View-Generator (basierend auf diesem SQL) eine View, die dem Studienmanager alle notwendigen Daten zur Verfügung stellt.

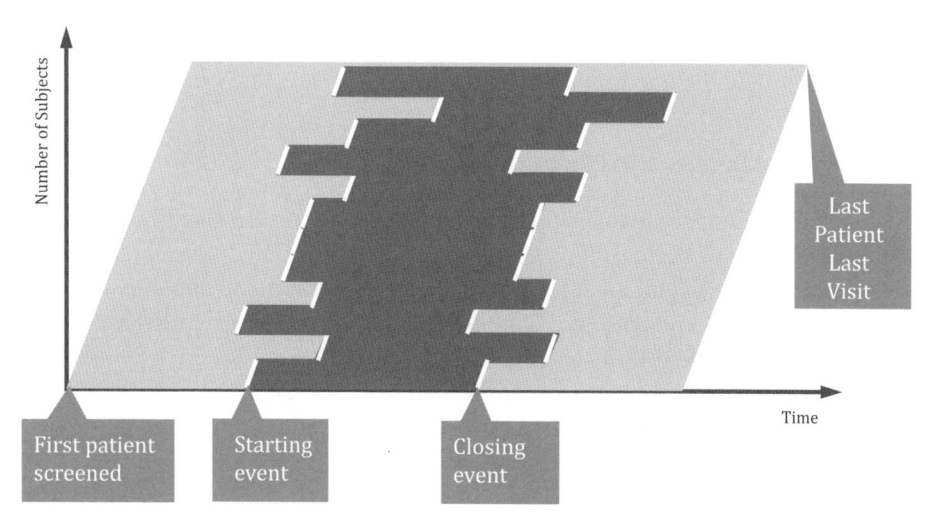

Abb. 12–6 Studienablauf

12.5.2 Subject Status

Welchen Status eine Patientin oder ein Patient im Laufe einer Studie einnimmt, ist meist eine Frage des Blickwinkels und des Anwendungsfalls. Da der Patientenstatus, der aus dem Quellsystem kommt, ein rein technischer ist (z.B. »in Studie aufgenommen«, »Visite 3 erreicht«, »Studie verlassen«), wurde eine Möglichkeit geschaffen, den Patientenstatus in der klinischen Studie vom Anwendungsfall abhängig zu berechnen. Dafür kann ein sehr flexibles Regelsystem genutzt werden.

12.5.3 Baseline Flags

Um während einer Studie Veränderungen an den Patientinnen und Patienten erfassen zu können, die nicht als Nebenwirkungen (AE) aufgeführt werden, muss für bestimmte Vital- und Laborwerte der jeweilige Baseline-Wert dokumentiert werden. Dies kann der bei der ersten Visite gemessene Blutdruck sein oder der erste Wert einer Laboruntersuchung. Da diese Baselines in den Quellsystemen nicht markiert werden, wurde hier ein wiederum konfigurierbarer Automat implementiert, der diese Baselines regelbasiert erkennt und markiert.

12.5.4 Clean Patient Tracker

Der Abschluss einer klinischen Studie ist erst dann möglich, wenn alle Nachfragen (Queries) zu den Teilnehmerinnen und Teilnehmern in der Studie geschlossen sind. Insbesondere gegen Ende der Studie ist es wichtig, einen Überblick über ggf. noch offene Queries zu haben. Der Clean Patient Tracker visualisiert, welche Queries noch offen sind. Darüber hinaus ist es bei Bedarf möglich, den detaillierten Status von Teilnehmerinnen und Teilnehmern zu untersuchen.

12.5.5 Fraud Detection in Clinical Trials

Auch in klinischen Studien kann es zu Betrugsfällen kommen. Zur Unterstützung der Erkennung von Betrugsfällen können die Daten des DWH unter anderem für den Einsatz von Machine-Learning-Technologien verwendet und bereitgestellt werden. Weiterhin können diese Daten mit einer GxP-validierten R-Studio-Version [R Core Team 2014] ausgewertet werden. Ein Python-basiertes Steuerungs- und Versionierungs-Framework wurde im vorliegenden DWH erstellt, um sowohl die Daten als auch den R-Code zu verwalten. Die Ausführung der im klinischen DWH gesicherten und versionierten R-Skripte sowie deren korrespondierende SQL-Queries erfolgt reproduzierbar auf validierten Kubernetes-Instanzen. Die ersten umgesetzten Anwendungsfälle sind Datenfabrikation und Randomisierungen von Datenduplikaten.

12.5.6 Testautomatisierung (TAT)

Um den Validierungsanforderungen zu genügen und die Tests zu beschleunigen, wurde ein Test Automation Tool (TAT) eingeführt. Das TAT ist eine Eigenentwicklung und wurde beim Kunden schon in anderen Projekten erfolgreich eingesetzt. TAT unterstützt Data Driven Tests und führt End-to-End-Tests basierend auf speziellen Test-SQLs durch. Die Test-SQLs simulieren ein paralleles ETL auf dem Quellsystem und vergleichen das erwartete Ergebnis aus der Quelle mit dem tatsächlichen Ergebnis im DWH (vgl. Abb. 12–7).

Über die Projektzeit hat sich eine reichhaltige Bibliothek von Test-SQLs angesammelt, die jederzeit auf Knopfdruck ausgeführt werden können.

Weiterhin können die Test-SQLs auch im täglichen Produktionsbetrieb mitlaufen und so zu einer ständigen Qualitätskontrolle beitragen.

12 BIA-Architekturen für klinische Studien

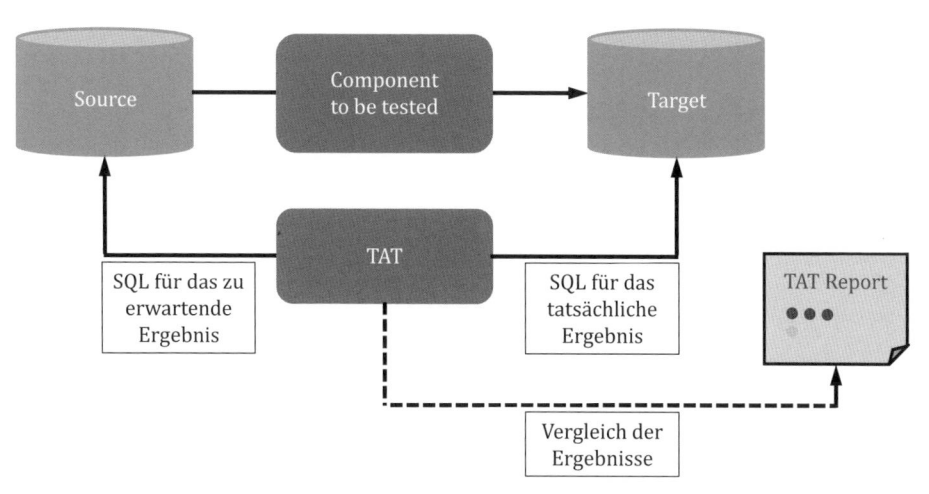

Abb. 12–7   Testautomatisierung

13 BIA-Architekturen in der Versicherungsbranche

Gerhard Brückl • Timo Klerx

Auf den folgenden Seiten ist die End-to-End-Implementierung einer Analytics-Plattform auf Basis von Microsoft Azure beschrieben. Anhand von konkreten definierten Anwendungsfällen des Kunden wird die gemeinsam entwickelte Lösung dargestellt. Konkret geht es um die Verarbeitung und Bereitstellung von Kfz-Telemetriedaten in einer einheitlichen Plattform für Data Scientists und Business User. Einerseits werden die Daten in Reports dargestellt; andererseits aber werden neue Erkenntnisse aus den Daten abgeleitet, indem KI-Modelle auf der Plattform trainiert, bereitgestellt und genutzt werden. Neben der finalen Architektur und den Komponenten werden Designentscheidungen bezüglich möglicher Ansätze und Technologien erläutert. Das Ergebnis ist eine Referenzarchitektur, die die umfassenden Möglichkeiten von Microsoft Azure widerspiegelt, da sie für eine Vielzahl von Anforderungen verwendet und nahezu beliebig erweitert werden kann.

13.1 Ausgangssituation

In den Jahren 2019 bis 2021 hat die paiqo GmbH für einen Schweizer Kunden in der Versicherungsbranche eine analytische Plattform in der Microsoft Azure Cloud aufgebaut mit dem Fokus auf Data Science und Machine Learning.

Der Kunde hatte bereits eine zu 100 % auf Azure basierende IoT-Lösung im Einsatz, die schon produktiv in Verwendung war und das Fahrverhalten der Versicherungsnehmer auf Basis der GPS-Punkte und Beschleunigungssensorwerte berechnete, die von einer App auf dem Mobiltelefon gesammelt wurden. Ein 20-köpfiges Team an Data Scientists arbeitete mit den aufgezeichneten Daten, um die Machine-Learning-Modelle stetig zu verbessern und um neue Funktionalitäten hinzuzufügen. Leider verbrachten die Data Scientists einen Großteil ihrer Zeit damit, die Rohdaten in ein brauchbares Format zu bringen, bevor sie mit ihrer eigentlichen Arbeit beginnen konnten. Das war auf mehreren Ebenen ineffizient.

Zum einen sollte die Aufgabe eines Data Scientist nicht primär die Aufbereitung, sondern die Analyse der Daten und die Erstellung von Algorithmen und Modellen sein. Zum anderen mussten viele Aufbereitungsschritte mehrmals durchgeführt werden, weil jeder Data Scientist in seiner eigenen lokalen Umgebung gearbeitet hat und die bereinigten Daten nicht effizient geteilt und wiederverwendet werden konnten. Nicht zu vergessen auch der Aufwand und die Zeit, die erforderlich waren, um die Rohdaten überhaupt in ein brauchbares Format zu bekommen, wenn sie vom Data Scientist kurzfristig benötigt wurden. Neben der Konvertierung und Säuberung der Rohdaten war auch die Anreicherung der Daten ein wichtiger Prozessschritt. Hierbei wurden die gesammelten GPS-Daten mithilfe eines Service eines Drittanbieters angereichert, um Umgebungsdaten zu GPS-Koordinaten zu bekommen, wie z.B. den Straßentyp (Ortsgebiet, Landstraße, Autobahn), vorhandene Verkehrszeichen (Geschwindigkeitsbegrenzungen, Gefahrenzeichen, ...) oder genaue, geografische Informationen (Land, Ort, PLZ, ...).

Zusätzlich zu den oben beschriebenen Problemen bei der Datenbeschaffung und Aufbereitung kam es auch immer wieder zu Schwierigkeiten mit der verfügbaren Rechen- und Speicherleistung auf den lokalen Entwicklungsumgebungen der Data Scientists, die das Arbeiten und auch die Kollaboration der Data Scientists weiter erschwerten.

Neben den Data Scientists hatten auch die Business User großes Interesse an diesen Daten. So war es für sie wichtig zu wissen, wer wie oft unterwegs war und wie sich das Fahrverhalten der einzelnen Personen darstellte. Diese Informationen sollten in einem Webfrontend, das auch ein Teil der gesamten Lösung war, bereitgestellt werden. Hierbei ging es hauptsächlich um klassisches Reporting auf hoch aggregierten Daten sowie um die Darstellung von GPS-Punkten und Routen auf einer Karte. Diese Funktionalität konnte bis dato nicht bereitgestellt werden, weil ein Reporting direkt auf den Rohdaten schlichtweg nicht möglich war.

Mit diesen Herausforderungen kam der Kunde initial auf uns zu, um gemeinsam eine Lösung auf der Microsoft Azure-Plattform zu entwerfen und auch zu implementieren.

13.2 Zielsetzung

Data Science

Die Zielsetzung des Projekts war in erster Linie die Entlastung der Data Scientists von den wiederkehrenden und zeitintensiven Datenvorverarbeitungen. Komplexe Daten sollten nur einmalig verarbeitet und aufbereitet werden und danach einfach und schnell für alle zugänglich sein. Des Weiteren sollte auch die Kollaboration bei den Data Scientists gefördert werden, damit nicht nur die Daten wiederverwendet werden konnten, sondern auch bereits erstellte Algorithmen, Bibliotheken und Modelle.

Die Aktualität der Daten war hierbei zweitrangig, da für die Arbeit der Data Scientists nicht zwingend aktuelle Daten erforderlich waren, sondern Modelle auch auf älteren Daten (z.B. vom Vortag) ohne Weiteres trainiert werden können.

Wichtiger war hier die Möglichkeit, die vorhandenen Daten mit beliebigen anderen Daten, die noch nicht in die Plattform integriert waren, einfach kombinieren zu können. Beispiele hierfür waren Wetterdaten, Daten von Automobilclubs, Daten zu Automarken und Modellen etc.

Die Verwaltung und Operationalisierung von ML-Modellen soll vereinfacht und generalisiert werden. Zukünftig sollen ML-Modelle über einen zentralen Service verwaltet und von allen anderen Prozessen – egal ob Streaming oder Batch – einfach integriert werden.

Reporting / Integration ins Webportal

Die verarbeiteten Daten sollen auch den Business Usern einfach zugänglich gemacht werden. Da für diese schon ein Webportal eingerichtet wurde, wo alle Komponenten der Gesamtlösung verwaltet werden konnten, war es nur logisch, auch die Berichte dort zu integrieren. Bei den Berichten waren vor allem die Visualisierung von GPS-Punkten und die Interaktivität innerhalb des Berichtes wichtig. Es sollte weiterhin eine Standardlösung sein, die ggf. leicht erweitert und auf spezielle Kundenwünsche angepasst werden kann.

White-Labeled Solution

Da bereits für die IoT-Streaming-Lösung definiert wurde, dass es möglich sein muss, die Lösung ohne größeren Aufwand in jeder beliebigen Azure Cloud Subscription bereitstellen zu können – z. B. bei einer anderen Versicherung –, musste es auch die Möglichkeit geben, die Analytics-Plattform-Lösung automatisiert verfügbar zu machen. Über die Anpassung einiger Konfigurationen musste es möglich sein, die Analytics-Plattform auf Knopfdruck bereitzustellen.

Cloud-Architektur

Bezüglich Architektur war die Zielsetzung sehr klar definiert. Die Lösung muss zu 100 % auf der Microsoft Azure-Cloud-Plattform laufen und sollte, soweit möglich und natürlich auch sinnvoll, nur reine Plattform-Dienste (PaaS – Platform as a Service) verwenden, um die laufenden Kosten gering und die Wartbarkeit einfach zu halten.

13.3 Zielarchitektur

Nachdem von vornherein klar war, dass die finale Lösung auf Microsoft Azure laufen soll, war der erste Schritt im Architekturprozess beim Aufbau von analytischen Plattformen bereits absolviert. Als Nächstes war die Definition der Komponenten und Services sowie der grundsätzlichen Datenflüsse innerhalb der Plattform nötig. Nach einigen Workshops gemeinsam mit dem Kunden und der Berücksichtigung aller oben definierten Rahmenparameter entstand schlussendlich eine Zielarchitektur, die alle Anforderungen abdecken konnte (vgl. Abb. 13-1).

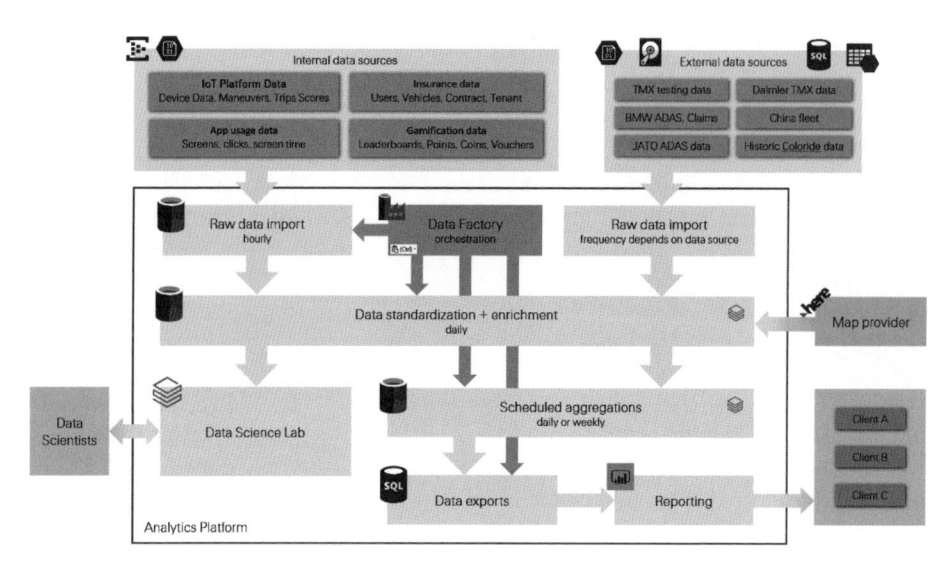

Abb. 13-1 Architektur

Kernkomponenten

Einige der wichtigsten Vorteile einer Cloud-Lösung gegenüber klassischen On-Premises-Lösungen sind die Flexibilität, Elastizität und Skalierbarkeit sowie die Kosteneffizienz durch das Pay-per-Use. Das erlaubt es, eine Lösung zu bauen, die linear skaliert, sowohl was die Performance und Kapazitäten angeht als auch die Kosten.

Eines der wichtigsten Prinzipien hierbei ist die Trennung von Datenspeicher und Verarbeitungsprozessen. Als Datenspeicher wird primär der Azure Data Lake Storage Gen2 verwendet, in dem sowohl die Rohdaten aus der IoT-Plattform als auch die aufbereiteten Daten gespeichert werden. Für die Verarbeitung der Daten erfolgte die Entscheidung für Azure Databricks und zur Orchestrierung sowie für die zeitliche Planung der regelmäßigen Prozesse für Azure Data Factory. Im Bereich Reporting kam für die Lösung nur Microsoft Power BI infrage, da es alle Anforderungen standardmäßig abdecken konnte.

Bei der Verwaltung der ML-Modelle wurde Azure ML Services gewählt, da diese perfekt mit den anderen Services integriert werden können, den offenen Standard MLflow unterstützen und auch die finale Operationalisierung von ML-Modellen erheblich erleichtern.

Speicher / Data Lake

Als Speicher für alle Daten, die in der Analytics-Plattform verarbeitet werden, fiel die Wahl auf den Azure Data Lake Storage Gen2. Der Speicher kombiniert die Leistungsstärke eines mit Hadoop kompatiblen Dateisystems (HDFS) mit integriertem hierarchischem Namespace mit der massiven Skalierbarkeit und Wirtschaftlichkeit von Azure Blob Storage. Azure Data Lake Storage Gen2 ist vollständig in die Azure-Blob-Storage-Plattform integriert und kann jede Blob-Storage-Funktion nutzen: Integration von Azure Active Directory, Verschlüsselung im Ruhezustand, Hochverfügbarkeit und Notfallwiederherstellung, automatische Lebenszyklus-Richtlinienverwaltung, Speicherkonto-Firewalls usw.

Was Performance und Skalierbarkeit angeht, ist der Azure Data Lake Storage Gen2 für die Analyse der Daten durch andere Cloud Processing Engines (z. B. Azure Databricks) optimiert und dort auch bereits nativ integriert.

Neben der Speicherung von Rohdaten als klassische BLOBs (Binary Large Objects) können auch die aufbereiteten Daten in für die Analyse optimierten Formaten gespeichert werden. Dadurch sind aufwendige Integrationen von zusätzlichen Speicherlösungen überflüssig, da ein Speicher für alles verwendet werden kann. Innerhalb des Speichers kann dann noch die Performance über unterschiedliche Speicheroptionen gesteuert werden (Premium, Hot, Cold, Archive).

Zusätzlich zu einem klassischen Azure Storage Account bietet Azure Data Lake Storage Gen2 aber eben auch die Möglichkeit, Berechtigungen auf Datei- und Ordnerebene zu vergeben. Vor allem für die Use Cases im Bereich Data Science ist das ein Muss. Nicht jeder soll alle Daten lesen bzw. schreiben dürfen, sondern nur diejenigen Daten, für die der User tatsächlich in seiner Rolle und Funktion berechtigt ist.

Verarbeitung

Da die Architektur einfach zu halten war, stand das Team vor der Fragestellung, welche Processing Engine verwendet werden sollte. Zum einen ging es um die Verarbeitung der Daten aus Data-Engineering-Sicht, zum anderen auch um die Integration mit der Data-Science-Umgebung. Deshalb fiel die Entscheidung auf Azure Databricks bzw. Apache Spark, weil damit sowohl der Bereich Data Engineering als auch der Bereich Data Science abzudecken war. Zusätzlich erleichtert die Verwendung derselben Processing Engine die Zusammenarbeit zwischen den beiden Bereichen, was der Erfahrung nach oftmals ein kritischer Punkt bei Data-Science-Projekten ist.

Im Gegensatz zu HDInsight oder anderen Spark-Lösungen auf Basis von selbst gemanagten virtuellen Maschinen bietet Azure Databricks neben der einfachen Verwaltung von Clustern auch eine sehr gute Weboberfläche, mit der sowohl Data Engineers als auch Data Scientists arbeiten können. Auch hier ist die Integration mit den anderen Kernkomponenten sehr einfach und wird nativ unterstützt – sei es die Datenspeicherung auf Azure Data Lake Storage Gen2, die Ablaufsteuerung und Orchestrierung von Jobs mit Azure Data Factory oder die Integration mit Power BI.

Ablaufsteuerung

Im Bereich der Ablaufsteuerung ergaben sich anfänglich zwei Optionen: die Verwendung der integrierten Job-Steuerung von Azure Databricks oder Azure Data

Factory. Die Wahl fiel auf Azure Data Factory, da neben Jobs auf Azure Databricks auch andere Services anzusprechen waren, für die es in Azure Data Factory schon Standardkonnektoren gab. Dabei ging es hauptsächlich um einfache Kopier-Jobs, die Daten aus der IoT-Plattform in den Bereich für die Rohdaten kopiert haben. Im Laufe des Projekts kamen aber noch andere Services hinzu, die auch nachträglich problemlos in die von der Azure Data Factory verwalteten Ladeprozesse integriert werden konnten.

Auch im Nachhinein betrachtet war die Azure Data Factory die richtige Wahl, vor allem in Bezug auf die Basisfunktionalitäten, die ein Job Scheduling Tool mitbringen muss, wie Monitoring, Alerting oder die visuelle Erstellung von Pipelines auf Basis von DAGs (Directed Acyclic Graphs), wodurch auch komplexe Abhängigkeiten zwischen Jobs modelliert werden können.

Reporting

Für das Reporting kam von Anfang an nur Microsoft Power BI infrage. Es deckt alle Anforderungen ab:

- Läuft als Platform as a Service (PaaS) und benötigt keine Infrastruktur, um die man sich kümmern müsste.
- Integriert sich nativ mit allen anderen Services in der Architektur, wie z.B. Azure Data Lake Storage Gen2 oder Azure Databricks, um die Daten abzufragen.
- Kann nahtlos in ein bereits bestehendes Webportal eingebettet werden, ohne dass der Benutzer merkt, dass es sich um ein separates Tool handelt.
- Automatisierte Bereitstellung ist dank REST-APIs möglich.

ML-Bereitstellung

Für die Bereitstellung des Machine-Learning-Modells kamen zwei Optionen in Betracht: Zum einen die direkte Bereitstellung aus Azure Databricks oder zum anderen die Bereitstellung als Container, der über die Azure Machine Learning Services erzeugt und als Container Instance oder per Azure Kubernetes bereitgestellt wird.

Letztendlich fiel die Entscheidung auf die Containerisierung via Azure Machine Learning Services, da sich damit folgende Vorteile gegenüber Azure Databricks ergaben:

- Die Kosten eines laufenden Containers sind sehr viel geringer als die Kosten für einen laufenden Databricks-Cluster.
- Es können ohne Nachteile auch Modelle bereitgestellt werden, die nicht auf Databricks/Spark aufbauen bzw. die Vorteile von Spark gar nicht ausnutzen.
- Über verschiedene Container können verschiedene Versionen eines Modells parallel betrieben werden, um z.B. A/B-Tests einfach durchzuführen.

- Bei Bedarf können die Container sehr leicht auch in andere Umgebungen (andere Cloud oder On-Premises) überführt werden.
- Das Verwalten von Paketversionen und das Update auf neuere Versionen zerstört keine aktuell laufenden Container.

13.4 Data Lake

Aus der Erfahrung aus früheren Projekten ist ein strukturierter Data Lake eines der wichtigsten Erfolgskriterien beim Aufbau einer analytischen Plattform. Ohne eine saubere und vorab definierte Struktur wird aus dem Data Lake schnell ein Data Swamp, und die Daten sind nicht mehr so zugänglich, wie es eigentlich sein sollte, um effizient damit arbeiten zu können.

Azure Data Lake Storage Gen2 bietet hier einige Features, die bei der Strukturierung des Data Lake helfen:

- **Berechtigungsvergabe auf Datei- und Ordnerebene**
  Damit wird sichergestellt, dass Personen und Services nur auf die benötigten Bereiche und Daten zugreifen können. Das verhindert schon im Vorhinein, dass Daten unkontrolliert im Data Lake gespeichert werden.

- **Automatisierte Erstellung von Ordnern, Gruppen und Berechtigungen**
  Da ein Data Lake tendenziell sehr viele verschachtelte Ordner hat, ist der einzig praktikable Weg, diese durch Automatisierung und Standardisierung zu verwalten.
  Als Best Practice gilt es, für jeden Ordner separate Azure Active-Directory-Gruppen mit den unterschiedlichen Berechtigungen (z.B. Readers, Writers, Owners, ...) anzulegen und diese dementsprechend dem Ordner zuzuordnen. Dadurch müssen später die Berechtigungen auf den einzelnen Unterordnern und Dateien nicht mehr aufgegriffen werden, was bei vielen Tausenden oder Millionen von Dateien oft nicht mehr praktikabel oder überhaupt möglich ist. Wenn die Basisberechtigungen auf die Ordner bereits vergeben sind, bevor die ersten Dateien angeliefert und verarbeitet werden, können die Berechtigungen an alle neuen geladenen und erstellten Dateien einfach vererbt werden.

- **Lifecycle Policies**
  Azure Data Lake Storage Gen2 unterstützt sogenannte Lifecycle Policies. Damit kann relativ einfach gesteuert werden, wie mit Dateien nach einer gewissen Zeit umgegangen wird. Das ist hilfreich, wenn DSGVO/GDPR-relevante Daten temporär im Data Lake gespeichert werden, aber nach der 30-Tage-Frist gelöscht werden müssen. Mithilfe von Lifecycle Policies kann dieser Prozess automatisiert werden. Das gilt auch für das automatische Verschieben von nicht mehr benötigten Dateien in den »Cold«- oder »Archiv«-Bereich des Data Lake, wodurch die Speicherkosten drastisch reduziert werden können.

- **Ausfallsicherheit und Disaster Recovery**
  Der Azure Data Lake Storage Gen2 verfügt über alle Funktionalitäten, die auch ein regulärer Azure Storage Account im Bereich Ausfallsicherheit und Disaster Recovery bietet. Dazu gehört vor allem die automatische Replizierung der Daten in ein anderes Azure-Rechenzentrum.

Stages/Layers

Wie zu Anfang schon erwähnt, ist eine der wichtigsten Designentscheidungen beim Aufbau eines Data Lake dessen Ordnerstruktur und die verschiedenen Bereiche, in denen die Daten gespeichert werden können. Hierfür wird oft der dreistufige Ansatz Bronze/Silver/Gold verwendet, wobei nicht klar definiert ist, was tatsächlich in den einzelnen Stufen zu tun ist, und es wohl von Projekt zu Projekt unterschiedlich ist, wie viele Stufen es tatsächlich gibt bzw. wie diese final heißen.

Im Projekt fiel die Entscheidung auf einen leicht abweichenden Ansatz, um flexibler auf die einzelnen Use Cases eingehen zu können.

Es existieren drei Hauptordner im Data Lake der analytischen Plattform:

- ingress
- projects
- egress

Abbildung 13–2 zeigt eine vereinfachte Darstellung der Struktur und der Datenflüsse:

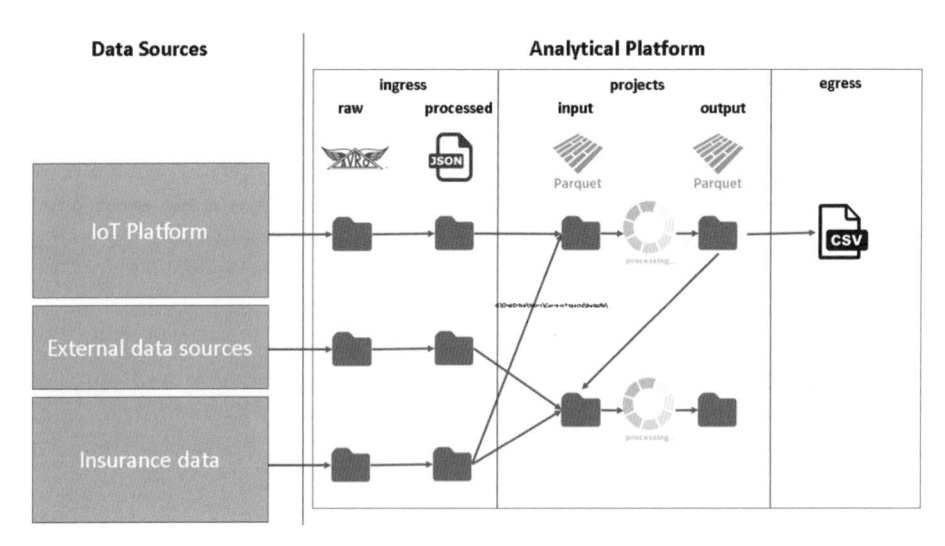

Abb. 13-2   *Struktur des Data Lake*

Ingress

Die Plattform verarbeitet Daten aus unterschiedlichen Quellsystemen, die wiederum mehrere Entitäten bereitstellen. Im *Ingress*-Bereich wird pro Datenquelle ein

Ordner angelegt und darunter ein weiterer pro Entität dieser Datenquelle. Das erlaubt es, bereits hier Security zu vergeben für den Fall, dass nicht jeder alle Rohdaten sehen darf, sondern nur diejenigen von einem bestimmten Quellsystem.

Des Weiteren gibt es unterhalb der Entitäten auch die Unterscheidung nach Rohdaten und aufbereitete Daten, die ebenfalls durch Unterordner abgebildet werden.

Der letzte Teil der Ordnerstruktur ist dann die zeitliche Partitionierung, wo pro Jahr/Monat/Tag und ggf. auch noch Stunde/Minute weitere Unterordner angelegt werden, um die Verarbeitung in Batches zu erleichtern.

Die gesamte Struktur bzw. der Pfad zu einer einzelnen Datei kann dann z. B. so aussehen:

- /ingress/dataSource1/EntityA/**00_raw**/2018/201802/20180202/20180202-01/010104_3.avro
- /ingress/dataSource1/EntityA/**10_processed**/2018/201802/20180202.json.gz

Das Beispiel zeigt eine Rohdatei, wie sie von dem Azure Event Hub Capture alle 5 Minuten angeliefert wird. Diese Dateien werden zu bestimmten Zeitintervallen verarbeitet und als gezippte JSON-Dateien abgelegt. Der Grund dafür ist, dass das Entpacken der AVRO-Dateien und der binären Event Messages sehr zeitintensiv ist und nicht bei jedem Zugriff neu gemacht werden soll. Deshalb erfolgt das einmalig automatisiert und die Daten werden danach in einem leicht zugänglichen JSON-Format zur Verfügung gestellt. Bei dieser Transformation wird keine Business-Logik angewandt oder Daten in irgendeiner Art verändert. Es wird lediglich das Format geändert, weshalb auch JSON das Format der Wahl war, da es sehr flexibel und generisch ist.

Bei einigen Datenquellen bzw. Entitäten werden die Daten von APIs geladen, und das Format der unterschiedlichen APIs kann sich über die Zeit ändern. Hier hat es sich bewährt, einen zusätzlichen Ordner für die Version der Messages einzuführen, damit in einem Ordner immer nur Dateien bzw. Messages von einer Version liegen, was die spätere Verarbeitung der Daten erheblich vereinfacht.

Die zeitlichen Partitionen haben sich auch in mehreren Bereichen als sehr nützlich erwiesen. Durch die klare Gliederung ist es relativ einfach, auch historische Daten jederzeit nachzuladen bzw. nur ausgewählte Tage oder Monate separat zu laden. Das kann vor allem beim Neuladen von Daten von Vorteil sein, weil man hier sehr selektiv vorgehen kann. Das betrifft sowohl den Bereich für die Rohdaten als auch den für die aufbereiteten Daten.

Projects

Der Ordner *projects* enthält die Datenbereiche für unsere Projekte/Use Cases. Pro Use Case wird ein separater Ordner angelegt. Das dient der Übersichtlichkeit, aber auch der Steuerung der Berechtigungen. So kann pro Projekt entschieden werden, welche User Zugriff haben – also an dem Projekt arbeiten – und welche nicht. Pro Use Case gibt es zumindest einen Unterordner für die Input-Daten, die für den Use Case benötigt werden. Diese können entweder direkt aus dem Ingress-Bereich kommen oder aus dem Output eines anderen Projekts. In den meisten Fällen wird es weiterhin nur ein Subset der Spalten oder Zeilen der Quelle sein – eben nur die Zeilen/Spalten, die für den Use Case tatsächlich benötigt werden. Neben dem *Input*-Ordner gibt es auch optional einen *Output*-Ordner, sofern der Output des Use Case weitere Daten sind, die für andere Projekte zur Verfügung gestellt werden. Sollte das nicht der Fall sein, kann dieser auch entfallen. Je nach Use Case können auch weitere optionale Unterordner angelegt werden – z. B. für Zwischenergebnisse.

Egress

Im *Egress*-Ordner werden Daten abgelegt, die von der Plattform generiert wurden (z. B. durch einen Use Case) und dann Systemen außerhalb der Plattform zur Verfügung gestellt werden sollen. Das können Exports für Drittanbieter sein oder Daten, die von anderen unternehmensinternen Systemen (CRM, ERP, ...) wiederverwendet werden können. Alternativ können je nach Use Case Daten auch direkt in z. B. eine SQL-Datenbank exportiert werden für den späteren Zugriff über ein Reporting Tool wie etwa Microsoft Power BI.

Verwendete Dateiformate

Es gibt die unterschiedlichsten Dateiformate, die von einer analytischen Plattform verarbeitet werden müssen. Zusätzlich zu den Dateiformaten, die von den diversen Quellen angeliefert werden, sollen auch die verarbeiteten Daten in irgendeiner Form standardisiert gespeichert werden.

Nachdem jede Stage/jeder Layer unterschiedliche Anforderungen hat, kommen auch unterschiedliche Dateiformate zum Einsatz. Im Ingress/Rohdaten-Bereich wird noch das Format aus dem Quellsystem 1:1 übernommen. Spätestens im nächsten Layer bei der Vorverarbeitung der Daten werden die Daten aber bereits in ein standardisiertes Format überführt. Im Projekt erfolgte die Entscheidung für JSON, weil es sehr generisch ist und damit eigentlich alle denkbaren Datenstrukturen abgedeckt werden können. Zudem wird JSON von jedem gängigen Tool unterstützt, seien es Tools für Data Scientists oder Data Engineers.

Sobald die Daten dann in einem Use Case verwendet werden sollen und man sich bereits Gedanken gemacht hat, wie die Daten aussehen sollen, werden sie in einem tabellarischen Format im *Input*-Bereich des Projekts gespeichert. Hier haben sich das Delta-Lake-Format und das zugrunde liegende Parquet-Format bewährt. Es bietet sehr gute Komprimierung und Abfrageperformance. Delta Lake erleichtert das Arbeiten mit den Daten erheblich durch zusätzliche Features wie Time Travel/Versionierung, ACID-Kompatibilität und Unterstützung von Update/Delete/Merge-Operationen.

13.5 Datenverarbeitung

Die eigentliche Datenverarbeitung passiert ausschließlich in Azure Databricks Notebooks. Jegliche Logiken sind als Python-Code implementiert und werden auf Databricks Spark-Clustern ausgeführt. Die Notebooks wurden so weit abstrahiert und parametrisiert, dass gerade für den *Ingress*-Bereich dieselben Notebooks für alle Datenquellen und Entitäten verwendet werden konnten. Diese werden lediglich mit unterschiedlichen Parametern aufgerufen, aber die Grundlogik ist bei allen gleich.

Bei den Notebooks, die den *Input*-Bereich der Projekte befüllen, war es ebenfalls noch möglich, generische Notebooks zu verwenden, da auch hier die grundsätzlichen Verarbeitungsschritte bei allen Projekten ähnlich sind. Es werden nur die tatsächlich benötigten Zeilen oder Spalten selektiert und geladen.

Innerhalb des Projekts sind die Notebooks und Verarbeitungslogiken natürlich sehr spezifisch und können nicht einfach vereinheitlicht werden.

Beladung mit Rohdaten

Der erste Schritt ist das Laden der Rohdaten aus dem Event Hub Capture in den Rohdatenbereich des Data Lake. Das ist ein einfacher Kopiervorgang, bei dem Daten vom Blob Storage automatisiert als binäre Kopie im Data Lake abgelegt werden. Hierbei gibt es noch keine Transformationen oder Ähnliches, weshalb auch keine Notebooks eingesetzt wurden. Stattdessen wurden einfache Copy-Aktivitäten der Azure Data Factory verwendet, die für diese Art von Job robuster sind und auch besser skalieren.

(Vor-)Verarbeitung von Rohdaten

Je nachdem in welcher Form die Rohdaten angeliefert werden, müssen sie ggf. noch vorverarbeitet werden. Da gerade dieser erste Schritt oft sehr aufwendig in Bezug auf Zeit und Rechenleistung ist und die Daten in mehreren Projekten verwendet werden können, wurde ein Zwischenschritt zur Vorverarbeitung der Rohdaten eingeführt. Damit müssen diese nur einmalig verarbeitet werden und anschließend werden sie für alle weiteren Zugriffe in einem generischen Format (JSON) abgelegt. Alle weiteren Prozesse können dann direkt auf diese Daten zugreifen, ohne die ursprünglichen Rohdaten noch einmal verarbeiten zu müssen.

Häufige Operationen in diesem Schritt sind:

- Extraktion von komprimierten Archiven (AVRO, ZIP, GZIP, GZ, ...)
- Konvertierung von binären Formaten (z. B. von Sensoren) in ein allgemeines Format (JSON)
- Konvertierung von Datenquellen-spezifischen Formaten (MessagePack für IoT Messages) in ein allgemeines Format (JSON)

- Aggregation/Zusammenfassung von einzelnen Dateien/Messages in größere Dateien, um Probleme mit den Metadaten zu vermeiden
- Extraktion von Versionsinformation bei versionierten Datenquellen (z. B. APIs), um die spätere Verarbeitung zu erleichtern
- WICHTIG: Zu diesem Zeitpunkt wird der eigentliche **Inhalt** der Daten **nicht verändert!**

Beispiel: Um die IoT Messages zu verarbeiten, werden folgende Schritte unternommen:

- Aggregation der Rohdaten, wobei alle fünf Minuten eine Datei pro Event Hub Partition angeliefert wird (vier Partitionen), in eine Datei pro Stunde
- Dekomprimierung der AVRO-Archive, wobei jede Zeile einer Message im IoT-System entspricht
- Dekomprimierung der einzelnen IoT Messages. Dabei handelt es sich um Daten im Message-Pack-Format, die mit GZ komprimiert wurden
- Konvertierung des Message-Pack-Formats nach JSON
- Extraktion der Versionsnummer der einzelnen Messages
- Schreiben der Daten pro Stunde und Versionsnummer als komprimiertes JSON-Archiv

Der gesamte Prozess ist also sehr komplex, aber durch die Vorverarbeitung muss er nur einmalig ausgeführt werden.

Bereitstellung der Daten für die Use Cases

Da jeder Use Case einzigartig ist und andere Daten verwendet, werden jeweils nur die benötigten Daten geladen – d. h. nur die relevanten Spalten und Zeilen aus dem *Ingress*-Bereich bzw. von anderen Projekten.

Auch hier werden die Daten dann zuerst geladen und in einem »Staging«-Bereich gespeichert, bevor sie tatsächlich verarbeitet werden.

Folgende Operationen können beim Laden durchgeführt werden:

- Projektion – nur ausgewählte Spalten
- Filterung – nur ausgewählte Zeilen
- Einfache Transformationen – auf Zeilenebene, z. B. Umrechnung von Einheiten etc.
- Dateiformat – sofern nötig und für den Use Case sinnvoll, kann auch das Dateiformat geändert werden
- Aggregation – sollten für den Use Case noch höher aggregierte Daten benötigt werden, können diese bereits vorab aggregiert geladen werden

Beispiel: Laden der GPS-Daten aus den vorverarbeiteten Gerätedaten

- Aggregation nach Tag – alle JSON-Daten des gesamten Tages werden geladen und in eine Datei im Input-Bereich gespeichert.
- Projektion – es wird nur das Array der GPS-Daten aus der gesamten Gerätedaten-Nachricht extrahiert.
- Werte wie Geschwindigkeit oder Distanzen werden einheitlich nach m/s bzw. m konvertiert (von Meilen pro Stunde oder Meilen).
- Speichern der Daten als Delta Lake / Parquet für bessere Komprimierung und bessere Abfrageperformance.

Verarbeitung des Use Case

Dieser Schritt ist natürlich sehr projektspezifisch. In den meisten Fällen werden die Daten weiter angereichert (z. B. durch externe Services), können aber auch durch eigens im Projekt entwickelte Machine-Learning-Algorithmen erweitert werden. Eine andere gängige Transformation innerhalb eines Projekts wäre auch die Vereinheitlichung von Daten aus mehreren unterschiedlichen Datenquellen, um sie gemeinsam auswertbar zu machen.

Die Ergebnisse werden dann – meist in tabellarischer Form bzw. einem tabellarischen Dateiformat – im *Output*-Bereich des Projekts gespeichert. Von dort können die Daten dann weiterverwendet werden – z. B. in eine SQL-Tabelle geladen werden oder als Quelle für andere Projekte dienen.

13.6 Ablaufsteuerung

Zur Steuerung und zeitlichen Planung der Verarbeitungsprozesse fiel die Wahl auf die Azure Data Factory v2, die alle benötigten Features bietet:

- Native Unterstützung der in der Plattform verwendeten Datenquellen und Dateiformate
- Integration mit anderen Komponenten der Plattform
- Eingebautes Monitoring und Alerting und weitere Integration mit Azure Monitor
- Abbildung von komplexen Abhängigkeiten der einzelnen Prozessschritte
- Zeitliche Steuerung der Ausführungen mithilfe von Triggern
- Unterstützung von Zeitfenstern mit Tumbling-Window-Triggern
- Möglichkeit, auch rückwirkend historische Daten zu laden
- Direkte Integration mit Azure DevOps für die Quellcodeverwaltung und Unterstützung von CI/CD-Pipelines mithilfe von Azure Resource Manager (ARM) Templates

Im Gegensatz zu der Struktur im Data Lake, die nach Stages/Layers aufgebaut wurde, erfolgt die Beladung der Daten jeweils pro Entität. Das heißt, in einer Data Pipeline werden alle Verarbeitungsschritte, die die Daten einer einzelnen Entität durchlaufen, abgebildet. Das bietet den Vorteil, dass die Entitäten unabhängig voneinander sind und ein Fehler bei einer Entität nicht den gesamten täglichen Ladeprozess blockiert. Ob das so für alle Entitäten durchsetzbar ist, hängt aber natürlich auch von den Use Cases ab. Bei einigen Transformationen mussten Daten aus mehreren unterschiedlichen Entitäten verbunden werden, was dann aber auch innerhalb von einer Data Pipeline abbildbar war. Alternativ könnte man das auch über Abhängigkeiten von Triggern steuern, was dann sinnvoll ist, wenn mehrere Prozesse von einer speziellen Entität abhängen.

Abbildung 13–3 zeigt eine komplexe Pipeline, die zwei Entitäten verarbeitet. Die einzelnen Bedingungen führen gewisse Sub-Tasks nur am Ende des Tages aus, da ansonsten der Overhead zu groß wäre, zumal die Pipeline an sich alle 15 Minuten läuft.

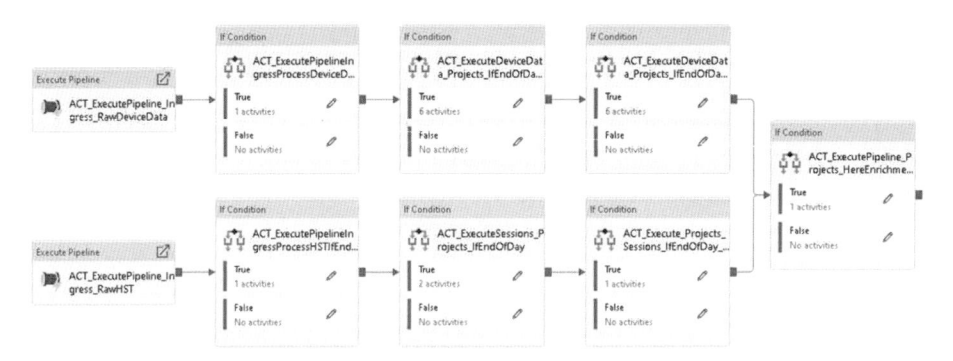

Abb. 13–3 ADF-Pipeline komplex

Einfachere Pipelines führen oft nur die einzelnen Databricks Notebooks hintereinander aus (vgl. Abb. 13–4).

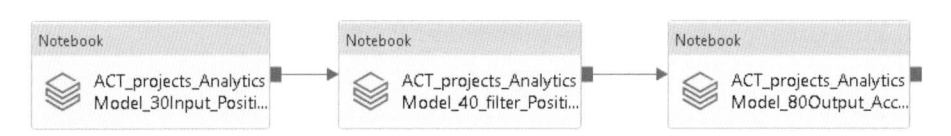

Abb. 13–4 ADF-Pipeline einfach

Monitoring & Alerting

Die Azure Data Factory v2 bietet standardmäßig alle benötigten Basisfunktionen fürs Monitoring und Alerting. So können alle ausgeführten Pipelines und Trigger im Webfrontend direkt eingesehen werden (vgl. Abb. 13–5).

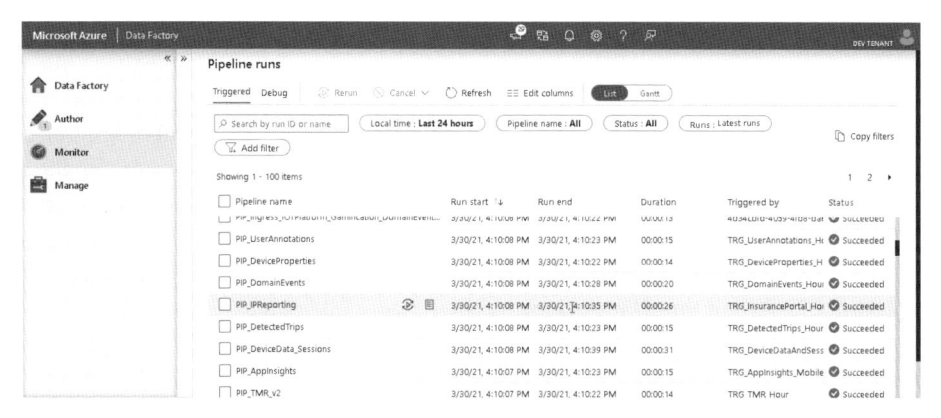

13 BIA-Architekturen in der Versicherungsbranche

Abb. 13–5 Monitoring und Alerting mit ADF

Darauf aufbauend können auch einfache Alerts direkt in der Data Factory definiert werden – z. B. wenn eine Pipeline oder ein Trigger fehlschlägt oder ein Job zu lange läuft. Für den Fall, dass noch feinere Alerts konfiguriert werden müssen, können alle Logdaten auch nach Azure Monitor exportiert und darüber ausgewertet werden. Damit besteht dann auch die Möglichkeit, die Logdaten der Azure Data Factory v2 mit Daten von anderen Services zu kombinieren und sehr gezielte Alerts auszusenden. Diese können per Mail, SMS oder an beliebige Drittanbieter wie z. B. einen dedizierten Slack-Kanal gesendet werden.

13.7 Data-Science-Labor

Für das Data-Science-Labor wurde eine Umgebung gesucht, in der Data Scientists verschiedene Datensätze explorieren und verknüpfen, diese Daten visualisieren und verschiedene Machine-Learning-Modelle evaluieren können. Außerdem sollte der Aufwand sowohl für das Erstellen als auch das Verwalten einer solchen Umgebung gering sein.

Daher fiel die Wahl auf Azure Databricks, was eine einfache Möglichkeit darstellt, Spark-Cluster zu starten, zu skalieren oder neu zu erstellen und auf diesen Clustern Python oder R-Code auszuführen. Mit mindestens einer dieser Programmiersprachen sind die meisten Data Scientists vertraut und können bei Databricks beliebige Libraries nachinstallieren.

Als Oberfläche werden bei Databricks Notebooks (ähnlich zu Jupyter Notebooks) genutzt, mit denen die meisten Data Scientists auch vertraut sind, um gleichzeitig zu programmieren, Ergebnisse zu visualisieren und zu dokumentieren. Im Gegensatz zu Jupyter Notebooks können bei Databricks mehrere Nutzer gleichzeitig an/in einem Notebook arbeiten und sehen die Änderungen der anderen Nutzer. Gleichzeitig kann ein laufender Cluster verschiedene Notebooks ausführen, sodass auf einem Cluster je nach Kapazität viele Nutzer gleichzeitig arbeiten können.

Um einen schnellen und einfachen Zugriff auf die von den Data Engineers vorbereiteten Daten bzw. Datenquellen zu ermöglichen, bietet Databricks einen direkten Zugriff auf den Azure Data Lake unter anderem durch Mountpoints an. Dadurch müssen die Data Scientists sich nicht um technische Details kümmern, sondern können sehr einfach Daten laden (wenn die Mountpoints zuvor angelegt wurden). Je nach Bedarf können Data Engineers auch in Notebooks SQL-Befehle schreiben, um die Daten zu verarbeiten und sogar im gleichen Notebook in tabellarischer Form an den Data Scientist zu übergeben.

Um die Arbeit im Data-Science-Labor nachvollziehbar zu machen, ist es nötig, sowohl den Code als auch die Modelle zu versionieren. Dazu integriert Databricks git, sodass sich der Stand des Codes per git in diverse Repositories pushen lässt. Für das Nachverfolgen von Modellen und deren Parametern nutzt Databricks MLflow, mit dem Modelle und die Ergebnisse jeder Evaluation gespeichert werden. So ist es auch nach langer Zeit möglich, die Güte von Modellen zu sichten und ältere Modelle wieder zu laden.

Mit den beschriebenen Features deckt Databricks alle Anforderungen für das Data-Science-Labor ab, um Data Scientists eine sehr gute, technische Umgebung zur Verfügung zu stellen, sodass sie damit explorativ schnelle Ergebnisse produzieren können.

Für die Bereitstellung der Modelle für die operativen Prozesse wurden (wie bereits erwähnt) die Azure Machine Learning Services inklusive Containerisierung gewählt. Databricks unterstützt die Machine Learning Services, sodass Modelle aus Databricks über die Machine Learning Services direkt als Container bereitgestellt werden können.

13.8 Reporting

Neben dem Data-Science-Labor, das im vorherigen Abschnitt ausführlich beschrieben wurde, war auch das Reporting auf den verarbeiteten Daten der zweite wichtige Use Case, der für den Kunden zu implementieren war. Als Tool wurde Microsoft Power BI ausgewählt. Da die finalen Berichte und Auswertungen in das bereits existierende Webportal der Gesamtlösung integriert werden mussten, ließ sich leider nicht die allgemein bekannte Variante von Power BI als Plattformservice verwenden. Stattdessen wurde die Lösung mit Power BI Embedded umgesetzt – einer speziellen Version von Power BI für derartige Szenarien. Hierbei laufen die Berichte nicht auf dem gemeinsamen Plattformservice, sondern auf einer dedizierten Infrastruktur. Das löst das Problem, dass nicht jeder Benutzer der Reports eine separate Power-BI-Lizenz benötigt, und bietet die Flexibilität, auch nur einzelne Charts in dem Webportal einzubinden.

Ein weiterer Grund für die Implementierung in Power BI war die Vielzahl der möglichen Visualisierungen, die auch beliebig erweitert, mit unterschiedlichsten Daten verbunden und wiederverwendet werden können. Damit entfällt das aufwendige Ausprogrammieren einzelner Charts für spezielle Use Cases bzw. Repor-

13 BIA-Architekturen in der Versicherungsbranche

ting-Anforderungen. Power BI dient als Plattform für die Daten und auch die eigentlichen Reports, womit auch zukünftige Anforderungen sehr gut abzudecken sind.

Die eigentlichen Anforderungen an die Berichte haben sich erst im Laufe des Projekts herauskristallisiert und wurden durch regelmäßige Meetings mit den verantwortlichen Fachbereichen stetig weiterentwickelt. Letztendlich wurden sogar extra neue Datenquellen an die analytische Plattform angebunden, um sie final für das Reporting zur Verfügung stellen zu können.

Dennoch, ein Großteil der Daten für das Reporting wurde aus den existierenden Daten, die ursprünglich für die Data Scientists geladen wurden, berechnet. Dabei ging es hauptsächlich um Aggregationen über demografische Merkmale der Fahrer (Alter, Geschlecht, ...) bzw. die Auswertung von Strecken- und Umgebungsparametern (Straßenart, Geschwindigkeitsprofile, ...), die bereits durch andere Use Cases kalkuliert wurden. Für die Berichte wurden diese zuerst in Azure Databricks berechnet und dann über den integrierten Konnektor von Power BI für Databricks geladen. Im Power-BI-Datenmodell wurden dann noch weitere Berechnungen mithilfe von DAX (Data Analysis Expression) eingebaut, um alle Anforderungen abdecken zu können.

Im folgenden Beispielbericht kann man exemplarisch sehen, wie die Daten nach den unterschiedlichen Kriterien visualisiert wurden (vgl. Abb. 13–6). Am linken Rand finden sich globale KPIs, die dem Anwender die wichtigsten Eckdaten und den Status angeben. In der Mitte sind Charts abgebildet, die Details zu den Daten durch unterschiedliche Aufrisse zeigen. Die Tree Maps rechts dienen zum einen als Filter für alle anderen Charts auf dem Report und zum anderen geben sie auch Einblick in die demografische Verteilung der Fahrer bzw. der Autos und deren Sicherheitssysteme (ADAS).

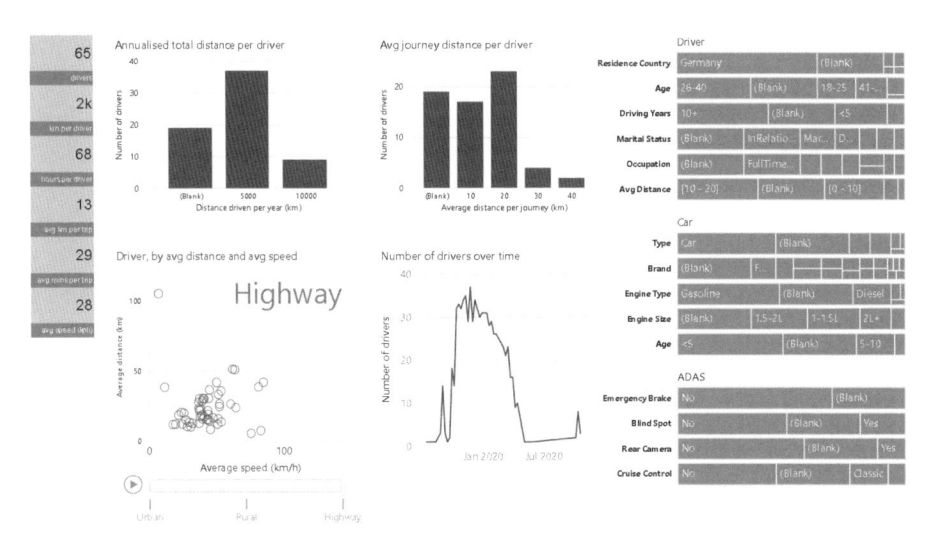

Abb. 13–6   Überblicks-Report

Der zweite Bericht ist sehr ähnlich aufgebaut, zeigt aber im mittleren Bereich die Verteilung der Scores über die Fahrer als Candle-Stick-Grafik (vgl. Abb. 13-7).

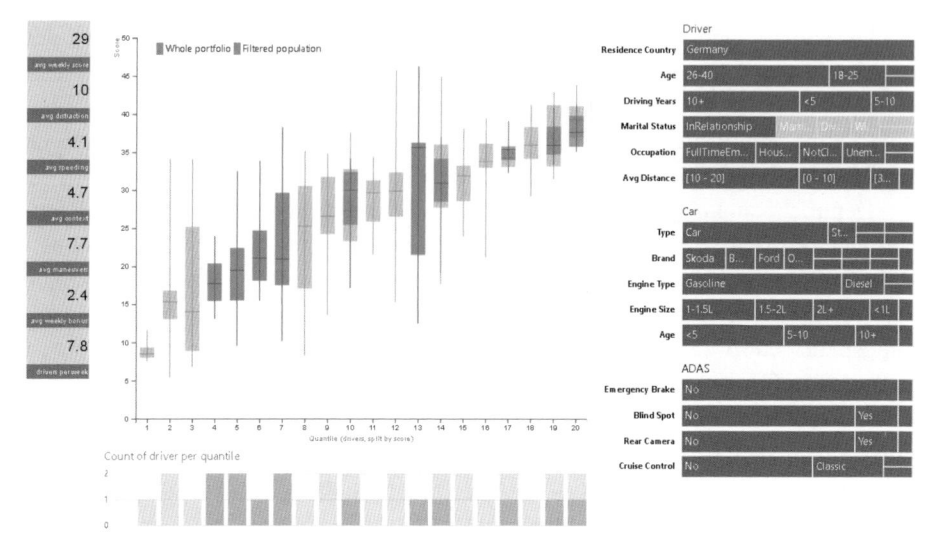

Abb. 13-7   Candle-Stick-Report

14 BIA-Architekturen für kleine und mittlere Unternehmen

Markus Begerow

Dieser Beitrag setzt sich zum Ziel, die bevorstehenden Herausforderungen für kleine und mittlere Unternehmen (KMU) im digitalen Zeitalter herauszuarbeiten. Den Ausgangspunkt für die Betrachtungen bildet der folgende erste Abschnitt, der einen Rückblick und den Status quo zur aktuellen Ausgangssituation in den letzten Jahren für KMU im Allgemeinen beschreibt. Danach erfolgt eine Abgrenzung und Einordnung der aktuellen Ausgangssituation von KMU in Abhängigkeit zu neuen Themen, die als Treiber für Innovationen stehen (Abschnitt 14.2). Der anschließende Abschnitt 14.3 beleuchtet die Konsequenzen für KMU, die mit den neuen Innovationen einhergehen. Dabei wird nach möglichen Szenarien und Vorgehensweisen zur Umsetzung, inklusive der Abwägung von Für und Wider, unterschieden. Abschließend greift Abschnitt 14.4 die zuvor genannten Argumente auf und bewertet diese in einem Fazit mit Ausblick auf die Herausforderungen.

14.1 Ausgangssituation

In Zeiten von Globalisierung, Pandemien, wachsenden Märkten, immer schnelleren Marktteilnehmern und wechselnden technologischen Trends steigen auch die strategischen und operativen Anforderungen an Unternehmen.

Ein Unternehmen, das sich weiterhin die Wettbewerbsvorteile sichern möchte, muss auf Marktveränderungen schnell reagieren sowie Chancen erkennen, Risiken und Kosten minimieren und entsprechend handeln. Die Grundlage für zielsichere Unternehmensentscheidungen bilden häufig aussagekräftige Informationen, die aus den im Unternehmen vorhandenen Daten abgeleitet werden.

Der rapide Anstieg der Datenmengen, besonders in den letzten Jahren, hat in Unternehmen jedoch dazu geführt, dass die manuelle Aufbereitung und Harmonisierung der Informationen für eine sinnvolle, übergreifende Informationsentscheidung kaum noch möglich sind. Hier können Business-Intelligence-Systeme unterstützend Abhilfe schaffen. Mit bestimmten Werkzeugen und entsprechenden Technologien werden die Fachbereiche bei der Sammlung, Aufbereitung und Analyse der vorhandenen Daten unterstützt. Während das Thema in den letzten

Jahren hauptsächlich in Großunternehmen interessant war und diskutiert wurde, ist es inzwischen auch für die KMU sehr wichtig geworden.

Viele KMU stehen heute aber auch anderen Herausforderungen gegenüber, die vor einigen Jahren noch eher als uninteressant abgehakt wurden. Die Themen Planung und Konsolidierung beispielsweise gewinnen eine immer größere Bedeutung. Als Konsequenz aus der letzten Finanzkrise unterliegen Banken heute strengeren Kreditvergaberichtlinien und legen mehr Wert auf nachprüfbare Größen wie Bilanzkennzahlen oder ein funktionierendes Berichtswesen im Controlling.

Eine weitere Herausforderung für die KMU ist, auch weiterhin in den bereits erwähnten Märkten zu bestehen und sich dort behaupten zu können. Damit zukünftig Marktchancen abgeschätzt werden können, müssen Markt-, Kunden- und Wettbewerberverhalten analysiert, ausgewertet und in Relation zum eigenen Unternehmen gestellt und die Ergebnisse interpretiert werden.

Auch die Wettbewerbssituation hat sich für die KMU durch die Globalisierung stark verändert. Besonders regionale Unternehmen stehen heutzutage immer häufiger in direkter Konkurrenz zu global agierenden Konzernen.

Ein funktionierendes Berichtswesen kann in KMU bei der Bewältigung dieser Herausforderungen helfen und eine Entscheidung erheblich beschleunigen. Aussagekräftige Berichte und gute Auswertungen, die auf verlässlichen und aktuellen Daten basieren, können als Grundlage für Entscheidungen dienen und die Reaktionsfähigkeit, Effektivität und Wettbewerbsfähigkeit der Unternehmen steigern.

Neben den bereits genannten Herausforderungen haben sich nun neue Themen als Treiber für Innovationen herauskristallisiert, die von KMU bewältigt werden müssen, um weiterhin am wirtschaftlichen Geschehen teilzunehmen.

14.2 Neue Themen als Treiber für Innovationen

In diesem Unterkapitel werden die wesentlichen fachlichen und technologischen Treiber für Innovationen vorgestellt. In jedem Abschnitt erfolgt zunächst die Beschreibung der grundlegenden Situation. Anschließend wird die Betrachtungsweise für KMU eingenommen, um daraus mögliche Herausforderungen abzuleiten.

14.2.1 Stammdaten- und Datenqualitätsmanagement

Das Thema *Stammdatenmanagement* ist nicht nur Gegenstand einiger Großunternehmen, sondern begegnet auch immer mehr KMU in ihren täglichen Routinen.

Stammdaten sind viel langlebiger als Bewegungsdaten. Daher erfordert ihre Verwaltung eine kontinuierliche Steuerung, Wartung und Pflege, und das über den gesamten Lebenszyklus hinweg, von der Anlage bis zur Löschung.

Die Harmonisierung dieser Stammdaten und die Synchronisierung der unterschiedlichsten Datenquellen ist eine komplexe Herausforderung, die von KMU nur schwer zu meistern sein wird, da das nötige Grundlagenwissen zu Master-

Data-Management-Systemen nur begrenzt ist oder zum Teil auch gänzlich fehlt [Gluchowski 2020].

Trotz dieses möglichen Lösungsansatzes und immer fortschrittlicherer ERP- und CRM-Systeme mit immer umfassenderen Funktionen steuern viele KMU ihre Stammdatenpflege noch immer manuell bzw. versuchen, das Problem in einem Tabellenkalkulationsprogramm unter Kontrolle zu bekommen.

Tatsächlich verfügen KMU weder über die Wartungsstruktur noch über das Personal, das die Werkzeuge bedienen kann, um ihre Stammdaten auf der Grundlage standardisierter Regeln und klar definierter Verantwortlichkeiten schnell und zuverlässig anzureichern.

Daher ist es auch wenig überraschend, dass die Ursachen für Datenqualitäts- und Governance-Probleme hauptsächlich in zeitaufwendigen und fehleranfälligen manuellen Datenpflegeprozessen liegen. Diese Herausforderung lässt sich nicht eingrenzen, sondern betrifft sämtliche Sektoren, Branchen, Geschäftseinheiten und Abteilungen in jeglichen Unternehmungen.

Neben der Vielzahl an Datenquellen und den darin enthaltenen Stammdaten ist auch die Datenqualität in den meisten Unternehmen eher suboptimal. Die Pflege der Informationen wird oftmals mit einfachen, aber personalintensiven und fehlerträchtigen Mechanismen durchgeführt. Intelligente Mechanismen, wie z. B. der Einsatz von EDI-Systemen oder Datenpools, sind eher selten.

Auch das Bewusstsein für eine ständige Kommunikation zwischen Fachabteilungen eines Unternehmens über die Datenqualität, die sich gegenseitig Informationen austauschen, ist oftmals nicht stark ausgeprägt. Klare Anforderungen zum Datenaustausch, Richtlinien zur Einhaltung oder auch automatische Verfahren zur Kontrolle der Datenqualität sind in vielen Unternehmen unterdimensioniert.

Die angesprochenen Herausforderungen werden mit der Errichtung eines *Data Quality Gate* angegangen. Ein Data Quality Gate definiert einen Vertrag zwischen Datenlieferant und Datennutzer, um ein Bewusstsein für den Austausch von Daten zu schaffen. Des Weiteren werden klare Anforderungen zum Austausch von Informationen über Fachabteilungen hinweg, Richtlinien zur Einhaltung der Datennutzung oder auch automatische Verfahren zur Kontrolle der Datenqualität definiert und gegenseitig zugesichert. Oftmals werden einheitliche Datenpools oder Systeme, die einen elektronischen Datenaustausch ermöglichen, eingesetzt [Schäffer 2017].

Abschließend ist festzuhalten, dass Stammdaten- und Datenqualitätsmanagement in einem ganzheitlichen Ansatz angegangen werden müssen, damit sowohl die Anzahl der Daten als auch deren inneren Werte, bezogen auf die Qualität und Einsatzmöglichkeiten im Unternehmen, gesteigert werden können.

14.2.2 Cloud-Infrastrukturen

Das Thema *Cloud-Infrastrukturen* ist in den letzten Jahren ein fester Bestandteil in Großunternehmen geworden. Nicht nur als Kostensenkungsfaktor in betriebswirtschaftlicher Hinsicht, sondern auch als technische Weiterentwicklung in der Bereitstellung von virtuellen Arbeitsplätzen in eigens dafür aufgebauten und bereitgestellten Rechenzentren, um den Anforderungen aus den Fachbereichen gerecht zu werden.

Besonders in Großunternehmen haben sich bestimmte Formen von Cloud-Infrastrukturen etabliert, die nach der Definition des NIST [Mell & Grance 2011] wie folgt zu beschreiben sind (vgl. Abb. 14–1):

Die *Private Cloud* entspricht einer ausschließlich im eigenen Unternehmen betriebenen Cloud, die über das Intranet erreicht werden kann. Der Kunde hat dabei die volle Kontrolle. Er definiert selbst, welche Mitarbeiter oder Geschäftspartner Zugriff auf seine Daten haben.

Im Gegensatz dazu steht die *Public Cloud*. Sie wird von einem externen Dienstleister gestellt, betrieben und der Zugriff erfolgt über das Internet. Oft teilen sich in dieser Form mehrere Kunden die angebotene IT-Infrastruktur eines Anbieters und haben somit keinen direkten Einfluss auf die physische Speicherung der Daten sowie auf Rechts- und Sicherheitsaspekte. Ein wesentlicher Vorteil ist, dass der Kunde selbst entscheidet, welche und wie viele Leistungen er beziehen möchte. Dies ermöglicht ein flexibles und nutzungsbezogenes Kostenmodell (z.B. »*Pay as you go*«), bei dem nur das bezahlt wird, was auch wirklich benötigt wird. Dadurch sinken die Initialkosten im direkten Vergleich zu klassischen IT-Projekten. Der Nachteil liegt darin, dass eine Planung der Kosten schwieriger ist.

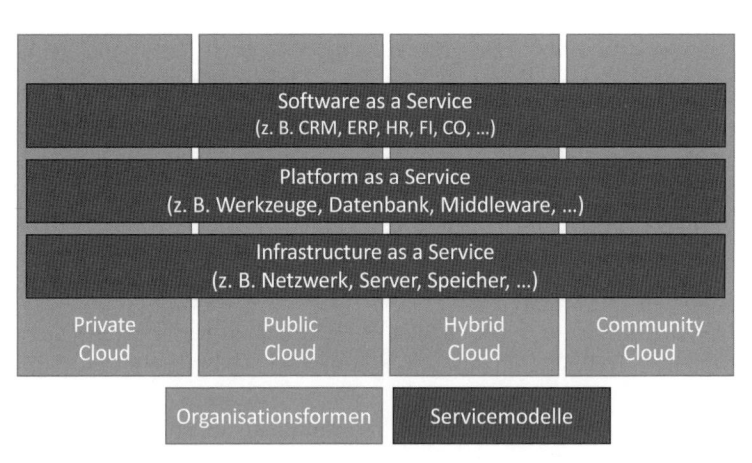

Abb. 14-1 Organisationsformen und Servicemodelle für Cloud Computing (in Anlehnung an [Pelzl et al. 2014])

Eine Spezialform des Cloud Computing, die auf der Public Cloud basiert, ist die *Community Cloud*. Sie zeichnet sich dadurch aus, dass eine fest definierte Anzahl von verschiedenen Kunden dieselben Ressourcen einer IT-Infrastruktur nutzen. Dieses Modell wird oft bei Kooperationen zwischen Unternehmen eingesetzt, um

Informationen schnell und kostengünstig auszutauschen, da die Kosten auf die verschiedenen Kooperationspartner aufgeteilt werden.

Wie so oft gibt es auch in diesem Fall nicht die eine optimale Lösung. Daher werden auch in Zukunft *Hybrid Clouds* sehr gefragt sein. Hier wird versucht, die verschiedenen Formen wie Private und Public Cloud sowie die eigene IT-Infrastruktur miteinander zu verbinden. Dabei ist der Erfolg unter anderem davon abhängig, wie gut diese verschiedenartigen Formen für den Nutzer unbemerkt als eine einzige Plattform dargestellt werden und wie leicht sich die Cloud in die eigene Infrastruktur einbinden lässt.

Im Kontrast dazu stehen die KMU vor der Herausforderung, die ersten Schritte in Bezug auf die Möglichkeiten des Cloud Computing zu gehen. Ein wesentlicher Vorteil ist hier, dass die KMU oftmals agiler und pragmatischer vorgehen als ihre großen Marktbegleiter.

Integrationsfähigkeit und Kompatibilität

Wie bereits im vorherigen Abschnitt angemerkt, stellen Hybrid Clouds den gebräuchlichsten Anwendungsfall dar. Dementsprechend ist es nachvollziehbar, dass auch kleine und mittlere Unternehmen die Integrationsfähigkeit einer Cloud-Lösung in die eigene Inhouse-Struktur zu den wichtigsten Kriterien zählen.

Besonders mittelständische Unternehmen wollen nicht ihre komplette IT-Infrastruktur in die Cloud-Lösung des Anbieters verlagern, sondern um sinnvolle Dienstleistungen ergänzen und gewinnbringend integrieren.

Somit wird auch zwangsweise eine gewisse Kompatibilität zu eigenen oder externen Produkten notwendig. Je nach Cloud-Servicemodell sind verschiedene Technologien und Werkzeuge notwendig, um eine reibungsfreie Integration zu ermöglichen.

Skalierbarkeit und Vertragsindividualität

Die *Skalierbarkeit* und *Vertragsindividualität* der Services ist eines der Kernmerkmale im Cloud Computing und stellt somit eine grundlegende Voraussetzung dar, die ein Cloud-Anbieter heutzutage liefern muss. Die vereinbarten Leistungen müssen flexibel gestaltet und auf die Größe des Unternehmens angepasst sein. Ebenso müssen Support-Leistungen unter Berücksichtigung von vordefinierten Service Level Agreements bereitgestellt werden und den Vorstellungen der Kunden entsprechen.

In diesen Service Level Agreements werden die Anforderungen und Pflichten in fest vereinbarten Begriffsbestimmungen zwischen den Vertragspartnern schriftlich festgehalten, um für beide eine einheitliche begriffliche Semantik zu schaffen. Damit wird ein gemeinsamer Rahmen geschaffen, um potenzielle Unklarheiten vorab zu beseitigen. Die folgende Aufzählung zeigt beispielhaft auf, welche Punkte in einer Abstimmung zu einem SLA aufgenommen werden:

- Verfügbarkeit der bereitgestellten Leistungen
- Ausfallsicherheit und Reaktionszeiten im Ernstfall
- Szenarien zur Datensicherung und -wiederherstellung
- Eskalationswege zwischen Kunde und Dienstleister

Der Cloud-Anbieter muss dem Kunden sowohl vertraglich als auch technisch zusichern, dass er in der Lage ist, auch kurzfristige Anpassungen, z.B. Failover-Cluster-Szenarien, durchzuführen und kundenorientiert zu behandeln.

Kosteneffizienz und -transparenz

Wie bereits zu Beginn dieses Abschnitts kurz angemerkt, spielt die potenzielle Kostensenkung eine wichtige Rolle in Bezug auf die Nutzung von Cloud-Services. Dabei ist die Art des Servicemodells nachgelagert zu betrachten. Im Vordergrund steht, dass der Nutzen die Kosten übertreffen muss, im Idealfall sogar die bisher notwendigen Investitionen in die eigene Infrastruktur oder Software senkt oder gar obsolet werden lässt. Der Kostenvorteil sollte dabei die Amortisationsdauer zeitlich gesehen übertreffen. Für diese Berechnungen bieten diverse Cloud-Anbieter sogenannte Amortisationsrechner an, um Szenarien für Cloud-Infrastrukturen zu simulieren. Einsparungen lassen sich oft durch nutzungsabhängige Verrechnung, sogenannte »Pay as you go«-Modelle erwirken. Des Weiteren existieren auch Verrechnungsmodelle mit einer festen Laufzeit bzw. festem Preis, die oftmals auch noch mit einem gewissen Rabatt angeboten werden. Beide Modelle sind sowohl für den Kunden als auch für den Anbieter fair.

Neben den kalkulatorischen Bezugsgrößen ist auch die Transparenz der Kosten zu berücksichtigen. Die Cloud-Anbieter müssen die Kosten übersichtlich und nachvollziehbar darstellen. Dabei muss deutlich erkennbar sein, woraus sich die einzelnen Module zusammensetzen, was der Ursprung der Kostentreiber ist und welche Auswirkungen das auf das mögliche Kostenbudget eines Unternehmens hat.

Lage des Rechenzentrums und Datenschutz

In den letzten Jahren ist das Thema *Datenschutz* und die Lage des Rechenzentrums ein wesentlicher Faktor für die Auswahl eines Cloud-Anbieters geworden.

Durch die Lage wird der Datenfluss regional eingeschränkt. Damit sollen die Hürden für die Nutzung einer Cloud verringert werden, da die rechtliche Situation klarer erscheint. Die EU hat mit der Richtlinie 95/46/EG [Europäisches Parlament 1995] und der daraus weiterentwickelten EU-Datenschutz-Grundverordnung gewisse Mindestanforderungen an den Datenschutz und die *Datensicherheit* eingeführt, um die Verarbeitung von Daten zu gewährleisten.

Allerdings haben immer wiederkehrende Ereignisse rund um die Spionageaktionen weltweiter Geheimdienste gezeigt, dass es eigentlich keine große Rolle spielt, wo die Daten schlussendlich persistiert werden. Die Pflicht liegt beim Cloud-

Anbieter, seine Dienstleistungen möglichst sicher anzubieten und dementsprechend dafür Sorge zu tragen, dass der Datenschutz in dem jeweiligen Land eingehalten wird.

Hochverfügbarkeit und Performance

Neben der Lage und sicheren Verwahrung der Daten haben Kunden in den letzten Jahren eine Erwartungshaltung eingenommen, dass diese auch hochverfügbar sind und performant konsumiert werden können. Diese Anforderungen müssen von Cloud-Anbietern befriedigt werden, was nicht immer gelingt. In den letzten Jahren konnten einige Anbieter die Hochverfügbarkeit nicht sicherstellen und es kam zum Verlust von Daten, was das Vertrauen in das Konzept des Cloud Computing geschmälert hat.

Die Angst vor Datenverlust ist berechtigt, aber tritt immer mehr in den Hintergrund, da ausgereifte Failover-Cluster-Szenarien, ob lokal in einem Rechenzentrum oder georedundant auf mehrere Rechenzentren verteilt, die Ausfallsicherheit erhöhen.

Ein erster Schritt ist die Sicherstellung einer hundertprozentigen Verfügbarkeit des Systems. Hochverfügbarkeit bei zeitgleich optimaler Performance sind elementare Faktoren, die ein Cloud-Anbieter liefern muss. Da die Daten zwischen Kunde und externem Rechenzentrum in der Regel über das Internet übertragen werden, hängt die eigentliche Performance nicht nur von den Rechnerkapazitäten des Anbieters, sondern auch von seiner Bandbreite und der des Kunden ab.

Anpassbarkeit und Customizing

Ähnlich wie die vertragliche Individualität ist den Kunden ebenso wichtig, dass die eigentliche Cloud-Lösung auf ihre Bedürfnisse zugeschnitten ist.

Es müssen einzelne Leistungsmodule, je nach Bedarf, aktiviert bzw. deaktiviert werden können. Der Kunde möchte heutzutage das Produkt nach seinen Anforderungen bzw. Vorgaben anpassen. Diese Anpassung wird auch *Customizing* genannt und ist schon lange ein wichtiger Punkt beim Erwerb von Softwareprodukten, wie z.B. bei Software zur Planung und Konsolidierung im ERP-Umfeld.

Dabei können einzelne Module, wie Personal-, Kosten- oder Projektcontrolling, separat eingerichtet werden. Oft können sogar einzelne Masken an den Kunden angepasst werden. Ähnliche Anforderungen haben sich nun auch im Cloud Computing etabliert. Genau das spricht aber eigentlich gegen die ursprüngliche Definition von Cloud Computing, die nämlich zumeist nur standardisierte Produkte im Portfolio hat, sodass diese auch effektiv und kostengünstig angeboten werden können.

Cloud-Anbieter müssen sich der Herausforderung stellen, bestehende und neue Standards anzubieten, die aber dennoch angepasst und erweitert werden können.

14.2.3 Data Science im Mittelstand

Mit der Zeit hat nun auch das Thema *Data Science* im Mittelstand Anklang gefunden. Was früher noch sehr nebulös als »Buzzword« durch die Mittagskantine einiger Großunternehmen geschwirrt ist, ist nun ein ernst zu nehmender Unternehmensfaktor geworden.

Besonders im Mittelstand spürt man den externen Druck, da branchenfremde datengetriebene Unternehmen in den Markt eindringen, alte Prozesse- und Wertschöpfungsketten kritisch hinterfragen und mittels Data Science ihre Einzelteile freisetzen. Aber auch die Vorgabe durch angelsächsische Investoren bringt das Thema auf die Agenda eines Geschäftsführers.

Und dieser Druck ist auch nötig. Die KMU betreiben z. B. ihr Risikomanagement mit Standard-Office-Produkten und das Ergebnis sind oftmals riesige Formel-Tapeten, die aus einem Tabellenkalkulationsprogramm ausgedruckt werden. Der Automatisierungsgrad ist hier sehr gering bis gar nicht vorhanden. Oftmals werden auch strategische Entscheidungen aufgrund eines Bauchgefühls getroffen und nicht anhand von Ergebnissen, die auf einer mathematischen Grundlage fußen [Gluchowski et al. 2008].

Neben der Anzahl und der Art der Teilnehmer im Markt ändern sich nun auch die Regeln im Bereich *Compliance* und gesetzliche Regulierungen (z. B. Basel, Solvency und Handelsgesetz). Wie bereits in Abschnitt 14.1 kurz erwähnt, müssen sich die KMU immer mehr den Spielregeln der Neuzeit anpassen, um kompetitiv am Markt teilnehmen zu können.

Einsatzgebiete

In der Fertigung können erste Data-Science-Methoden eingesetzt werden, um z. B. mittels Regression und Principal Component Analysis (PCA) *Predictive Maintenance* zu betreiben.

Ein typisches Szenario ist die Prognose von Ereignissen (Prädiktive Analyse) und die anschließende Reaktion auf die jeweils eintretende Situation (Präskriptive Analyse). Mittels Regressionsverfahren lassen sich auf Basis der vorhandenen Datenlage Vorhersagen über die Zukunft erstellen, die im Rahmen gewisser Toleranzbereiche zuverlässige Prognosen erlauben. Darüber hinaus werden Korrelationen erkennbar und der Einfluss von Ausreißern auf das erstellte Datenmodell wird sichtbar gemacht.

Mittels PCA-Verfahren lassen sich die Charakteristika ermitteln, die innerhalb eines Datensatzes den größten Anteil an der Verteilung der Daten haben. Dieses erlaubt es, effizient die wichtigen von den unwichtigen Informationen zu trennen und sich frühzeitig mit den relevanten Inhalten zu beschäftigen.

Kombiniert man das Regressions- mit dem PCA-Verfahren, so lassen sich schlanke Software-Plug-ins erstellen, die es erlauben, ergänzend zu einer bestehenden Architektur eine pragmatische Datenanalyse zu betreiben. Mögliche Anwendungsgebiete sind in der prädiktiven Wartung (Predictive Maintenance), Fehlerbehebung in einer Prozesskette, Optimierung von Produktionsmitteln bzw. bedarfsgerechten Produktionsmittelplanung zu verorten.

Im Bereich Marketing und Vertrieb kann hingegen mittels Clusteranalyse- und Scoring-Verfahren eine bessere Einschätzung zum Kundenverhalten und deren einzelnen Ausprägungen getätigt werden [Goram 2018].

Zunächst werden die Objekte hinsichtlich ihrer übereinstimmenden und nicht übereinstimmenden Merkmalsausprägungen überprüft. Hierfür wird das Proximitätsmaß (nominales oder metrisches Ähnlichkeitsmaß) verwendet.

Anschließend erfolgt die Bildung von Gruppen, indem Objekte mit einem bestimmten Ähnlichkeitswert zusammengefasst werden. Da es bei der Clusterbildung zu einer Vielzahl an Clustern kommen kann, muss entschieden werden, ob die Anzahl an Clustern verringert wird, um nicht zu feingranular zu gruppieren, oder erhöht werden soll, um zu unspezifische Cluster zu vermeiden. Die dabei ermittelten Cluster können anschließend bei einer fachlichen Analyse auf ihre Relevanz und Qualität überprüft werden.

Durch das Clusteranalyse-Verfahren kann bereits eine personalisierte Ansprache stattfinden, um den Kunden innerhalb einer Kundengruppe nur mit den Produkten und Services anzusprechen, die ihn auch wirklich interessieren und einen Mehrwert darstellen.

Chancen und Widerstände

Durch neue Erkenntnisse aus den verfeinerten Informationen können wiederum neue Marktfelder und Dienstleistungen für KMU entstehen, die zuvor noch nicht im Blickfeld standen.

Des Weiteren können Prozesskosten über die gesamte Wertschöpfungskette hinweg gesenkt werden und ein Prozess- und Projektcontrolling lässt sich durch eine bessere Transparenz der einzelnen Kostentreiber enorm beeinflussen. Genauere Prognoseverfahren geben eine bessere Planungssicherheit, die sich wiederum in der Deckungsbeitragsrechnung oder GuV eines Unternehmens widerspiegeln.

Nichtsdestotrotz sind Fragen nach dem Datenschutz, Investitionshemmnisse in neue Technologien, Unwissenheit zu gewissen Fragestellungen bezüglich Data Science und die schwere Suche nach geeignetem Personal nur einige Punkte, die den Mittelstand zögern lassen, in das Thema Data Sciences einzusteigen.

Lösungen und Möglichkeiten

Ein Lösungsansatz ist der Aufbau eines *Kooperationspools* entlang der Wertschöpfungskette, unter Einbeziehung der Zulieferer, Unternehmen und Kunden.

Als Ergänzung kann die Partnerschaft mit einer Hochschule Synergieeffekte in der Forschung freisetzen. Über Kooperationen entlang der Wertschöpfungskette kann das Risiko verteilt und dadurch minimiert werden [Reker & Andersen 2014]. Durch die Auslagerung der Teilprojekte kann auch eine Reputationssteigerung durch Publikationen in Journalen stattfinden.

Des Weiteren können mit interessanten Themen für Abschlussarbeiten Absolventen für das eigene Unternehmen begeistert werden. Natürlich sind mit solch einem Vorhaben noch weitere Vor- und Nachteile verbunden, die nachfolgend kurz aufgezählt werden.

Vorteile für den Mittelstand:

- Beschaffung attraktiver Fördergelder
- Synergieeffekte mit anderen Unternehmen auf thematischer Ebene
- Anknüpfungspunkte über die thematische Kooperation hinaus
- Reputationssteigerung
- Überwindung der eigenen Betriebsblindheit

Nachteile für den Mittelstand:

- Verlust von Intellectual Property an die Konkurrenz
- Schwachstellen offenlegen
- Betriebsgeheimnisse erschweren eine gemeinsame Projektarbeit
- Hoher Planungsaufwand

14.3 Konsequenzen für kleine und mittlere Unternehmen

In diesem Unterkapitel werden die wesentlichen Konsequenzen für KMU dargelegt. Dabei werden die zuvor genannten Abschnitte thematisch nochmals kurz aufgegriffen und mögliche Szenarien der Bewältigung aufgezeigt.

14.3.1 Tabellen- und Textdateien ersetzen keine Datenbank

In Bezug auf Abschnitt 14.2.3 muss das siloartige Denken mit den dazugehörigen Strukturen aufgebrochen und die Informationen des Unternehmens mittels Eingabemaske am Ende in einer Datenbank zentral gesteuert und gepflegt werden.

Oftmals benutzen KMU Warenwirtschaftssysteme, um ihre Prozesskette vom Einkauf bis zum Vertrieb abzubilden und zu steuern [Begerow 2010]. Artikel und Stücklisten werden dennoch tagtäglich in Schattentabellen oder das Wissen in einem einzelnen Mitarbeiter gekapselt.

Damit diese Insellösungen aufgebrochen werden, benötigt es eine Datenanbindung über alle Eingabemöglichkeiten hinweg (vgl. Abb. 14–2), wie z.B.:

- Die direkte Anbindung einer Datenquelle an ein System
- Das Hochladen von existierenden Dateien in einem Format
- Die direkte Eingabe von Informationen über eine Maske

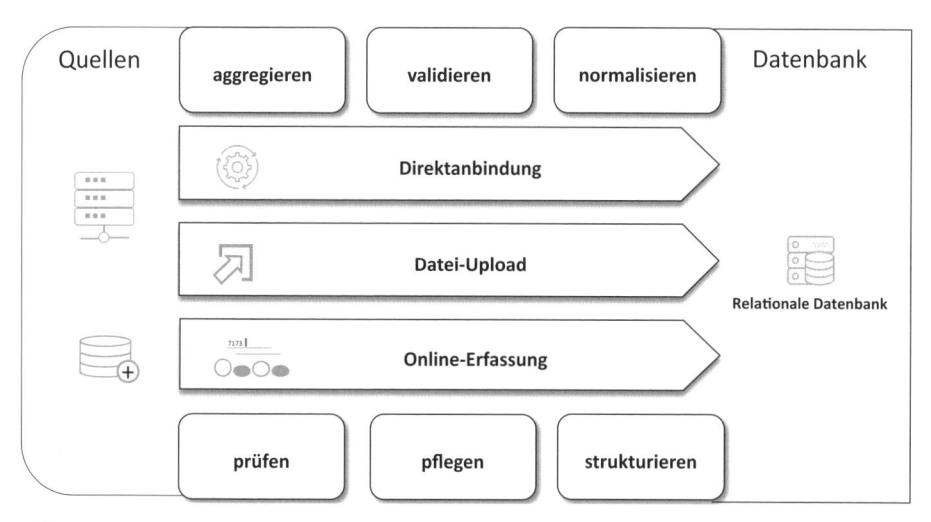

Abb. 14–2   *Datenmanagement (Quelle: CoPlanner)*

Durch die Auflösung von Insellösungen wird nicht nur die Datenqualität gesteigert [DAMA 2017], sondern auch der »Single Point of Truth«-Ansatz [Winter 2010] gestärkt. Des Weiteren wird die inner- und außerbetriebliche Vernetzung der Informationen in den Fokus gerückt. Auch die Quantität der Informationsverarbeitung wird dadurch gefördert, da nun unterjährige Konsolidierungen, unterjährige Abschlüsse oder monatliche Planungen durchgeführt werden können.

KMU können hier einen Wettbewerbsvorteil herausarbeiten, da sie oft in einem engeren Verhältnis zu ihren Kunden stehen als im Vergleich dazu die Großunternehmen.

14.3.2 Cloud-Servicemodelle verstehen

Da heutzutage noch eine gewisse Unklarheit bei KMU herrscht, folgt hier eine kurze Erläuterung der *Cloud-Servicemodelle* nach der Definition des NIST [Mell & Grance 2011]. Zwar gibt es noch weitere Modelle, die nachfolgenden stellen jedoch die wichtigsten Vertreter dar.

IaaS – Infrastructure as a Service

Unter dem Begriff *Infrastructure as a Service* wird die Bereitstellung von virtualisierten Hardwarekapazitäten über das Internet verstanden. Diese Art des Cloud Computing bietet eine höchst skalierbare und flexible Alternative zu traditionellen Rechenzentren (vgl. Abb. 14–3).

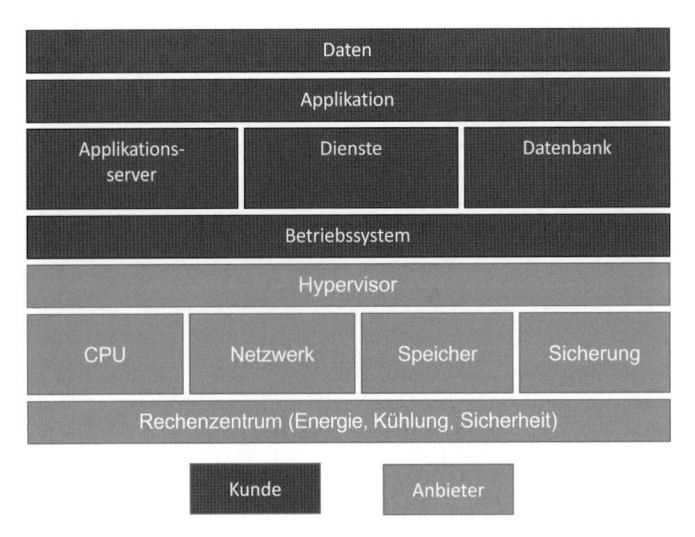

Abb. 14–3 *Komponenten eines IaaS-Modells*

Hierbei können sowohl einzelne Container als auch komplette Rechenzentren samt Netzwerk und Speicher virtualisiert werden. Für diese Art von Outsourcing sprechen zum einen die meist sehr hohe Verfügbarkeit – diverse Hersteller werben hier mit Verfügbarkeiten von 99,9583 – der angebotenen Leistungen, bedarfsgerechte Kostenmodelle (von »Pay as you go« bis 3-Jahres-Modell) sowie die Freiheiten für den Kunden.

Dieser kann selbst entscheiden, was er mit den zur Verfügung gestellten Kapazitäten macht, welche Software er nutzt, und dabei flexibel seinen Bedarf anpassen.

Für Kunden, die vorher noch keine Berührung mit dem Thema Cloud hatten, ist dieser Weg ein möglicher Schritt, um erste Erfahrungen zu sammeln. Oftmals wird dieser Ansatz gewählt, wenn alte On-Premises-Lösungen erstmals in die Cloud migriert werden sollen, um sich z.B. von einem lokalen Rechenzentrum zu lösen, da Hardwareanpassungen oft mehrere Monate in Anspruch nehmen. Des Weiteren wird das Vertrauen in die Technologie gestärkt, da weiterhin die Kontrolle über die Daten beim Kunden liegt (vgl. Abb. 14–4).

Abschließend werden die Vorteile des IaaS-Ansatzes kurz zusammengefasst:

- KMU sparen sich hohe Investitionskosten und bezahlen nur für den Verbrauch.
- Die Infrastruktur kann beliebig an Verarbeitungs- und Speicheranforderungen angepasst werden.
- Da sich die Daten in der Cloud befinden, ist ein Verlust der Daten eher unwahrscheinlich.
- Administrative Aufgaben können virtualisiert werden, sodass mehr Zeit für andere Aufgaben bleibt.

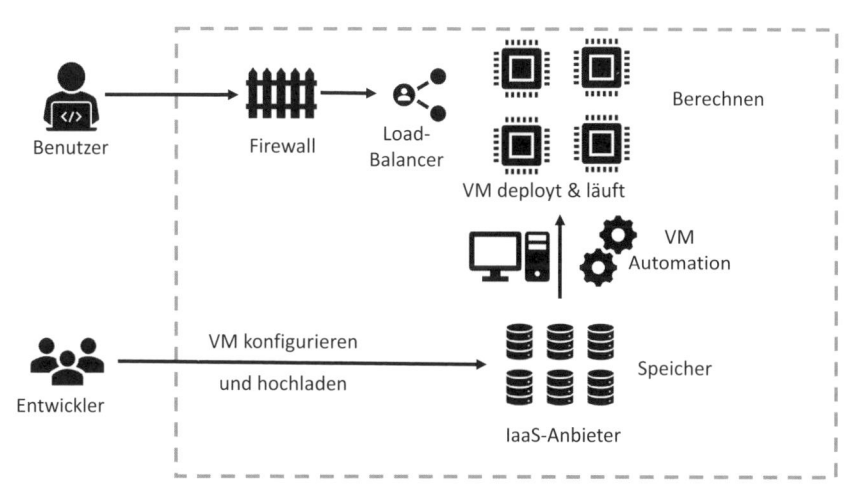

Abb. 14–4   *Zugriff auf ein IaaS-Modell*

PaaS – Platform as a Service

Unter dem Begriff *Platform as a Service* wird die Bereitstellung von Diensten auf Basis einer virtualisierten Hardware verstanden, die vom Cloud-Anbieter gewartet und überwacht wird, wobei der Kunde keinen Zugriff auf die darunterliegende Hardware bekommt (vgl. Abb. 14–5).

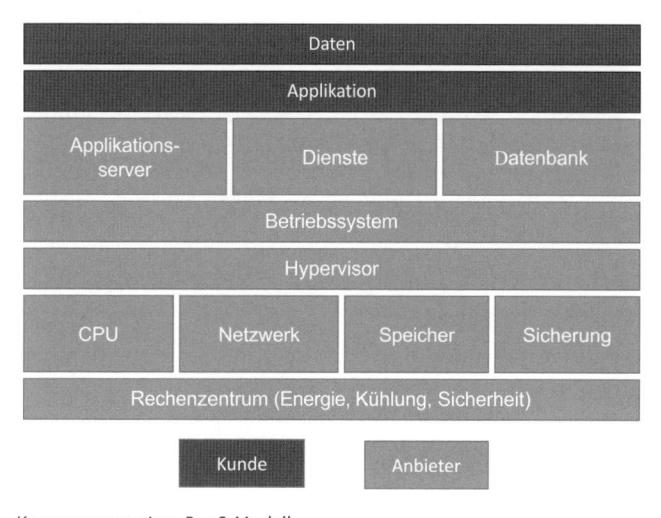

Abb. 14–5   *Komponenten eines PaaS-Modells*

In diesem Modell werden neben der Basisinfrastruktur wie in IaaS auch höherwertige Dienste angeboten. Dazu gehören Entwicklungs- und Anwendungsumgebungen, auf denen sich der Nutzer nicht um die Einrichtung kümmern muss, sondern direkt in Richtung CI/CD (Continuous Integration/Continuous Delivery) entwickeln kann.

Der PaaS-Ansatz bietet im Wesentlichen zwei Vorteile: Für Kunden, die bereits dem IaaS-Ansatz gefolgt sind, ist eine PaaS-Lösung der nächste konsequente Schritt auf dem Migrationspfad in die Cloud. Zum Beispiel können selbst verwaltete Datenbankserver nun an vorgefertigte Dienste übergeben und administrative Aufgaben obsolet werden. Kunden, die einen bestimmten Dienst in Anspruch nehmen, können aus einem Katalog den Dienst einfach wählen und ausrollen. Damit entfällt eine Ramp-up-Phase und der Kunde kann die Dienste sofort einsetzen (vgl. Abb. 14–6).

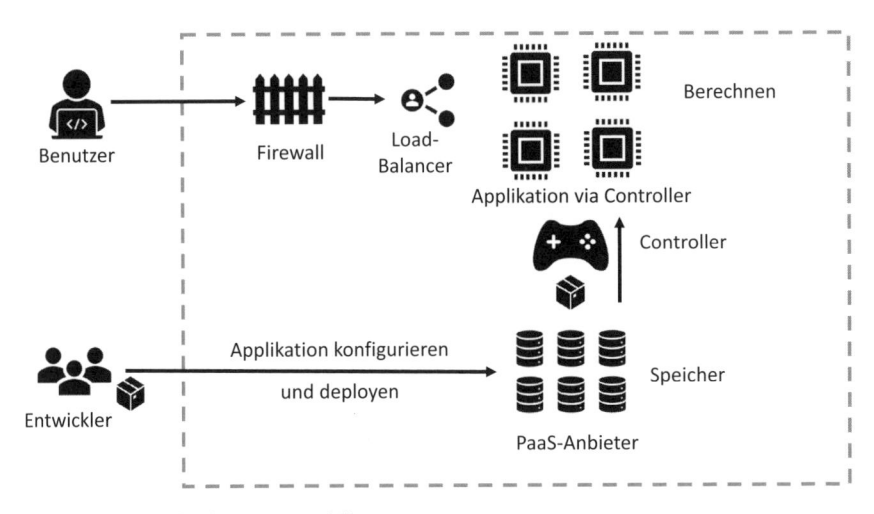

Abb. 14–6   *Zugriff auf ein PaaS-Modell*

Abschließend werden die Vorteile des PaaS-Ansatzes kurz zusammengefasst:

- Der Cloud-Anbieter einer PaaS-Lösung stellt eine Plattform für die Entwicklung inklusive Werkzeugen, Unit-Testing-Verfahren und Hosting von Applikationen in derselben Umgebung bereit.
- Entwicklungsunternehmen können Rüstzeiten vermeiden und sich auf die Entwicklung neuer Produkte konzentrieren.
- Der Cloud-Anbieter ist für den Betrieb der Plattform und deren Verfügbarkeit verantwortlich.
- Entwicklungsteams können nach CI/CD-Verfahren (Continuous Integration/Continuous Delivery) zusammenarbeiten, auch wenn sie auf unterschiedliche Standorte verteilt sind.

SaaS – Software as a Service

Unter dem Begriff *Software as a Service* wird die Bereitstellung einer Software verstanden, wobei sowohl der Dienst als auch die darunterliegende virtualisierte Hardware vom Cloud-Anbieter verwaltet wird. Jeglicher Zugriff durch den Kunden auf die darunterliegenden Schichten ist gesperrt (vgl. Abb. 14–7).

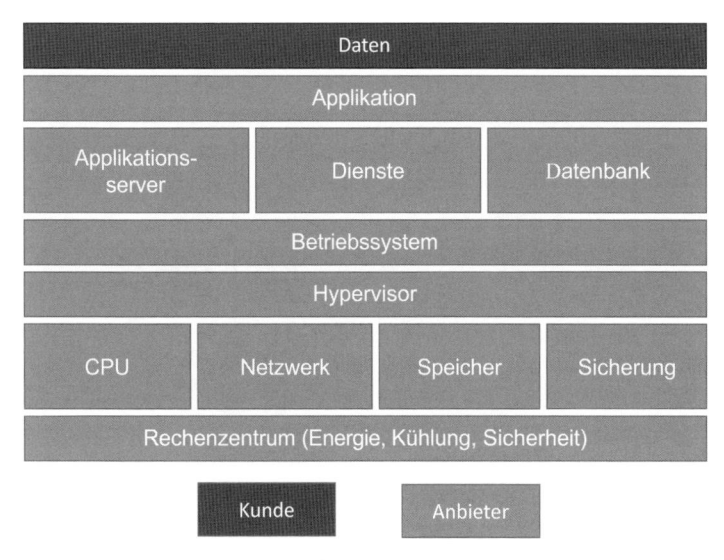

14 BIA-Architekturen für kleine und mittlere Unternehmen

Abb. 14–7   *Komponenten eines SaaS-Modells*

Bei diesem Servicemodell handelt es sich meist um *Software-on-Demand*, also der bedarfsgesteuerten Nutzung von Applikationen über die Cloud. Die Software, die hier angeboten wird, ist oft hoch standardisiert und daher schnell verfügbar, da sie für alle Kunden des Dienstleisters gleich ist.

Dadurch können allerdings selten besonders spezielle Bedürfnisse oder Anforderungen des Kunden umgesetzt werden.

Der SaaS-Ansatz wird heute von vielen Unternehmen bereits akzeptiert, die Anwendungen nutzen möchten, ohne die darunterliegende Infrastruktur und andere Dienste instand halten und aktualisieren zu müssen. CRM-, ERP-, Collaboration- und Office-Anwendungen sind die am häufigsten eingesetzten SaaS-Lösungen. Für KMU sollte dieser Schritt aber mit Bedacht gewählt sein, da hier auch die Gefahr eines »Vendor Lock-in« besteht.

Abschließend werden die Vorteile des SaaS-Ansatzes kurz zusammengefasst:

- SaaS-Anbieter stellen dem Kunden ihre Software auf Subskriptionsbasis bereit.
- Der Kunde muss die Software nicht verwalten, da der SaaS-Anbieter für das Management (Hotfixes und Updates) verantwortlich ist.
- Ein Gerätefehler führt nicht zu einem Datenverlust.
- Der Zugriff auf die Anwendungen ist praktisch weltweit möglich, wenn eine Internetverbindung besteht (vgl. Abb. 14–8).

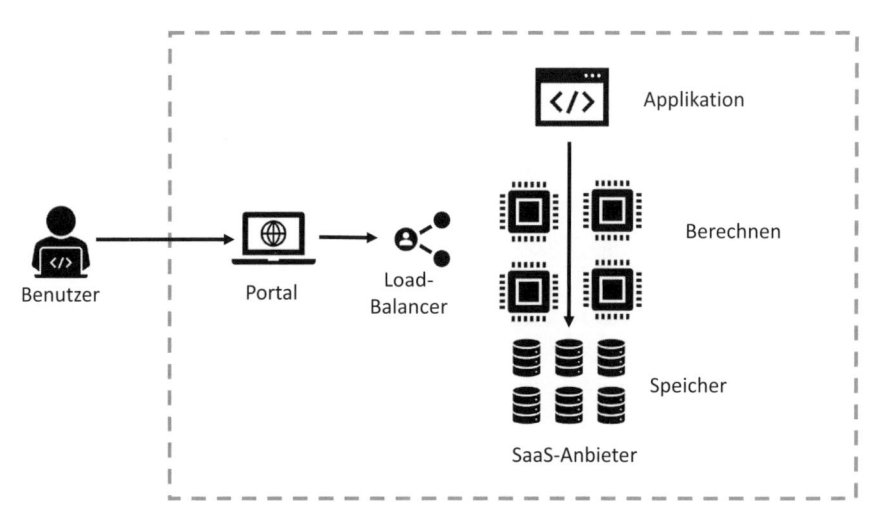

Abb. 14–8   Zugriff auf ein SaaS-Modell

14.3.3   Data Science light einführen

Bei der Durchführung von Data-Science-Projekten orientieren sich die meisten Unternehmen an dem bewährten Modell *CRISP-DM* (Cross-Industry Standard Process for Data Mining) [Shearer 2000], das sich als Quasistandard etabliert hat (vgl. Abb. 14–9).

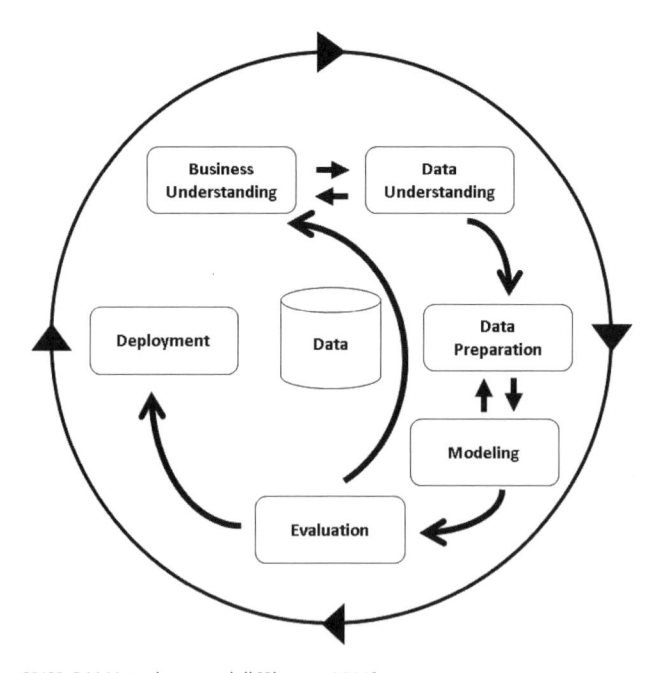

Abb. 14–9   CRISP-DM-Vorgehensmodell [Shearer 2000]

Es handelt sich hierbei um ein interaktives und iteratives Vorgehen, das gewisse Kernschritte aus Data-Science-Projekten in logische Komponenten kapselt. Aufgrund der auftretenden Komplexität und des Bedarfs der Verprobung mit Echtdaten ist ein iteratives und agiles Vorgehen zu empfehlen.

Die explorative Arbeitsweise in Data-Science-Projekten führt sukzessive zu einer Verbesserung der Modelle. Insbesondere ermöglicht diese Herangehensweise ein agiles Vorgehen mit Methoden wie Scrum bzw. Kanban. Ein weiterer Vorteil ist, dass die Erfahrungen und regelmäßiges Feedback aus vorherigen Modellen in weiteren Schritten genutzt werden. KMU sollten dem Prinzip folgen und die gleichen Methoden anwenden.

Scoping

Zu Beginn eines Projekts wird die Zielsetzung festgelegt. Dabei werden konkrete Fragestellungen aus dem Fachbereich gesammelt und als Projektanforderungen aufgenommen.

In einer inhaltlichen Erstanalyse mit anschließenden Workshops werden die Iterationen definiert und nach Analyse- und Optimierungspotenziale priorisiert.

In diesem Schritt müssen auch gewisse Projektrisiken abgedeckt und Abgrenzungen vorgenommen werden, anbei ein paar Beispiele aus diversen Perspektiven eines Projekts:

- Allgemeine Annahmen
    - Ansprechpartner (Domainexperten, Fachbereiche, IT) müssen zur Verfügung stehen
    - Cloud-Infrastruktur und/oder Datenzugriffe müssen gewährleistet sein
    - Kapazitäten für Tests und Feedback müssen vorhanden sein
- Datenextraktion
    - Daten werden bereitgestellt, falls nicht -> erneute Schätzung abgeben
    - Datenbereitstellung in nicht voll maschinenlesbarer Form (z.B. auch Excel-Daten mit manueller Formatierung)
    - Real-Time-Anforderungen an Datenströme abklären
- Datentransformation
    - Matching der verschiedenen Input-Dateien bzw. -Entitäten nur mit aufwendiger Logik möglich (z.B. Einsatz von Fuzzy-Matching-Verfahren)
    - Interpolation fehlender Datenpunkte
- Komplexere Datenstrukturen vorhanden als erwartet (z.B. mehrfach verschachtelte Unterstrukturen ohne einheitliche Struktur innerhalb einer Quelle)
- Datenbereitstellung über Schnittstellen
    - Bedarf einer hochskalierbaren API zur Datenbereitstellung
    - Berechtigungs-/Rolleneinschränkung der API

- Anforderungen, die über Datenübermittlung (z. B. REST-API) hinausgehen – komplexere Prozesseinbindung
- Machine Learning
  - Zusätzliche Iteration notwendig, falls aus dem verfügbaren Datenbestand keine zufriedenstellenden Erkenntnisse abgeleitet werden können
  - Einbindung zusätzlicher aktuell noch nicht bekannter Datenquellen
- Real-Time-Anforderungen an das Modell-Training/-Vorhersage

Je nach Umfang und Dauer eines Data-Science-Projekts kann diese Liste beliebig erweitert werden.

Umsetzungsphase

Wie bereits kurz angerissen, werden Data-Science-Projekte oft mittels Scrum- oder Kanban-Prozessen durchgeführt. Diese agilen Vorgehensmodelle ermöglichen es in einem iterativen Vorgehen, kurzfristig neue Resultate zu liefern.

Scrum ist ein Vorgehensmodell, um komplexe Probleme oder Fragestellungen in kurzen Intervallen zu beantworten (vgl. Abb. 14–10). Es beeinflusst die produktive Entwicklung, indem während der Arbeit kreative Ideen einfließen können [Kim 2013]. Damit ist Scrum nicht so starr gestrickt wie z. B. das Vorgehen in einem Wasserfallmodell.

Wie bereits erwähnt, ist Scrum ein Prozessframework, das ursprünglich entwickelt wurde, um die komplexe Produktentwicklung Anfang der 90er-Jahre zu verwalten. Scrum ist weder ein Prozess noch eine Implementationstechnik zur Entwicklung von Software. Es ist vielmehr ein Leitfaden oder Rahmen, in dem verschiedene Verfahren und Techniken eingesetzt werden. Das Scrum-Framework besteht aus einem Scrum-Team und dessen Entwicklungsaufgaben, Scrum-Events, die vom Scrum-Team abgehalten werden, Artefakte und Regeln. Jede Komponente im Rahmen dient einem bestimmten Zweck und ist von wesentlicher Bedeutung für den Erfolg und Nutzen des Scrum-Frameworks.

Die Verbindung des CRISP-DM-Modells mittels Scrum-Iterationen hat sich als Quasistandard in Data-Science-Projekten etabliert und sollte auch von kleinen und mittleren Firmen eingesetzt werden, auch wenn das Wissen nur rudimentär vorhanden ist.

Hier kann der Einsatz von externen Dienstleistern für eine Einführung in das Thema Scrum bzw. Kanban hinzugezogen werden, damit in der Anfangsphase eines Data-Science-Projekts keine groben Fehler passieren bzw. Missverständnisse in der Erwartungshaltung auftreten. Je nach Größe des Unternehmens kann ein oder mehrere Teams aufgebaut und angelernt werden. Oftmals werden die ersten drei Sprints für das Erlernen und Anwenden der Regeln und Prozesse im Scrum-Framework aufgebracht. Anschließend werden die einzelnen Teams, je nach Anforderung, in bis zu drei weiteren Sprints begleitet. Am Ende können die Teams sich selbst steuern, verwalten und hinsichtlich ihrer Ergebnisse kontrollieren.

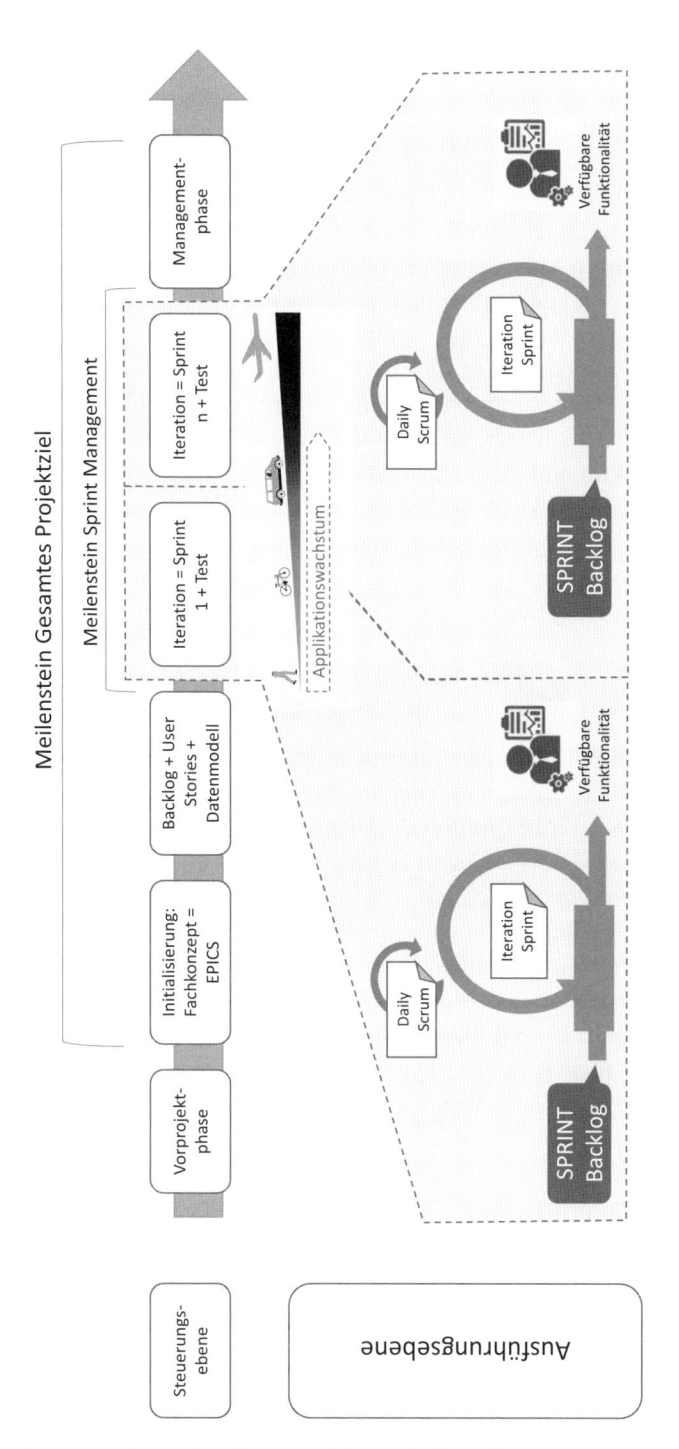

14 BIA-Architekturen für kleine und mittlere Unternehmen

Abb. 14–10 *Angepasstes Scrum-Vorgehensmodell (Quelle: CoPlanner)*

Bewertung

Jedes Data-Science-Projekt ist einzigartig und beginnt mit einer planerischen Unschärfe. Der Weg zur Lösung eines Problems bzw. einer Anforderung weist jedoch strukturelle Ähnlichkeiten und wiederkehrende Fragestellungen auf.

Die Anforderungsanalyse und die Prüfung der Daten oder eines repräsentativen Teils muss definitiv zum Projektstart erfolgen. Da sie das Fundament für die darauf angewandten Algorithmen (z.B. Regressions- oder Clusteranalyse-Verfahren) bildet, muss die Datenqualität als Grundvoraussetzung gegeben sein, um Aufwandsabschätzungen valide bestimmen zu können.

In iterativen Prozessen mittels CRISP-DM und unter Einsatz des Scrum-Vorgehensmodells können innerhalb von kurzen Sprint-Zyklen von 2–4 Wochen erste Erkenntnisse geliefert werden. Oftmals werden die Ergebnisse aus den Projekten gemeinsam mit den Fachbereichen analysiert, bewertet und ggf. neue Arbeitspakete abgeleitet.

Für KMU können erste Berührungspunkte mit Data-Science-Anforderungen und -Vorgehensweisen über externe Dienstleister erlernt werden, bis die Prozesse selbstständig durchgeführt werden können.

14.4 Fazit

Es gibt viele gute Gründe, sich mit den zukünftigen Herausforderungen in den Bereichen Stammdaten- und Datenqualitätsmanagement, Cloud-Infrastrukturen und Data Science zu beschäftigen. Der größte Vorteil liegt aber darin, dass bei allen Themen die Transparenz über betriebswirtschaftliche Zusammenhänge für KMU gesteigert wird und so die zukünftigen Entscheidungen auf präziseren Informationen basieren.

Richtig eingesetzt, können Stammdaten- und Datenqualitätsmanagement-Tools Schwachstellen hinsichtlich der Datenqualität im Unternehmen aufdecken, Ursachen analysieren und Handlungsempfehlungen für zukünftige Anforderungen an Datenquellen geben. Des Weiteren können unternehmensweit klare Anforderungen zum Datenaustausch definiert, Richtlinien zur Einhaltung vereinbart oder auch automatische Verfahren zur Kontrolle der Datenqualität etabliert werden. Das oberste Ziel muss sein, dass ein gemeinsames Verständnis geschaffen wird und die Informationen, die in den Datenquellen vorgehalten werden, als wichtiges »Asset« im Unternehmen angesehen werden.

Die Einstiegshürde in das Thema Cloud-Infrastrukturen und Servicemodelle ist mittlerweile sehr gering. Die großen Cloud-Anbieter bieten diverse Ökosysteme und verschiedenste Lösungsmodelle an. Durch die Vielfalt ist aber auch eine gewisse Undurchsichtigkeit entstanden, die wohl auch gewollt ist. Hier empfiehlt es sich, mit kleinen Projekten, im Sinne eines Proof of Concept, zu beginnen, um das erlernte Wissen in neue Projekte zu überführen. Bis alle Unternehmen im Zeitalter von »Cloud native«-Ansätzen angekommen sind, wird sich mittelfristig der hybride Cloud-Ansatz etablieren, um historisch bedingte Unternehmensprozesse mit neuen Technologie- und Geschäftsfeldern zu verbinden. Ist der Migrationsprozess abgeschlossen, so kann der nächste Schritt in Richtung Multi-Cloud-Architekturen gegangen werden, um einen möglichen »Vendor Lock-in« in Zukunft zu verhindern und diverse Unternehmensbereiche miteinander zu vernetzen.

Gerade KMU, die noch nicht mit dem Thema Data Science vertraut sind, sollten in ersten Workshops die Anforderungen und Prozesse eines Data-Science-Projekts verinnerlichen. Die voll funktionsfähigen Open-Source-Data-Science-Werkzeuge sind eine Möglichkeit, unkompliziert und ohne hohe Kosten in das Thema einzusteigen. Das Wissen und die Vorgehensmodelle aus der Softwareentwicklung bzw. dem Software Engineering können adaptiert und auf zukünftige Data-Science-Projekte ausgeweitet werden. Wichtige agile Vorgehensmodelle, wie Scrum bzw. Kanban oder das CRISP-DM, haben sich als Bestandteile im operativen Betrieb weitestgehend etabliert. Im Bereich Data Science können KMU weiterhin Anschluss finden, da sich der Begriff »Data Scientist« gerade in der Definitionsphase befindet und noch eine gewisse Zeit vergehen wird, bis jeder Fachbereichsleiter das Gleiche unter einem Data Scientist versteht. Hier sind gewisse Parallelen zu den frühen Zeiten aus dem Bereich der Suchmaschinenoptimierung erkennbar, als der Begriff »White Hat-/Black Hat-SEO« definiert wurde.

Grundsätzlich sollte sich jedes kleine oder mittlere Unternehmen mit Data Management/Data Governance, Cloud-Infrastrukturen und Data & Analytics beschäftigen. Das Ziel sollte sein, alle vorhandenen Daten so zu extrahieren, aufzubereiten bzw. anzureichern und bereitzustellen, dass aus diesen Informationen wichtige Unternehmensentscheidungen abgeleitet werden können, die dann als strategische Grundlage dienen und im Idealfall zu den »richtigen« Entscheidungen führen.

15 Integrierte Planung und Reporting im Business-Analytics-gestützten Controlling

Christian Fürstenberg • Oliver Zimmer • Björn Beuter

Die Finanzplanung und -analyse (FP&A) ist heute als wesentliches Instrument für den Unternehmenserfolg anerkannt. Angesichts der Schnelllebigkeit unserer Zeit, in der Unternehmen agil auf sich verändernde Umstände reagieren müssen und umsetzbare Maßnahmen in Echtzeit über den Unternehmenserfolg entscheiden, genügt die FP&A nicht mehr. Sie wird durch die erweiterte Planung und Analyse (xP&A) ersetzt.

Die Grundlage eines solchen Business-Analytics-gestützten Controllings besteht aus einer zentralen Speicherung der benötigten Finanz- und Betriebsdaten mit hoher Datenqualität, einer modernen Corporate-Performance-Management-Plattform und den richtigen Mitarbeiterinnen und Mitarbeitern mit fortgeschrittenen analytischen Fähigkeiten.

Dieses Kapitel beschreibt die Aspekte eines solchen Business-Analytics-gestützten Controllings und gibt einen Überblick über einen möglichen Aufbau einer effektiven Planungs- und Reporting-Architektur.

Business Analytics kann dabei als Erweiterung von Business Intelligence verstanden werden. Dabei konzentriert sich Business Analytics stärker auf eine quantitative, methodenorientierte Analyse der Datenbestände. Für diese Art der Analyse werden nicht nur strukturierte Daten aus den operativen Systemen benötigt, sondern auch semistrukturierte und unstrukturierte Daten aus anderen, angrenzenden Systemen. Eine funktionale Übersicht beschreibt, wie diese unterschiedlichen Datenbereiche in einer gemeinsamen analytischen Architektur zusammengefasst werden können, und stellt die Planungslösung CCH® Tagetik als Teil dieser Architektur vor.

Mit CCH Tagetik ist die Abbildung der strategischen Planung, der integrierten Finanzplanung und Konsolidierung, des internen und externen Berichtswesens bis hin zu Finanzanalysen und Forecasts vollumfänglich möglich. In einer kurzen Vorstellung werden die Vorzüge einer solchen integrierten Planungslösung dargestellt.

Neben einer effektiven Planungs- und Reporting-Architektur ist das Thema Data Literacy oder Datenkompetenz der Mitarbeiterinnen und Mitarbeiter unabdingbar. Es bezeichnet die Fähigkeit, »Daten auf kritische Art und Weise zu sammeln, zu managen, zu bewerten und anzuwenden« [Ridsdale et al. 2015]. Die Datenkompetenz setzt sich aus vielen einzelnen Fähigkeiten zusammen. Es wird auf die wesentlichen Fähigkeiten in dem Kapitel eingegangen und wie sie in Kombination mit Self-Service-Ansätzen und Lösungen den Fachbereich agiler und effektiver werden lassen.

Microsoft bietet mit seiner Power-Plattform den Fachabteilungen eine solche Lösung an. Endbenutzer können basierend auf ihrem Prozesswissen selbst Anwendungen erweitern, Daten analysieren und Prozesse automatisieren. Darüber hinaus bringt Power BI, als Teil der Power-Plattform-Lösung, eine Menge eingebauter Advanced-Analytics-Funktionalitäten mit, die sich noch über R und Python erweitern lassen. Die Möglichkeit, mithilfe von Power BI auf die Daten von CCH Tagetik zuzugreifen, bietet dem Controller eine enorme Flexibilität im analytischen und operativen Planungsreporting. So kann mit den vorhandenen Standardkonnektoren auf die Datenquelle von CCH Tagetik zugegriffen und diese in einem Power-BI-Modell kombiniert werden. Die einzelnen Bereiche dieser Plattform und die Mehrwerte in Kombination mit CCH Tagetik werden in einem Überblick vorgestellt.

15.1 Die Entwicklung der Finanzplanung und -analyse

Die Finanzplanung und -analyse (FP&A) ist heute als wesentliches Instrument für den Unternehmenserfolg anerkannt. Der Fokus liegt auf finanziellen Kennzahlen und der integrierten Finanzplanung. Angesichts der Schnelllebigkeit unserer Zeit, in der Unternehmen agil auf sich verändernde Umstände reagieren müssen und umsetzbare Maßnahmen in Echtzeit über den Unternehmenserfolg entscheiden, genügt die FP&A nicht mehr. Sie wird durch die erweiterte Planung und Analyse (xP&A) ersetzt.

Den Begriff xP&A hat das Research- und Analysehaus Gartner geprägt. In ihrer Studie *2020 Strategic Roadmap for Cloud Financial Planning and Analysis Solutions* gehen die Studienautoren davon aus, dass »bis 2024 rund 70 % der neuen FP&A-Projekte zu erweiterten Planungs- und Analyseprojekten (xP&A) werden, die ihren Anwendungsbereich über das Office of Finance hinaus auf andere Bereiche der Unternehmensplanung und -Analyse ausweiten« [Anderson & Van Decker 2020].

Auswirkungen auf Unternehmen und deren Denkweise

Bisher waren Veränderungen im Unternehmensalltag relativ gut vorhersehbar, sodass Führungskräfte sich weitestgehend darauf einstellen konnten. Im Jahr 2020 veränderte sich durch die Covid-19-Pandemie jedoch alles, was wir bisher kannten: Geschäfte mussten vorübergehend schließen, Lieferketten wurden unterbrochen, Unternehmen schwenkten von einem Tag auf den anderen auf Mobile Working und Kurzarbeit um.

Führungskräfte sahen sich in den Bereichen Finanzen, Produktion, Betrieb, Vertrieb und Personalwesen plötzlich mit unvorhersehbaren Veränderungen konfrontiert, deren Auswirkungen für sie nicht kalkulierbar waren. In einem FP&A-Modell würde das Finanzteam diese Auswirkungen hauptsächlich aus einer finanziellen Perspektive bewerten. Die neue Situation erfordert allerdings Agilität, Widerstandsfähigkeit, Anpassungsfähigkeit und eine ganzheitliche Sicht auf das Unternehmen. Hier kommt der xP&A-Ansatz zum Tragen.

xP&A erweitert die finanzielle FP&A-Perspektive auf alle Bereiche des Unternehmens. Der CFO und seine Finanzabteilung, deren Aufgabenspektrum sich bisher auf den Finanzbereich beschränkt hat, wachsen damit in eine strategische Beratungsposition hinein, die sich auf alle Unternehmensbereiche erstreckt. In ihrer Studie *Score Integrated Planning & Analytics DACH* weisen die Analysten des Business Application Research Center (BARC) darauf hin, dass insbesondere die Integration des Corporate Performance Management (vor allem der Planung, aber auch mit Analytics) zu einem entscheidenden Wettbewerbsfaktor für fundierte Entscheidungen wird. »Die Integration der Unternehmensplanung und deren Verzahnung mit Analytics (Integrated Planning & Analytics (IP&A)) in einheitlichen Softwareplattformen ist essenziell, um eine moderne und ganzheitliche Unternehmenssteuerung optimal zu unterstützen. Ein erfolgreiches Corporate Performance Management (CPM) erfordert die umfassende Integration von Planung, Forecasting, Analytics und mit Business Intelligence (BI).«[1]

Aus den von der Geschäftsführung definierten Zielen und Vorgaben werden aus der strategischen Planung lang-, mittel- und kurzfristige Maßnahmen abgeleitet, die Auswirkungen auf alle Unternehmensbereiche haben. Die kontinuierliche Überprüfung und Anpassung der Maßnahmen in Echtzeit unter Zuhilfenahme digitaler Technologien wie KI (künstliche Intelligenz) und ML (Machine Learning) ermöglicht die Identifikation und Anpassung von Treibern in allen Unternehmensbereichen. Durch die Nutzung von KI und ML können außerdem präzise rollierende Forecast-Modelle erstellt werden, die ebenfalls die Entscheidungsfindung in den Führungsetagen der Unternehmen verbessern (vgl. Abb. 15–1).

---

1. *https://barc.de/products/score-planning-dach*; abgerufen am 11.04.2021

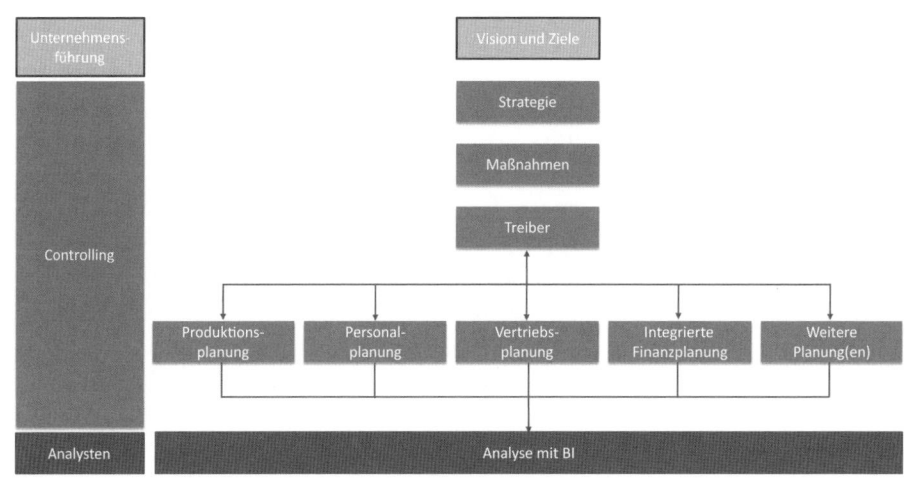

Abb. 15–1   xP&A – von den Zielen bis zur Analyse (Quelle: drjve GmbH)

15.2 Der Weg zur datengetriebenen Unternehmenssteuerung

Die Grundlage eines Business-Analytics-gestützten Controllings besteht aus einer zentralen Speicherung der benötigten Finanz- und Betriebsdaten mit hoher Datenqualität, einer modernen Corporate-Performance-Management-Plattform und den richtigen Mitarbeiterinnen und Mitarbeitern mit fortgeschrittenen analytischen Fähigkeiten. Aufgrund von Big Data und dem sich schnell verändernden Geschäftsumfeld gewinnt Business Analytics für Controller zunehmend an Bedeutung und wird daher von immer mehr Unternehmen genutzt, um Erkenntnisse zu gewinnen.

So können besonders datengetriebene Vorhersagen, Prognosen und Optimierungen genutzt werden, um zu besseren Managemententscheidungen zu gelangen und damit Wettbewerbsvorteile zu erschließen (vgl. Abb. 15–2).

Business Analytics kann dabei als Erweiterung von Business Intelligence verstanden werden. Zudem richtet sich Business Analytics stärker auf eine quantitative, methodenorientierte Analyse der Datenbestände [Sejdić 2021] aus. Für diese Art der Analyse werden nicht nur strukturierte Daten aus den operativen Systemen benötigt, sondern auch semistrukturierte und unstrukturierte Daten aus anderen angrenzenden Systemen (vgl. Abb. 15–3).

Business Analytics hilft Controllern, Trends und Risiken frühzeitig zu erkennen, damit das Management genügend Zeit zum Handeln hat. Sie kann auch die Unternehmensleistung steigern, Prozesse verbessern und Kosten senken. Neue Geschäftsmodelle entstehen unter anderem auch durch die Identifizierung von Marktnischen, die Entdeckung neuer Produkte und Dienstleistungen oder das Aufdecken von Optimierungsmöglichkeiten.

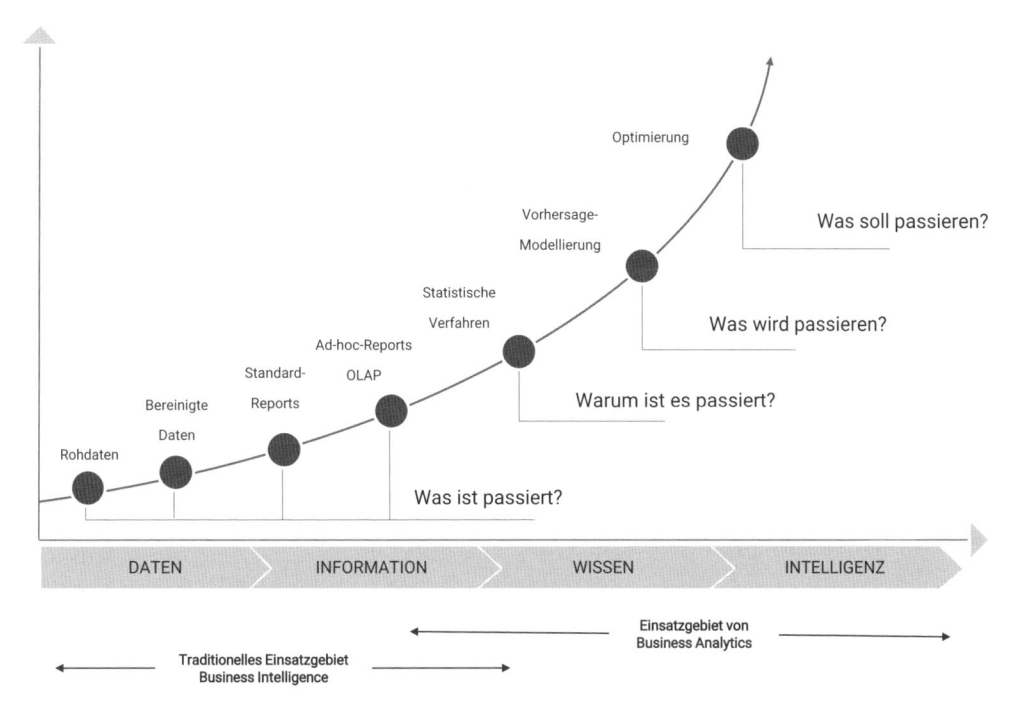

15 Integrierte Planung und Reporting im Business-Analytics-gestützten Controlling

Abb. 15–2 Entwicklungsstufen der Analytics (Quelle: drjve GmbH)

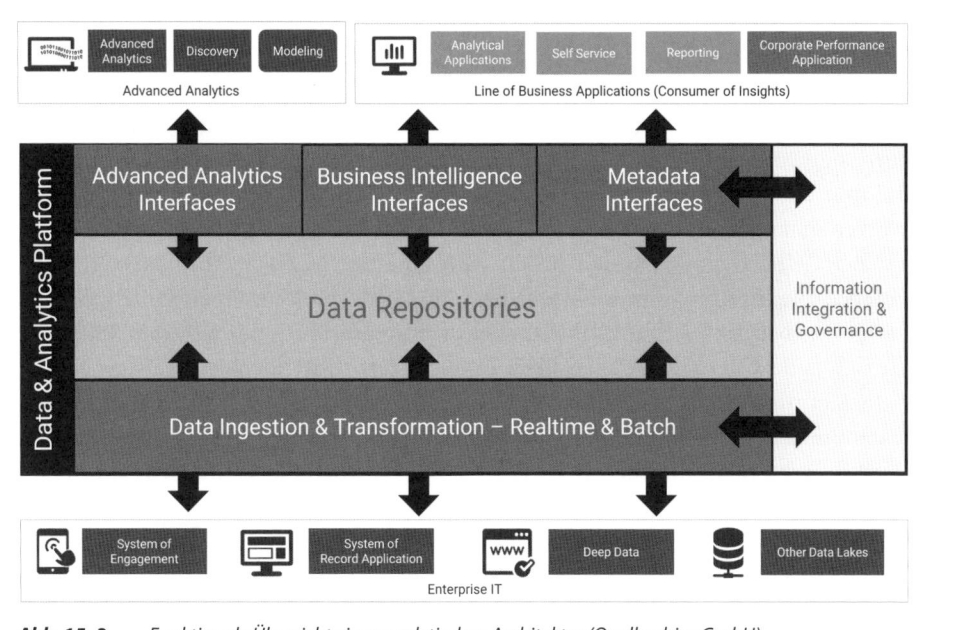

Abb. 15–3 Funktionale Übersicht einer analytischen Architektur (Quelle: drjve GmbH)

15.3 CCH® Tagetik – eine Lösung für alle Corporate-Performance-Management-Bereiche

Zur Umsetzung von Planungslösungen setzt drjve die Softwaresuite CCH Tagetik ein. CHH Tagetik ist eine Unified Performance Management Software, die über die Möglichkeiten einer traditionellen CPM-Software hinausgeht. Im Gegensatz zu traditionellen Lösungen verfügt sie über eine umfassende All-in-One-Transformationsarchitektur, die speziell für das Office of Finance entwickelt wurde (vgl. Abb. 15–4).

CCH Tagetik bietet Lösungen für:

- Budgetierung, Planung & Forecasting
- Konzernabschluss & Konsolidierung
- Finanzberichterstattung
- Disclosure Management
- Compliance & Regulatory Reporting
- Advanced Analytics & Dashboarding

Mit CCH Tagetik ist die Abbildung der strategischen Planung, der integrierten Finanzplanung und Konsolidierung, des internen und externen Berichtswesens bis hin zu Finanzanalysen und Forecasts vollumfänglich möglich. Zur Verbesserung der Analyse- und Forecast-Fähigkeit lassen sich darüber hinaus die Möglichkeiten der künstlichen Intelligenz (KI) in Form von Predictive Analytics und des Machine Learning (ML) auf Basis von R oder Python nutzen.

Dabei sind in der Planung sowohl Top-down- und Bottom-up- als auch treiberbasierte Planungsansätze abbildbar – und das für alle Bereiche, von der Produktion über Personal bis hin zum Cashflow. Mithilfe eines Workflows werden Nutzer Schritt für Schritt durch die einzelnen Prozesse geführt.

Bei CCH Tagetik handelt es sich um eine Softwaresuite für das Office of Finance. Neue Softwaremodule werden selbst entwickelt und nicht hinzugekauft. Somit ergeben sich keine Probleme bei der Integration innerhalb der Software, die sich zudem über eine einheitliche Administratoroberfläche verwalten lässt.

CCH Tagetik kann sich als zentrale Finanzplattform-Architektur mit allen Datenquellen im Unternehmen oder von Drittanbietern verbinden. Prozess- und Workflow-gesteuert, ausgestattet mit integrierter Finanzlogik und vorgefertigten Modulen, bietet CCH Tagetik eine der umfassendsten Lösungen im CPM-Markt. Hinzu kommen eine nahtlose Integration in Microsoft Excel und eine HTML-5-Weboberfläche.

Für Analysen und Visualisierungen bringt CCH Tagetik eigene Dashboards und Self-Service-Visualisierungstools mit, die intuitiv und schnell zu aussagekräftigen Erkenntnissen führen.

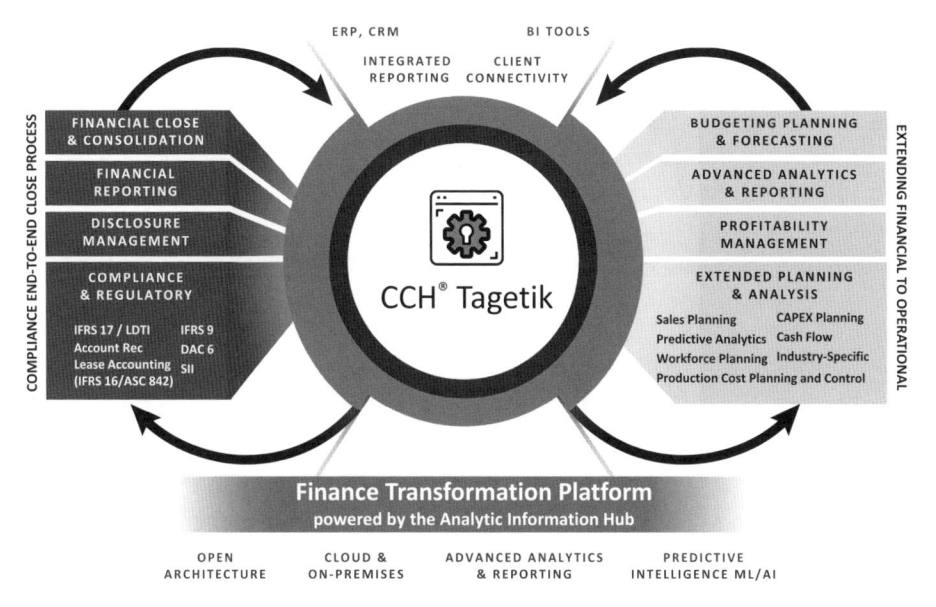

15 Integrierte Planung und Reporting im Business-Analytics-gestützten Controlling

Abb. 15-4 CCH Tagetik – Finance Transformation Platform
(Quelle: https://www.tagetik.com/de/loesungen#.YHMI4-hLhPY)

Alternativ bietet CCH Tagetik die Möglichkeit, führende Self-Service-BI-Lösungen wie Microsoft Power BI, SAP Analytics Cloud oder Qlik zu verwenden, um alle vorliegenden CCH-Tagetik-Daten zu analysieren.

Neben der klassischen On-Premises-Variante kann CCH Tagetik auch in der Cloud betrieben werden, wahlweise auf Amazon AWS oder Microsoft Azure, die sowohl als Multi- als auch als Single-Tenant-Lösung inklusive Support verfügbar sind.

Die Integration von KI und ML, beispielsweise für rollierende Forecasts, runden das Portfolio von CCH Tagetik ab und machen die Software aus Sicht der Verfasser auch in Zukunft zu einem Market Leader.

Abbildung 15–5 veranschaulicht unter dem Stichwort Contributor Analytics den Einsatz von ML im Bereich der integrierten Planung und dessen finanziellen Einfluss auf die Unternehmensentwicklung.

Abb. 15–5 Einsatz von Machine Learning in der Planung nach [Oehler van der Kooij 2021]

15.4 Data Literacy – Aufbau von Datenkompetenz im Controlling

Datenkompetenz wird im Zuge der digitalen Transformation immer wichtiger und bekommt einen immer höheren Stellenwert in allen Fachabteilungen – auch im Controlling. Damit Controller den Herausforderungen durch die Digitalisierung gewachsen sind, benötigen sie neben dem Zugriff auf alle relevanten Daten und geeigneten Werkzeugen vor allem digitale Kompetenzen (vgl. Abb. 15–6).

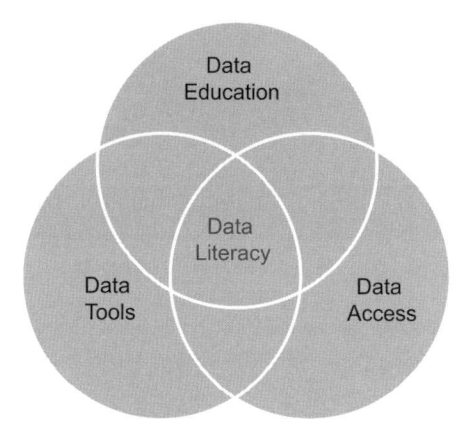

Abb. 15–6   *Data-Literacy-Elemente (Quelle: drjve GmbH)*

Data Literacy oder Datenkompetenz bezeichnet die Fähigkeit, »Daten auf kritische Art und Weise zu sammeln, zu managen, zu bewerten und anzuwenden« [Ridsdale et al. 2015], und ist heute für eine agile Unternehmenssteuerung unabdingbar.

Die Datenkompetenz setzt sich aus vielen einzelnen Fähigkeiten zusammen, die sich in verschiedene Kategorien einteilen lassen (vgl. Abb. 15–7). Je nach Konzept können sich die Anzahl und Benennung dieser Kategorien unterscheiden. Typische Kategorien sind beispielsweise:

Datensammlung

- Datenerschließung und -sammlung
- Evaluierung und Sicherstellen der Qualität der Datenquellen

Datenmanagement

- Verwaltung und Aufbereitung von Daten
- Erzeugung und Verwendung von Metadaten
- Fachliche und technische Datenmodellierung

Datenanalyse

- Identifizieren von Informationen in Daten
- Neue Perspektiven und Beobachtungen aus Daten generieren

Datenverständnis & Interpretation

- Fachgerechte Bewertung von Daten und Interpretation

Datenpräsentation

- Präsentation und Visualisierung von Daten
- Storytelling

Datenanwendung

- Evaluieren von Entscheidungen basierend auf Daten und Verteilung der Ergebnisse und Erkenntnisse
- Etablieren einer Datenkultur und Datenethik

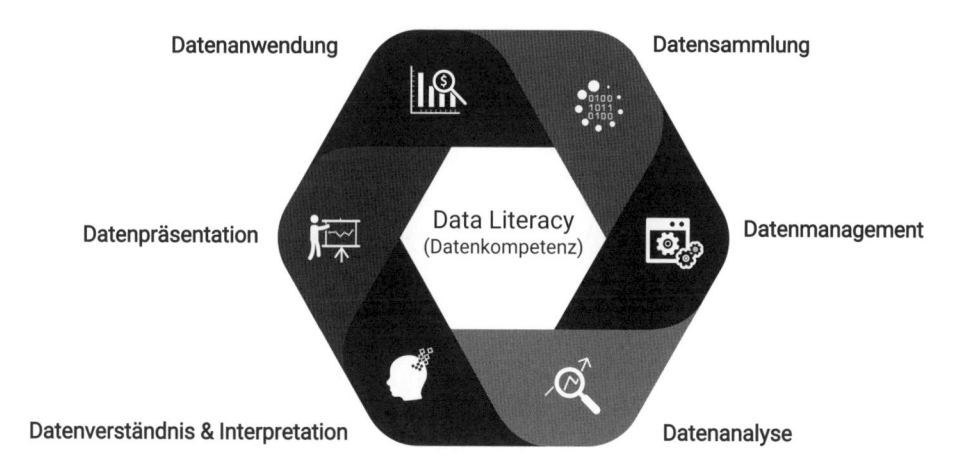

Abb. 15–7 *Übersicht Data-Literacy-Kategorien (Quelle: drjve GmbH)*

Jede Kategorie beinhaltet mehrere Einzelfähigkeiten. Nicht jede Einzelfähigkeit ist in den verschiedenen Anwendungsbereichen der Datenkompetenz in gleichem Maße notwendig. Eine Beherrschung dieser Fähigkeiten ist eine Grundvoraussetzung für den Erfolg einer Transformation hin zu einem datengetriebenen Unternehmen und die Grundlage für eine erfolgreiche Einführung von Self-Service im Controlling.

15.5 Einsatz und Nutzen von Self-Service im Controlling

Das Aufgabengebiet im Controlling hat sich in den letzten Jahren stark verändert. Neben den regelmäßigen Tätigkeiten müssen heute immer mehr Ad-hoc-Aufgaben und Anfragen bearbeitet werden und das in immer kürzerer Zeit. Beispiele für solche Ad-hoc-Aufgaben sind [Matzke 2013]:

- Neue Ist-Analysen aufgrund von Ad-hoc-Fragestellungen
- Analyse von Auswirkungen kurzfristig anstehender Unternehmensentscheidungen
- Kurzfristige Überarbeitung von Planung oder Forecast aufgrund von Veränderungen im Markt oder politischer Rahmenbedingungen

Das Controlling wird solchen Anforderungen nur noch genügen, wenn es in seinen Prozessen effizienter und flexibler wird. Hierzu muss es aber mit geeigneten Informationstechnologien befähigt werden.

Dabei ist es wichtig, die unterschiedlichen Aufgaben- und Herangehensweisen von IT- und Controlling-Bereichen im Arbeitsalltag zu verstehen:

Mit Ausnahme des IT-Supports organisiert die IT ihre Aufgaben in Projekten mit klaren Projektaufträgen und einem definierten Zeitrahmen und Scope.

Die herkömmlichen Controlling-Aktivitäten sind hingegen durch einen jährlichen, vierteljährlichen oder monatlichen Rhythmus bestimmt und beanspruchen erhebliche Kapazitäten. Controller sind gezwungen, der Arbeitsweise der Entscheider zu folgen. Ihr Arbeitstag ist viel operativer strukturiert als in der IT, mit vielen kleinen Ad-hoc- und anderen Routineaufgaben, die meist unter hohem Zeitdruck zu erledigen sind. Aus der Agilität in der Geschäftsentwicklung ergeben sich direkte Auswirkungen auf die Anforderungen des Controllings.

Bei der Einführung eines neuen Geschäftsmodells oder der Planung von Maßnahmen aufgrund sich verändernder politischer oder wirtschaftlicher Rahmenbedingungen ist es sehr wichtig, zeitnah erste Ergebnisse und Prognosen vom Controlling zu erhalten. Die IT ist in der Regel aber nicht in der Lage, neue Datenquellen ad hoc in das Data Warehouse oder die BI-Plattform zu integrieren oder neue Standardberichte aufzusetzen. In manchen Fällen müssen sogar externe Spezialisten beteiligt werden, die nicht immer sofort verfügbar sind.

Das Fehlen von Agilität in der Informationsversorgung und die ständig steigenden Anforderungen an Ad-hoc-Auswertungen sind die Haupttreiber für Self-Service im Controlling. Moderne Self-Service-Plattformen und Architekturen können vollumfänglich in der Fachabteilung administriert werden und sorgen damit für die Unabhängigkeit der Fachabteilungen von den IT-Organisationen. Man kann grundsätzlich zwei Stufen des Self-Service unterscheiden:

Stufe 1: Self-Service-Reporting

Im Self-Service-Reporting sind die Anwender in der Lage, neue Berichte zu erstellen oder bestehende Berichte abzuändern und für sich oder andere zu veröffentlichen. Als Basis dienen in der Regel von der IT bereitgestellte Datenmodelle mit vordefinierten Kennzahlen. Die Anwender können sich so auf die Darstellung eines Sachverhaltes konzentrieren, ohne erst die benötigten Daten zusammenzusuchen. Eine Schulung des Datenmodells ist aber zwingend erforderlich, um Falschdarstellungen zu vermeiden. Der Schulungsaufwand hier hält sich aber in Grenzen.

Stufe 2: Self-Service-Analyse

In der Stufe der Self-Service-Analyse erhöhen sich die Anforderungen an die Anwender. In dieser Stufe werden die benötigten Datenmodelle zur Analyse selbst erstellt bzw. bestehende Modelle miteinander kombiniert und durch eigene Datenquellen erweitert. Die hierfür benötigten technischen Fähigkeiten gehen über die normalen Fähigkeiten der Berichterstellung hinaus und es bedarf einer intensiven Schulung der Anwender in Datentechnik und Modellierung. Der Lohn für die Mühen sind ausgebildete Fachanwender als Analysten, die mit ihrer fachlichen Expertise kombiniert mit der Daten- und Informationsexpertise dem Unternehmen einen erheblichen Mehrwert bieten.

Self-Service-Wildwuchs durch Governance begrenzen

Viele Unternehmen haben sehr viel Geld investiert, um über einen Enterprise-Data-Warehouse-Ansatz konsistente Informationen, einheitliche Definitionen von Kennzahlen und qualitätsgesicherte Datentransfers sicherzustellen. Self-Service-BI birgt die Gefahr, einen neuen Wildwuchs an Datenquellen, Definitionen und Insellösungen zu generieren. Eine ausgereifte Data-Governance-Strategie ist daher eine wichtige Komponente, um ein Rahmenwerk für einen Managed-Self-Service-Ansatz zu etablieren. Diese Strategie sollte mindestens folgende Bereiche genau beschreiben:

- Definition von (Benutzer-)Rollen
- Definition von Self-Service-Prozessen und Richtlinien
- Beschreibung von Trainingskonzepten und Aufbau einer internen Community
- Monitoring

Mit der Einführung von (Managed) Self-Service im Controlling entwickelt sich das Controlling vom Lieferanten von Berichten hin zum echten Berater des Managements.

15.6 Power BI als Self-Service-Reporting- und Analyse-Architektur

Im Controlling ist Excel nach wie vor das gesetzte Self-Service-Tool, da man sehr leicht durch Zusammentragen von Daten und Informationen ansprechende Berichte erstellen kann. Es treten jedoch mit steigender Komplexität immer mehr Probleme auf:

- Probleme beim Speichern von Datensätzen (Größe, Aktualität)
- Fehleranfälligkeit in Formeln
- Schlechte Wartbarkeit bei umfangreichen Berichten
- Herausforderung bei der Zugriffsmöglichkeit und Verteilung

Diese Erkenntnisse sind sicher nicht neu, und doch sind viele Excel-Berichte und -Analysen in Unternehmen im Einsatz und können meist nur von der Person gepflegt und erweitert werden, die sie ursprünglich erstellt hat. Zusätzlich fehlen meist noch Funktionsbausteine und geeignete Workflowsteuerungen, um eine vollständige Fachabteilungslösung zu entwickeln. Diese werden meist in VBA dazu programmiert, was ebenfalls zu einem massiven Anstieg der Komplexität führt. Letztlich sind solche Excel-Anwendungen Zeitfresser im Controlling und schlecht wartbar.

Microsoft möchte hier mit seiner Power-Plattform den Fachabteilungen eine Lösung anbieten, um eigenständig Geschäftsanwendungen zu erstellen. Endbenutzer können basierend auf ihrem Prozesswissen selbst Anwendungen erweitern, Daten analysieren und Prozesse automatisieren. Dabei besteht die Lösung aus vier Cloud-Services, die sowohl eigenständig als auch im Zusammenschluss genutzt werden können:

Power BI

Microsoft Power BI bietet dem Anwender die Möglichkeit, eigenständige Analysen auf Basis bereitgestellter oder im Self-Service-Verfahren aufbereiteter Daten durchzuführen und anderen zur Verfügung zu stellen.

Power Apps

Power Apps dienen der Erstellung von eigenen Fachbereichslösungen. Sie können dabei auf unterschiedliche Datenquellen lesend und schreibend zugreifen. Power Apps lassen sich im sogenannten Low-Code-Verfahren entwickeln, daher sind keine bzw. sehr geringe Programmierkenntnisse nötig. Damit wird der Fachbereich in die Lage versetzt, im Self-Service-Ansatz Aufgaben und Prozesse zu automatisieren, ohne eine Abhängigkeit von der IT.

Power Automate

Power Automate ermöglicht es dem Fachanwender, mithilfe einer einfachen Workflowerstellung (ohne Programmierung) Fachprozesse über Applikationen hinweg zu automatisieren. So können über erstellte Trigger (z. B. Mail-Eingang, KPI-Wert-Erreichung) definierte Aktionen (z. B. Start von Datenaktualisierungen, Versenden von Mails) durchgeführt werden.

Virtual Agents

Virtual Agents ermöglichen die leichte Erstellung von sogenannten Chatbots. Diese Bots haben sicher nicht die hohe Bedeutung im Controlling, aber in anderen Bereichen dienen sie z. B. der automatisierten Kundenkommunikation. Als Lexikon können sie aber auch in Fachabteilungen nützlich sein. Mithilfe solcher Wissens-Bots können Anwender z. B. nach Definitionen von Kennzahlen fragen und erhalten automatisiert eine Erläuterung bzw. den aktuellen Wert dieser KPI. Die Entwicklung solcher Use Cases wird durch Virtual Agents sehr stark vereinfacht.

Aufbau von Power BI

Power BI besteht aus zwei Bereichen, die gemeinsam die Analyseplattform repräsentieren.

Power BI Desktop

Die Erstellung und der Aufbau von Datenmodellen und Berichten erfolgt in der Applikation Power BI Desktop. In ihr können verschiedene Datenquellen angebunden und kombiniert werden. Zusätzlich wird über das sogenannte Power Query die Möglichkeit der Datenveredlung geschaffen.

Power BI Service

Power BI Service ist der SaaS-(Software-as-a-Service-)Dienst von Power BI. Hier werden über erstellte Arbeitsbereiche Berichte und Datenmodelle hochgeladen und anderen Anwendern zur Verfügung gestellt. Auf dieser Plattform lassen sich auch entsprechende Rahmenbedingungen und Rechte festlegen und vergeben. Der Zugriff auf die Daten und Berichte erfolgt immer über diesen Service. Die Verteilung der Berichtsanwendung kann darüber hinaus über sogenannte Apps erfolgen, das ermöglicht dem Fachbereich eine gesteuerte Verteilung.

15.7 Einsatz von Power BI im Umfeld von CCH®Tagetik

Die Möglichkeit, mithilfe von Power BI auf die Daten von CCH Tagetik zuzugreifen, bietet dem Controller eine enorme Flexibilität im analytischen und operativen Planungsreporting (vgl. Abb. 15–8). So kann mit den vorhandenen Standardkonnektoren auf die Datenquelle von CCH Tagetik zugegriffen und diese in einem Power-BI-Modell kombiniert werden ❶.

Ohne große Unterstützung der IT lassen sich, angereichert durch weitere Datenquellen, sehr einfach Berichte und Sachverhalte darstellen ❷.

Mithilfe des Power BI Service werden diese Berichte dann veröffentlicht ❸ und mittels sogenannter Apps den Nutzern bereitgestellt ❹.

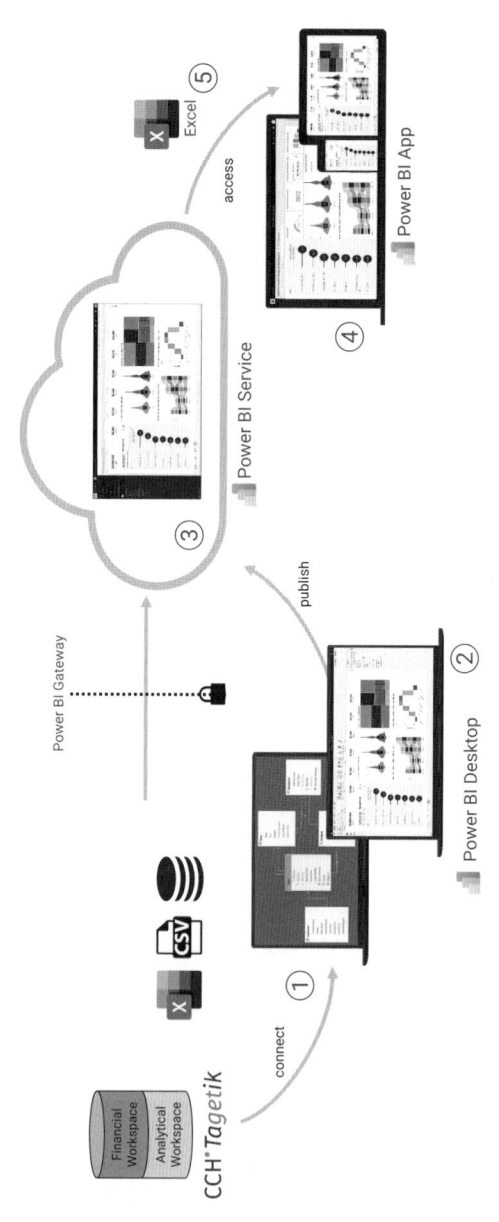

Abb. 15–8   Übersicht Power BI im Tagetik-Umfeld (Quelle: drjve GmbH)

Durch den Aufbau eigener semantischer Analysemodelle in Power BI können ergänzend Berichte und Ad-hoc-Analysen in Excel durchgeführt werden ❺, allerdings ohne die erwähnten Nachteile einer Excel-Datenhaltung, da die Daten nur über Excel abgefragt und nicht gespeichert werden.

In Ergänzung zu der Analyse- und Reporting-Plattform Power BI können Use Cases sowie Kommentierung und Reporting-Prozesse über die Power-Komponenten Power Apps und Power Automate vom Fachbereich erstellt werden.

Darüber hinaus bringt Power BI eine Menge eingebauter Advanced-Analytics-Funktionalitäten mit, die sich noch über R und Python erweitern lassen. Als Beispiel einer solchen integrierten Funktionalität ist die Prognosefunktion im Linienchart in Power BI zu nennen (vgl. Abb. 15–9). Mit ihr lassen sich sehr leicht Use Cases wie in Abschnitt 15.3 beschrieben umsetzen. So wird es möglich, Umsatz- und Absatzprognosen in Power BI zu generieren und für die Planung in CCH Tagetik zu verwenden.

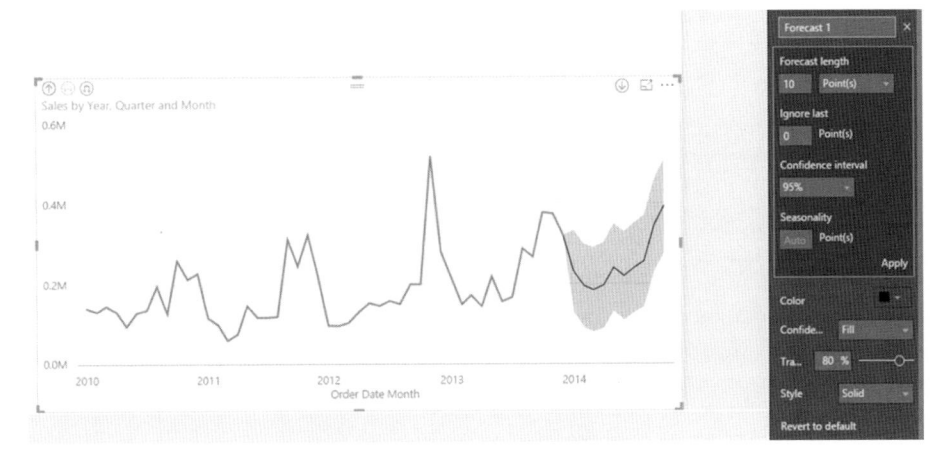

Abb. 15-9   *Forecast-Berechnung in Power BI (Quelle: drjve GmbH)*

Die Prognosefunktion nutzt integrierte prädiktive Prognosemodelle, um automatisch den Schritt (monatlich/wöchentlich/jährlich) und die Saisonalität in ihren Daten zu erkennen und Prognoseergebnisse zu liefern.

Anhang

A Autoren

Markus Begerow verfügt über langjährige Erfahrung in der Konzeption, Realisierung und im Betrieb von Business-Intelligence- und Analytics-Systemen. Im Laufe der letzten 10 Jahre beriet er namhafte Kunden in diesem Tätigkeitsfeld. Als Wirtschaftsinformatiker und Cloud Solution Architect kann er auf umfassende Praxiserfahrung verschiedener Branchen zurückgreifen. Er verantwortet als Bereichsleiter das Thema Data & Analytics bei der CoPlanner Software und Consulting GmbH.

Björn Beuter ist Lead Architect bei der drjve GmbH. Als solcher ist er verantwortlich für die Architektur komplexer CPM-Lösungen. Er verfügt über viele Jahre Erfahrung als Berater im Markt und fokussiert sich auf die Konzeption, das Design und die Entwicklung von CCH Tagetik-Projekten bei Kunden aus dem Mittelstand und bei Konzernen.

Gerhard Brückl ist Berater und Architekt bei der paiqo GmbH mit über 15 Jahren Erfahrung in der Konzeption und Umsetzung von datengetriebenen Lösungen auf der Microsoft-Plattform. Sein Know-how, das er anfangs im klassischen BI & DWH-Bereich gesammelt hat, findet auch in seinem neuen Gebiet rund um Analytics, Cloud und Big Data weiterhin Anwendung. Wenn Gerhard nicht gerade für Kunden und Projekte im Einsatz ist, engagiert er sich in der Microsoft Community, bloggt und hält Vorträge auf nationalen und internationalen Konferenzen, was ihm 2016 auch die Auszeichnung als Microsoft Most Valuable Professional (MVP) einbrachte.

Dr.-Ing. **Michael Daum** promovierte an der Friedrich-Alexander-Universität Erlangen-Nürnberg in Informatik (Datenmanagement). Seit 2011 ist er in den Bereichen Open Source BI, Datenintegration und Complex Event Processing tätig und leitet heute den Bereich Analytics bei der PRODATO Integration Technology GmbH als Geschäftsführer. Aktuell beschäftigt er sich mit neuen Datenbanktechnologien, Cloud-Strategien, Machine Learning und Low-Code-App-Entwicklung als interaktiven Datenintegrationsansatz.

Dr. **Carsten Dittmar** ist Partner und Area Director West und führt die Data Strategy Practice bei der Alexander Thamm GmbH. Er beschäftigt sich seit über 20 Jahren intensiv mit den Themenfeldern Business Analytics, Data Science und Artificial Intelligence mit dem Fokus auf die strategische und organisatorische Beratung von datengetriebenen Vorhaben. Dr. Carsten Dittmar ist zum europäischen TDWI-Fellow ernannt worden und ist Autor diverser Fachpublikationen und Referent bei zahlreichen Fachveranstaltungen.

Dr. **Stefan Ebener** leitet für Google Cloud ein internationales Expertenteam. Seine Leidenschaft gilt den datengetriebenen Zukunftstechnologien und der Weiterentwicklung von Technologiekompetenzen in Unternehmen und Gesellschaft. Zudem ist er freiberuflicher Dozent der Wirtschaftsinformatik, Mitglied der d*Health Academy sowie Start-up-Mentor, Autor und Keynote Speaker.

A Autoren

Daniel Eiduzzis ist studierter Betriebswirt und verfügt über knapp 20 Jahre einschlägige Business-Intelligence-Erfahrung. In unterschiedlichen Beratungsunternehmen hat er Entwicklungsprojekte in mittelständischen Unternehmen und Großkonzernen unterstützt. Klassisches Inhouse-Consulting hat Daniel Eiduzzis anschließend bei der Jungheinrich AG und bei der tesa SE betrieben. Bei letzterem Unternehmen hat er schließlich auch mehrere Jahre den BI-Bereich in der hauseigenen IT verantwortet, bevor er als BI-Architekt ins neu gegründete BI Competence Center wechselte. Mittlerweile ist Daniel Eiduzzis als Manager Alliance & Business Development für das Beratungsunternehmen initions AG tätig.

Jörg Frank ist Vorstand bei der Syncwork AG und Geschäftsführer der Cimacon GmbH. Seit mehr als 20 Jahren widmet er sich dem Aufbau von Data-Warehouse- und Business-Intelligence-Systemen. In seiner Laufbahn hat er in vielen Branchen Architekturen für DWH/BI-Systeme entworfen. Als Dozent ist Jörg Frank bei der FH Bern im CAS Business Intelligence tätig.

Christian Fürstenberg ist Associate Partner bei der drjve GmbH und verantwortlich für den Bereich Business Intelligence & Analytics. Er verfügt über viele Jahre Erfahrung als Berater im Markt und beschäftigt sich schwerpunktmäßig mit der Konzeption und Entwicklung von analytischen Plattformen und Data-Warehouse-Lösungen, die auf die Bedürfnisse von Mittelständlern und Konzernen zugeschnitten sind und auf Microsoft-Plattformen und Technologien aufsetzen.

Prof. Dr. **Peter Gluchowski** leitet den Lehrstuhl für Wirtschaftsinformatik, insb. Systementwicklung und Anwendungssysteme, an der Technischen Universität in Chemnitz und konzentriert sich dort mit seinen Forschungsaktivitäten auf das Themengebiet Business Intelligence & Analytics. Er beschäftigt sich seit mehr als 25 Jahren mit Fragestellungen, die den praktischen Aufbau dispositiver bzw. analytischer Systeme zur Entscheidungsunterstützung betreffen. Seine Erfahrungen aus unterschiedlichsten Praxisprojekten sind in zahlreichen Veröffentlichungen zu diesem Themenkreis dokumentiert.

Dr. **Nick Golovin** ist der Gründer und CEO der Data Virtuality GmbH. Vor der Gründung des Unternehmens arbeitete er mehr als 10 Jahre an vielen umfangreichen Datenintegrationsprojekten im internationalen Umfeld. Er promovierte an der Universität Leipzig zum Thema Datenintegration, Data Warehousing und Machine Learning.

Lukas Grubwieser berät als Data Analytics Specialist große Unternehmen im FSI-Bereich in der Umsetzung von skalierten Analytics-Lösungen, um datengetriebene Entscheidungen zu ermöglichen.

A Autoren

Martin Janssen arbeitet als CTO und Executive Director Delivery bei der nexum AG, einer digitalen Full-Service-Agentur aus Köln mit Standorten in mehreren europäischen Ländern. Er berät Kunden bei der Implementierung von Plattformprojekten mit einem Schwerpunkt auf E-Commerce und Datenintegration. In seiner über 20-jährigen Berufslaufbahn hat er unter anderem als Softwareentwickler und Architekt für Enterprise- und SaaS-Softwareprodukte, als Entwicklungsleiter für einen Anbieter für Enterprise Content Management und PIM-Software und als Program Manager für einen international tätigen Produktdatenpool auf Basis des GDSN-Standards gearbeitet.

Fabian Jogschies ist passionierter Techie und Solution Architect mit einem Auge für innovative Technologien und Business Cases. Sein Ziel ist es, Unternehmen von den Vorteilen der datengetriebenen Innovation zu überzeugen und mittels Top-Edge-Technologien eine saubere Lösung zu finden. Gestartet ist Fabian als Auszubildender in der Softwareentwicklung bei einer kleinen, aber feinen Softwaremanufaktur im Bereich der Financial Services. Während mehrerer Stationen als Software und Data Consultant bei führenden Unternehmen im Automotive- sowie Banking-Sektor, absolvierte er ein nebenberufliches Studium im Bereich IT-Management und Strategie mit Fokus auf Data Governance und Analytics. Nachdem er anschließend als Cloud Data Engineer sowie Data Architect tätig war, stand der Sprung zum Traumjob auf der Bucket List. Fabian ist aktuell als Cloud Solution Architect – Data Platform für Microsoft tätig und begleitet Kunden auf dem Weg ihrer digitalen Transformation.

Dr. **Philipp Kazzer** implementiert als Senior Consultant bei der Syncwork AG seit 5 Jahren DWH/BI-Systeme in den Branchen Telekomunikation und Life Science. Zuvor promovierte er nach seinem Bachelorstudium der Kognitionswissenschaften und dem Masterstudium der Bio-Informatik im Bereich der Neurowissenschaften an der Berliner Charité.

Als Customer Engineer begleitet und berät **Sascha Kerbler** traditionelle und digitale Unternehmen auf ihrem Weg in die Cloud mit Fokus auf das Thema Data Analytics. Zuvor verbrachte Sascha mehrere Jahre als Software Engineer und Technologie-Architekt bei einer Unternehmensberatung und unterstützte Unternehmen bei der Modernisierung ihrer IT-Landschaft.

Dr. **Timo Klerx** begann seine berufliche Laufbahn nach seinem Informatikstudium und anschließender Promotion im Bereich Machine Learning 2016 als Data Scientist. Durch die tiefe Expertise und anwendungsorientierte Arbeitsweise stieg er schnell zum Leiter des Data-Science-Teams auf. Im Jahr 2019 folgte die Selbstständigkeit durch die Mitgründung der paiqo GmbH, um zusammen mit Kunden den größten Mehrwert aus den neuen Technologien rund um KI zu ziehen. Auch hier transferiert er als Data Science Lead die neuesten Entwicklungen aus Forschung und Wissenschaft gewinnbringend in die Anwendung. Besondere Schwerpunkte von Timo sind die Anwendung von KI auf Maschinen- und Sensordaten, insbesondere mit den Use Cases Predictive Maintenance und Predictive Quality, sowie die Operationalisierung der trainierten Modelle.

Jörg Krempien ist bei der Syncwork AG als Management Consultant tätig und berät seit 20 Jahren Kunden in der Pharma- und Telekommunikations-Industrie. Als Experte in den Bereichen Klinische Studien und Pharmakovigilanz hat er sich auf den Aufbau von Data-Warehouse-Lösungen spezialisiert, die den Kunden bei der Durchführung von klinischen Studien und die Meldung von Nebenwirkungen an die Gesundheitsbehörden unterstützen.

A Autoren

Frank Leisten ist als Cloud Solution Architect bei Microsoft tätig und Teil des internationalen Data Governance Rangers Team. Mit diesem verantwortet er die Umsetzung und Implementierung übergreifender Data-Governance-Strategien auf Basis der Microsoft Azure Cloud-Technologie. Offenheit steht hierbei im Vordergrund, das bedeutet sowohl On-Premise-, Hybrid- und Multi-Cloud-Ansätze werden berücksichtigt wie auch die Integration von Drittanbieter-Lösungen. Frank verfügt über umfassende Expertise in mehreren Data-Management-Disziplinen und nutzt diese Erfahrung zur Schaffung nachhaltiger Data-Governance-Lösungen.

Jörg Meiners ist Data Architect bei Denodo Technologies. Er berät Unternehmen in der Region »Central Europe« über Datenmanagement und insbesondere über die Datenintegration in heterogenen Landschaften. Ein besonderes Augenmerk legt er dabei auf den praktischen Nutzen und die Nachhaltigkeit von Lösungsarchitekturen. Der studierte Physiker begann seine IT-Karriere 1994 mit Stationen bei der SAP, Sun Microsystems und Oracle. Während seiner beruflichen Laufbahn belegte er Positionen in der Softwareentwicklung, in der Beratung und im Management (Mitarbeiterführung).

Thomas Müller beschäftigt sich seit über 20 Jahren mit Datenmanagement. Als führender Datenarchitekt ist er Ansprechpartner für Integrationsvorhaben strategischer Projekte bei Banken und Versicherungen. Seine weitreichenden Praxiserfahrungen umfassen u. a. die Themen Datenmodellierung, Datenintegration, Datenqualitäts- und Metadatenmanagement. In seiner Verantwortung für die Domain Big Data Engineering verfolgt er aktiv die technologische und methodische Weiterentwicklung seiner Themengebiete. Als Trainer gibt er sein Wissen regelmäßig in Schulungen weiter.

Dr. **Diana Nanova** ist Customer Engineer bei Google Cloud. In ihrer Rolle unterstützt sie digitale Unternehmen und Start-ups mit Cloud-nativen Architekturen und Lösungen mit einem Fokus auf die Themen Data Analytics, maschinelles Lernen und künstliche Intelligenz. Diana hat auf dem Gebiet der Halbleiterphysik promoviert und fand den Einstieg in die IT als Hardware Engineer bei IBM R&D.

Thomas Niewel[1] ist seit Januar 2018 bei der Denodo Technologies GmbH in München beschäftigt. Er berät Kunden bei der Architektur und der Implementierung von Denodo-Datenvirtualisierungs-Umgebungen. Vor der Zeit bei Denodo war Thomas Niewel 21 Jahre bei der Oracle B.V. & Co KG beschäftigt. Seine Schwerpunkte lagen in den Bereichen: RDBMS-Systeme, Systemintegrationen, Migrationen und System-Tuning.

Alex Osterloh – seit über 10 Jahren bei Google – unterstützte zuerst Kunden rund um das Thema Enterprise-Suche und ist seit 2014 als Datenspezialist im Google Cloud Team. Hier hilft er Kunden bei der Reise in die Cloud, um effizienter und schneller Nutzen aus großen Datenmengen zu ziehen. Hierunter fallen Themen wie Data-Warehouse-Migration, Data Lakes und Machine Learning.

Dr. **Gero Presser** ist Mitgründer und Geschäftsführer bei der QuinScape GmbH, einem Dortmunder IT-Dienstleistungsunternehmen mit 170 Mitarbeitern und dem Fokus auf Data & Analytics. Er organisiert die Meetup-Gruppe »Business Intelligence & Analytics Dortmund« mit über 1.000 Mitgliedern und ist Vorsitzender des TDWI Roundtable Ruhrgebiet.

---

1. Anm. des Verlags: Wie wir leider erfahren mussten, ist Herr Thomas Niewel zwischenzeitlich verstorben.

A Autoren

Daniel Rapp ist Senior Marketing Manager bei Denodo Technologies und in dieser Funktion für die Region »Central Europe« verantwortlich. Er verfügt über einen Master in Marketing und über 10 Jahre Berufserfahrung auf diesem Gebiet. Als Diplom-Informationswirt liegt sein besonderes Augenmerk darauf, wie durch eine bestmögliche Datennutzung und -bereitstellung zielgerichtete Informationen und Wissen für das Business generiert werden können.

Dr. **Andreas Ribbrock** ist Customer Engineer und Principle Architect bei Google Cloud und unterstützt Handelskonzerne bei deren Migration in die Cloud. Bevor Andreas zu Google Cloud gekommen ist, hat er über viele Jahre Data Warehouses designt und erstellt und sich zuletzt auf Recommendation Engines und Customer Data Platforms für die Luftfahrtindustrie fokussiert. Andreas hat im Bereich inhaltsbasierter Suche in multimedialen Datenbanken promoviert.

Lisa Anne Schiborr absolvierte ihr Bachelor- und Masterstudium in (Information) Management mit den Schwerpunkten Business Intelligence, IT-Governance und Strategie in den Niederlanden und Belgien. Sie ist Consultant bei Sopra Steria und berät Banken und Finanzinstitute im Bereich Datenmanagement, insbesondere in den Themen Metadatenmanagement und Datenqualitätsmanagement. Zudem ist sie für die ganzheitliche Durchführung der biMA®-Studie, einer Studie zur Bestimmung des Reifegrades von Data & Analytics-Landschaften zur Optimierung von (datengetriebenen) Prozessen, verantwortlich.

Christian Schneider ist der Bereichsleiter Data & Analytics bei der QuinScape GmbH. Als Senior Consultant war er langjährig in internationalen Großprojekten tätig und kennt die vielfältigen Herausforderungen von Digitalisierungsprojekten aus der praktischen Arbeit. Im Rahmen der strategischen Ausrichtung des Data & Analytics-Bereichs veröffentlicht er regelmäßig Blogbeiträge und Webinare rund um das Thema Datenstrategie

Peter Schulz hat eine Leidenschaft für (Big) Data, Technologie, Programmierung und Open Source. Er beschäftigt sich mit dem Aufbau und der Entwicklung von Plattformen, die es ermöglichen, aus Daten Mehrwerte zu generieren – seit nun rund 20 Jahren aus unterschiedlichen Perspektiven: die meiste Zeit in der Beratung, aber auch bei Software- und Plattformherstellern. Ihm macht es Spaß, für die Architektur von Datenlösungen verantwortlich zu sein und diese mit T-shaped Teams umzusetzen und in die Unternehmenslandschaft zu integrieren. Er hat zahlreiche Projekte erfolgreich abgeschlossen und dabei unterschiedlichste Branchen und deren Daten kennenlernen können. Aktuell ist er Head of Data Architecture für die Alexander Thamm GmbH in Frankfurt a.M.

Christine Schulze ist seit 20 Jahren im Bereich Data Management und Business Intelligence unterwegs. Bei Google Cloud arbeitet sie als Data-Analytics-Spezialistin und hilft Kunden auf dem Weg zu einer »Data-driven Company«. Sie lehrte als Gastdozentin an der Hochschule Rosenheim für Wirtschaftsinformatik.

Data Warehousing, Datenarchitektur etc. gehören schon seit rund 20 Jahren zum Alltag von **Don Seur,** Data Architect bei Crédit Agricole Consumer Finance NL. Don Seur hat bereits mehrere Datenarchitektur-Projekte bei verschiedenen großen Finanzinstituten wie beispielsweise Crédit Agricole Consumer Finance NL und ING erfolgreich implementiert und damit den Fachbereichen ein datengetriebenes Arbeiten ermöglicht. Er kennt sich mit den Datenproblemen der Finanzbranche sehr gut aus und teilt gerne seine Erfahrungen mit anderen.

Stefan Seyfert leitet bei Sopra Steria die Data & Analytics Domain innerhalb Deutschlands. Er verfügt über mehr als 20 Jahre Erfahrung im Bereich Datenmanagement und verantwortet großvolumige Projekte als Architekt oder Projektleiter. Als technischer Architekt bringt er tiefgreifende Kenntnisse und praxisorientierte Erfahrungen in allen Bereichen des Datenmanagements mit (BI-Architekturen, Modellierung, relationale und multidimensionale Datenbanken, Datenintegrationsplattformen, Big-Data-Plattformen, Datenqualitäts- und Metadatenmanagement). Sein Branchenschwerpunkt liegt im Finanzdienstleistungsumfeld.

Stiv Sterjo ist der Smart Analytics & AI Cluster Lead im Bereich Manufacturing bei Google Cloud. Er unterstützt Unternehmen auf dem Weg zur Industrie 4.0 durch den Einsatz von den neuesten Google-Technologien. Er hat mehrjährige erfolgreiche Erfahrung in Transformations- und Digitalisierungsprojekten durch moderne Architekturkonzepte und strategische Ansätze von KI und Analytics.

Oliver Zimmer ist Partner bei der drjve GmbH und verantwortet neben den Bereichen Finance und Operations auch das Corporate Performance Management. Er verfügt über viele Jahre Erfahrung als Berater und Projektmanager und beschäftigt sich mit der Betreuung und dem Projektmanagement von CCH Tagetik-Projekten bei strategischen Kunden.

B   Abkürzungen

A.U.S.	Accessible, Usable, Secure
ACD	Access Control Dimension
ACID	Atomicity, Consistency, Isolation, Durability
ACL	Access Control List
AD	Active Directory
ADAS	Advanced Driver Assistance System
ADF	Azure Data Factory
ADO	ActiveX Data Objects
AI	Artificial Intelligence
AML	Azure Machine Learning
AMQP	Advanced Message Queuing Protocol
API	Application Programming Interface
ASIC	Application-Specific Integrated Circuit
AWS	Amazon Web Services
BAPI	Business Application Programming Interface
BAR	Backup and Restore
BARC	Business Application Research Center
BCBS	Basel Committee on Banking Supervision (Basler Ausschuss für Bankenaufsicht)
BEx	Business Explorer
BI	Business Intelligence
BIA	Business Intelligence & Analytics
BLOB	Binary Large Object
BO	BusinessObjects
BPC	Business Planning and Consolidation
BPI	Business Process Intelligence
BPM	Business Process Management
BPS	Business Planning and Simulation
BW	Business Warehouse

C.I.A	Confidentiality, Integrity, Availability
CAP	Consistency, Availability, Partition Tolerance
CAS	Certificate of Advanced Studies
CBO	Cost-Based Optimization
CDC	Change Data Capture
CDM	Conceptual Data Model
CDP	Cloudera Data Platform
CDS	Core Data Services
CFR	Code of Federal Regulations
CI/CD	Continuous Integration / Continuous Deployment
CPM	Corporate Performance Management
CRISP-DM	Cross-Industry Standard Process for Data Mining
CRM	Customer Relationship Management
CSA	Cloud Security Alliance
CSV	Comma-separated Values
DAG	Directed Acyclic Graph
DAMA	Data Management Association
DAX	Data Analysis Expression
DMBOK	Data Management Body of Knowledge
DMO	Data Management Office
DMZ	Demilitarisierte Zone
DQ	Data Quality
DQM	Datenqualitätsmanagement
DR	Disaster Recovery
DSGVO	Datenschutz-Grundverordnung
DWC	Data Warehouse Cloud
DWH	Data Warehouse
EA	Enterprise Architecture
EAI	Enterprise Application Integration
EDC	Electronic Data Capture
EDI	Electronic Data Interchange
EDW	Enterprise Data Warehouse
EMA	European Medicines Agency
EMR	Elastic MapReduce

B Abkürzungen

ER-Modell	Entity-Relationship-Modell
ERP	Enterprise Resource Planning
ESB	Enterprise Service Bus
ETL	Extract, Transform, Load
FaaS	Function as a Service
FDA	Food and Drug Administration
FPGA	Field Programmable Gate Array
FSI	Financial Services Industry
FTP	File Transfer Protocol
GDPR	General Data Protection Regulation
GDSN	Global Data Synchronisation Network
GPU	Graphical Processing Unit
GuV	Gewinn- und Verlustrechnung
GxP	Good Practice
HDFS	Hadoop Distributed File System
HIPAA	Health Insurance Portability and Accountability Act
HITRUST	Health Information Trust Alliance
HR	Human Resource
HSM	Hardware Security Module
IaC	Infrastructure as Code
IAM	The Institute of Asset Management
IAS	International Accounting Standard
IDE	Integrated Development Environment
IFRS	International Financial Reporting Standard
IoT	Internet of Things
iPaaS	Integration Platform as a Service
JCo	Java Connector
JDBC	Java Database Connectivity
JSON	JavaScript Object Notation
KMU	Kleine und mittlere Unternehmen
KPI	Key Performance Indicator
LDAP	Lightweight Directory Access Protocol
LDM	Logical Data Model
LDW	Logical Data Warehouse

LSA	Layered Scalable Architecture
LSH	Life Sciences Data Hub
LUIS	Language Understanding Intelligent Service
MDM	Master Data Management
MDM	Metadatenmanagement
MDWH	Modern Data Warehouse
MDX	Multidimensional Expressions
ML	Machine Learning
MOM	Message-oriented Middleware
MPP	Massively Parallel Processing
MQTT	Message Queuing Telemetry Transport
MVP	Most Valuable Professional
NIST	National Institute of Standards and Technology
OData	Open Data Protocol
ODBC	Open Database Connectivity
ODS	Operational Data Store
OLAP	Online Analytical Processing
OSBI	Open Source BI
PaaS	Platform as a Service
PCA	Principal Component Analysis
PCI	Payment Card Industry
PDM	Physical Data Model
PI	Process Integration
PIM	Product Information Management
PO	Process Orchestration
PSA	Persistent Staging Area
RBAC	Role Based Access Control
RDBMS	Relational Database Management System
REST	Representational State Transfer
RFC	Remote Function Call
RI	Referenzielle Identität
RL	Reinforcement Learning
ROI	Return on Investment
SaaS	Software as a Service

SAC	SAP Analytics Cloud
SAML	Security Assertion Markup Language
SCD	Slowly Changing Dimensions
SDA	Smart Data Access
SDI	Smart Data Integration
SDTM	Study Data Tabulation Model
SEM	Strategic Enterprise Management
SEO	Search Engine Optimization
SLA	Service Level Agreement
SLI	Service Level Indicator
SLO	Service Level Objective
SLT	SAP Landscape Transformation
SOAP	Simple Object Access Protocol
SOC	Security Operations Center
SPOT	Single Point of Truth
SRE	Site Reliability Engineering
SSH	Secure Shell
SSO	Single Sign-on
TAT	Test Automation Tool
TCO	Total Cost of Ownership
TOM	Technische und organisatorische Maßnahmen
TPU	Tensor Processing Unit
UDM	Unified Data Model
USP	Unique Selling Point
VBA	Visual Basic for Application
VM	Virtual Machine
WAD	Web Application Designer
WS	Web Service

C   Literaturverzeichnis

[Alborghetti et al. 2018] Alborghetti, Francesco; Kohlbrenner, Jonas; Pattanayak, Albani; Schrank, Dominik; Sboarina, Primo: SAP HANA XSA – Native Development for SAP HANA. SAP PRESS, Rheinwerk Verlag, Bonn, 2018.

[Al-Ruithe et al. 2018] Al-Ruithe, Majid; Benkhelifa, Elhadj; Hameed, Khawar: A systematic literature review of data governance and cloud data governance. Personal and Ubiquitous Computing, 1. Jg., 2018, Nr. 1, S. 1–21.

[Amazon 2021] About Amazon, *https://www.aboutamazon.com/about-us/leadership-principles*; abgerufen am 28.03.2021.

[Anderson & Van Decker 2020] Anderson, Robert; Van Decker, John: 2020 Strategic Roadmap for Cloud Financial Planning and Analysis Solutions, 2020, *https://www.tagetik.com/en/evolve-your-planning-cch-tagetik-on-sap-hana/resources/analyst-reports/report?rid=/reports/2020-strategic-roadmap-for-cloud-financial-planning-and-analysis-solutions#.YHMD-uhLhPY*; abgerufen am 11.04.2021.

[Baldini et al. 2017] Baldini, Ioana et al.: Serverless Computing: Current Trends and Open Problems. o. O., 2017, *http://arxiv.org/abs/1706.03178*.

[Bauer & Günzel 2013] Bauer, Andreas; Günzel, Holger: Data-Warehouse-Systeme: Architektur, Entwicklung, Anwendung. 4. Auflage, dpunkt.verlag, Heidelberg, 2013.

[Begerow 2010] Begerow, Markus: Datenbank – Was ist eine Datenbank? In: Datenbanken-verstehen.de, o. O., 2010, *https://www.datenbanken-verstehen.de/datenbank-grundlagen/datebank/*; abgerufen am 28.03.2021.

[Beyer et al. 2016] Beyer, Betsy; Jones, Chris; Petoff, Jennifer; Murphy, Niall R.: Site Reliability Engineering: How Google Runs Production Systems. O'Reilly, Sebastopol, Kalifornien, 2016.

[Bjorlin 2010] Bjorlin, Courtney: SAP Business Warehouse Accelerator (BWA): Wiegen die Vorteile die Kosten auf? ComputerWeekly.de 2010, *https://www.computerweekly.com/de/news/2240187274/SAP-Business-Warehouse-Accelerator-BWA-Wiegen-die-Vorteile-die-Kosten-auf*.

[Brenninkmeijer 2019] Brenninkmeijer, Tjeerd: Den 360-Grad-Blick über Kunden in der Finanzbranche gewinnen. Springer Professional, 2019, *https://www.springerprofessional.de/en/multikanal-banking/bank-it/den-360-grad-blick-ueber-kunden-in-der-finanzbranche-gewinnen/16398664*; abgerufen am 28.04.2021.

[Brewer 2000] Brewer, Eric A.: Towards Robust Distributed Systems, 2000, *https:// people.eecs.berkeley.edu/~brewer/cs262b-2004/PODC-keynote.pdf*; abgerufen am 14.04.2021.

[Butsmann et al. 2019] Butsmann, Jürgen; Crumbach, Manfred; Franke, Jörg; Köhler, Benjamin; Morgenthaler, Jan: SAP S/4HANA Embedded Analytics – Architektur, Funktionen, Anwendung. SAP PRESS, Rheinwerk Verlag, Bonn, 2019.

[CDISC 2021] Clinical Data Interchange Standards Consortium (CDISC), www.cdisc.org; abgerufen am 30.03.2021.

[Chamoni et al. 2006] Chamoni, Peter; Gluchowski, Peter; Hahne, Michael: Business Information Warehouse: Perspektiven betrieblicher Informationsversorgung und Entscheidungsunterstützung auf der Basis von SAP-Systemen. Springer-Verlag, Berlin, Heidelberg, 2006.

[Cloudera 2021] Cloudera, *https://de.cloudera.com/products/data-warehouse.html*; abgerufen am 14.04.2021.

[Cook 2019] Cook, Henry: Leveraging Data Virtualization in Modern Data Architectures. Gartner Research, o. O., 2019, *https://www.gartner.com/en/documents/3906313/leveraging-data-virtualization-in-modern-data-architectu*; abgerufen am 28.04.2021.

[DalleMule & Davenport 2017] DalleMule, Leandro; Davenport, Thomas H.: »What's Your Data Strategy?«. Harvard Business Review, Nr. May-June 2017.

[DAMA 2017] DAMA International: The Data Management Body of Knowledge. New Jersey, 2017.

[Davis & Eve 2014] Davis, Judith R.; Eve, Robert: Data Virtualization: Going Beyond Traditional Data Integration to Achieve Business Agility. 2nd Edition, Nine Five One Press, 2014.

[Dean et al. 2012] Dean, Jeffrey et al.: Large Scale Distributed Deep Networks. In: Pereira, Fernando et al.: Advances in Neural Information Processing Systems. Vol. 25, 2012, Curran Associates, *https://proceedings.neurips.cc/paper/2012/file/6aca97005c68f1206823815f66102863-Paper.pdf*.

[Dehghani 2020] Dehghani, Zhamak: Data Mesh Principles and Logical Architecture, 2020, *https://martinfowler.com/articles/data-mesh-principles.html*; abgerufen am 14.04.2021.

[Deloitte 2019] Deloitte: Banking-Analytics Survey 2019 – Einsatzmöglichkeit von Analytics-Tools in der deutschen Finanzindustrie, 2019, *https://www2.deloitte.com/content/dam/Deloitte/de/Documents/financial-services/deloitte-banking-analytics-survey.pdf*; abgerufen am 28.04.2021.

[Delta.io 2021] Delta Lake, *https://delta.io*; abgerufen am 14.04.2021.

[Deming 1982] Deming, William Edwards: Out of the Crisis. Massachusetts Institute of Technology, Cambridge, 1982.

[Detemple 2020] Detemple, Klaus: DataOps als Treiber einer erfolgreichen Data Governance. In: Gluchowski, Peter (Hrsg.): Data Governance. dpunkt.verlag, Heidelberg, 2020, S. 125–141.

[Dittmar et al. 2016] Dittmar, Carsten; Felden, Carsten; Finger, Ralf; Scheuch, Rolf; Tams, Lars: Big Data – Ein Überblick. E-Book, Broschüre, dpunkt.verlag, Heidelberg, 2016.

[Dixon 2010] Dixon, James: Pentaho, Hadoop, and Data Lakes, 2010, *https://jamesdixon.wordpress.com/2010/10/14/pentaho-hadoop-and-data-lakes/*; abgerufen am 11.03.2021.

[Dorer 2019] Dorer, Klaus: Deep Learning. In: Haneke, Uwe et al. (Hrsg.): Data Science. Grundlagen, Architekturen und Anwendungen. 2. Auflage, dpunkt.verlag, Heidelberg, 2019, S. 119–141.

[Eaton et al. 2012] Eaton, Chris et al.: Understanding Big Data, Analytics for Enterprise Class Hadoop and Streaming Data. McGraw-Hill, New York u.a., 2012.

[Egger et al. 2004] Egger, Norbert; Fiechter, Jean-Marie; Rohlf, Jens: SAP BW Datenmodellierung. SAP PRESS, Rheinwerk Verlag, Bonn, 2004.

[Europäisches Parlament 1995] Europäisches Parlament: Richtlinie 95/46/EG des Europäischen Parlaments und des Rates vom 24. Oktober 1995 zum Schutz natürlicher Personen bei der Verarbeitung personenbezogener Daten und zum freien Datenverkehr, o. O., 1995, *https://eur-lex.europa.eu/legal-content/DE/TXT/PDF/?uri=CELEX:31995L0046&from=DE*; abgerufen am 06.03.2021.

[Ferstl 1996] Ferstl, Ernst: Unter der Oberfläche. Wien-Klosterneuburg, 1996.

[Fleckenstein & Fellows 2018] Fleckenstein, Mike; Fellows, Lorraine: Modern Data Strategy. Springer-Verlag, New York, NY, 2018.

[Fowler 2014] Fowler, Martin: Microservices. Martin Fowler Blog, *https://martinfowler.com/articles/microservices.html#footnote-esb*; abgerufen am 28.03.2021.

[Frank 2019] Frank, Diethard: Industry 4.0 – The Data Driven Revolution Taking Place at Festo, 2019, *https://www.denododatafest.com/session/industry-40-data-driven-revolution-taking-place-festo*.

[Franzke 2019] Franzke, Georg: Hybride Datenarchitekturen als Grundlagen für ein modernes Data Warehouse. TDWI E-Book, 2019.

[Gandomi & Haider 2015] Gandomi, Amir; Haider, Murtaza: Beyond the hype. Big data concepts, methods, and analytics. International Journal of Information Management, 35 (2), 2015, S. 137–144.

[Gartner 2020] Gartner: Data Hubs, Data Lakes and Data Warehouses: How They Are Different and Why They Are Better Together. Gartner ID G00465401, 2020.

[Glazer 1993] Glazer, Rashi: Measuring the value of information: The information-intensive organization. IBM Systems Journal, 32(1), 1993, 99–110.

[Gluchowski 2020] Gluchowski, Peter: Data Governance – Einführung und Überblick. In: Gluchowski, Peter (Hrsg.): Data Governance – Grundlagen, Konzepte und Anwendungen. dpunkt.verlag, Heidelberg, 2020, S. 3–12.

[Gluchowski et al. 2008] Gluchowski, Peter; Gabriel, Roland; Dittmar, Carsten: Management Support Systeme und Business Intelligence. Computergestützte Informationssysteme für Fach- und Führungskräfte. 2. Auflage, Springer-Verlag, Berlin u. a., 2008.

[Goldhammer & Wiegand 2017] Goldhammer, Klaus; Wiegand, André: Ökonomischer Wert von Verbraucherdaten für Adress- und Datenhändler. Studie im Auftrag des Bundesministeriums der Justiz und für Verbraucherschutz. Berlin, 2017.

[Goram 2018] Goram, Mandy: Clusteranalyse Definition & Erklärung. In: Datenbanken-verstehen.de, o. O., 2018, *https://datenbanken-verstehen.de/lexikon/clusteranalyse/*; abgerufen am 07.03.2021.

[Gorelik 2019] Gorelik, Alex: The Enterprise Big Data Lake. O'Reilly, Sebastopol, 2019.

[Grus 2015] Grus, Joel: Data Science from Scratch – First Principles with Python. O'Reilly, Sebastopol, 2015.

[Haerder & Reuter 1983] Haerder, Theo; Reuter, Andreas: Principles of Transaction-oriented Database Recovery. ACM Computing Surveys, Band 15, Nr. 4, 1983.

[Hahne 2014] Hahne, Michael: Modellierung von Business-Intelligence-Systemen. dpunkt.verlag, Heidelberg, 2014.

[Haneke et al. 2010] Haneke, Uwe; Trahasch, Stephan; Hagen, Tobias; Lauer, Tobias: Open Source Business Intelligence (OSBI): Möglichkeiten, Chancen und Risiken quelloffener BI-Lösungen. Carl Hanser Verlag, 2010.

[Hophe & Woolf 2003] Hophe, Gregor; Woolf, Bobby: Enterprise Integration Patterns. Addison-Wesley, Boston, Massachusetts, 2003.

[IEEE 2000] IEEE: IEEE Recommended Practice for Architectural Description of Software Intensive Systems (IEEE Std 1471-2000), o. O., 2000.

[Inmon 2005] Inmon, William H.: Building the Data Warehouse. 4. Auflage, John Wiley & Sons, New Jersey, 2005.

[ISO 2000] ISO: ISO 15704:2000: Industrial automation systems – Requirements for enterprise-reference architectures and methodologies. Genf, 2000.

[Jablonski et al. 2010] Jablonski, Stefan; Petrov, Ilia; Meiler, Christian; Mayer, Udo: Guide to Web Application and Platform Architectures. Springer-Verlag, 2010.

[Jendro 2008] Jendro, Oliver: Business Intelligence, wie wir es kannten, ist tot. ZDNet / Data & Storage 2008, *https://www.zdnet.de/39192002/business-intelligence-wie-wir-es-kannten-ist-tot/2/*.

[John & Misra 2017] John, Tomcy; Misra, Pankaj: Data Lake for Enterprises – Leveraging Lambda Architecture for building Enterprise Data Lake. Packt Publishing Ltd., Birmingham, 2017.

[Kafka 2021] Kafka Documentation, *https://kafka.apache.org/documentation/ #majordesignelements*; abgerufen am 28.03.2021.

[Karambelkar 2018] Karambelkar, Hrishikesh Vijay: Apache Hadoop 3 Quick Start Guide. Packt Publishing Ltd., Birmingham, 2018.

[Kästner et al. 2021] Kästner, Alexander; Bührig, Maren; Holm, Janina; Klee, Dominik; Löbbert, Michael; Scherbinek, Marcel; Schmid, Vincent: SAP Data Intelligence – Das umfassende Handbuch. SAP PRESS, Rheinwerk Verlag, Bonn, 2021.

[Kerl 2015] Kerl, Stefan: BI ist tot, lang lebe BI. Das E-3 Magazin, Ausgabe Juli/August 2015, *https://www.pikon.com/fileadmin/Dateien/PIKON_DE/Artikel-pdfs/ BI_dt_BI-ist-tot-lang-lebe-BI_E-3_web.pdf*.

[Khan et al. 2014] Khan, M. Ali-ud-din; Uddin, Muhammad Fahim; Khan, Navarun Gupta: Seven V's of Big Data understanding Big Data to extract value. In: Kongar, E. (Hrsg.): Engineering education: industry involvement and interdisciplinary trends. Proceedings of the 2014 Zone 1 Conference of the American Society for Engineering Education: April 3-5, 2014, University of Bridgeport, Bridgeport, Connecticut, USA, 2014, S. 1–5.

[Khatri & Brown, 2010] Khatri, Vijay; Brown, Carol V.: Designing data governance. Communications of the ACM, 53. Jg., 2010, Nr. 1, S. 148.

[Kim 2013] Kim, Don: The State of Scrum: Benchmarks and Guidelines. Scrumalliance.org, o. O., 2013, *https://www.scrumalliance.org/ScrumRedesignDEVSite/media/ ScrumAllianceMedia/Files%20and%20PDFs/State%20of%20Scrum/2013- State-of-Scrum-Report_062713_final.pdf/*; abgerufen am 27.02.2021.

[Kimball & Ross 2002] Kimball, Ralph; Ross, Margy: The Data Warehouse Toolkit: The Complete Guide to Dimensional Modeling. 2. Auflage, Indianapolis, 2002.

[Klein et al. 2013] Klein, Dominik; Tran-Gia, Phuoc; Hartmann, Matthias: Big Data. Informatik Spektrum, 36 (3), 2013, S. 319–323.

[Knigge & Hesselhaus 2021] Knigge, Marlene; Hesselhaus, Ruth: SAP BW/4HANA – Das umfassende Handbuch. SAP PRESS, Rheinwerk Verlag, Bonn, 2021.

[Knoll 2018] Knoll, Matthias: IT-Architektur. HMD (2018) 55, S. 889–892.

[Krcmar 2015] Krcmar, Helmut: Informationsmanagement. 6. Auflage, Springer-Verlag, Heidelberg u.a., 2015.

[Krotova & Eppelsheimer 2019] Krotova, Alevtina; Eppelsheimer, Jan: Data Governance in der wissenschaftlichen Literatur – Eine Begriffsklärung anhand einer Text-Mining-basierten Literaturrecherche. In: Institut der deutschen Wirtschaft (Hrsg.), IW-Trends, 46. Jg. Nr. 3, September 2019.

[Krotova & Spiekermann 2020] Krotova, Alevtina; Spiekermann, Markus: Data Valuation Model: Handbuch für Bewertung von Daten in Unternehmen. Fraunhofer-Institut für Software- und Systemtechnik ISST, Dortmund, 2020.

[Kunigk et al. 2018] Kunigk, Jan; Wilkinson, Paul; George, Lars; Buss, Ian: Architecting Modern Data Platforms – A Guide to Enterprise Hadoop at Scale. O'Reilly, Sebastopol, 2018.

[lambda-architecture.net 2021] Lambda Architecture, *http://lambda-architecture.net*; abgerufen am 14.04.2021.

[Leisten 2020] Leisten, Frank: Harmonisierung von Data-Warehouse- und Data-Lake-Datenarchitekturen. In: Gluchowski, Peter (Hrsg.): Data Governance – Grundlagen, Konzepte und Anwendungen. dpunkt.verlag, Heidelberg, 2020, S. 143–156.

[Linstedt & Olschimke 2015] Linstedt, Daniel; Olschimke, Michael: Building a Scalable Data Warehouse with Data Vault 2.0. Morgan Kaufmann, Waltham, 2015.

[Linthicum 2000] Linthicum, David S.: Enterprise Application Integration. Addison-Wesley Professional, Boston, Massachusetts, 2000.

[Madsen 2015] Madsen, Marc: How to build an Enterprise Data Lake: Import Considerations before jumping in. Third Nature Inc., San Mateo, 2015.

[Matzke 2013] Matzke, Harald: Controllingprozesse optimieren: Effizienzsteigerung im Controlling durch den richtigen Einsatz von IT. Haufe-Lexware, Freiburg im Breisgau, 2013.

[Mell & Grance 2011] Mell, Peter; Grance, Tim: NIST SP 800-145, The NIST Definition of Cloud Computing, 2011, *https://nvlpubs.nist.gov/nistpubs/Legacy/SP/nistspecialpublication800-145.pdf*; abgerufen am 13.12.2021.

[Mertens et al. 2017] Mertens, Peter; Barbian, Dina; Baier, Stephan: Digitalisierung und Industrie 4.0 – eine Relativierung. Wiesbaden, Springer-Verlag, 2017.

[Miller 2019] Miller, Lawrence C.: Data Virtualization For Dummies. Denodo Special Edition, John Wiley & Sons, Chichester, 2019, *https://www.denodo.com/en/document/e-book/data-virtualization-dummies*.

[Oehler & van der Kooij 2021] Oehler, Karsten; van der Kooij, Marco: Machine Learning: where Artificial Intelligence meets the Office of Finance, Whitepaper, 2021, *https://www.tagetik.com/se/resources/white-papers/ebook?rid=/wp-ebooks/machine-learning-where-ai-meets-the-office-of-finance-innov#.YHMHV-hLhPY*; abgerufen am 11.04.2021.

[Patig et al. 2019] Patig, Susanne; Zwanziger, André; Herden, Sebastian: IT-Infrastruktur. In: Enzyklopädie der Wirtschaftsinformatik, o. O., 2019, *https://www.enzyklopaedie-der-wirtschaftsinformatik.de/*; abgerufen am 11.12.2020.

[Pelzl et al. 2014] Pelzl, Norman; Helferich, Andreas; Herzwurm, Georg: Wertschöpfungsnetzwerke deutscher Cloud-Anbieter. Springer Vieweg, Wiesbaden, 2014.

[Penaranda 2016] Penaranda, Jerome: BWA – Concept and Overview, SAP Community Wiki, SAP NetWeaver Business Warehouse, 2016, *https://wiki.scn.sap.com/wiki/display/BI/BWA+-+Concept+and+Overview*.

[Plattner & Zeier 2012] Plattner, Hasso; Zeier, Alexander: In-Memory Data Management – Technology and Applications. 2. Auflage, Springer-Verlag, Berlin, Heidelberg, 2012.

[Pohl & Rupp 2011] Pohl, Klaus; Rupp, Chris: Basiswissen Requirements Engineering. 3. Auflage, dpunkt.verlag, Heidelberg, 2011.

[Pufahl 2006] Pufahl, Mario: Vertriebscontrolling: So steuern Sie Absatz, Umsatz und Gewinn. Gabler Verlag, Wiesbaden, 2006.

[Purwins 2015] Purwins, Erik: Neubau vs. Sanierung von dispositiven Architekturen in der Finanzindustrie – Einblicke in die Praxis. Europäische TDWI-Konferenz, 23.06.2015, München, 2015.

[R Core Team 2014] R Core Team: R: A language and environment for statistical computing. R Foundation for Statistical Computing. Vienna, Austria, 2014, *http://www.R-project.org/*; abgerufen am 30.03.2021.

[Rea & Sutton 2019] Rea, Nick; Sutton, Adam: Putting a value on data. PricewaterhouseCoopers LLP, o. O., 2019.

[Reker & Andersen 2014] Reker, Jürgen; Andersen, Nicolai: Data Analytics im Mittelstand, o. O., 2014, *https://www2.deloitte.com/content/dam/Deloitte/de/ Documents/Mittelstand/studie-data-analytics-im-mittelstand-deloitte-juni-2014.pdf*; abgerufen am 17.02.2021.

[Ridsdale et al. 2015] Ridsdale, Chantel et al.: Strategies and Best Practices for Data Literacy Education: Knowledge Synthesis Report, o.O., 2015.

[Rogers 2017] Rogers, David L.: Digitale Transformation – Das Playbook. Wie Sie Ihr Unternehmen für das digitale Zeitalter stark machen und die digitale Disruption meistern. mitp Verlag, Frechen, 2017.

[Samuel 1959] Samuel, Arthur L.: Some Studies in Machine Learning Using the Game of Checkers. IBM Journal of Research and Development, 3(3), 1959, 210–229, *https://doi.org/10.1147/rd.33.0210*.

[Schäffer 2017] Schäffer, Thomas: Unternehmensübergreifende Stammdatenqualität – Entwicklung eines Hilfsmittels zur Vereinbarung der Qualität für Stammdaten zwischen Unternehmen. In: Researchgate.net, o. O., 2017, *https://www.researchgate. net/publication/318380855_Unternehmensubergreifende_Stammdatenqualitat_- _Entwicklung_eines_Hilfsmittels_zur_Vereinbarung_der_Qualitat_fur_Stammdaten _zwischen_Unternehmen/*; abgerufen am 20.03.2021.

[Schnider et al. 2016] Schnider, Dani; Jordan, Claus; Welker, Peter; Wehner, Joachim: Data Warehouse Blueprints – Business Intelligence aus der Praxis. Hanser, München, 2016.

[Sculley et al. 2015] Sculley, D. et al.: Hidden technical debt in machine learning systems. Advances in Neural Information Processing Systems, 2015, January, 2503–2511.

[Sejdić 2021] Sejdić, Goran: Business Analytics – Controlling Wiki (controlling-wiki.com), *https://www.controlling-wiki.com/de/index.php/Business_Analytics*; abgerufen am 01.04.2021.

[Seyfert et al. 2018] Seyfert, Stefan; Schlömer, Lars; Schiborr, Lisa Anne; Bange, Carsten; Krüger, Torsten: Zeit für eine neue Kultur durch Business Intelligence & Advanced Analytics. biMA®-Studie 2017/2018. Sopra Steria, BARC, 2018.

[Shearer 2000] Shearer, Collin: The CRISP-DM model: the new blueprint for data mining. Journal Data Warehousing, 2000.

[Sinz 2019] Sinz, Elmar: Informationssystem-Architekturen, Gestaltung: Methoden, Modelle, Werkzeuge. In: Enzyklopädie der Wirtschaftsinformatik, o. O., 2019, *https://www.enzyklopaedie-der-wirtschaftsinformatik.de/*; abgerufen am 11.12.2020.

[Stonebraker & Çetintemel 2005] Stonebraker, Michael; Çetintemel, Uğur: »One Size Fits All«: An Idea Whose Time Has Come and Gone. Proceedings of the International Conference on Data Engineering (ICDE), 2005.

[Treder 2019] Treder, Martin: Becoming a data-driven Organisation: Unlock the value of data. Springer Vieweg, Berlin, 2019.

[van der Lans 2020] van der Lans, Rick: Benefits of Data Virtualization to Data Scientists. October 2020, *https://www.datavirtualizationblog.com/benefits-of-data-virtualization-to-data-scientists*; abgerufen am 28.04.2021.

[Weber 2019] Weber, Felix: Data Warehouse als Hybrid-Cloud-Service. Computerwoche / Big Data 2019, *https://www.computerwoche.de/a/data-warehouse-als-hybrid-cloud-service*,3547289,2.

[Wegelin & Englbrecht 2018] Wegelin, Michael; Englbrecht, Michael: SAP-Schnittstellenprogrammierung. SAP PRESS, Rheinwerk Verlag, Bonn, 2018.

[Winter 2008] Winter, Robert: Business Engineering – Betriebswirtschaftliche Konstruktionslehre und ihre Anwendungen in der Informationslogistik. In: Dinter, Barbara; Winter, Robert (Hrsg.): Integrierte Informationslogistik. Springer-Verlag, Berlin u. a., 2008.

[Winter 2010] Winter, Robert: Analytische Informationssysteme aus Managementsicht: Unternehmensweite Informationslogistik und analytische Prozessunterstützung. In: Chamoni, Peter; Gluchowski, Peter (Hrsg.): Analytische Informationssysteme. Business-Intelligence-Technologien und -Anwendungen. 4. Auflage, Springer-Verlag, Berlin u. a., 2010.

[Winter & Aier 2019] Winter, Robert; Aier, Stephan: Datenarchitektur. In: Enzyklopädie der Wirtschaftsinformatik, o. O., 2019, *https://www.enzyklopaedie-der-wirtschaftsinformatik.de/*; abgerufen am 11.12.2020.

[Zachman 1997] Zachman, John A.: Enterprise Architecture – The Issue of the Century. In: Database Programming and Design, March 1997.

Index

A
Access Control Dimensions 32
Acquisition Layer 21
AI Platform 112
Analytics 205
    Datenzugriffsstrategie 39
Analytics-Plattform 235, 237
Architektur 108, 121
    Begriff 5
    Best-of-Breed-Ansatz 85
    Flexibilität 85
    hybride Konzepte 156
    klassische 77
    Modern Data Warehouse 121
    Serverless-Konzept 108
    technische 78
Architekturebenen 7
Archivierung 169
Automatisiertes maschinelles Lernen 111
AutoML 111
AutoML-Algorithmus 98

B
Batch Layer 31
BCBS 239 5, 160
BIA-Entwicklungen 3
BIA-Landschaft 3, 18
BIA-Ökosystem 7, 19
BIA-Trends 3
Big Data 3, 91, 102, 183, 201, 205
Big Data Analytics Framework 213
BI-Landschaft 91–92
    erfolgreiche 92
Business Analytics 275, 278
Business Engineering 7
Business Intelligence 145
Business Intelligence Accelerator 150
    Architektur 151

Business Warehouse 145, 149
    Anbindung 148
Business-IT-Alignment 6
Business-Warehouse-Architektur 146–147

C
Clean Database 220
Clinical Data Interchange Standards
    Consortium 221
Cloud 152
Cloud Computing 256–257
Cloud Data Lake 157
Cloud Data Platform 75
Cloud Warehousing 127
Cloud-Architektur 54, 78, 237
Cloud-Datenquelle 206
Cloud-First-Strategie 154
Cloud-Infrastruktur 96, 255
Cloud-Servicemodell 257, 263
Cloud-Services 258
Cloud-Strategie 46, 60
Cloud-Technologie 4, 41, 56, 68, 86, 89, 93, 106, 127, 135, 154, 206, 256
Community Cloud 256
Compliance 43, 260
Connectivity 47
Container 68, 240
Continuous Training 115
Contributor Analytics 281
Controlling 275
    Business-Analytics-gestütztes 275
    Datenkompetenz 282
    Self-Service im 283
Core Data Warehouse 20
Core Layer 225
Corporate Performance Management 277
Corporate-Performance-Management-
    Plattform 275

CRISP-DM 268
CRISP-DM-Vorgehensmodell 268
Customer Journey 198

D

DAMA Wheel 14, 17
DAMA-Data Management Body of
   Knowledge 14
Data Analytics 91
Data Catalog 47
Data Cleansing 16, 99
Data Contract 99
Data Discovery 106
Data Economy 99
Data Engineering 239
Data Federation 171
Data Governance 8, 13, 79, 106, 141,
   160, 176, 184, 197, 202, 204,
   216, 255, 285
   Implementierung 161
Data Ingest 125
Data Ingestion 77–78, 99
Data Integration 155
Data Integration & Interoperability 16
Data Lab Toolbox 135
Data Lake 24–25, 28, 31–32, 77, 81, 89,
   102–103, 131, 201–202, 238, 241
   Architektur 23, 27
   Architekturprinzipien 28
   Datenarchitektur 31
   Exploration 128
   Storage 121, 123
   Struktur 242
   Technologie 23, 32
   Zonenarchitektur 31
Data Lifecycle 12
Data Lineage 16, 47, 171, 179, 183
Data Literacy 276, 282
Data Management 13, 39, 47, 155,
   221, 230
   Association 14
   Office 192, 194
Data Mart 20–21, 23, 44, 47, 99,
   152–153, 191
Data Mart Bus 24
Data Mesh 26, 89, 93, 95, 98, 101
   schematische Architektur 100
Data Modeling & Design 16
Data Ocean 27
Data Ownership 99–100
Data Pipeline 248

Data Pond 26
Data Preparation 199
Data Profiling 16
Data Provenance 47
Data Puddle 26
Data Quality 15
Data Quality Gate 255
Data Quality Monitoring 16
Data Quality Scanner 186
Data Science 4, 25, 39, 235–236, 239
   im Mittelstand 260
   light 268
Data Security 16, 79
Data Storytelling 154
Data Swamp 27, 241
Data Tiering 169
Data Valuation 8, 11
Data Vault 226
Data Virtualization 17
Data Warehouse 19, 23, 25, 77, 89, 103,
   219
   in der Cloud 83, 154
   Workbench 146
Data-Driven Application 49
Data-Governance-Strategie 285
Data-Lake-Initiative 36
Data-Lake-Plattform 29
Data-Literacy-Kategorien 283
Data-Management-Team 192
DataOps 5
Data-Science-Labor 249–250
Data-Science-Projekt 268
Data-Self-Service 216
Data-Vault-Modellierung 225
Data-Warehouse-Architektur 21, 145
Dateiformate 244
Datenanalyse 109
Datenarchitektur 195
   konzernweite 161
   Modernisierung 201
Datenaustausch 56
Daten-Caching 210
Datencontainer 220
Datenhaltung 29
Datenintegration 54–56, 82, 105, 116,
   155, 211
Datenkatalog 16, 79, 82, 211
   externer 84
Datenkatalogisierung 82
Datenkompetenz 276, 282
   im Controlling 282

Datenkonsistenz 161
Datenmanagement 8, 160, 191, 263
Datenmanagementarchitektur 191
Datenmarktplatz, virtueller 26
Datenmengen 253
Datenmodell 214
    kanonisches 207
    semantisches 206
    Zugriff auf 207
Datennutzung im Unternehmen 94
Daten-Ökosystem 8, 103
Datenplattform
    dispositive 23
    zentrale 109
Datenprodukt 101
Datenqualität 15, 91, 183, 197, 255, 263, 275
Datenqualitätsmanagement 161, 163, 183
    Anbindung 174
    Kernanforderungen 184
Datenquelle 24, 40, 43–44, 191, 193, 198, 202, 206, 209–210
    BIA-Anforderungen 44
    Einschränkung auf 40
    Synchronisierung 254
Datenquellenzugriff 39
Datenschichtenarchitektur 163, 166
Datenschutz 18, 46, 208, 258
Datenschutzanforderungen 49
Datensicherheit 18, 97, 202, 208, 258
Datensilo 12, 89, 91
Datenspeicher 202
Datenspeicherung 95
Datenstrategie 8–10, 44, 89
Datentransformation 128
Datentransport 172
Datenverarbeitung 245
    dispositive 23
Datenvirtualisierung 49–50, 153, 200–201, 203–204, 206
    Anwendungsfälle 204
    Sicherheitsarchitektur 208
    Technologie der 206
Datenvirtualisierungsplattform 206
Datenvisualisierung 84, 140, 250
Datenvolumen 24
Datenzugriff 105
Datenzugriffsrecht, individuelles 43
Datenzugriffsstrategie 39
Deep Learning 4, 44, 112

Demokratisierung von künstlicher Intelligenz/Machine Learning 110
DevOps 68, 99, 142
Digitale Transformation 205
Digitalisierung 24, 45, 53–54, 159, 192, 201, 253, 282
Dispositive Datenplattform 23
Dispositive Datenverarbeitung 23
Domain Driven Design 100
Drei-Schichten-Architektur 222
DSGVO 5, 47, 193, 203–204, 258
dump pipes 58

E
Echtzeit-Sales-Monitoring 198
Enterprise Application Integration 53, 57, 59, 66
Enterprise Data Evolution 98
Enterprise Data Integration 68
Enterprise Data Warehouse 191–192
Enterprise Integration Patterns 58
Enterprise Service Bus 57, 65
Europäische Arzneimittel-Agentur 220, 222
Event Hub 123

F
Federated Governance 101
Finance Transformation Platform 281
Finanzplanung und -analyse 276
Food and Drug Administration 220, 222

G
Geschäftsmodell 10
Governance der Daten 92
Greenfield-Ansatz 78
GxP 229

H
Historisierung 163–164
    bitemporale 164
    fachliche 170
    technische 169–170
    tritemporale 165
Housekeeping 169
    fachliches 170
    technisches 169
Hub-and-Spoke 20
Hub-and-Spoke-Architektur 19, 24, 191
Hybrid Cloud 257

I
Impact Analysis 16
Informationssystem 6

Informationssystem-Architektur 6
Infrastructure as a Service 263
Infrastruktur als Code 97
In-Memory-Datenbankmanagementsystem 152
Innovationen 7
   Treiber 254
Integrated Planning & Analytics 277
Integration Layer 20
Integration Platform as a Service 60, 62
Integrationsarchitektur 163, 171
International Accounting Standard 12
IoT Hub 123
IoT-Daten 24

K
Kanban 270
Kanonisches Datenmodell 206–207
Kapazitätslimitierung 92
Key-Value Store 222–223
Kleine und mittlere Unternehmen (KMU) 253
Klinische Daten 219, 223
Klinische Studien 219
Künstliche Intelligenz 4, 39, 44, 93, 97, 112, 138, 201, 277, 280
   Bausteine 110
Künstliche-Intelligenz-Technologie 109

L
Lake House 102, 104, 116
   Architektur 104
   Merkmale 105
Lake-House-Plattform 118
Lebenszyklus 8, 254
Lifecycle Policies 241
Logical Data Warehouse 195–196
Logische Integration 173
Low Code 60–61

M
Machine Learning 4, 25, 44, 78, 85, 89, 91, 97, 111, 127, 131–132, 135, 201, 235, 240, 277, 280
Machine-Learning-Modell 135, 249
Machine-Learning-Technologie 109
Managed Services 46, 49, 59, 65–66, 68
Managed-Self-Service-Ansatz 285
Massively Parallel Processing 83
Master Data 15
   Management 15
Master-Data-Management-Systeme 255

Message Oriented Middleware 56
Metadatenmanagement 16, 106, 162–163, 174
   Anbindung 173
   Architektur 182
   Kernanforderungen 176
   Technologie 181
Metamodelllandkarte 178
Microservices 54, 57, 99
MLOps 112, 114
Modern Data Warehouse 121, 123, 136
Multiple Versions of Truth 11
Multi-Tenancy 59
Multi-Tenant-Infrastruktur 99
Multi-Vendor-Strategie 45

O
On-Premises BI 93
Orchestrierung 125

P
Pay as you go 256
Planungs- und Reporting-Architektur 275
Platform as a Service 59, 237, 265
Predictive Analytics 280
Predictive Maintenance 116, 260
Principal Component Analysis 260
Private Cloud 256
Propagation Layer 21
Public Cloud 59, 65, 68–69, 93, 256
Publish Layer 225–226

Q
Query Engine 83
Query-Optimierung 209

R
Rechenleistung 95
Reference Data Management 15
Referenzarchitektur 159, 166
   Datenschichten 166
   regulatorische Anforderungen 159
Reinforcement Learning 137
Reporting 250
   Layer 20–21
Rohdaten 32, 245

S
Schatten-IT 55, 93
Schatten-Publish-Layer 226
Scrum 271
Self-Service im Controlling 284–285
Self-Service-Analyse 285

Self-Service-BI 18
Self-Service-Plattform 101
Self-Service-Portal 98
Self-Service-Reporting 285–286
Self-Service-Werkzeuge 4
Serverless Data Warehouse 102
Serverless Functions 59, 68
Serverless in der Cloud 60
Serverless Integration 68
Service Level Agreement 257
Service Mesh 95
Serving Layer 30
Shared Nothing-Architektur 83
Simple Storage Service 81
Single Point of Truth 10, 20, 23, 161, 263
Single Source 161
Single Source of Truth 10
Single-Vendor-Strategie 46
Site Reliability Engineering 118
Skalierbarkeit 46, 96, 101
Social-Media-Daten 24
Software as a Service 54, 57, 94, 266
Software-as-a-Service-Plattform 154
Software-on-Demand 267
Speed Layer 30
Speicherkapazität 95
SQL
    Data Warehousing 153
    On-Demand 128
Stage View Layer 223–224
Staging 20, 25, 223, 246
    Layer 26

Stammdaten 15
    Harmonisierung 254
Stammdatenmanagement 254
Stammdatenpflege 255
Study Data Tabulation Model 221

T
Testautomatisierung 232
The Institute of Asset Management 11
Time-to-Insights 109
Time-to-Market 192
Total Cost of Ownership 44
Turnkey-Lösung 60

U
Unified Data Model 206
Unternehmenssteuerung
    agile 282
    datengetriebene 278

V
Validation 222
    siehe Validierung
View Layer 227
Virtualisierung 224, 227

W
Wertermittlung von Daten 11

Z
ZeroOps 99

Peter Gluchowski (Hrsg.)

Data Governance

Grundlagen, Konzepte
und Anwendungen

2020
252 Seiten, Festeinband
€ 59,90 (D)

ISBN:
Print   978-3-86490-755-5
PDF   978-3-96088-993-9
ePub   978-3-96088-994-6
mobi   978-3-96088-995-3

Auf *dpunkt.de* auch als Bundle
erhältlich

Dieses Buch bietet eine umfassende Einführung in Data Governance und deren praktische Relevanz für Unternehmen. Es gliedert sich in drei aufeinander aufbauende Teile:

- Teil I widmet sich den grundlegenden Facetten der Data Governance und stellt nach einer Einführung in das Thema die zentralen Aspekte einer Data-Governance-Aufbauorganisation sowie datenbezogene Richtlinien und Konventionen dar.
- Teil II greift ausgewählte Konzepte, Lösungen und Toolkategorien auf.
- Teil III erörtert zentrale Problemfelder bei der Umsetzung von Data-Governance-Initiativen sowie mögliche Lösungsstrategien.

Das Buch vermittelt wertvolle Einblicke und hilfreiche Anregungen für die erfolgreiche Konzeptionierung und Realisierung von Data-Governance-Projekten in der Praxis.

In der Edition TDWI erscheinen Titel, die vom dpunkt.verlag gemeinsam mit dem TDWI e.V. ausgewählt und konzipiert werden. Inhaltliche Schwerpunkte dieser Reihe sind Business Intelligence und Data Warehousing.

dpunkt.verlag
www.dpunkt.de